Die beiden Franzosen Francis Courtade und Pierre Cadars, Filmkritiker und Mitarbeiter an der Cinemathek in Toulouse haben auf der Grundlage umfangreicher Quellenforschungen den Film im Dritten Reich auf seine künstlerischen, technischen und ideologischen Merkmale hin untersucht. Sie haben die Produktionsbedingungen und politischen Implikationen dargestellt. Die exakten Beschreibungen der Filme werden durch einen umfangreichen Abbildungsteil anschaulich gemacht.

Francis Courtade
Pierre Cadars

Geschichte des Films im Dritten Reich

Carl Hanser
Verlag

Titel der Originalausgabe
Francis Courtade/Pierre Cadars, Le Cinéma Nazi
© Le Terrain Vague
Aus dem Französischen übersetzt von Florian Hopf
Redaktionelle Bearbeitung von Brigitte Straub
Die deutsche Ausgabe wurde im Einvernehmen
mit den Autoren gekürzt

ISBN 3-446-12064-5
© 1975 Carl Hanser Verlag, München und Wien
und Wilhelm Heyne Verlag, München
Umschlag: Klaus Detjen, unter Verwendung eines Fotos
aus *Triumph des Willens* von Leni Riefenstahl
Satz: Compotype W. Große, Haar b. München
Druck: Pustet, Regensburg
Printed in Germany

Inhalt

Nationalsozialismus und Film

Was konnte man aus dem Friedensvertrag von Versailles machen! ... In der Maßlosigkeit seiner Unterdrückung, in der Schamlosigkeit seiner Forderungen liegt die größte Propagandawaffe zur Wiederaufrüttelung der eingeschlafenen Lebensgeister einer Nation.

Dann muß allerdings, von der Fibel des Kindes angefangen bis zur letzten Zeitung, jedes Theater und jedes Kino, jede Plakatsäule und jede freie Bretterwand in den Dienst dieser einzigen großen Mission gestellt werden, bis daß das Angstgebet unserer heutigen Vereinspatrioten »Herr mach uns frei!« sich in dem Gehirn des kleinsten Jungen verwandelt zur glühenden Bitte: »Herr, segne unseren Kampf!«
(Adolf Hitler, »Mein Kampf«)

Hitler und Goebbels – zwei Filmnarren

Die Kunst im allgemeinen und das Medium Film im besonderen ließen gewisse Machthaber des Dritten Reichs nicht gleichgültig. Der Führer pflegte sich jeden Tag nach dem Abendessen einen Spielfilm vorführen zu lassen (eine Gewohnheit, die er erst in den letzten Kriegsjahren aufgab; er sah sich jedoch weiterhin die Wochenschauen an). Jean Amsler erzählt in seinem Buch »Hitler« wie nach 1933 solche Abende in der Reichskanzlei verliefen: gegen 20 Uhr habe man gewöhnlich mit dem Abendessen begonnen, wobei des öfteren Größen von Bühne und Leinwand geladen gewesen seien. Danach sei Hitler eine Liste mit fünf bis acht Filmtiteln vorgelegt worden, aus denen er den Film ausgewählt habe, den er an diesem Abend zu sehen wünschte. Wie Goebbels sei er versessen darauf gewesen, sich Filme anzusehen. Was Goebbels anlangte, so vermerkt der Autor, sei dieser überdies noch versessen auf weibliche Stars gewesen. Indessen der Kaffee im Rauchzimmer serviert wurde, sei der Musiksaal für die Filmvorführung vorbereitet worden. Auf Goebbels hat die flimmernde Leinwand eine solche Faszination ausgeübt, daß er selbst noch am 17. April 1945, mitten im Debakel der Niederlage, während einer Konferenz im Reichspropagandaministerium faselte: »*Meine Herren, in hundert Jahren wird man einen schönen Farbfilm über die schrecklichen Tage zeigen, die wir durchleben. Möchten Sie nicht in diesem Film eine Rolle spielen? ... Halten Sie jetzt durch, damit die Zuschauer in hundert Jahren nicht johlen und pfeifen, wenn Sie auf der Leinwand erscheinen.*« Während sich Goebbels freilich leicht begeistern ließ, behielt Hitler stets das letzte Wort. So berichtet Hermann Rauschning in seinem Buch »Gespräche mit Hitler« (Zürich, 1940) von einer nicht untypischen Szene: »*Es war späte Nacht. Hitler war aus einer Kinovorstel-*

lung gekommen. Irgendein patriotischer Schinken, Friedrich den Großen verherrlichend. Wir waren schon vor Hitler in der Reichskanzlei oben gewesen. Wir warteten auf ihn. Als erster kam Goebbels. ›Ein fabelhafter Film‹, äußerte er sich. ›Ein großer Film, das ist es, was wir brauchen.‹ Ein paar Augenblicke später kam Hitler im Fahrstuhl heraufgefahren. ›Wie war der Film‹, fragte Forster (ein Nazifunktionär, Anm. des Übersetzers) zur Begrüßung. ›Ein Greuel, ein Schmarren. Das muß polizeilich verboten werden. Es ist genug mit diesem patriotischen Kitsch!‹ ›Jawohl, mein Führer‹, drängte sich Goebbels heran. ›Es war ein schwaches Stück, ein sehr schwaches. Eine große Erziehungsarbeit bleibt uns zu leisten.‹«

Das änderte freilich nichts daran, daß man ihn als *»Chef des deutschen Films und der deutschen Filmschaffenden«* (Licht-Bild-Bühne vom 28.10. 1933) apostrophierte; und in der Tat fand er für den Bereich des Films neue Organisationsformen und Prinzipien.

Unter den führenden Persönlichkeiten des Nationalsozialismus durfte Goebbels als der intellektuelle Kopf gelten. Seine Rednergabe und seine universellen Kenntnisse scheinen selbst Hitler beeindruckt zu haben. Es hieße, eine falsche Einschätzung vornehmen, wollte man in ihm nur einen verkrüppelten und dadurch verbitterten Menschen sehen. Sprechen wir vielmehr von einer geradezu diabolischen Befähigung dieses Mannes, zu der ein klarer Blick ebenso gehörte wie eine Portion Ehrlichkeit. William Shirer beschreibt in seinem Buch *»Aufstieg und Fall des Dritten Reiches«* (Köln 1961) die Anfänge von Goebbels innerhalb der nationalsozialistischen Bewegung zu Recht wie folgt: *» Was den jungen Goebbels zu Strasser hinzog, war dessen Radikalismus, der Glaube an den ›Sozialismus‹ im Nationalsozialismus. Beide wollten die Partei aus dem Proletariat heraus aufbauen. Goebbels' Tagebücher aus jener Zeit sind voll Sympathiebekundungen für den Kommunismus. ›Letzten Endes‹, schrieb er am 23. Oktober 1925, ›wäre es für uns besser, unsere Tage unter dem Bolschewismus zu beschließen, als die kapitalistische Sklaverei zu ertragen.‹ – Zu jener Zeit war es auch, daß er einen Offenen Brief an einen Kommunistenführer veröffentlichte, worin er versicherte, daß Nationalsozialismus und Kommunismus im Grunde dasselbe wollten. ›Sie und ich‹, schrieb er, ›bekämpfen einander, aber wirkliche Feinde sind wir nicht.‹«* Er wagte es sogar, den Führer einen »kleinen Spießer« zu nennen. Hitler vergab ihm diese Äußerung und machte den *»rheinischen Hitzkopf«* zu seinem Mitarbeiter, der gar bald seine Kompetenzen mit fanatischer Besessenheit auszuspielen wußte.

Bislang hatten sich lediglich die Bolschewiken über die politische Bedeutung des Films Gedanken gemacht, und es war kein Geheimnis, daß der Nazi-Minister für Kultur und Propaganda Bewunderung für den Film »Panzerkreuzer Potemkin« hegte. Unter Stalin war der russische Film zur künstlerischen Mittelmäßigkeit abgesunken. Für Goebbels dagegen sollte der propagandistische Zweck eines Films streng an ästhetische und techni-

sche Qualitäten gebunden bleiben. Es kann daher durchaus sein, daß ihm gewisse erotische Komponenten im Film der Nazizeit zu verdanken sind.
Die deutschen Schauspielerinnen der damaligen Zeit scheuten weder die Zurschaustellung ihrer weiblichen Reize noch die Aufbietung ihres Charmes.

Kino und Propaganda

1937 postulierte der zu der Zeit amtierende Präsident der Reichsfilmkammer, Oswald Lehnich, daß das Kino als eine »Synthese künstlerischer, politischer und wirtschaftlicher Elemente« aufhören müsse, »lediglich Gegenstand wirtschaftlicher Spekulationen zu sein.« Stattdessen solle es als »Zivilisationsfaktor, der dem Regime gehorcht« zu einem integralen Teil des nationalsozialistischen Systems werden. Präziser wird diese Rolle des Films durch die Definition von Fritz Hippler umrissen, der als Leiter der Filmabteilung im Goebbels-Ministerium und als Reichsfilmdramaturg fungierte.
Er sagte – so der »Filmkurier« vom 5. Mai 1941: »Im Vergleich zu den anderen Künsten ist der Film durch seine Eigenschaft, primär auf das Optische und Gefühlsmäßige, also Nichtintellektuelle einzuwirken, massenpsychologisch und propagandistisch von besonders eindringlicher und nachhaltiger Wirkung. Er beeinflußt nicht die Meinung exklusiver Kreise von Kunstkennern, sondern er erfaßt die breiten Massen. Er erzielt damit soziologische Wirkungen, die oft nachhaltiger sein können als die von Schule und Kirche, ja sogar von Buch, Presse und Rundfunk. Es wäre daher auch aus ganz außerkünstlerischen Gründen geradezu frevelhaft und leichtsinnig (und es würde auch keineswegs im Interesse der Filmkunst selbst liegen), wenn ein verantwortungsbewußtes Staatsregiment sich des Führungsanspruchs über dieses wichtige Element begeben würde.«
Die Politik hatte also Priorität vor allen kulturellen oder künstlerischen Gesichtspunkten: das Kino sollte vor allem eine Propagandawaffe sein. Daher befaßte sich Goebbels auch so intensiv mit allen Aspekten der Filmherstellung, bis hin zur Themenfindung und Drehbucharbeit. Dies geht aus seiner Rede vor der Reichsfilmkammer im Jahre 1937 hervor:
. ein Stoff solle aus dem Leben genommen werden und ein Problem behandeln, das »die Herzen ergreift.«;
. die Bearbeitung solle filmischen Eigengesetzlichkeiten Rechnung tragen;
. die Dialoge sollten, wie Luthers Bibelübersetzung, in der Sprache des Volkes geschrieben sein, so daß sie jeder verstehen könne;
. die Besetzung halte er, Goebbels, »überhaupt für das Kardinalproblem der Wirksamkeit eines Films.«

Das sind Forderungen, die es, nach der Einschätzung von Lehnich, verlangen, daß alle mit der Ausarbeitung eines Films Beschäftigten vom gleichen Geist beflügelt sind. Curt Belling, einer der bedeutenden Funktionäre des Nazi-Films, drückt dies in einem Artikel im »Autor« vom Juli 1937 so aus: » Wir wollen, daß der Geist des Nationalsozialismus auch die Welt des Kinos regiert.«

In »der Welt des Kinos« wurden Nationalismus und Rassismus die ausschlaggebenden Faktoren. Zunächst versuchte man, noch durchaus friedfertig, die deutsche Vergangenheit zu beschwören, wobei das, was man gemeinhin für deutsche Tugenden hält, verherrlicht wurde. Damit wurde auch ein internationales Publikum erreicht, wie zum Beispiel bei den Filmfestspielen von Venedig, dem einzigen in den dreißiger Jahren existierenden Filmfestival.

Die Kino-Sprache wurde indessen bereits gereinigt, indem man fremdsprachliche Bezeichnungen durch deutsche ersetzte: aus »Regie« und »Regisseur« wurden »Spielleitung« und »Spielleiter«. Und vor allem sollte die »nationale Revolution« Schluß machen mit der »moralischen Zersetzung« vorhergehender Jahre. Schon am 28. März 1933 proklamierte Goebbels: » Die nationale Revolution wird sich nicht nur auf die Politik begrenzen, sondern sie wird übergreifen auf die Gebiete der Wirtschaft, der allgemeinen Kultur, der Innen- und Außenpolitik und auch des Films.«

Von diesem Zeitpunkt an hörte man nicht auf, die ideologische Verwirrung anzuprangern, die die »Sumpfkultur« der Weimarer Republik beherrscht habe. Die Reinigungsbewegung sollte den deutschen Film von sogenannten »korrupten Elementen« befreien. Filme von Pudowkin, Eisenstein und Pabst wurden aus den Kinos verbannt.

Es dauerte nicht lange, da wurden nicht nur einzelne Werke abgesetzt, sondern es setzte eine Hetzkampagne gegen zahlreiche Künstlerpersönlichkeiten ein. Nach der Machtergreifung begannen Juden und Gegner des Regimes, Deutschland zu verlassen. Sie gingen in die USA, nach Frankreich, England und Rußland. Unter den bekanntesten Emigranten befanden sich Chef-Kameramann Karl Freund, der Drehbuchautor Carl Mayer, der Produzent Erich Pommer, die Schauspieler Fritz Kortner, Peter Lorre und Conrad Veidt, die Regisseure Ludwig Berger, Kurt (später Curtis) Bernhardt, Eric Charrell, Paul Czinner, Wilhelm (später William) Dieterle, Slatan Dudow, E.A. Dupont, Henry Kosterlitz (der sich dann Henry Koster nannte), Fritz Lang, Lothar Mendes, Joe May, Max Ophüls, Richard Oswald, G.W. Pabst, Leontine Sagan, Robert Siodmak, Robert Wiene, Billy Wilder. »Es war ein Gewitter, das über dem deutschen Film niederging«, formulierte Oskar Kalbus (in »Vom Werden deutscher Filmkunst«, 1935) ...»Ein Gewitter, das die Luft reinigte ...« Bereits 1934 hatte Johannes in der Zeitschrift »Volk und Rasse« verlangt: »Der Film ... hätte schon längst im Sinne der Aufklärung über Rasse, Rassenunterschiede, Rassenschande *usw. wirken sollen ...«* Bei Kalbus liest sich das so: *»Der kommende deutsche Film soll bewußt und klargeprägt das Gesicht der arischen Rasse tragen.«* Der Exodus dauerte bis Kriegsbeginn. 1938 flohen der Regisseur Reinhold Schünzel, der Schauspieler Curt Goetz und dessen Frau Valerie von Martens nach Hollywood. Anfang 1939 ging Lilian Harvey nach Paris.

Die Mission des Films

In einem wenig bekannten Aufsatz aus dem Jahre 1943 faßten Heinrich Koch und Heinrich Braune auf ziemlich abstrakte Weise zusammen, was die tatsächliche Mission des Kinos auszumachen habe: selbst in den mittelmäßigen Filmen solle es darum gehen, das Selbstbewußtsein der Nation zu stärken und dem Individuum seine Pflichten gegenüber der Allgemeinheit vor Augen zu führen, wobei der ästhetische Anreiz durchaus ein erzieherisches Mittel sein könne. Der erste Kongreß der Reichsfilmkammer im Jahre 1937 war da freilich noch viel konkreter, wie zwei Auszüge aus dem Jahresbericht der Organisation belegen:

. *»Es liegt im Wesen des ständischen Aufbaus im nationalsozialistischen Staate, daß sich jedes Mitglied eines Berufsstandes als Teil eines Ganzen fühlt, und daß die Interessen des gesamten Berufsstandes nur unter gleichzeitiger Berücksichtigung der Lebensbedingungen des ganzen Volkes wahrgenommen werden. Alle am deutschen Filmschaffen beteiligten Kreise müssen sich daher dessen bewußt werden, daß sie eine Einheit darstellen und daß ihnen im Rahmen des Lebens des Deutschen Volkes eine hohe kulturelle und politische Aufgabe erwächst.«*
(Oswald Lehnich in seiner Eröffnungsrede)

. *»Es ist keine asketische Haltung, die mir von der Zeit gefordert zu werden scheint, sondern einfach eine soldatische Haltung. Ich habe vorhin gesagt, daß ich nur von meiner Generation aus reden könne, von jener Grenzscheide aus zwischen Frontgeneration und Jugend, von wo man wohl in besonders scharfer Kontur die Wandlung sehen kann, welche seit Beginn des großen Krieges das Angesicht des Menschen und der Welt verändert hat. Von dieser Grenzscheide aus habe ich gesagt, der Film hat nur unvollkommene Versuche gemacht, ein Bild des gewandelten Menschen zu geben, und er ist bald und bewußt wieder davon abgerückt, um uns eine Fülle von Vorkriegsgeschichten in Vorkriegskleidern zu erzählen.*
Ich gestehe es offen, wir Leute der Zwischengeneration machen uns wenig aus diesen rückwärts in › die gute, alte Zeit‹ projizierten Wunschbildern; ich kann mir noch weniger vorstellen, daß die Jugend, welche nach uns kommt, mit diesen Geschichten mehr anfangen kann als ein BDM-Mädchen ein Korsett mit Fischbeinstangen zu würdigen weiß, das unsere Mütter noch für unerläßlich und erstrebenswert hielten. Wir wissen auch die in

diesen Filmen oft angewandte hohe Kunst wenig zu würdigen, solange die wesentliche Aufgabe, das Bild des neuen Menschen zu zeigen, ungelöst bleibt.

Ich glaube, das kommt daher: In den Jahren, als wir heranwuchsen, haben sich Eindrücke und Vorbilder in unser Herz gesenkt – nicht von der Kunst her – es war nicht der große Kean, wahnsinnig geworden vor Genie – sondern vom Kriege her. Es waren Namen wie Boelcke, Richthofen und Hauptmann Berthold und die namenlosen Regimenter von Langemark. Die Haltung dieser toten Soldaten begleitet uns als Vorbild von Jugend an immer noch, immer noch, auch durch das Tagewerk unserer unheldischen Arbeit.

Unser Beruf ist es, flüchtige Schatten über die weiße Leinwand wandeln zu lassen und vielleicht der Erinnerung einen vergänglichen Eindruck zu verschaffen. – Aber auch in dieser meist fragwürdigen Betätigung fühlen wir den Wunsch, jenen soldatischen Vorbildern unserer frühen Jahre nachzufolgen und etwas zu werden, wie Soldaten der Kunst, dienend der höchsten Idee, auf die uns der Satz des Führers vereidigt hat, welcher lautet: ›Die Kunst ist eine erhabene und zum Fanatismus verpflichtende Mission. Wer von der Vorsehung ausersehen ist, die Seele eines Volkes der Mitwelt zu enthüllen, der leidet unter der Gewalt des allmächtigen, ihn beherrschenden Zwanges, der wird seine Sprache reden, auch wenn die Mitwelt ihn nicht versteht oder verstehen will, wird lieber jede Not auf sich nehmen, als auch nur einmal dem Stern untreu zu werden, der ihn innerlich leitet!‹«
(Auszug aus dem Vortrag von Mathias Wiemann)

Der Film sollte sowohl eine »Kraftquelle« für jeden Deutschen sein als auch die Nazi-Ideologie in aller Welt propagieren. Weil der Staat Nachwuchs brauchte, wurde nun die kinderreiche Familie verherrlicht *(»Der Film muß unserer Bevölkerungspolitik unterstützen«,* aus »Neues Volk«, November 1938). Wenn man auch weiterhin Krimis drehte, dann nicht mehr mit Kriminellen als Helden, sondern mit »*Helden in Uniform oder in Zivil*«, die ohne Unterlaß gegen »*Volksfeinde*« und »*Schädlinge der Gesellschaft*« zu kämpfen hatten. (»Die neuen Wege des Kriminalfilms« in Filmkurier vom 29. März 1933) »*Der neue Mensch*« sollte »*würdig*« und in einem »*gesunden*« Deutschland von »*hohem sittlichem Niveau*« heranreifen.

Wie der Film zur Beeinflussung der Jugend genutzt werden sollte, darüber gibt ein von der Partei 1944 unter dem Titel »Jugend und Film« herausgegebenes Buch Auskunft. Demgemäß sollte der deutsche Film die Jugend politisch ertüchtigen, ihr deutsches Kulturgut vermitteln, ihren Geschmack bilden, ihr die Möglichkeit einer »*gediegenen Freizeitgestaltung*« bieten, wobei die Filmvorführungen nicht nur als Ablenkung, sondern als »*Erhebung über den Alltag*« zu erleben seien, als »*Versenkung in neue, große, mitreißende Gedanken*« ...

Vor allem Qualität

Nachdem für die Machthaber feststand, daß »*das Kino eines der modernsten Massen-Beeinflussungsmittel*« darstellte, war für sie klar, daß es »*sich nicht selbst überlassen*« bleiben konnte. (Goebbels vor Filmschaffenden am 9. Februar 1934). Mit erstaunlicher Weitsichtigkeit erläuterte er vor der Hitlerjugend exakt, was der Staat mit dem Medium Film zu bewerkstelligen gedachte: »*Wir gehören nicht zu jenen Heimlichtuern, die eine kindliche, alberne Scheu vor dem Wort ›Propaganda‹ oder ›Tendenz‹ besitzen*« (5. November 1939). Aber diese Propaganda mußte, um effektiv zu sein, diskret vorgehen: »*Wir Nationalsozialisten legen an sich keinen gesteigerten Wert darauf, daß unsere SA über die Bühne oder über die Leinwand marschiert. Ihr Gebiet ist die Straße. Wenn aber jemand an die Lösung nationalsozialistischer Probleme auf künstlerischem Gebiet herangeht, dann muß er sich darüber klar sein, daß auch in diesem Falle Kunst nicht von Wollen, sondern von Können herkommt. Auch eine ostentativ zur Schau getragene nationalsozialistische Gesinnung ersetzt noch lange nicht den Mangel an wahrer Kunst. Die nationalsozialistische Regierung hat niemals verlangt, daß SA-Filme gedreht werden. Im Gegenteil: sie sieht sogar in ihrem Übermaß eine Gefahr. Wenn nun aber doch eine Firma an die Darstellung der Erlebniswerte unserer SA oder der nationalsozialistischen Idee herangeht, dann muß dieser Film auch von allererster künstlerischer Qualität sein. Es ist deshalb nicht bequem, sondern im Gegenteil außerordentlich schwer, weil vor der ganzen Nation verpflichtend, einen SA-Film zu drehen. Die Aufgabe, die man sich dabei stellt, erfordert Einsatz aller besten Kräfte, und nur wirklich große Künstler können sie bewältigen. Der Nationalsozialismus bedeutet unter gar keinen Umständen einen Freibrief für künstlerisches Versagen. Im Gegenteil: Je größer die Idee ist, die zur Gestaltung kommt, desto höhere künstlerische Ansprüche müssen daran gestellt werden.*« (Goebbels, zitiert von Kalbus) Eine kleine Streitschrift, die 1934 in Frankreich durch »Le Courrier du Centre« herausgegeben wurde, warnte schon damals: »*Die Herren des Dritten Reiches sind Meister der unsichtbaren Propaganda ...*«

Das »Lichtspielgesetz« vom 16. Februar 1934 gab dem Regime bereits die Möglichkeit, die gesamte Filmproduktion »*nach den Bedürfnissen der Nation*« auszurichten. Dies mußte sich, zumindest theoretisch, auf die Wahl der Stoffe auswirken, einen Stil zur Folge haben, der »*realistisch*« (im Sinne der Machthaber), simpel und gefühlsträchtig war; außerdem sollte eine bestimmte Qualitätsstufe eingehalten werden.

In seinen »Betrachtungen zum Filmschaffen« (Berlin 1943, mit einem Vorwort von Carl Froelich und einem Geleitwort von Emil Jannings) greift Fritz Hippler die Frage der Stoffwahl, die bis dahin anscheinend noch nicht gründlich genug gelöst wurde, abermals auf: »*Auch die Frage, welche Stoffe und wie sie gefunden, ausgewählt, geplant und vorbereitet werden, ist noch nicht immer zufriedenstellend zu beantworten. Wie ja überhaupt keine Existenz zufriedenstellend ist, die allzusehr auf dem Zufall beruht; und um kaum mehr handelt es sich doch bei der Methode der Stoffauswahl, die zum großen Teil ihre Grundlage darin hat, daß Produktionsleiter oder Regisseur oder Schauspieler usw. durch die Lektüre eines Buches, die Besichtigung eines Theaterstückes oder die Betätigung sonstiger Sonderneigungen auf mehr oder weniger geeignete, sie persönlich interessierende Themen kommen. Womit nichts gegen das persönliche Interesse, wohl aber etwas gegen dieses sogenannte System gesagt werden soll.«*

Für Goebbels zählt nur das Kino, das imstande ist, die Begeisterung der Zuschauer zu wecken, das das »*wahre Leben*« widerspiegelt, in dem der Betrachter sein eigenes Milieu wiederfinden kann, seine ihm vertraute Welt, das Kino, das Personen und Handlungen zumindest ein Stück Echtheit verleiht, und bei dem man das Gefühl habe, das Leben kehre »*auf wundersame Weise in einer konzentrierten und sublimierten Form*« zurück (diese Aussagen machte er vor der Reichsfilmkammer im Jahre 1938). Einige Jahre später sollte Hippler schreiben: »*Welche Fülle von Schicksalen, Episoden, Geschichten, Begebenheiten, Konflikten wissen die Männer zu erzählen, die ein ganzes Leben an der Spitze eines großen Betriebes oder einer großen Gemeinschaft zugebracht haben, gleichgültig, ob es sich um Betriebsführer selbst, um Ingenieure, Ärzte, Krankenschwestern usw. handelt; was auch alles hat sich im Laufe von Jahrzehnten an ernsten und heiteren Begebenheiten im Rahmen einer kleinen oder großen Stadt vollzogen und schlummert unerweckt in den Archiven oder in der Erinnerung der Beteiligten! Hier ruht unendlich viel ›Material‹ und Rohstoff, dessen Weiterführung zu einer Manuskriptgrundlage, zu einer ›story‹ manchmal sogar kaum noch großer Einfälle und dramaturgischer Umstellung bedarf und sich doch von den vielen Konfliktschablonen und sogenannten Originaleinfällen genau so unterscheidet, wie der lebendige Mensch von der Wachspuppe.*«

Die gleiche Tendenz zur Massenwirksamkeit drückt sich in der Rede des Regisseurs Karl Ritter vor der Filmkammer (1938) aus: »*Weil wir auf Millionen einfacher Menschen wirken wollen und müssen, soll unser künstlerisches Schaffen im Grunde einfach bleiben, gleichgültig, ob wir filmen, dichten, inszenieren, bauen, fotografieren oder ihre Gestalten verkörpern ... Eine gewisse Gefahr für die Entwicklung unserer Filmkunst sehe ich in der Überschätzung des Technischen ... Die Technik, früher Ursprung des Films, kommt heute als stille Dienerin am Werk erst an zweiter Stelle ... Wir ziehen den Inhalt der äußeren Form vor.*«

Vor allem aber sollten die schlecht vorbereiteten Filme, die mittelmäßigen Arbeiten verschwinden, denen Oswald Lehnich 1937 den Entzug jeglicher Finanzmittel ankündigte. »*Zur Sicherung des künstlerischen Filmschaffens*« ordnete er an:

. »*Die Mitglieder der Fachgruppe Spielfilmherstellung haben spätestens zehn Tage vor Drehbeginn zur Sicherung des künstlerischen Schaffens dem Produktionsleiter, dem Spielleiter und den Hauptdarstellern ein Drehbuch zuzustellen, aus dem Aufbau und Dialogführung des Films ersichtlich sein müssen; bei Musikfilmen müssen ferner bis zum gleichen Zeitpunkt die Partitur und die Gesangstexte zugestellt sein«* (31. März 1936).

»Spielleiter, Kameraleute und die Hauptdarsteller dürfen Verträge über ihre Mitwirkung in abendfüllenden Spielfilmen nur in der Weise schließen, daß zwischen dem letzten Tage, zu dem sie vertraglich für einen Film zur Verfügung zu stehen haben, und demjenigen, an dem sie zur Aufnahme ihrer Arbeit für einen neuen Film verpflichtet sind, ein Zeitraum von mindestens zwei Wochen liegt. Wenn es sich um einen Film handelt, der überwiegend auf Gesang aufgebaut ist (sogenannter Sänger-Film), so beträgt die Frist drei Wochen« (21. Juli 1936).

Die Wochenschauen

Es ist selbstverständlich, daß ein so ausgerichtetes Filmwesen den Dokumentarfilmen (Kulturfilmen) und den Wochenschauen eine besondere Bedeutung beimaß. Die Wochenschauen spielten während des Krieges eine immer größere Rolle in den Kinoprogrammen. Sie hatten anfangs eine mittlere Länge von 350 Metern, später kamen sie auf 600 bis 1200 Meter Länge (das heißt, daß sie in besonderen Fällen bis zu einer Dreiviertelstunde liefen). Wenn man der Studie von Hans-Joachim Giese über »Die Film-Wochenschau im Dienst der Politik« (1940) glauben darf, bestanden diese zu rund 47 Prozent aus Politik. Am 21. November 1940 wurden die noch bestehenden vier Wochenschauen (Ufa, Fox, Tobis und Deulig) zur »Deutschen Wochenschau« zusammengefaßt und der persönlichen Kontrolle von Goebbels unterstellt. Dieser nutzte sie je nach Gebot der Stunde und trat auch selbst in ihr auf; so brachte die Wochenschau vom 27. Februar 1943 die Goebbel'sche Sportpalastrede vom 18. Februar, in der der Minister von den Deutschen die Zustimmung zum »*totalen Krieg*« forderte. Der Personenkult wurde in den Wochenschauen von Woche zu Woche mehr intensiviert. »*Die Wochenschau insbesondere ist der gegebene Ort propagandistischer Einwirkung, um die Welt des Führers allen Volksgenossen nahezubringen und sein Wesen als Verkörperung des gesamtdeutschen Seins fühlbar werden zu lassen.*« So formulierte es Ludwig Heyde in seiner Broschüre »Presse, Rundfunk und Film im Dienste der Volksführung«, erschienen Dresden 1943.

Noch mehr als in den Spielfilmen sollte die Wochenschau dem Betrachter, sei er Zivilist oder Militär, das Gefühl vermitteln, er sei einem Ganzen verbunden. In dem Sonderband »Der deutsche Film« von 1940/41 erklärte

Heinrich Roellenbleg, der Direktor der Deutschen Wochenschau, angesichts der Leistungen und der Opfer, die die Frontsoldaten erbrächten, müsse man diesen das Gefühl geben, daß das ganze Land hinter ihnen stünde in ihrem Kampf und ihre Leistungen zu würdigen wisse: »*Erst dann vereinen sich wirklich alle geistigen und seelischen Kräfte des ganzen Volkes in einer einheitlichen Front zu unbezwingbarem Siegeswillen.*«

Die Wochenschauen – 1938 wurde die Ufa bei den Filmfestspielen von Venedig für die beste Wochenschau ausgezeichnet – unterlagen einer besonderen Überwachung. Ihre Kameraleute mußten nicht nur Mitglieder des »Verbands der deutschen Kultur-, Lehr- und Werbefilmhersteller« oder der Reichsfilmkammer sein, sie benötigten darüber hinaus auch eine besondere Dreherlaubnis, die vom Reichspropagandaministerium ausgestellt wurde. Wochenschauzusammenfassungen, wie sie vor dem Krieg in den Zeitungen erschienen, dann jedoch verboten wurden, durften ab dem 29. September 1941 wieder publiziert werden, wenn sie vorher der Zensur vorgelegt worden waren. Zeitweise (bis zum Winter 1942/43) unterlagen die Wochenschauen sogar der persönlichen Überprüfung durch Hitler. Kurz, die Wochenschauen erfüllten genau den Zweck, den Goebbels am 10. Mai 1942 in seinem Tagebuch so beschrieb: »*Die Nachrichtenpolitik im Krieg ist ein Kriegsmittel. Man benutzt es, um Krieg zu führen, nicht um Informationen auszugeben.*«

Die Zensur

Im dirigistisch geführten deutschen Film mußte der Zensur eine besondere Bedeutung zukommen. Sie war ganz einfach Bestandteil einer Vorstellung vom Staat, wie sie die Nazis im allgemeinen und Goebbels im besonderen pflegten: »*Eine kluge, vorausschauende Staatsführung muß sich von vornherein all die Mittel sichern, die dazu angetan sind oder auch nur angetan sein können, ein Volk in seiner Willenskraft zu erziehen, zu lenken und zu stärken.*« Demgemäß wurde jeder Spielfilm vom Entwurf bis hin zur Ausführung von der Reichskammer in jedem Stadium aufmerksam überwacht.

In seiner Rede vom 15. November 1933 rechtfertigte Goebbels diese Maßnahmen: »*Die Grenzen des individuellen Freiheitsbegriffs liegen deshalb an den Grenzen des völkischen Freiheitsbegriffes. Kein Einzelmensch, er mag hoch oder niedrig stehen, kann das Recht besitzen, von seiner Freiheit Gebrauch zu machen auf Kosten des nationalen Freiheitsbegriffes. Denn nur die Sicherheit des nationalen Freiheitsbegriffes verbürgt ihm auf die Dauer persönliche Freiheit. Je freier ein Volk ist, desto freier können sich seine Glieder bewegen.*« Zuvor hatte er in einer Rede am 28. März des gleichen Jahres erklärt: »*Bei den gefährlichen Auswirkungen des Films hat der Staat die Pflicht, regulierend einzugreifen.*«

Daraus erklärt sich das Zustandekommen des Lichtspielgesetzes vom 16. Februar 1934, das am 1. März in Kraft trat. Während es bisher nur eine Verbots-Zensur gegeben hatte, sollte diese nun eine positive Ergänzung im Sinne der »*tatkräftigen Förderung*« des deutschen Films erhalten. Es wurde die Position des *Reichsfilmdramaturgen* geschaffen. Ihm mußten alle Film-projekte und Drehbücher vorgelegt werden (ab 13. Dezember 1934 war die Vorlage »freiwillig«).

Die Negativ-Zensur indessen blieb: »*Die Zulassung ist zu untersagen, wenn die Prüfung ergibt, daß ein Film geeignet ist, lebenswichtige Interessen des Staates oder die öffentliche Ordnung oder Sicherheit zu gefährden, das nationalsozialistische, religiöse, sittliche oder künstlerische Emp-finden zu verletzen ...*« Begriffe wie *nationalsozialistisches* oder *künstleri-sches Empfinden* sind natürlich dehnbar, und wurden angewandt, wann immer man dies für opportun hielt. Ab Juni 1935 wurde Goebbels sogar ermächtigt, bereits genehmigte Filme zu verbieten, wenn deren Vorführung aus Gründen des öffentlichen Wohls nicht angebracht erschien. Der erste Reichsfilmdramaturg Willi Krause, Romanautor und ehemaliger Redak-teur des Parteiorgans »Der Angriff«, verstand wenig vom Film. Sein Nach-folger und engster Mitarbeiter Hans Jürgen Nierentz trat vor allem als Ver-fasser der Nazihymne »Flieg, deutsche Fahne, flieg!« hervor. Das waren die Männer, die nach dem Gesetz des Jahres 1934 die Aufgabe hatten, »*recht-zeitig zu verhindern, daß Stoffe behandelt werden, die dem Zeitgeist zuwider-laufen*«. Bestenfalls hieß dies, daß Drehbuch und Besetzung einige Male geändert wurden und daß der Schnitt beliebig oft umgestaltet wurde. Goebbels, der sich jeden Film ein oder sogar mehrere Male ansah, hatte eine Manie: er nahm Einfluß auf die Besetzung von Filmen, wobei seine Vorliebe für bestimmte Schauspielerinnen kein Geheimnis war.

Die offizielle Zensur hatte drei Aufgaben zu erfüllen; sie hatte
. darüber zu wachen, daß »*das in deutschen Lichtspieltheatern Gebotene nicht unter die Grundhaltung einer sauberen und gesunden Volksunter-haltung herabsinkt.*« (Belling/Schütze nach Kochenrath)
. festzustellen, in welchem Maße ein Film für Jugendliche geeignet war;
. Prädikate an Filme entsprechend ihrer Einschätzung zu vergeben;
Die verschiedenen Prädikate, die von der staatlichen Zensurbehörde vergeben wurden (übrigens ein System, das in abgewandelter Form nach 1945 in beiden deutschen Staaten beibehalten wurde), umfaßten folgende Bezeichnungen:

Gruppe I:
»Film der Nation«, »staatspolitisch« und »künstlerisch besonders wert-voll«.
Gruppe II:
»Staatspolitisch wertvoll«, »künstlerisch wertvoll«, »kulturell wert-

voll«, »volkstümlich wertvoll«, »anerkennenswert« und »volksbildend«.
Gruppe III:
»Jugendwert« und »Lehrfilm«.

Schon vor 1933 gab es im deutschen Film drei Prädikate, nämlich »künstlerisch«, »volksbildend« und »Lehrfilm«, wobei Filme, die unter die erste Kategorie fielen, von der Vergnügungssteuer (die damals »Lustbarkeitssteuer« hieß) befreit waren; diejenigen der zweiten Kategorie erhielten eine Steuerermäßigung. Der Titel »Film der Nation« wurde erst 1941 »in Zusammenfassung und Steigerung der bestehenden Höchstprädikate zusätzlich geschaffen« (nach Hippler). Er wurde zusammen mit dem Deutschen Filmring verliehen. Mit der Zahl der Prädikate wuchs auch die Zahl der prädikatisierten Filme: wurden vom 1. September 1933 bis 31. August 1936 nur 24 Prozent der deutschen Produktion prädikatisiert, waren es vom 1. September 1939 bis 31. August 1942 40 Prozent.

Eine Verordnung vom 3. Juli 1935 verfügte, daß alle Filme, die vor dem 30. Januar 1933 hergestellt oder eingeführt worden waren, die Zensurkommission noch einmal zu passieren hatten. Vier andere Verordnungen bestimmten 1934 die Aufführung sogenannter »ernster« Filme an bestimmten Feiertagen.

Während der Dauer des Dritten Reiches unterlagen alle Filme ausnahmslos der Zensur, selbst wenn es sich nur um Amateurfilme handelte, die in einer geschlossenen Veranstaltung oder einem Verein vorgeführt werden sollten. Ihre Präsentation wurde öffentlichen Vorführungen gleichgestellt. Die Zensurkommission, die hier soviel Arbeit bekam, bestand aus einem Präsidenten und vier Beisitzern; letztere hatten jedoch nur beratende Funktion. Die endgültige Entscheidung lag beim Präsidenten. Vom 1. Februar 1934 an wurde das Recht auf Durchführung einer Filmvorführung, welcher Art auch immer, nur noch Personen zugesprochen, die Mitglied des »Reichsverbandes Deutscher Filmtheater« (später: »Fachgruppe Filmtheater«) in der Reichsfilmkammer waren. Selbstverständlich wurde auch sämtliches Werbematerial, das im Zusammenhang mit kommerziellen Filmen hergestellt wurde, zensiert – so Werbefilme, Plakate, Filmphotos, Programme, Filmanzeigen und Presseunterlagen.

Die Kritik

Vor 1933 war die Filmkritik in Deutschland nicht ausgeprägter als in anderen Ländern auch. Nun verschwand sie vollkommen. Sie wurde durch »Inhaltsbeschreibungen« ersetzt.

Das Gesetz vom 22. September 1933, das die Funktionen der Reichskulturkammer regelte, hatte die Journalisten bereits unter die persönliche Kontrolle von Goebbels gestellt. Ein weiteres Gesetz vom 4. Oktober bezüglich der Stellung der Chefredakteure degradierte die Kritiker zu reinen Funktionären und Befehlsempfängern des Propagandaministeriums. Am 26. November 1936 beschloß Goebbels, nachdem sich einige Theater- und Filmkritiker (besonders der »Deutschen Allgemeinen Zeitung«, der »Deutschen Zukunft«, der »Frankfurter Zeitung« und der »Kölnischen Zeitung«) zu große Freiheiten genommen hatten – und dies trotz mehrmaliger Interventionen von seiner Seite – Kunstkritiker ganz allgemein durch sogenannte *Kunstbetrachter* zu ersetzen. Allein der Partei und der Regierung sollten künftig Werturteile zustehen. Die Kunstbetrachter aber hatten nachgerade mit militärischem Gehorsam den »Tagesparolen« und Weisungen des Ministeriums zu folgen, mit welchen, je nach Interessenlage des Regimes, bestimmt wurde, was geschrieben werden sollte. Hier eine kleine Blütenlese:

. »*Für die kritische Würdigung des am kommenden Freitag in Hamburg zur Uraufführung gelangenden* ›Michelangelo‹-*Films wird folgende Sprachregelung gegeben: Wenn dieser Film, der als ein interessanter Versuch zu betrachten ist, auch keine filmische Spitzenleistung darstellt, so kann die fotografische Leistung des reichsdeutschen Kameramannes Kurt Oertel lobend erwähnt werden ...*« (20. März 1940).

. »*... Die Schriftleitungen werden gebeten, sich des Films* ›Leinen aus Irland‹ *überall, wo er noch oder wieder angesetzt werden sollte, wärmstens anzunehmen*« (5. August 1940).

. »*In der letzten Zeit mehren sich die Fälle, in denen in der Presse amerikanische Filme zum Gegenstand von Diskussionen gemacht werden. Alle Debatten über amerikanische Filme sind ab sofort abzustoppen. Das deutsche Publikum interessiert nur der deutsche Film. Es wird in diesem Zusammenhang erneut darauf hingewiesen, daß Berichte über das tschechische Filmwesen unerwünscht sind*« (24. Juni 1941).

. »*Der künstlerisch und volkserzieherisch hervorragende Film* ›Der große König‹ *verdient die besondere Beachtung der Blätter. In den Besprechungen sind jedoch alle Vergleiche Friedrichs des Großen mit dem Führer unter allen Umständen zu vermeiden, ebenso alle Analogien mit der heutigen Zeit, insbesondere die pessimistische Note, die zu Beginn des Films vielfach die Texte beherrscht und die keinesfalls mit der Haltung des deutschen Volkes im jetzigen Kriege zu identifizieren ist*« (7. März 1943).

Man muß freilich die Feststellung treffen, daß paradoxerweise während des Dritten Reiches die Literatur über den Film florierte wie niemals zuvor oder danach. Von 1933 bis 1944 lösten die historischen, ästhetischen, ökonomischen, politischen und technischen Studien einander ab: in seiner bemerkenswerten Bibliographie führt Hans-Peter Kochenrath nicht weniger als hundert davon auf (bei rund dreißig handelt es sich um Dissertationen).

Schließlich besaß das Nazikino in dem seit 1928 erscheinenden »Film-Kurier« eine einflußreiche, täglich erscheinende Zeitung.

Die Verbote

Fritz Lang war eines der ersten Opfer der Nazi-Zensur. Nacheinander wurden seine Filme »Das Testament des Dr. Mabuse«, »M« und sogar »Die Frau im Mond« (zu welchem Film Professor Oberth die technische Beratung gemacht hatte) verboten. Die Zensur untersagte Verfilmungen von Werken, deren Autoren auf der »Schwarzen Liste«, der sogenannten »Z-Liste«, standen (so durfte beispielsweise Stefan Zweigs Novelle »Amok« nicht verfilmt werden, wie der »Film-Kurier« vom 10. März 1933 mitteilte). Keine Aufführerlaubnis erhielten Filme, an denen jüdische Regisseure oder jüdische Schauspieler mitgewirkt hatten (etwa »Katharina die Große«, ein Film, den Paul Czinner 1934 in England mit seiner Frau Elisabeth Bergner gedreht hatte) und Filme von oder mit Emigranten (beispielsweise 1934 »Das hohe Lied« mit Marlene Dietrich unter der Regie von Rouben Mamoulian. Der Film wurde mit der Begründung abgelehnt, die Welt erhalte durch ihn von Deutschland *»ein völlig falsches und unsachliches Bild«).* Mit Verboten wurden alle Filme belegt, die, wie es hieß: den Bestrebungen der Regierung zuwiderliefen. Das betraf natürlich in erster Linie Filme mit progressivem Inhalt: »Die Dreigroschenoper« von G.W. Pabst (1931), »Voruntersuchung« von Robert Siodmak (1931) und »Kuhle Wampe« von Slatan Dudow (1932). In den letzten Kriegsjahren zog man dann sogar Filme ein, in denen zuviel Landschaft zu sehen war oder zuviel Tafelszenen gezeigt wurden. Man befürchtete, diese könnten im Zuschauer Erinnerungen an Reisen und reichlich gedeckte Tische wecken, während doch Durchhalteparolen wie: *»Alle Räder rollen für den Sieg!«* oder *»Wer ißt, hilft dem Feind!«* gelten sollten.

Ursprünglich sollten diese massiven Eingriffe in das Filmschaffen der Beseitigung jener Krise dienen, in der sich der deutsche Film befand und die Goebbels am 28. März 1933 so umschrieb: *»Man mache sich von dem Glauben frei, daß die gegenwärtige Krise eine materielle ist; die Filmkrise ist vielmehr eine geistige, sie wird bestehen, solange wir nicht den Mut haben, den deutschen Film von der Wurzel aus zu reformieren ...«*

In der Folgezeit wurde dem Film jedoch eine Vorzugsstellung in allen großen ideologischen Auseinandersetzungen zwischen dem Regime und dem Publikum eingeräumt. Mit dem Film als Propagandamittel verschaffte sich Goebbels Zugang zum Volk. Es ist bezeichnend, daß von 1940 bis 1942 acht der 15 größten Erfolge Filme mit eindeutig politischem Inhalt waren: »Annelie«, »Jud Süß«, »Der große König«, »Die Entlassung«, »Ohm Krüger«, »Ich klage an«, »Reitet für Deutschland« und »Heimkehr«.

Die Organisation des deutschen Filmwesens im Dritten Reich

… denn im Gegensatz zu früher haben wir Deutschen in diesem Krieg eine Tugend gelernt, die uns unüberwindlich macht: das Vertrauen in die eigene Kraft.
(Joseph Goebbels, 8. Februar 1942)

Auf zweierlei Weise bekam der Nationalsozialismus den deutschen Film in den Griff: über den administrativen Bereich und den wirtschaftlichen. Das Regime begünstigte, entsprechend der Tendenz des Faschismus, Monopolbildung und damit auch die Konzentration in der Filmwirtschaft. Es griff, wenn es sein mußte, dabei zu einschneidenden Maßnahmen. Zur gleichen Zeit schuf es ein System, das dem Staat eine absolute ideologische Kontrolle über das Kino garantierte.

Das Organisationssystem

Die rechtliche Konstruktion sah zwei übergeordnete Prinzipien vor, nämlich das »Führerprinzip«, das auf jeder Organisationsebene einen einzigen Verantwortlichen heraushob, und die »Gleichschaltung«.

Das »Führerprinzip« wurde von Hippler folgendermaßen dargestellt: »*Aus diesem Grunde ist auch im Filmschaffen das Führerprinzip entwickelt worden, das die einzelnen Verantwortlichkeiten anerkennt, aber sachlich bedingte Hauptverantwortlichkeiten festlegt. So sind während der Filmherstellung der Produktionsgruppenleiter für die tatsächliche Durchführung und der Regisseur für die künstlerische Gestaltung des Filmvorhabens führend und verantwortlich. Ihnen übergeordnet ist der vor allem für die Gesamtplanung eines Jahresprogrammes sowie für die Gestaltung des Stoffes bis zur Drehreife maßgebende und führende Produktionschef. Dieser wiederum untersteht dem Reichsminister für Volksaufklärung und Propaganda in der von ihm hierfür geschaffenen Stelle des Reichsfilmintendanten, dem neben der allgemeinen Produktionsplanung die Ausrichtung der künstlerischen und geistigen Gesamthaltung der Produktion obliegt, und der auch den künstlerischen Personaleinsatz sowie die Nachwuchsauslese und -erziehung überwacht.*«

Im Namen dieser »Gleichschaltung« wurden im März 1933 alle Organisationen des Landes (auf Staats-, Partei- und Gewerkschaftsebene) der ausschließlichen Kontrolle der Nazipartei unterstellt. Das Filmwesen kam in die Zuständigkeit des Reichspropagandaministeriums. Von Goebbels wurde dafür die »Abteilung Film« geschaffen. Den Posten des Intendanten bot er am 28. März 1933 Fritz Lang, trotz dessen jüdischer Abstammung, an. Am Tag zuvor hatte er auf einem Kongreß deutscher Filmschaffender im Berliner Hotel »Kaiserhof« die Qualitäten von Langs »Nibelungen« gelobt, nun fragte er ihn, ob er nicht Lust habe, unter seiner Oberleitung zu arbeiten, und schlug ihm gleichzeitig eine »Wilhelm-Tell«-Verfilmung vor. Doch Fritz Lang nahm voller Weitsicht noch am gleichen Abend den Zug nach Paris.

Ende des Jahres 1933 war die Umstrukturierung des Nazifilms abgeschlossen. Die Zuständigkeiten liefen über drei Körperschaften:
. das Reichsministerium für Volksaufklärung und Propaganda (»Abteilung V Film«)
. die Reichskulturkammer
. die Reichsfilmkammer

Das Reichsministerium für Volksaufklärung und Propaganda

Die Einrichtung eines »Reichsministeriums für Volksaufklärung und Propaganda« wurde vom Hitler-Kabinett am 13. März 1933 beschlossen. Als Minister wurde der kaum 36jährige Joseph Goebbels berufen, der damit nach einer Verordnung vom 30. Juni *»für alle Aufgaben der geistigen Einwirkung auf die Nation, der Werbung für Staat, Kultur und Wirtschaft, der Unterrichtung der in- und ausländischen Öffentlichkeit über sie und der Verwaltung aller diesem Zweck dienenden Einrichtungen«* zuständig war.

In dem neuen Ministerium wurden eine Reihe von Zuständigkeiten zusammengefaßt, die vorher bei anderen Dienststellen lagen:
1. *Aus dem Geschäftsbereich des Auswärtigen Amts: Nachrichtenwesen und Aufklärung im Auslande, Kunst, Kunstausstellungen, Film- und Sportwesen im Auslande.*
2. *Aus dem Geschäftsbereich des Reichsministeriums des Innern: Allgemeine innerpolitische Aufklärung, Hochschule für Politik, Einführung und Begehung von nationalen Feiertagen und Staatsfeiern, Presse (mit dem Institut für Zeitungswissenschaft), Rundfunk, Nationalhymne, Deutsche Bücherei in Leipzig, Kunst, Musikpflege, Theaterangelegenheiten, Lichtspielwesen, Bekämpfung von Schund und Schmutz.*
3. *Aus den Geschäftsbereichen des Reichswirtschaftsministeriums und des Reichsministeriums für Ernährung und Landwirtschaft: Wirtschaftswerbung, Ausstellungs-, Messe- und Reklamewesen.*
4. *Aus den Geschäftsbereichen des Reichspostministeriums und des Reichsverkehrsministeriums: Verkehrswerbung.*
   Aus dem Geschäftsbereich des Reichspostministeriums gehen ferner alle bisher dort bearbeiteten Rundfunkangelegenheiten über, soweit sie

nicht die technische Verwaltung außerhalb der Häuser der Reichsrund-
funkgesellschaft und der Rundfunkgesellschaften betreffen.
Goebbels Befugnisse gingen also weit über Aufklärung und Propaganda
hinaus: man hatte – abgesehen von den Bereichen Wissenschaft und Erziehung – ein zentrales Kulturministerium geschaffen. Kochenrath beschreibt
die übergeordnete Rolle, die diese Institution in Bezug auf den Film spielte:
»Das Goebbel'sche Ministerium beherrschte alle Phasen der Filmproduk-
tion, von der ersten Idee über die Realisation bis zur öffentlichen Vorfüh-
rung.« Der Minister und sein Leiter der Abteilung Film, zu dem er schließlich Fritz Hippler ernannte, konnten Ideen und Themen vorschlagen,
Drehbücher in Auftrag geben und Projekte nach eigenem Gutdünken un-
terbinden. Sie konnten, wenn nötig, Fehler des *»Geschmacks«* sowie
»künstlerische Irrtümer« bereinigen, und sie konnten im Falle wichtiger
Filme (wenn diese beispielsweise militärischen oder außenpolitischen Interessen dienten) diese mit allen ihnen zur Verfügung stehenden Mitteln
unterstützen. Dem Leiter der Abteilung Film unterstanden auch die Wochenschauen. Er überwachte deren Fertigstellung und sorgte dafür, daß sie
günstig in den Kinoprogrammen plaziert wurden. Von ihm stammte die
Konzeption zur Kontrolle der Propagandafilme. Ferner hatte er die persönliche Verantwortung für die Herstellung bestimmter abendfüllender Dokumentarfilme zu übernehmen. Schließlich war der Staat für die Deutsche
Filmakademie zuständig, für die am 4. März 1938 in Berlin-Neubabelsberg
der Grundstein gelegt wurde. Sie sollte, neben einem für später geplanten
Institut für Kulturfilm, drei Fakultäten umfassen: eine Fakultät für Filmkunst (der der Regisseur Wolfgang Liebeneiner vorstand), eine technische
und eine Wirtschaftsfakultät. Das Vorlesungsverzeichnis des ersten Seme-
sters wies unter dem Studienfach *» Weltanschauung«* die folgenden Themen
auf (zum größtenteil inspiriert von Rosenbergs »Mythus des 20. Jahrhun-
derts«):
»Grundzüge nationalsozialistischer Weltanschauung.
Das Ringen des nordischen Menschen um sein Weltbild.
Der Rassengedanke des Nationalsozialismus.
Die nordischen, germanischen und europäischen Wanderungen.
Unser germanisches Erbe.
Die Spätantike als Ausgangspunkt artfremden Geistes.
Der Einbruch des römischen Universalismus in den germanischen Lebens-
raum.
König und Priester im Kampf um die Weltherrschaft (Heinrich I., Otto I.,
Heinrich IV. und Gregor VII., Friedrich I. und Alexander III., Friedrich II.
und Innocenz III.).
Der Kampf der germanischen Kraft im späten Mittelalter (Ostsiedlung,
Hanse- und Ritterorden, Reformation und Gegenreformation).
Das preußische Vorbild und die Entstehung des Bismarckreiches.

Die Kräfte des Verfalls im 19. Jahrhundert (Liberalismus, Kapitalismus, Marxismus, Konfessionalismus).
Wesen und Wirken des Weltjudentums.
Der Kampf der nationalsozialistischen Bewegung um die Macht.
Der Aufbau des nationalsozialistischen Reiches.
Die Notwendigkeit einer nationalsozialistischen Bevölkerungspolitik.
Die Rassengesetzgebung des nationalsozialistischen Staates.
Der Aufstieg Deutschlands zur Weltmacht.«
Studenten und Gasthörer, die sich einschreiben wollten, mußten vorher ihre arische Abstammung und ihre Parteizugehörigkeit belegen. Die Akademie nahm ihren Betrieb 1940 teilweise auf, trat jedoch niemals ganz in der konzipierten Form in Tätigkeit.

Die Reichskulturkammer

Die Reichskulturkammer wurde am 22. September 1933 ins Leben gerufen. Ihr Präsident Goebbels war nun der »*Treuhänder des Führers und Reichskanzlers für das Kunst- und Kulturleben im neuen Deutschland«.* Weiter heißt es in dem Vorwort des »Handbuchs der Reichskulturkammer« (1937), herausgegeben von Hans Hinkel: »*Im Schmelztiegel des nationalsozialistischen Gedankengutes wurde durch die Reichskulturkammer und in ihr die lang ersehnte Gemeinschaft aller Kunst- und Kulturschaffenden geboren. Diese Gemeinschaft steht mitten im Volk und das Volk um sie. Daß dies alles so werden konnte, verdankt das ganze deutsche Volk seinem Führer Adolf Hitler, dem Schöpfer des Nationalsozialismus, dem ersten Künstler unserer Nation.«*
Paragraph 3 der Verordnung vom 3. November 1933 zum Reichskulturkammergesetz bestimmt: »*Die Reichskulturkammer hat die Aufgabe, durch Zusammenwirken der Angehörigen aller von ihr umfaßten Tätigkeitszweige unter der Führung des Reichsministers für Volksaufklärung und Propaganda die deutsche Kultur in Verantwortung für Volk und Reich zu fördern, die wirtschaftlichen und sozialen Angelegenheiten der Kulturberufe zu regeln und zwischen allen Bestrebungen der ihr angehörenden Gruppen einen Ausgleich zu bewirken.«*

Die Reichsfilmkammer

Der Einrichtung einer Reichsfilmkammer war am 6. Juni 1933 eine Verordnung des Propagandaministeriums vorausgegangen, die Juden und Ausländern die Betätigung in der deutschen Filmindustrie untersagte. Wer zukünftig Filmschaffender sein wollte, mußte deutscher Abstammung und Nationalität sein. Die Kammer erhielt nach ihrer provisorischen Gründung am 14. Juli 1933 ihr endgültiges Statut am 22. September des gleichen Jahres. Der Film war damit als erstes Massenmedium voll unter die Knute des Staates gebracht. Für das erste Jahr wurde folgendes Arbeitsprogramm fixiert:

I. Berufsständischer Aufbau

II. Verwaltungsaufgaben der Kammer
   A. Allgemeine Übersicht
     1. Statistik
     2. Das Ziel
     3. Einrichtungen
       Dramaturgisches Büro und Titelregister
       Reichsfilmarchiv

   B. Allgemeine Anordnungen
     1. Regelung der Eintrittspreise
       bei den Filmtheatern
       bei der Reichsvereinigung
     2. Zweischlagerverbot
     3. Bedürfnisfrage
     4. Disziplinare Strafen

   C. Regelung von Vertragsverhältnissen auf
      dem Gebiete der Filmwirtschaft
     1. Zwischen Filmschaffenden und Produzenten
     2. Zwischen Theaterbesitzern und Verleihern
       Bestellschein
       Übernahme laufender Verleihverträge
       bei Inhaberwechsel
     3. Stagma

   D. Filmkreditbank

   E. Filmaußenhandel
     1. Export
     2. Devisen- und Sperrmarkanträge

   F. Internationale Zusammenarbeit
     1. Lehrfilmkongreß (Rom 1934)
     2. Schmalfilm (Baden-Baden, Mai 1934)
     3. Venedig (Präsentation)

   G. Kulturfilm

Es sei angefügt, daß es auch die Idee zu einer nationalen Cinémathèque gab, welche schließlich zur Gründung des »Reichsfilmarchivs« führte.
Erster Präsident der Reichsfilmkammer wurde Fritz Scheuermann. Ihn

löste 1935 der SS-Oberführer, ehemaliger württembergischer Staatsminister und Tübinger Universitätsprofessor Oswald Lehnich ab. 1939 übernahm Regisseur Carl Froelich diese Position. Im Juli 1941 kam es auch zur Wiedergründung der Internationalen Filmkammer (die schon 1935, während der großen Exportkrise, existiert hatte) und in der (nach Georges Sadoul, 1954) »*die Satelliten der Achsenmächte und die besetzten Länder vertreten waren: Böhmen und Mähren, Belgien, Bulgarien, Kroatien, Dänemark, Finnland, Ungarn, Italien, Norwegen, Holland, Rumänien, die Slowakei. Mit Spanien und Schweden hatten zwei neutrale Länder ihre Mitgliedschaft angekündigt.*«

Die Konzentrationsbewegung in der Filmwirtschaft

Da einer jungen Diktatur nichts leichter fällt, als zu verbieten und Zensur auszuüben, machte sich der Einfluß des Staates auf die künstlerische Arbeit überaus rasch bemerkbar. Wie später (1940) unter der Vichy-Regierung in Frankreich, genügten einige Wochen, bis die ideologische Kontrolle des Films funktionierte.

Dagegen machte die wirtschaftliche Entwicklung vergleichsweise geringe Fortschritte. Wirtschaftliche Sanierung des gesamten Filmwesens, Ausschaltung der kleinen Produzenten und Rückkehr zur Prosperität in diesem besonders krisenanfälligen Industriezweig waren die Zielvorstellungen. Um dies zu erreichen, stützte man sich zunächst auf die beiden wichtigsten Firmengruppen »Tobis« und »Ufa« und bildete später den gigantischen Trust der »Ufi«.

Bei diesen Fusionsbestrebungen ließ die Naziregierung das kapitalistische Prinzip und das Prinzip der Rentabilität unangetastet. Bis zur Niederlage Deutschlands und der Zerschlagung des deutschen Filmwesens folgten seine Exponenten marktwirtschaftlichen Gesetzen. Reichlich subventioniert, wie sie war, verzichtete die deutsche Filmwirtschaft dennoch nicht darauf, ihre Ausgaben durch Einspielergebnisse, Investitionen durch gemachte Gewinne zu decken. Es wäre ein Fehlschuß, sie mit dem Filmwesen unter Stalin zu vergleichen. In der UdSSR wurden die Herstellungskosten der Filme vom Staat aufgebracht, wobei die Entscheidung darüber, ob ein Film gedreht wurde oder nicht, rein politischer Natur war. Im Hitler-Deutschland blieb die Filmherstellung dem privatwirtschaftlichen Denken von Angebot und Nachfrage verhaftet. Kassenergebnisse und Zuschauerzahlen spielten selbst dann eine vorrangige Rolle, wenn dem Staat an Filmprojekten besonders gelegen war.

Im Ganzen gesehen, blieb die Produktion kapitalistisch, was die Verantwortlichen hinwiederum bestimmte, dem Zuschauergeschmack Rechnung zu tragen. Wenn der Zuschauer ein Billett oder auch nur ein Filmprogramm kaufte, übte er damit ein Votum aus, zu dem das russische Publikum keine Möglichkeit hatte. Goebbels begriff das sehr wohl, als er von den Nazi-Filmen forderte, sie müßten in erster Linie gut gemachte Filme sein.

Schließlich spielte dieser Faktor auch eine große Rolle für die Beibehaltung der Vielfalt innerhalb der deutschen Filmkunst. Man ließ die Schau, die Traumwelt des Films zu ihrem Recht kommen und räumte dem weiblichen Wesen, dem Star, einen bevorzugten Platz ein. Um noch weiter zu gehen: wenn es Babelsberg, trotz politischer Pressionen, gelang, seinen Ruf als »europäisches Hollywood« zu wahren, dann verdankte es dies den wirtschaftlichen Bedingungen. Wie in den USA hat auch hier die Notwendigkeit, Geld einzuspielen, das heißt, zu gefallen, dafür gesorgt, das allzu krasse Ideologie abgemildert wurde.

Die »Ufa« und die »Tobis«

Es war General Ludendorff, der 1917 dem Kriegsministerium den Befehl gegeben hatte, den deutschen Film unter Kontrolle zu bringen. Gerade zu dieser Zeit schien es notwendig, die Moral im Lande mit allen Mitteln zu stärken. Am 18. Dezember wurde daher die »Universum-Film-Aktiengesellschaft« (»Ufa«) gegründet, die, vergleichbar den großen amerikanischen Trusts, die wichtigsten Filmproduzenten des Landes in einem Kartell zusammenschloß. Das Kartell wurde von der deutschen Kriegsindustrie, insbesondere von Krupp, unterstützt. Ein Beschluß der Ufa verdeutlichte ihre Zielsetzung. Darin hieß es, die Firma habe es sich zur Aufgabe gemacht, den schädlichen ausländischen Einfluß auszuschalten, erzieherisch im Sinne militärischer und anderer Interessen des Reiches zu wirken und in Deutschland Filmproduktion und -vertrieb auf ein hohes Niveau zu bringen.

Die Mehrheit der Ufa-Aktien ging 1927 an den Scherl-Verlag, dessen Besitzer Alfred Hugenberg war, Vorsitzender der »Deutschnationalen Volkspartei« und Reichstagsabgeordneter. In der Inflation hatte er sich ein Vermögen erworben und war schließlich zum Wortführer des Großkapitals und der Hochfinanz geworden. Er unterstützte eine Reihe von reaktionären Vereinigungen, so die »Pangermanistische Liga« von Heinrich Class und den »Stahlhelm« von Franz Seldte. Er war einer der ersten, die an Hitlers Aufstieg tätig mitwirkten, und nahm in dessen Kabinett bis Juni 1933 den Posten des Wirtschaftsministers ein. 1932 beschäftigte Hugenbergs Ufa bereits 5000 Mitarbeiter.

Die »Tobis« (»Ton-Bild-Syndikat«) dagegen war 1927 von einer Gruppe deutscher und holländischer Industrieller mit der Absicht gegründet worden, Tonfilme herzustellen und ein eigenes Tonfilmpatent gegen die Konkurrenz der amerikanischen Firma Warner Bros. (die ein Patent der Western Electric benutzte) in Europa durchzusetzen. Erst nach einem monatelangen Rechtsstreit einigten sich Warner Bros. und die deutsch-holländische Gruppe Tobis-Klangfilm-Küchenmeister über die Aufteilung des Tonfilmmarkts.

1930 begann sich die Nazi-Partei, die eine »Reichsfilmstelle« gegründet hatte, für die Herstellung von Filmen zu interessieren. Sie drehte einige eigene Wahlkampffilme und gab von 1932 an ihr Blatt »Der deutsche Film« heraus. Nach der Machtergreifung erwarb das Reich auf Initiative von Goebbels hin die Firma Tobis für 3,2 Millionen Gulden. Dies war die Ouvertüre. Die Ufa sollte 1936 folgen. 1938 wurde der Schauspieler Emil Jannings zum Verwaltungsratsvorsitzenden der Tobis ernannt.

Die Krise von 1936 - 1937

Die erste einschneidende Maßnahme der Reichsfilmkammer war die Vorbereitung des neuen Reichsfilmgesetzes, das am 16. Februar 1934 in Kraft trat und die bis dahin gültigen Regelungen aus dem Jahre 1920 ablöste. Doch dieses in erster Linie politisch konzipierte Gesetz erwies sich als unfähig, die Krise des deutschen Films in der Spielzeit 1936 - 37 aufzuhalten. Das Gesamtdefizit erreichte nach Auskunft des Ufa-Generaldirektors 15 Millionen Reichsmark (»Film-Kurier« vom 8. März 1937). Schuld an dieser Krise war der plötzliche Rückgang der Auslandsverkäufe nach dem Machtantritt der Nazis. Die deutsche Filmindustrie konnte nur noch mit dem Binnenmarkt rechnen. Während noch 1933 der Filmexport rund 40 Prozent der Produktionskosten gedeckt hatte, machte er 1935 nur noch 12 Prozent aus. Zwar stieg zur gleichen Zeit die Zuschauerzahl im Reich, aber in einigen Exportländern, vor allem in der Tschechoslowakei und in Polen, wurden die Filme, die aus Deutschland kamen, nahezu boykottiert. Damals mußte die Ufa ihre Büros in Budapest und Stockholm schließen und ihre Kinos in der Schweiz verkaufen.

Zur gleichen Zeit aber waren die Herstellungskosten für Filme, die schon durch die Einführung des Tonfilm-Systems angezogen hatten, in einem beängstigenden Maße in die Höhe geschnellt, nämlich von 1933 bis 1936 um rund 95 Prozent. Im Konkurrenzkampf der Firmen um Stars wurden nun nicht nur die Gagen der Filmschauspieler hochgetrieben, sondern es stiegen auch die übrigen Produktionskosten. Aus all' diesen Gründen setzte der IV. Jahresplan für die Filmwirtschaft folgende Ziele fest:

. Wiedergewinnung der verlorenen Auslandsmärkte (dafür wurde die »Deutsche Export GmbH« geschaffen, in der sich ab Juni 1935 alle Filmexporteure zusammenschlossen) und verbesserte Auswertung der Filme im Inland;

. vermehrte Herstellung von Filmen, die Aussicht haben, ein Prädikat zu bekommen und damit Steuerersparnisse bringen;

. Verbesserungen in der Produktionsplanung.

Zur gleichen Zeit wurde Hugenberg unter dem Vorwurf, die Weimarer Republik unterstützt zu haben, aus der Ufa gedrängt. Diese wurde von nun an von einem Komitée geleitet, das von Goebbels berufen wurde und dem Carl Froelich vorstand. Der Regisseur Karl Ritter und die Schauspieler Paul Hartmann, Eugen Klöpfer und Mathias Wieman saßen im Ufa-Verwaltungsrat. Hugenberg freilich wurde 1943 rehabilitiert und geehrt, als man den 25. Jahrestag der Ufa-Gründung und den 10. Jahrestag des Hitlerfilms feierte. Wie dem auch sei, einer der spektakulärsten Zentralisationsversuche in der Filmgeschichte hatte begonnen.

Die Konzentration der Industrie und die Schaffung der Ufi

Nach und nach wurden die kleinen Unternehmen ausgeschaltet. Von 49 Firmen, die bis 1933 einen oder zwei Filme pro Jahr herstellten, waren 1939 nicht mehr als 15 übrig geblieben. Bei Kriegsausbruch war die Zahl der Firmen, die 1933 noch drei bis fünf Filme produziert hatten, auf zwei geschrumpft. Die Krise von 1936/37 begünstigte das Eingreifen des Staates, der sich zum Aufkauf von Filmfirmen, die in Schwierigkeiten geraten waren, einer Holdinggesellschaft bediente, die Max Winkler 1929 in der Krisenzeit der Weimarer Republik gegründet hatte und die den Namen »Cautio Treuhand GmbH« trug.

Im Jahre 1939 kontrollierten vier gigantische Unternehmen (die Ufa, die Terra, die Tobis und die Bavaria) 73 Prozent der nationalen Produktion, in den Rest teilten sich 18 kleine Firmen. Die Konzentrationsbestrebungen führten schließlich am 10. Januar 1942 zur Schaffung des gewaltigen Trusts der »Ufa-Film GmbH« (Ufi), die ein Stammkapital von 65 Millionen Reichsmark auswies.

Dieser Konzern hatte 138 Einzelfirmen aus allen Bereichen der Filmherstellung geschluckt. Darunter befanden sich:

. die »Bavaria-Filmkunst GmbH«, die aus dem Bavaria-Trust, dem großen Rivalen der Ufa in den vergangenen Jahren, hervorgegangen war und zu der die Produktionsfirma »Bavaria-Film AG«, die Studios in München-Geiselgasteig, die Tochter »Bavaria Wochenschau« und »Bavaria Filmverleih« sowie die Bavaria-Kopierwerke gehörten. Am 11. Februar 1938 war daraus durch die »Cautio« die »Bavaria-Filmkunst GmbH« gemacht worden;

. die Produktionsfirma »Berlin-Film GmbH«, die von der »Cautio« zusammen mit der »Tobis« am 2. September 1941 geschaffen worden war und die für die Beschäftigung jener Filmschaffenden sorgen sollte, die durch das Auflösungsdekret vom 6. Juni, mit dem Privatfirmen liquidiert wurden, arbeitslos geworden waren;

. die »Mars-Film GmbH« (ehemals der Filmdienst der Wehrmacht), gegründet am 22. Dezember 1942 unter Einschluß eines Kopierwerks und eines Tonstudios in Berlin-Spandau;

. die »Prag-Film AG«, die am 21. November 1941 aus der ehemaligen tschechoslowakischen »AB-Filmfabrikations AG« hervorgegangen war;

. die »Terra-Filmkunst GmbH«, eine Produktionsfirma, gegründet im Jahre 1937;

. die »Tobis«-Gruppe: »Internationale Tobis Matschappij NV« (oder »Intertobis«, die ihren Sitz in Amsterdam hatte und deren Aktien mit Hilfe der Hollywood-Firma »Warner Bros.« erworben wurden), die »Tobis AG«, »Tobis Filmkunst GmbH« und »Tobis-Tonbildsyndikat GmbH«;

. die »Ufa-Filmkunst GmbH«, eine am 17. Januar 1942 aus einem Teil der alten Ufa und der »Deulig-Film GmbH« entstandene Produktionsfirma;

. die »Universum-Film AG« (die alte Ufa) und ihre Töchterunternehmen »Deutsche Filmvertriebs GmbH« (Verkauf), »DESCHEG Deutscher Schmalfilm Vertriebs GmbH«, die »Ufa-Sonderproduktions GmbH«, die »Ufa-Handels GmbH« (Kinoeinrichtung und Kinoapparaturen), die »Deutsche Wochenschau GmbH«, die »AG für Filmfabrikation« (»Afifa«, Filmherstellung in Berlin-Köpenick, Tempelhof und Babelsberg, die ihre Produktion von 26 Millionen Metern in den Jahren 1935/36 bis auf 83 Millionen Meter in den Jahren 1941/42 steigerte), die »Deutsche Filmtheater GmbH«, die »Deutsche Synchron GmbH«, die »Ufa-Tonverlag GmbH«, die »Wiener Boheme-Verlag GmbH«, die »Filmton-Verlag GmbH«, die »Ufa-Buchverlag GmbH«, die Druckerei »Rotop ot Bromsilber Druck GmbH« und die »Filmfoto-Verlag GmbH«;

. die »Wien-Film GmbH«, die 1938 aus der »Tobis Sascha Filmindustrie AG« hervorgegangen war;

. die »Deutsche Zeichenfilm GmbH«.

Im Frühjahr 1942 kontrollierte die Ufi auf direktem Wege die gesamte Produktion und einen großen Teil der Kinos. Über die alte Ufa hatte sie das Verleihwesen und die technische Ausrüstung in der Hand. Finanzielle Unterstützung erhielt sie von der »Filmkreditbank«, die am 1. Juni 1933 gegründet worden war, um den Abfluß jüdischen Kapitals aus den deutschen Filmunternehmen auszugleichen. Sie Unterstand einem Staatssekretär des Propagandaministeriums. Aufgrund dieser Struktur vermochte der deutsche Film die Jahre der Krisen zu überstehen. Immerhin schoß die »Filmkreditbank« Produzenten zunächst bis zu 75 Prozent der Herstellungskosten vor, ehe es dann zur Regel wurde, daß sie 30 Prozent kreditierte. Den Rest übernahmen der Produzent (30 Prozent), die Verleiher und die Kinoketten.

Die technischen Einrichtungen

Andrerseits verfügte der Nazifilm während seiner kurzen Existenzzeit über bemerkenswerte technische Einrichtungen, die zum großen Teil schon 1933 vorhanden waren und die bei Kriegsausbruch als die besten Europas galten:

. die Ufa-Studios in Berlin-Tempelhof;
. die Einrichtungen in Neubabelsberg;
. die Froelich-Studios;
. die Studios der Tobis in Johannisthal und Grunewald.

1937 gab es in Berlin insgesamt 27 Filmateliers, darunter neun in der »Ufa-Stadt« Babelsberg (530 000 Quadratmeter), vier in Tempelhof, und drei gehörten zu dem Carl Froelich-Unternehmen (befanden sich aber bereits unter der Kontrolle der Ufa). Daneben verfügte die Ufa über ein großes und ein kleines Studio zur Nachsynchronisation und ein Misch-Studio bei Babelsberg, über zwei Trickstudios, zwei Ateliers für Werbefilme, eines für Zeichentrickfilme und ein kleines, das Ausbildungszwecken diente. Zwei Ateliers und eine moderne Anlage für Mikro-Aufnahmen dienten der Produktion von Kulturfilmen.

Eine solche dynamische Infrastruktur erklärt, warum Deutschland mit den USA in der Entwicklung des Farbfilms und des dreidimensionalen Films etwa gleichauf lag. Was den dreidimensionalen Film anbelangte, so war dieser keine Utopie: Zeiss-Ikon stellte am 27. Mai 1937 in Berlin einen Stereoskop-Film vor, der, ebenso wie andere Verfahren, in Vergessenheit geriet. Dagegen brachte die Farbfilm-Forschung wichtige Ergebnisse. Schon bei der Einführung des Tonfilms hatte die Ufa mit ihrem »Ufacolor« einen Zweifarben-Film entwickelt, den sie 1931 für einen Tierfilm verwandte. Neun Jahre später brachte sie die ersten Dokumentarfilme in »Agfacolor« heraus: »Bunte Kriechtierwelt« und »Thüringen«. Damit lag sie nur drei Jahre hinter der Entwicklung des amerikanischen »Technicolor«-Verfahrens zurück, wobei ihr Drei-Farben-Film viel einfacher funktionierte: er brauchte nur ein Negativ anstatt drei. Dafür freilich waren die Farben schwächer und unterlagen starken Schwankungen. Dennoch wurden bis 1945 15 Filme (vier davon wurden nicht fertiggestellt) in Agfacolor gedreht.

Der erste Spielfilm in Farbe wurde bereits 1936 vorgestellt. Er war in »Opticolor« (einem Verfahren von Berthon-Siemens) gedreht worden. Es handelte sich um einen Kurzfilm nach Alfred de Mussets »La Mouche«. Er erschien unter dem Titel »Das Schönheitsfleckchen« in der Regie von Wolfgang Liebeneiner mit Lil Dagover in der Hauptrolle. Produziert wurde der Film von Carl Froelich.

Die Ergebnisse einer Politik

Nachdem die kleineren Firmen verschwunden waren, die deutsche Filmwirtschaft fest dem Staat unterstand, von der »Filmkreditbank« finanziert
wurde und über eine solide technische Ausrüstung verfügte, gab es bemerkenswerte Fortschritte. Die Zahlen sprechen für sich:

. im Schnitt wurden die Studios zwischen 1935 und 1936 zu 95 Prozent
ausgelastet. Das sind um 10 Prozent mehr als in den Jahren 1933–35. Die
Zahl der Kurzfilme verdoppelte sich, die der abendfüllenden Filme stieg
um 20 Prozent. Mit durchschnittlich 80 Filmen pro Jahr blieb die Produktion abendfüllender Filme die stärkste Europas;

. zur gleichen Zeit sank die Zahl ausländischer Filme in deutschen Kinos
(allein die Zahl amerikanischer Filme fiel von 64 im Jahr 1933 auf 20 im
Jahr 1939). Triumphierend konnte das Jahrbuch 1937 der Reichsfilmkammer mitteilen, daß »*88 Prozent der Gesamtzahl der im Verleih befindlichen Filme im Jahr 1936 deutschen Ursprungs*« waren. Auch dabei
machte sich eine deutliche Konzentration bemerkbar: waren 1932 noch
60 Prozent der Filme von kleinen oder mittleren Firmen verliehen worden, so waren es zwei Jahre später nur noch 25 Prozent.

Auf dem Gebiet der Kinoauswertung unternahm die Ufa ebenso große
Anstrengungen wie in der Produktion: sie organisierte das »Ufa-Festival«
(für eine »Woche des nationalen Films« wurden den Kinobesitzern je zwei
Filme patriotischen Charakters vorgeschlagen), das dafür sorgen sollte, daß
die Feiertage im ganzen Land der Auswertung von Ufa-Filmen in den Kinos
vorbehalten wurden und daß nicht zwei Filme der gleichen Firma während
dieser Zeit einander Konkurrenz machten. Es war jederzeit möglich, im
Falle schlechter Kritiken in den einzelnen Orten, bei der Reichsschrift-
tumskammer in Berlin zu intervenieren. Das bemerkenswerte Handbuch
der Kinotheater, Jahrgang 1934/35, konstatiert einen Sieg, indem es vermerkt, die Ufa-Agenten und -Repräsentanten hätten das bedeutendste
Filmunternehmen Europas hinter sich, würden die besten Filme vertreten
und könnten sich auf das bestorganisierte Verleihsystem stützen.

Tatsächlich besaß die Ufa 1936 in Deutschland 109 Kinos mit 119 126
Sitzplätzen. Zwei Jahre später waren es bereits 5446 Kinos mit über 2 Millionen Plätzen. Mit dieser Kapazität nahm Deutschland hinter den USA in
der Welt den zweiten Rang ein. Der Rückgang der Arbeitslosigkeit und die
gleichzeitige Verbesserung des Lebensstandards, die dem Machtantritt der
Nazis folgten, erlaubten dem größten Teil der Bevölkerung, wieder ins Kino
zu gehen. Von 1932 bis 1935 stiegen die Zuschauerzahlen um 65 Millionen
und die Einnahmen um 50 Millionen Reichsmark (pro Spielzeit) an. Von
1935 bis 1936 wuchs die Besucherzahl nochmals um fast 60 Millionen und
überstieg damit die Rekordzahl, die 1928/29 nach der Einführung des Tonfilms erreicht worden war.

Außerdem sorgte die Partei über ihre regionalen »Gaufilmstellen« dafür, daß dem Kino neue Kundschaft erwuchs. Der »Film-Kurier« vom 31. Dezember 1936 berichtete darüber: »*Über 300 Tonfilmwagen, ausgerüstet mit modernsten Filmapparaturen durchlaufen täglich das Reich... So war es möglich, auch an jene 25 Millionen Menschen, die abseits der großen Siedlungen und Verkehrswege leben, die Probleme unserer Zeit in lebendiger Form heranzubringen.*«

Diese offiziellen Wanderschauen, für die unter anderem auch zwei Spezialzüge zur Verfügung standen, erreichten 1935 fast 22 Millionen Zuschauer und mehr als 37 Millionen Zuschauer im Jahre 1937, als insgesamt 180 000 Vorführungen stattfanden. Überdies produzierten die Gaufilmstellen auch politische Kurzfilme (1935 allein 160).

1939 erreichte die Spielfilmproduktion die Rekordzahl von 111 Filmen (davon waren 28 Ufa-Filme). Nach Kriegsbeginn verminderte sich die Zahl wieder: auf 89 im Jahre 1940, 71 im Jahre 1941, 64 im Jahre 1942. Aber entsprechende Maßnahmen der Ufi-Gewaltigen und zweifellos auch die Rede, die Goebbels anläßlich des 25. Jahrestags der Ufa-Gründung hielt, gaben neuen Auftrieb: 1943 stieg die Produktion auf 83, 1944 betrug sie 75 Filme, was in Anbetracht der damaligen Situation erstaunlich genug ist.

Die Expansion im Ausland

Die Organisation des Nazifilms besaß zahlreiche und mächtige Filialen im Ausland. Ein Drittel der Ufa-Umsätze kam aus dem Ausland (vor allem aus Belgien und Frankreich), wo die Tobis, die zum Beispiel die ersten Tonfilme René Clairs produzierte, ebenfalls Filialen hatte. Mit Ausweitung der deutschen Annexionspolitik bekamen die deutschen Filmgesetze auch in den besetzten Ländern Gültigkeit: zunächst im Saarland (1935), dann in Österreich und im Sudetenland (1938) und schließlich in Polen (1939). Der »Film-Kurier« vom 13. Februar 1941 berichtete darüber, wie sich der Nazi-Film in den östlichen Territorien einrichtete: »*Auch im Gebiete des Generalgouvernements ist der politischen, kulturellen und wirtschaftlichen Bedeutung des Films schnell Rechnung getragen worden. Bald nach der Besetzung rollten die ersten Tonfilmwagen über die polnischen Landstraßen, wurden in den betriebsfähigen Filmtheatern den deutschen Soldaten die ersten Spielfilme und Wochenschauen gezeigt. Nach einigen Monaten, in denen sich die Vorführungen nach den lokalen Gegebenheiten richteten, wurde der planmäßige Aufbau eines Filmtheaterwesens im Generalgouvernement in Angriff genommen. Am 18. März 1940 wurde ein Treuhänder für sämtliche Lichtspieltheaterbetriebe im Generalgouvernement eingesetzt und dieser Treuhänder mit der Leitung der Betriebsstelle für diese Theater betraut. Er bewirtschaftet zentral von Krakau aus die bis heute eröffneten 107 Filmtheater. Die Spielpläne werden in Krakau festgelegt, der Kopienversand erfolgt von Krakau, zum Teil von Warschau aus.*«

Am 10. November 1941 erfolgte in Berlin die Gründung der »Zentral-film-Gesellschaft Ost mbH«, zu der die Filialen »Ostland Filmgesellschaft mbH« (Riga) und »Ukraine-Filmgesellschaft mbH« (Kiew) gehörten. Diese Firmen trugen vor allem Sorge dafür, Kinos wieder instandzusetzen, neue zu eröffnen und Wanderkinos einzurichten. Nach der Besetzung wurde in Frankreich die Firma »L'Alliance Cinématographique Européen-ne« (A.C.E.), die schon zu Stummfilmzeiten Ufa-Repräsentant gewesen war, zur mächtigsten Verleihfirma des Landes ausgebaut. Sie vervielfachte ihre Niederlassungen in der Provinz und vertrieb fast ausschließlich Filme, die in Berlin, München oder Wien hergestellt worden waren (25 von 32 im Jahresprogramm 1941/42). Sie überschüttete Frankreich mit Ufa-Doku-mentarfilmen und richtete einen 16mm-Service ein (nachdem das 17,5mm-Format abgeschafft worden war). Zur gleichen Zeit nahm die A. C. E. den Verkauf neuer Projektionsapparate der Marken Debrie, Erics-son und Oemichen auf. Der Schmalfilm-Vertrieb florierte selbst in der fran-zösischen Provinz sehr stark und umfaßte 1941 ein Angebot von 87 Lang-filmen, von denen 70 deutschen Ursprungs waren. Deutschland schuf sich schließlich mit der »Continental-Film« eine eigene Produktionsfirma in Pa-ris, deren Erzeugnisse von der A. C. E. und der Tobis vertrieben wurden. Marcel Lapierre kommentierte dies wie folgt: *»Es handelte sich darum, ge-genüber den amerikanischen Filmtrusts einen europäischen Filmblock unter deutscher Ägide zu bilden. Es waren nicht nur propagandistische Absichten, die hinter diesem Programm standen: es war vor allem der Wille zur kom-merziellen Hegemonie.«* Die »Continental« verpflichtete sofort den größten Teil der französischen Künstler und Techniker und sicherte sich nahezu alle Studios in der Region Paris. Ihr Direktor war gleichzeitig auch Vorsitzen-der des Kino-Konsortiums »S. O. G. E. C.«, das in Paris die größten Kinos und in der Provinz mehrere wichtige Theaterbetriebe kontrollierte. Diese stellten einen erstklassigen Markt für die Filme der A. C. E. und der Tobis dar.

Das Kino für die Jugend

Ein Filmwesen wie das der Nazi-Zeit mußte zwangsläufig den Kontakt mit der Jugend suchen, da es nur logisch im Sinne faschistischen Denkens war, die Fortdauer des Regimes einzuplanen.

Dabei waren Filme, die speziell für Jugendliche gedreht wurden, selten. »Jugend und Film« zählt nicht mehr als fünfzehn auf. Das Prädikat »ju-gendwert«, das 1939 nur zwei Prozent der produzierten Filme erhielten (zwei von 111), wurde 1941 elfmal verliehen (das machte 16 Prozent der Gesamtproduktion aus und stellte einen Rekord dar, der nicht wieder er-reicht wurde).

Dagegen zeigt eine Untersuchung des Jahres 1943, welchen Erfolg die

Nazi-Propaganda bei den Jugendlichen hatte. Sie erfaßte 1946 Personen (686 Jungen, 1260 Mädchen), von denen die meisten zwischen 14 und 17 Jahren alt waren. Unter deren bevorzugten Themen rangierte »*Heldentum*« (mit 394 Erwähnungen) vor »*deutschem Geist*« (263 Erwähnungen) und »*Vaterlandsliebe*« (238 Erwähnungen). Unter den ablehnenden Bewertungen findet man unter der Sparte »*damit sind wir wieder da, wo wir 1933 anfingen: beim amerikanischen Jazz*« 59 Stimmen. Rund 20 Antworten loben Filme, die von der Partei für die Jugend produziert worden waren, und zwar unter der Sparte »*Filme, die zeigen, daß Jungen, die auf Abwege geraten waren, durch die Hitlerjugend wieder zu brauchbaren Jungen erzogen werden*«.

Im Jahre 1934 wurden die »Jugendfilmstunden« eingeführt. Es handelte sich um Veranstaltungen der Hitlerjugend, die Jugendlichen bis zu 18 Jahren und allen Angehörigen der Hitlerjugend, gleich welchen Alters, offenstanden. Schon im ersten Jahr (1934/35 fanden 371 Veranstaltungen mit 217 354 Zuschauern statt. Im Winter 1939/40 erreichte die Zahl der Vorführungen 8244 mit über dreieinhalb Millionen Besuchern und wurde im Winter 1942/43 auf 45 290 Vorstellungen mit 11,2 Millionen Zuschauern gesteigert. Von diesen 45 290 Vorstellungen wurden 18 240 mit Hilfe der Kino-Mobile der Gaufilmstellen in Gegenden ohne feste Kinos durchgeführt (nachmittags eine Vorstellung für die Jugendlichen, abends normale Vorführungen für Erwachsene). Weitere 2950 fanden in verschiedenen Lagern statt. Diese Veranstaltungen wurden auf Reichsebene vom Presse- und Propagandabüro der Reichsjugendleitung in Zusammenarbeit mit dem Goebbels-Ministerium organisiert. Auf lokaler Ebene war für sie der Filmbeauftragte der jeweiligen Sektion der Hitlerjugend zuständig. Von November 1939 an mußten die Filmtheater auf Anordnung von Goebbels einen Sonntagvormittag pro Monat für Jugendfilmstunden zur Verfügung stellen. Die jugendlichen Zuschauer kamen in Scharen. Sobald sie Platz genommen hatten, wurden Lieder gespielt, wie sie in der Hitlerjugend gesungen wurden. Der Hauptfilm wurde von einem Sprecher eingeführt, der auf dessen Bedeutung und den aktuellen politischen Bezug hinwies. Daneben wurde empfohlen, besonders wichtige Filme im Familienkreis zu diskutieren. Da die »jugendwerten« Filme jedoch in zu geringer Zahl vorhanden waren, wurden Vorstellungen aus dem Material deutscher Wochenschauen und Dokumentarfilme zusammengestellt.

Die Hitlerjugend begann von 1934 an, eigene Filme herzustellen. Unter den Produktionen befanden sich Filme verschiedener Formate, die sowohl stumm als auch mit Ton gezeigt werden konnten. Neben rund 15 kurzen und mittellangen Filmen (wie »Die Stadt der weißen Zelte« – über ein Lager in Offenburg, Baden) erschienen 1942 und 1943 sechs Ausgaben einer Wochenschau von zirka 380 Metern Länge, die »Junges Europa« hieß. Beim ersten Fernsehfilm, der 1935 anläßlich der Funkausstellung gezeigt

wurde, handelte es sich ebenfalls um einen Film über das Leben der »H.J.«.
Nicht zu unterschätzen ist auch die Verwendung des Films in den Schulen.
René Jeanne und Charles Ford berichten, daß im Jahre 1940 von 62 000
Schulen im Reich 40 000 eine Leinwand besaßen und daß die »Reichsanstalt für Film und Bild in Wissenschaft und Unterricht« die Produktion von
430 Filmen für die Grundschulen, Berufs- und Landwirtschaftsschulen und
von 402 Filmen für Oberschulen und Universitäten zugesagt hatte, von denen trotz des Krieges bis 1940 bereits 214 fertiggestellt waren. Dieser
Film-Unterrichtsdienst war 1934 gegründet worden und unterhielt eine
Zeitschrift mit dem Titel »Zitat 9«.

Einen Aufschwung insgesamt nahm die Schmalfilmproduktion nach
1935, als, entsprechend dem Beschluß der Konferenz von Baden-Baden
vom 28. Mai 1934, das Format auf 16 Millimeter festgelegt und entsprechende Tonprojektoren geschaffen wurden. Von da an begann man,
Schmalfilmkopien von zahlreichen Langspielfilmen und Dokumentarfilmen zu ziehen, die für Vorführungen in kleinerem Rahmen gedacht waren.

Dokumentarfilme und Wochenschauen

Gerechterweise muß an dieser Stelle erwähnt werden, welche Bedeutung
man dem Lehrfilm, einer deutschen Tradition, beimaß. Schon zur Zeit des
Stummfilms befaßte sich die Ufa, in der der Photo- und Filmdienst der Armee aufgegangen war, mit der Herstellung von Dokumentarfilmen, wozu in
Berlin-Steglitz ein eigenes Zentrum gegründet worden war. 1925 richtete
die Ufa in Südende ein Spezialstudio für wissenschaftliche Filme mit Labor
ein, das Dr. Wolfmar Junghans anvertraut war, dessen Nachfolger Dr. Ulrich K.T. Schulz wurde. Anfang 1930 galt diese Spezialfilmproduktion als
die beste ihrer Art in der Welt.

Der Dokumentarfilm blieb auch das Lieblingskind des Dritten Reichs.
Seit im Januar 1936 Doppel-Filmprogramme in den Kinos abgeschafft
worden waren, erfuhr er eine enorme Begünstigung. Man setzte nun anstelle eines Spielfilms einen oder mehrere Kurzfilme ein. Deswegen gehörten zur »Ufa-Stadt« bald auch Spezialstudios zur Mikrophotographie und
Spezialeinrichtungen für Unterwasseraufnahmen sowie ein zoologischer
und ein botanischer Garten. Dies alles stand unter der Leitung von Dr. Nicolas Kaufmann, den Maurice Bessy als einen *»großen Zauberer des Zelluloids«* bezeichnete, der *»sich mit allen wissenschaftlichen Bereichen, mit der
Physik, Chemie, Astronomie, Geographie, Biologie, Medizin etc. befaßt. Wir
verdanken ihm rund 50 Filme pro Jahr: das Ergebnis einer strengen Auswahl
unter zahlreichen Projekten seiner eifrigen, kenntnisreichen Mitarbeiter aus
aller Welt«* (»Alliance Magazine«, März 1939). Außerdem war 1934 der
»Verband der Deutschen Kultur-, Lehr- und Werbefilmhersteller« und
1935 die »Gesellschaft für Öffentlichkeitsarbeit mit Dokumentarfilmen«

gegründet worden. Im Jahre 1936 waren 1306 von 1507 Filmen, die deutsche Studios verließen, Dokumentarfilme pädagogischer oder publikatorischer Art (141 mehr als im Jahr davor).

Im gleichen Zeitraum erfuhr die Herstellung von Wochenschauen eine außergewöhnliche Expansion. Sie betrug 400 Kopien pro Woche vor dem Oktober 1939 und wurde auf 1700 Kopien gesteigert, die sämtlich nach einem Monat Laufdauer wieder eingezogen wurden – viel rascher als vor Kriegsausbruch. Neben der Version für das »Deutsche Reich«, wurden 15 andere Versionen hergestellt, die – so Hippler –, »*entsprechend der Mentalität in den interessierten Ländern bearbeitet worden sind*«. Insgesamt wurden 1942 1000 Kopien in 29 Sprachen für 34 verschiedene Länder hergestellt (»Der deutsche Film«), während es noch 1939 nur 41 Kopien für 16 verschiedene Länder waren.

Spezial-Teams von Kriegskorrespondenten, die »Propaganda-Kompanien« (»P. K.«), lieferten das gesamte, wöchentlich anfallende Material: seit Beginn des Polenfeldzuges waren sie durch die Luft-Kurierpost in der Lage, 30 000 bis 40 000 Meter Film pro Woche anzuliefern. Ein Kopierwerk arbeitete Tag und Nacht, um dieses Material zu entwickeln. Vom März 1937 an gab es im Schmalfilmformat verkürzte Ausgaben der Ufa-Wochenschauen für spezielle Vorführungen der Partei, der Armee, des Arbeitsdienstes, der verschiedenen Dienststellen und für Krankenhäuser. Sie waren sowohl mit als auch ohne Ton zu haben. Nur in den letzten Wochen des Krieges wurde die Verbreitung der Wochenschauen aufgrund des eingeschränkten Personalbestandes und Zeitmangels ohne die normale Bearbeitung betrieben. Die Filme wurden dem Publikum nahezu im Rohzustand vorgeführt.

Die Filme

Der alltägliche Nationalsozialismus

Kein großes Ziel ist ohne Mühe, ohne Schweiß, ohne Opfer und ohne Blut zu erreichen.
(Joseph Goebbels, 30. Januar 1942)

Siegfried Kracauer hat nachgewiesen, wie die letzten Jahre des Stummfilms (1925–29) und vor allem die ersten Jahre des Tonfilms (1930–32) mehr oder weniger bewußt den Boden für den faschistischen Film vorbereiteten. Nach ihm lassen sich für die meisten vor 1933 gedrehten Filme zwei ideologische Hauptströmungen erkennen:

. Filme, die gegen jegliche Autorität opponieren, wie zum Beispiel »Westfront 1918« (Pabst, 1930), »M« (Fritz Lang, 1931), »Kuhle Wampe« (Dudow, 1932). Diese Filme, die in ihrer Zeit spielen, zeigen den Überlebenskampf von Individuen in einem Deutschland, das sein politisches und wirtschaftliches Gleichgewicht verloren hat. Die meisten dieser Filme wurden nach 1933 verboten;

. viel zahlreicher sind jedoch die Filme, die die Autorität verherrlichen, wie zum Beispiel »Die letzte Kompanie« (Kurt Bernhardt, 1930), ein Streifen, der den Ruhm der Armee im allgemeinen und den der preußischen Offiziere im besonderen beschwört; »York« von Gustav Ucicky (1931), der die Grandeur und die Tugenden des Patriotismus zum Thema hat; die Serie von Filmen um den Preußenkönig Friedrich den Großen, die 1922 ihren Anfang genommen hatte und zu Beginn der 30er Jahre mit »Das Flötenkonzert von Sanssouci« (1930), »Die Tänzerin von Sanssouci« (1932), »Trenck« (1932), »Der Choral von Leuthen« (1933), ihren vorläufigen Höhepunkt fand. Diese Serie wurde im Dritten Reich fortgesetzt. Aber sie half schon von Beginn an, den Führer-Kult zum Tragen zu bringen.

Neben diesen beiden Hauptströmungen versuchte die Masse der Unterhaltungsfilme, das Publikum glauben zu machen, es lebe in der besten aller Welten, einer Welt des Juxes, der Heiterkeit und der Schlagerseligkeit.

Als Antwort auf »*Defaitismus*« und »*Dekadenz*« sind die ersten Filme der Nationalsozialistischen Partei reine Propagandafilme. Sie entsprechen den Forderungen, wie sie in »Mein Kampf« folgendermaßen aufgestellt werden: »*Die Propaganda wird demgemäß unermüdlich dafür zu sorgen haben, daß eine Idee Anhänger gewinnt, während die Organisation schärfstens darauf bedacht sein muß, aus der Anhängerschaft selbst nur das Wertvollste zum Mitglied zu machen.*« Und »*Aber alle Genialität der Aufmachung der Propaganda wird zu keinem Erfolg führen, wenn nicht ein funda-*

mentaler Grundsatz immer gleich scharf berücksichtigt wird. Sie hat sich auf wenig zu beschränken und dieses ewig zu wiederholen. Die Beharrlichkeit ist hier wie bei so vielem auf der Welt die erste und wichtigste Voraussetzung zum Erfolg.« (Goebbels sollte in seinem Tagebuch am 29. Januar 1942 diese Maxime sinngemäß gleich wiederholen: »*Das Wesen der Propaganda ist deshalb unentwegt die Einfachheit und die Wiederholung. Nur wer die Probleme auf die einfachste Formel bringen kann und den Mut hat, sie auch gegen die Einsprüche der Intellektuellen ewig in dieser vereinfachten Form zu wiederholen, der wird auf die Dauer zu grundlegenden Erfolgen in der Beeinflussung der öffentlichen Meinung kommen*«).

Thema Nummer eins waren der Faschismus, die Partei und deren Ideale. Sie standen im Mittelpunkt:

. der ersten Kurzfilme, die von der im Todeskampf liegenden Weimarer Republik verboten wurden: »Gauparteitag der NSDAP« (Juli 1930), »Hitlers braune Soldaten kommen« (August 1930), »Kampf um Berlin« (März 1931, teilweise zugelassen), »Das neue Italien« (September 1931, zunächst verboten, später zugelassen);

. der ersten zugelassenen Kurzfilme: »Hitlerjugend in den Bergen«, »Triumphfahrt Hitlers durch Deutschland« (1932), »Deutschland erwacht« und »Hitler über Deutschland«. Die beiden letztgenannten Filme wurden während des Wahlkampfs im März 1933 eingesetzt;

. der ersten Spielfilme. Genau wie die Kurzfilme begannen sie, die tägliche Wirklichkeit zu reflektieren: »*Tag und Nacht hallte das Pflaster der Städte und Landstraßen vom Klang der Marschtritte wider. Unaufhörlich ertönte das Schmettern von Trompeten, und der Kleinbürger fühlte sich aus dem Plüsch seiner Wohnstube in eine größere Zeit entrückt. Schlachtenlärm dröhnte, und ein Sieg löste den anderen ab.*« (Kracauer, »Von Caligari bis Hitler«).

Aber es genügte nicht, wie Goebbels erkannte, die Massen mit dem Glanz der Paraden zu beeindrucken. Man mußte vor allem die neuen Herren »vermenschlichen«. Tatsächlich versuchten denn auch die ersten drei Spielfilme des Nazi-Deutschland, den Mann von der Straße mit den Regimeverfechtern vertraut zu machen, indem man seiner Bewunderung einige Märtyrerfiguren anempfahl.

SA-MANN BRAND

»SA-Mann Brand« kam am 14. Juni 1933 mit den Prädikaten »künstlerisch besonders wertvoll« und »volksbildend« in die Kinos. Der Film war die Geschichte eines einfachen SA-Mannes (Fritz Brand) unter vielen und stellte zugleich eine Ehrung der ersten militanten Anhänger Hitlers dar. Während des Winter 1919/20 hatten einige Kriegsveteranen und Revanchisten die erste »Saalschutz-Abteilung« gegründet. Diese 46 Leibwächter des zukünftigen Reichskanzlers waren furchteinflößende Schlägertypen:

1920 lieferten sie sich im Großen Saal des »Hofbräuhauses«, einem der größten Bräusäle Münchens, mit achthundert Opponenten eine denkwürdige Schlacht. Von da an wurde die Bezeichnung »Sturm-Abteilung«, abgekürzt »SA«, gebräuchlich.

Die Familie Brand des Films repräsentiert eine deutsche Durchschnittsfamilie der damaligen Zeit: der Vater ist heimlich Sozialdemokrat, die Mutter steht zwischen Vater und Sohn, der Nazi ist. Gegenüber wohnt eine arme Witwe mit ihrem Sohn, dem Hitlerjungen Erich Lohner. Sie ist Nationalsozialistin, und, um ihrem Jungen das ersehnte braune Hemd kaufen zu können, macht sie nachts Näharbeiten. Der junge Brand nimmt Lohner unter seine Fittiche, denn in einem »roten« Viertel lauern auf einen jungen Nationalsozialisten unzählige Gefahren. Da ist zum Beispiel eine Gruppe »roter« Arbeiter, die Brand liquidieren will, aber eine Niederlage einstecken muß: weil nämlich eine junge Kommunistin, die in den SA-Mann verliebt ist, alle geplanten Aktionen verrät.

SA-Mann Brand verliert seine Stellung bei einem Juden, der seine Ansichten nicht teilt. Die Ereignisse überstürzen sich. Die Regierung läßt das Tragen von Uniformen wieder zu, das lange verboten war. Gemeinsam nehmen SA und Hitlerjugend, Brand und Lohner, in der so lange erträumten Uniform an einer Parade teil. Da ereignet sich ein Attentat: der Hitlerjunge Lohner wird von einer tödlichen Kugel getroffen. Brand bringt den Sterbenden zu dessen Mutter. Der Junge stirbt mit dem Namen des Führers auf den Lippen. Auf der Straße hört man die Fanfaren der SA. Der Tag der »nationalen Erhebung« ist da. Deutschland ist »frei«, und, entflammt von den Reden Hitlers und Görings, wählt nun sogar der alte Sozialdemokrat Brand nationalsozialistisch...

»SA-Mann Brand« bringt noch einmal die letzten Monate der Weimarer Republik herauf, mit den Paraden (vor allem vom 22. Januar 1933), den Straßenkämpfen und Mordanschlägen. Aber der Film zeigt die Vorgänge nur aus der Sicht der Nationalsozialisten. In dem einen Monat zwischen der Aufhebung des Verbots von SA und SS (die vom 13. April 1932 bis zum 17. Juni verboten waren) und dem Staatsstreich von Papens am 20. Juli zählte man allein in Preußen mehr als hundert Tote, zumeist Kommunisten. Am 17. Juli wurden während eines Marsches der SA durch Hamburg-Altona rund zwanzig Einwohner des Arbeiterviertels von militanten Hitler-Anhängern ermordet. Am 10. August wurde in Potempa, Oberschlesien, ein kommunistischer Arbeiter in seinem Zimmer unter den Augen seiner Mutter von einem halben Dutzend SA-Leuten totgeschlagen. All' dies war nur das Vorspiel zur Entfesselung von Gewalttätigkeiten, die dem 30. Januar 1933 folgten und in der Nacht des Reichstagsbrandes vom 27. Februar kulminieren sollten, dem Fanal zur Verhaftung von 4000 angeblich militanten Linksanhängern. Es ist klar, daß der Film, als er im Juni erscheint, in seiner expliziten, fast manischen Parteinahme die Ausschreitungen der vergangenen Monate entschuldigen soll. Indem man den Kommunisten die Schuld an dem in die Schuhe schiebt, was geschehen war, und indem man sie als Verräter der eigenen Partei (die junge Kommunistin), als korrupte Leute abschildert (Gewerkschaftler, die für Brands Entlassung mitverantwortlich sind) und vor allem zu »*blutbefleckten, gemeinen Verbrechern*« (»Mein Kampf«) stempelt, folgte man damit der politischen Leitlinie der Nazi-Partei, die sich als »Verteidigerin der Ordnung« darzustellen suchte. Dies war der erste Film gegen die »Roten«. Filme dieser Arte wurden nach 1936 zahlreicher.

Doch trotz der als tapfer gezeichneten Figur des SA-Mannes und der des mutigen Hitlerjungen, der für den Führer stirbt, trotz seines sentimentalen Appells und seiner schlichten Fabel fand »SA-Mann Brand« bei den Nazis keine Wertschätzung. Er sei zu klischeehaft, zu oberflächlich und zu wenig genau recherchiert worden, warf man seinen Schöpfern vor. »*Regisseur Franz Seitz hat versucht, das Epos vom unbekannten SA-Mann zu verfilmen, den Mythos des SA-Mannes filmisch zu schaffen... Franz Seitz und die Drehbuchautoren hatten leider nicht das Format und die Qualifikation für einen solchen großen Film. Bei einem SA-Filmepos muß man schon den höchsten Maßstab anlegen, nicht aber den für Seitz' frühere Dutzendfilme. Wir stehen hier unmittelbar an der Grenze des Konjunkturkitsches*« (Kalbus).

Kurz vor der Premiere des Films formulierte die offizielle Presse (voran das Goebbel'sche Organ »Der Angriff«) ihre Bedenken. Der Film, der nur ein mittlerer Erfolg wurde, hatte einen schlechten Start. Am Premiereabend gab der Chef einer SA-Gruppe an SA- und SS-Leute den Befehl, die Vorführung zu verlassen, weil der Direktor des Berliner Gloria-Palasts es abgelehnt hatte, die Plakate, die von einem polnischen Maler gefertigt worden waren, zu entfernen. Danach wurde die Vorführung abgebrochen.

Franz Seitz indessen hatte damit seinen wichtigsten Film gemacht, einen Film, der in die Filmgeschichte eingehen sollte. Zwanzig Jahre später sollte sein Sohn, Franz Seitz jun., Filme wie »Der letzte Schuß« (1951), »Angst« von Roberto Rosselini, »Es geschah am 20. Juli« von Pabst (1955) produzieren sowie zahlreiche Filme von Rolf Thiele und einige Arbeiten des »Jungen deutschen Films«, etwa »Der junge Törless« von Volker Schlöndorff (1966) und »Die Chronik der Anna Magdalena Bach« von Jean-Marie Straub (1967). Unter dem Pseudonym Georges Laforet schrieb Franz Seitz jun. außerdem eine Reihe von Drehbüchern. Für den nie in den Verleih gekommenen Film »Die Träne« nach Motiven von Klee zeichnete er ebenfalls als Produzent verantwortlich (Regie: Bernhard Wicki).

Die Rolle des Brand sen. spielte Otto Wernicke, der in den beiden letzten Filmen, die Fritz Lang in Deutschland gedreht hatte, als Kommissar Lohmann aufgetreten war: in »M« und in »Das Testament des Dr. Mabuse« (1932).

Der bayerische Regisseur Hans Steinhoff drehte den ersten wirklichen Nazi-Film: »Hitlerjunge Quex«. Steinhoff hatte seine Karriere als Schauspieler begonnen, spielte vor allem in Operetten und Revuen und wurde schließlich Regisseur. 1912 realisierte »*mit seinem Geld und dem seiner Freunde*« (»Der deutsche Film«) seinen ersten eigenen Film. Danach drehte er regelmäßig »*reine Geschäftsfilme ohne den geringsten künstlerischen Ehrgeiz*« (Riess), so auch den Jean Gabin-Film »Kopfüber ins Glück« (1930). 1932 verfilmte er seine Adaption des Billy-Wilder-Stoffes »Ein Kind der Straße«. Dazwischen arbeitete Steinhoff in Frankreich, England, Holland und in Hollywood. Nach Riess war er zu der Zeit, als er sich von sich aus um die Regie von »Hitlerjunge Quex« bewarb, bereits seit Jahren eingetragenes Mitglied der Partei.

Raffiniert angelegt ist der Film vor allem deshalb, weil er von Anfang bis Schluß realistisch ist und in Stil und Ausdrucksstärke an die deutsche Stummfilmtradition anknüpft. Berlin mit seinen tristen, grauen Arbeiterwohnvierteln, seinen Kneipen, in denen man sein Mütchen beim Biere kühlt, seinen düsteren Plätzen, die nur bisweilen von kleinen Volksfesten belebt werden, dies Berlin ist ständig präsent. Von Beginn an findet man in dem Film die Atmosphäre von »Kuhle Wampe«, »M«, »Mutter Krause fährt ins Glück« oder der »Dreigroschenoper« wieder – einen Realismus, der sich nicht poetisch, sondern politisch versteht. In der Zeit der Weimarer Republik waren diese Filme Synonyme für Progressivität und oftmals für eine kommunistische Weltanschauung. Indem er deren Milieu, deren Stil und deren Schauspieler benutzt, gelingt Hans Steinhoff eine Art Meisterwerk des Nazi-Films. Die Wahl von Heinrich George als Interpret des alten Kommunisten war Machiavellismus in Perfektion. Nichts erinnert mehr daran, daß der Werkführer aus »Metropolis« einst Mitglied der kommunistischen Partei gewesen ist. Auch sind der breiten Öffentlichkeit seine Ansichten – aus denen er keinen Hehl macht – nicht bekannt, ebensowenig sein Umgang. Man identifiziert ihn mit seinen Rollen. (Vom Staatlichen Schauspielhaus war er entlassen worden. Man konnte nicht einerseits mit Piscator arbeiten und andererseits von Goebbels toleriert werden).

Das Drehbuch zu »Hitlerjunge Quex« geht auf den Roman von Karl Aloys Schenzinger zurück, der 1932 erschien und die Ermordung des jungen Herbert Norkus durch Kommunisten zu Beginn desselben Jahres zum Vorwurf hatte. Von den ersten Bildern an wird der Zuschauer in das von Straßenkämpfen zwischen Roten und Faschisten erschütterte Berlin versetzt. Seit den Wahlen des 31. Juli führen die Gewalttätigkeiten der SA in den großen Städten zu einem Klima des Terrors. Der Held des Films ist ein Fünfzehnjähriger aus den Arbeitervierteln, der durch eine Erleuchtung – dieses Wort ist nicht übertrieben – und trotz des Widerstandes seines kommunistischen Vaters zur Hitlerjugend findet. Heini Völker, im Film genannt »Quex« (von Quecksilber – der Vife, Rasche), wird von Kommunisten umgebracht, als er antisowjetische Flugblätter mit dem Titel »Hunger und Elend in Sowjet-Rußland« verteilt. Braucht nicht jede Heilslehre ihre Märtyrer – nach Möglichkeit junge?

In einem entscheidenden Augenblick der deutschen Geschichte präsentiert sich »Hitlerjunge Quex« als ein kämpferischer Film, der alle diejenigen zu gewinnen sucht, die dem Nationalsozialismus feindlich gegenüberstehen oder die noch jung genug sind, sich zum erstenmal zu engagieren. Plakate präsentierten ihn als einen »*Film vom Opfergeist der deutschen Jugend*«. Auf den Handzetteln, die vor den Kinos verteilt wurden, las man flammende Worte von der Hitlerjugend, die zu Tausenden marschiert, blutgetränkten Fahnen und der Überzeugung der Jugend, »*das Deutschland von Morgen zu sein*«.

Das freilich war die tatsächliche Absicht des Films: er sollte eine Jugend fanatisieren, indem man ihr ein Ideal anbot, ein besseres Leben und vor allem politische Verantwortlichkeit versprach. Wieviele junge Deutsche haben sich Quex zum Vorbild genommen und starben zehn Jahre später für das Tausendjährige Reich? Zum erstenmal in der Filmgeschichte wandte sich ein großer Propaganda-Film derart direkt an die Jugendlichen unter zwanzig. Mit Baldur von Schirach, dem Chef der Hitlerjugend, stand der gesamte Apparat der Partei und der Regierung hinter dem Unternehmen. Oskar Kalbus schreibt über die Premiere des Films: »*Es war ein denkwürdiger Tag, als der Führer Adolf Hitler am Abend des 12. September 1933 in der Rangloge des Münchner Ufa-Palastes Platz nahm, um durch seine Anwesenheit die toten jungen Kämpfer zu ehren, die, wie der Film-Hitlerjunge Quex, gestorben sind für das freie neue deutsche Vaterland. Bruckners Symphonie ist verrauscht. Vor dem Vorhang der Bühne steht der Reichsjugendführer Baldur von Schirach, die Hand erhoben zum Deutschen Gruß: ›Mein Führer! Deutsche Volksgenossen! Ich kann hier keinen Vortrag halten über den Film ›Hitlerjunge Quex‹, denn dieser Film soll für sich selbst sprechen. Ich kann nur einen Augenblick lang Ihre Gedanken hinlenken auf den jungen Kameraden, dessen Schicksal in diesem Film dargestellt wird. Auf diesen kleinen Kameraden, der nicht mehr unter uns sein kann, weil er schon einundeinhalb Jahre unter der Erde liegt. Es war in der Zeit des schlimmsten Terrors, da stand ich vor 2000 Berliner Hitlerjungen auf einem Generalappell der Berliner HJ und sprach zu ihnen vom Opfer, vom Führer und vom Heldentum. Es lag über diesem Appell eine drückende Atmosphäre, wir ahnten ein furchtbares Geschehen. Ich weiß nicht, wie es kam, ich sprach von dem Einsatz, den jeder von uns bringen muß, und sprach davon, daß unter den Zweitausend einer sein könne, den ich am nächsten Tag nicht mehr sehen würde. Und ich sagte zu ihm: Danke du, daß du dieses Schicksal auf dich nehmen mußtest, daß du unter den Millionen die Ehre hast, den Namen des Hitlerjungen zu tragen, daß du ein Führer in einer Gemeinschaft sein darfst,*

die du verkörperst.- Am nächsten Morgen fiel der Hitlerjunge Herbert Nor-
kus von der Hand marxistischer Mordbanditen. Wo damals der kleine Hitler-
junge fiel, da steht heute eine Jugendbewegung von einhalb Millionen
Kämpfern. Jeder einzelne bekennt sich zum Geist des Opfers, der Kamerad-
schaft. Ich möchte, daß wir gerade in dieser Stunde uns zu seinem Gedenken
erheben.- Wir wollen weiterkämpfen in seinem unbeugsamen Geist. Heil Hit-
ler!‹«

Indirekt sollte freilich auch die Generation der Eltern angesprochen werden. Der Vater von Heini (Heinrich George) steht für das Proletariat, das
nun die Sache der Nazis zu der seinen macht. Dieser einfache Mann, den die
Umstände, die sozialen Verhältnisse und sein Umgang wie selbstverständlich dem Kommunismus in die Arme getrieben haben, ist für das künftige
Deutschland nicht verloren. Zu Beginn des Films krempelt Völker die
Hemdsärmel auf und prügelt seinen Sohn dazu, die »Internationale« zu singen. Später meint er, ihm Gutes zu tun, indem er ihn bei der Kommunistischen Jugend einschreibt. Als seine Frau, die sich in dem Konflikt zwischen
Mann und Sohn aufreibt, Selbstmord begeht, erkennt der Vater, daß er zunächst einmal Deutscher ist und erst in zweiter Linie Kommunist.

Erwin Leiser hat diese wichtige Szene, die im Roman nicht existiert, zu
Recht zitiert:

»Vater: Ich bin ein einfacher Mann. Ich bin'n Prolet.

Bannführer: Sie haben doch schon etwas von der ›Bewegung‹ gehört,
wie?

Vater: Bewegung! Sprung auf marsch, marsch: das war meine Bewegung.
Bis ich meinen Schuß weghatte. Dann wurd' ich in Gips gelegt – Dann gab et
wieder Bewejung: Knochenstrecken! Krumm, jrade, krumm, jrade – Dann
bin ich zur Stempelstelle jehumpelt. Woche für Woche, Jahr für Jahr. Dat
war meine Bewejung. Sonst hat mich nichts bewejt. Aus'm Leim bin ich
jejang! Glaub'n Sie, ich bin vom Fressen dick jeworn? Nee, weil ich keine
Arbeit hatte. Vom Rumsitzen bin ich so dick jeworn. Wo wer ich also schon
hinjehörn? Zu mein Klassenjenossen jehör'k. Und wo ick hinjehör, da je-
hört auch der Jung hin.

Bannführer: Zu Ihren Klassengenossen? Zur Internationale, woll'n Sie
sag'n? Was?

Vater: Jawoll, zur Internationale.

Bannführer: Hm. Wo sind Sie'n jeborn?

Vater: Na, in Berlin.

Bannführer: Wo liegt'n das?

Vater: Anne Spree.

Bannführer: Anne Spree, jawoll. Ja aber wo? In welchem Land?

Vater: Na, Mensch, in Deutschland natürlich!

Bannführer: In Deutschland, jawoll – In unserm Deutschland. Das
überleg'n sich mal!«

Wenige Augenblicke später versucht Völker (man beachte die etymologische Signalwirkung des Namens »Völker« = »Mann des Volkes«), offenbar ganz unter dem Eindruck dieser Belehrung, einen hartnäckigen jungen Kommunisten zu überzeugen. Doch der Zuschauer muß sich selbst hineindenken, die Dialoge sind es nicht allein, die den Film ausmachen. Schon die äußerlichen Gegensätze zwischen den jungen Kommunisten und den jungen Hitleranhängern, seien sie nun moralischer oder körperlicher Art, sprechen für sich. Die erste Konfrontation ereignet sich auf einem Bahnsteig. In fröhlichem Durcheinander sieht man die Kommunisten miteinander lachen und plaudern, während die jungen Nazis hocherhobenen Kopfes, untadelig und unnahbar, die Augen geradeaus gerichtet, die Hosen mit korrekten Bügelfalten versehen, in eindrucksvoller Ordnung aufmaschieren. Sie verraten keine unnötige Bewegung, als ihnen ein Kommunist einen Apfelputzen hinwirft: der Gruppenführer hat Ruhe befohlen. Wenig später sieht man im Zug, der aufs Land fährt, die jungen Revolutionäre wieder, wie sie Zigarren rauchen, Akkordeon spielen (»Die Internationale« und Schlager) und Mädchen und Jungen in lässiger Manier beisammensitzen.

Wie sollte der junge, so unschuldige, so germanisch-reine Heini sich unter diesen heimatlosen, lasterhaften und vulgären Gesellen wohlfühlen? Nachts, als er sich von seinen Genossen davonstiehlt, entdeckt er fasziniert Zucht und gesunde Lebensauffassung: die Nazis versammeln sich um ein Lagerfeuer, stehen frühmorgens auf, nehmen ein Bad im klaren Fluß und fühlen sich, als die Fahne gehisst wird, eins in ihrer Liebe zum Vaterland.

»Hitlerjunge Quex« ist freilich nicht nur geschicktes Schmackhaftmachen eines Pfadfindertums im Sinne von Ordnung und Ertüchtigung. Der Film wird verständlicher, wenn man weiß, daß die Hitlerjugend im erregten Klima vor den Wahlen eine militante Rolle in den politischen Auseinandersetzungen spielte. Heini wird von seinen einstigen Genossen ermordet, während er Flugblätter verteilt. Um von den Nazis akzeptiert zu werden, hatte er Spitzeldienste leisten müssen. Er hatte den geplanten kommunistischen Angriff auf ein Nazi-Lokal verraten und schließlich bei der Polizei angezeigt. Dies hatte ihm auf dem Krankenbett die schönste Belohnung eingebracht, von der ein Hitlerjunge damals träumen konnte: die Uniform.

Nach mehr als dreißig Jahren mag dies alles sehr klischeehaft klingen. Aber, kann man einen Propagandafilm, der sich aus der Zeit heraus mit den damaligen Ereignissen befaßt, so hart aburteilen, nur weil er keine Nuancen aufweist? Läßt man jedwede Ideologie beiseite, was sicherlich nicht leicht ist, dann muß man sagen, daß »Hitlerjunge Quex« technisch und ästhetisch gesehen ein hervorragender Film ist. Die Lehren des deutschen Realismus und des sowjetischen Propagandafilms sind von Hans Steinhoff und Karl Ritter (was immer dessen Aufgabe bei den Dreharbeiten gewesen sein mag, möglicherweise die des Produzenten?) meisterhaft umgesetzt worden: raf-

46

finierter Einsatz von Licht und Schatten, das Einbeziehen einer großstädtischen Szenerie, die Bedeutung von Gesichtern in Großaufnahme, der geschickte Schnitt, eine mitreißende Musik - all' dies hatte schon die Bedeutung des Films vor 1933 ausgemacht.

Einige schockierende Szenen verdienen es, besonders erwähnt zu werden: der Anfang des Films, der zeigt, wie die Polizei einen Aufstand niederwirft; der Ball unter freiem Himmel, der an »Kuhle Wampe« erinnert; das Volksfest, in dem man den Charme der »Dreigroschenoper« wiederentdeckt; die Dramaturgie des Selbstmordes von Heinis Mutter; und vor allem der Mord am Schluß auf dem nahezu leeren Platz mit seinem abgetretenen Pflaster, den Buden und Zelten. Eingekreist wie ein Tier, wird Heini schließlich entdeckt. Sterbend singt er die ersten Worte des Hitlerjugend-Lieds: »*Unsre Fahne flattert uns voran..*«, und umgehend wird dieses Lied von einer ungeheuren Menschenmenge aufgenommen, die unter wehenden Fahnen marschiert. Das ist bereits die Vorwegnahme all' der großen Nazi-Aufmärsche, die stets etwas Orgiastisches hatten und von Trommelwirbel und Fanfarenklängen begleitet wurden.

HANS WESTMAR

Die Geschichte von »Hans Westmar« ist ähnlich konzipiert. Dieses »*deutsche Schicksal aus dem Jahre 1929*« konfrontiert die beiden Parteien, in deren Hand Deutschlands Zukunft liegt. Denn für die Nazis gibt es keine andere Opposition als die der Kommunisten. Und im Geiste von Goebbels muß das Kino diese feindlichen Bastionen angreifen, die vor allem in Berlin und in Sachsen stark sind. Dazu ist jedes Mittel recht. Wie schon in »Hitlerjunge Quex« scheut man sich nicht, das Publikum mit einer Märtyrer-Saga auf die nationalsozialistische Seite zu ziehen.

In diesem Fall handelt es sich um einen jungen Mann, der in die SA eingetreten ist. Gemäß Vorspann ist er »*Einer von vielen*«, aber es ist klar, daß mit dieser Figur Horst Wessel gemeint ist. Horst Wessel wurde 1907 in Bielefeld geboren. Während des Studiums wandte er sich der SA zu, in der er zum »Sturmführer« avancierte. Er lebte von den Einkünften seiner Freundin Erna Jänichen. Nach einem Mietstreit wurde er im Jahre 1930 von einem Mann namens Ali Höhler umgebracht, den Wessels Vermieter engagiert hatte. (So haben verschiedentliche Recherchen nach dem Krieg ergeben).

Die Nazi-Propaganda machte aus ihm ein Opfer der Kommunisten. Dabei vermied sie geschickt die Erwähnung von Wessels Vergangenheit als Zuhälter. Um einen zu weitgehenden Vergleich mit dem Verfasser des »Horst-Wessel-Lieds« (»*Die Fahne hoch...*«), das im Dritten Reich im Anschluß an das Deutschland-Lied als zweiter Teil der Nationalhymne gesungen wurde, zu vermeiden, erhält dieser in Franz Wenzlers Film den Namen *Hans Westmar*. Diese Namensänderung war von Goebbels verlangt worden, der mit der ersten Fassung des Films nicht zufrieden war, weil diese den wirklichen Ereignissen zu nahe kam und beim Publikum nur geteilte Aufnahme fand. Diese erste Fassung mit dem Titel »Horst Wessel« war am 3. Oktober 1933 im Berliner Kino »Capitol« vor einflußreichen Persönlichkeiten gezeigt worden (Göring, Furtwängler, SA-Leuten, Schauspielern, Diplomaten und Journalisten). Die eigentliche Premiere, die am 9. Oktober stattfinden sollte, wurde daraufhin abgesagt. Dazu erklärte das offizielle Kommuniqué folgendes: ». . .der Film macht weder Horst Wessel Ehre, dessen historische Persönlichkeit nicht angemessen dargestellt ist, noch der nationalsozialistischen Bewegung, die die Grundlage des Staates darstellt. Daher gefährdet der Film die Lebensinteressen des Staates und den Ruf Deutschlands.« Am 2. November veröffentlichte die »Hannoversche Volkszeitung« einen Kommentar, in dem es auszugsweise hieß: ». . . Es geht um Horst Wessel, einen der bekanntesten und geachtetsten Märtyrer der Bewegung. . . Es gibt keinen Anlaß für ein Verbot, wenn der Film unter einem anderen Titel herausgebracht wird und wenn alle direkten Anspielungen auf Horst Wessel, sein Leben und seinen Tod vermieden werden.«

Die endgültige Fassung ist vollkommen darauf ausgerichtet, die geradezu mystische Parteinahme der Zuschauer zu mobilisieren. Sie haben gar keine andere Wahl: auf der einen Seite die häßlichen, verlogenen und feigen Kommunisten, auf der anderen die großartigen blonden Recken - unverdorben, edel und mutig. Hans Westmar wird zum Missionar: er trägt die Heilsbotschaft ins gegnerische Lager, gibt sich so seiner Aufgabe hin, daß er sogar bereit ist, sein Leben zu ändern, um dem Volk näher zu sein. Selbst sein Tod ist nicht umsonst. Die letzten Bilder zeigen die wundersame Wandlung: geballte Kommunistenfäuste, die sich zum Hitlergruß öffnen. In diesem Zeichen werden sie siegen! Diese Verheißung gilt für alle, vorausgesetzt, daß sie Deutsche sind. Andererseits sind da die Volksverhetzer, jene, die das Volk betrügen. Sie werden als vaterlandslose Gesellen, die ohne Skrupel sind, dargestellt. Bezeichnend dafür ist eine Szene des Films, in der ein Treffen von KPD-Leuten gezeigt wird. Der Sprecher ist eine vergreiste, karikaturenhaft überzeichnete Type; seine Herkunft bleibt im Dunkeln, seinen Verräter-Blick hält er hinter einer Sonnenbrille versteckt. Sobald es gefährlich wird und eine Schlägerei im Saal beginnt, versteckt er sich unter einem Tisch hinter dem Emblem der Partei. Das wirkt umso schlimmer, es sich um einen Abgeordneten handelt. Der kommunistische Parteisekretär wird als Säufer gezeigt - eine alptraumhafte Erscheinung mit übler Visage. Beide sind Juden.

Das Schema, dem dieser Film folgt, ist freilich nicht nur politisch fixiert (im Gegeneinander von Nazis und Kommunisten), sondern auch - und dies vor allem - rassistisch. Alle wahren Deutschen können nicht anders, als Nazis zu werden. Vor allem wird den unglücklichen Arbeitern vergeben, die von unheilvollen ausländischen Einflüssen irregeleitet wurden. Aber auch für die feindlichen Brüder besteht die Möglichkeit, in das nationalsozialistische Paradies aufgenommen zu werden. Als eine junge Amerikanerin Hans Westmar vorschlägt, nach Amerika zu kommen, weist er sie zurück, sein Platz sei in Deutschland; es gelte, eine große Neuigkeit zu verkünden. Ist das nicht die Sprache eines Messias? Bei anderer Gelegenheit klärt er einen ihn bedrohenden Arbeiter auf: »*Es geht um die Gemeinschaft. Da fällt ein Menschenleben nicht ins Gewicht.*«

Die kommunistische Partei wird freilich nicht so gezeigt, als könne sie durch ihre revolutionären Aktionen die soziale Ordnung gefährden. Sie ist nichts weiter als eine im Solde ausländischer Mächte stehende Organisation, deren Vokabular aus internationalistischen Schlagworten besteht (»*Es lebe Moskau!*« »*Es lebe die Internationale!*«). Eine der wesentlichen Szenen des Films führt das nächtliche Berlin vor, in dem alles, was »deutsch« ist, verloren zu gehen droht. In dem Kabarett »Chez Ninette« wird nur Französisch gesprochen. Lieder wie »Die Wacht am Rhein« werden von einer afro-kubanischen Kapelle verjazzt und mit grotesken Pantomimen parodiert. Da sind die wirklichen Feinde zu finden, die es auszurotten gilt.

Die Nazis erscheinen im Gegensatz dazu wie moderne Ritter. Selbst Feinden gegenüber ist ihr Verhalten vorbildlich. Immer sind sie die Opfer, niemals die Angreifer (die Kommunisten müssen sich zu mehreren zusammenrotten, um mit einem Freund von Westmar fertigzuwerden, er selbst kommt durch Verrat um). Ihr Programm ließe sich auf den Nenner bringen: »*Alles für Deutschland*«, wie dies ja auch auf den Wahlplakaten zu lesen steht (»*Für ein deutsches Berlin, wählt Liste 16*«). Das letzte, was der todgeweihte Held des Films ausspricht, ist der geheiligte Name: »*Deutschland*«. Es ist heute wohl kaum nötig zu erwähnen, daß die seit 1921 um den Schutz des Führers besorgte SA in ihrem Kampf gegen Kommunisten auch Gangster rekrutierte.

»Hans Westmar«, polemischer und systematischer angelegt als »Hitlerjunge Quex«, hatte einen geringeren Erfolg. Aus politischen Gründen begann Hitler, die SA auszuschalten, da er befürchtete, die »*Bewegung*« könne durch sie kompromittiert werden. Davon abgesehen hatte Franz Wenzler auch nicht das Geschick von Hans Steinhoff, der es vermocht hatte, seinem Film eine realistische und menschliche Seite zu geben. »Hans Westmar« ist von routinierter Glätte, ein Propagandafilm, der mit Schockmitteln arbeitet, stark pamphletisch ist und sich nie von der politischen und rassistischen Argumentationsebene löst. Trotz Außenaufnahmen wird die Atmosphäre der »roten Viertel« Berlins niemals spürbar. Zu perfekt, zu wenig menschlich gerät auch der Held des Films. Er ist nichts weiter als ein unpersönlicher Ideenträger, mit dem sich der Durchschnittszuschauer nicht zu identifizieren vermag.

Bleiben einige wenige Bravour-Szenen, die bereite typisch sind für die nationalsozialistische Ästhetik. Vor allem die letzten Sequenzen des Films verraten so etwas wie Stil. In einem dramatischen Crescendo erlebt man den Tod des Hans Westmar mit, seine Beerdigung und seine Apotheose. Der von einer Nazifahne bedeckte Sarg steht auf einem luxuriösen Leichenwagen. Auf einer Schleife an einem der Kränze läßt sich der Name Hitler erraten. Mühsam hält die Polizei die Menge zurück, die schließlich die Absperrungen durchbricht und sich auf den Trauerzug stürzt. Danach ein totales Durcheinander, man vernimmt Pistolenschüsse, Knüppelschläge werden ausgeteilt. Schließlich zu Musikklängen die Beerdigung in Anwesenheit von Westmars Kampfgenossen. Als Überblendung erscheint der Held mit einer Fahne in der Hand vor Sturmwolken. Das Wunder setzt sich fort: als am gleichen Abend die SA zum »Horst-Wessel-Lied« paradiert, erscheint Hans Westmar in der Überblendung und marschiert im Gleichschritt mit seinen Kameraden. In der Menge öffnen begeisterte Arbeiter die geballte Faust zum faschistischen Gruß - eine exakte Bebilderung der zwei Sätze aus »Mein Kampf«: »*Nicht in geheimen Konventikeln soll gearbeitet werden, sondern in gewaltigen Massenaufzügen, und nicht durch Dolch und Gift oder Pistole kann der Bewegung die Bahn freigemacht werden, sondern durch die Eroberung der Straße. Wir haben dem Marxismus beizubringen, daß der künftige Herr der Straße der Nationalsozialismus ist, genau so, wie er einst der Herr des Staates sein wird.*«

Ohne diesen Schluß wäre »Hans Westmar« nichts weiter als ein mittelmäßiger Film. Auch wenn an dieser Art von Filmen nichts zu verteidigen ist, muß man doch bedenken, daß ein solches Finale den Zuschauer nicht gleichgültig läßt. Das ist auf jeden Fall bemerkenswertes lyrisches Kino. Oskar Kalbus schreibt dazu: »*Das ist auch der höhere Sinn dieses Filmwerkes: daß sein Ziel nicht ist und sein soll die Verherrlichung eines Einzelschicksals. Ein Ehrenmal für alle jene vielen, die um des Durchbruchs der nationalsozialistischen Idee willen ihr Leben opfermutig in die Schanze schlugen. Ein Ehrenmal für den ›unbekannten SA-Mann‹, der in einem oft aussichtslos erscheinenden Ringen, allem Widerstand zum Trotz, Bresche schlug in das rote Berlin und es schließlich eroberte als Hauptstadt jenes neuen Reiches, in dem wir heute leben.*«

BLUTENDES DEUTSCHLAND

Der Nazifilm trat mit drei eindrucksvollen Filmen an: mit »SA-Mann Brand«, »Hitlerjunge Quex« und »Hans Westmar«, die in einer gewissen Einheitlichkeit wie ein Triptychon wirkten. »Blutendes Deutschland« kam nur wenige Monate vor diesen dreien heraus. Dieser Montagefilm war noch eindeutiger, didaktischer und ambitionierter als sie. Der von Johannes Häusler geschriebene und gedrehte Film erschien im März 1933 in den Kinos, zu einem Zeitpunkt also, als es besonders notwendig erschien, den Deutschen die Bedeutung der Hitler-Revolution vor Augen zu führen: »*Der Film zeigt in vier Etappen (Vorkriegszeit - Kriegsausbruch - Um-*

sturz 1918 - und die Entwicklung der nationalen Revolution) von Sedan bis zum 5. März 1933 den Schicksalsweg des deutschen Volkes« (»Der Film« vom 1. April 1933).

Freilich war er nicht der erste deutsche Montage-Film über dieses Thema: schon 1926/27 hatte die Ufa den zweiteiligen Film »Der Weltkrieg« produziert.

»Blutendes Deutschland« hingegen führt bis in das Jahr 1871 zurück, und nach den Filmhistorikern René Jeanne und Charles Ford *»war darin nichts ausgelassen, was dem Stolz und der Eigenliebe der deutschen Massen schmeicheln und ihnen Vertrauen zu dem Mann einflößen konnte, der dem Land nach den dunklen Stunden von 1918 und den darauf folgenden Enttäuschungen seine verlorene Größe wiederzugeben versprach.«* Wie in »Weltkrieg« stammte das wichtigste Material aus alten Wochenschauen. Um die älteren Ereignisse zu illustrieren, hatte man alte Photographien und Dokumente verwandt oder aber im Stil der Zeit Szenen nachgestellt. Das deutsche Kaiserreich, der Krieg von 1914-18, die Novemberrevolution, die Spartakisten-Kämpfe, die Ruhrbesetzung, der »Heldentod« des Faschisten Leo Schlageter, den die Franzosen 1923 hinrichteten, sind Themen des Films. *»Der letzte Teil trug den Titel ›Deutschland erwacht‹ und bestand aus einem Abriß der Geschichte der Nazipartei, einer Grußadresse an die Jugend, Aufmärschen und Fahnen...«* (Marcel Lapierre). »Blutendes Deutschland« wurde sehr intensiv ausgewertet. Sein Regisseur drehte in dieser Zeit auch einen Kurzfilm, der bereits so etwas wie ein Ruf zu den Waffen war: *»Danzig muß nationalsozialistisch werden!«*

»Aufmärsche, Fahnen...« Die Leinwände in den Nazikinos waren voll davon. Die Monumentalfilme, auch Montagefilme sollten noch folgen, bedienten sich massiv dieser Bilder und stellten damit *»die ordnende Kraft«,* die Rosenberg dem Film zuspricht (»Mythus des 20. Jahrhunderts«) und die schon von den drei großen filmischen Porträts des Jahres 1933 hervorgehoben worden war, unter Beweis.

Eine neue Religion: Der Nationalsozialismus

Das Symbol der organischen germanischen Wahrheit ist heute bereits unumstritten das schwarze Hakenkreuz.
(Alfred Rosenberg, »Der Mythus des 20. Jahrhunderts«)

Es war Leni Riefenstahl, die der Masse individuelle Züge verlieh. Besser gesagt: die die Masse zur lebendigen Inkarnation des deutschen Volkes, Deutschlands, des Faschismus und des einzelnen machte.

Helene (genannt »Leni«) Bertha Amalie Riefenstahl wurde 1907 in Berlin geboren. Sie hatte Tanz studiert (darauf verweist sie in dem Prolog zu den Olympiade-Filmen und in »Tiefland«). In der Saison 1923/24 war sie bei einigen Berliner Gala-Vorstellungen aufgetreten. Nach einem Engagement bei Max Reinhardt für eine Ballettournee durch Deutschland und europäische Länder trat sie vor allem im Schauspielhaus von Zürich und Prag auf. 1925 kam sie zum erstenmal mit dem Film in Berührung. Sie wurde von dem Bergfilmspezialisten Arnold Fanck verpflichtet und spielte unter seiner Regie in »Der heilige Berg« (1926), »Der große Sprung« (1927), »Die weiße Hölle vom Piz Palü« (der 1929 in Zusammenarbeit mit Pabst entstand und 1938 in der Tonfassung in »Die weiße Hölle« umgetitelt wurde), »Stürme über dem Mont Blanc« (1930) und »Der weiße Rausch« (1931). 1932 gründete sie eine eigene Produktionsfirma und produzierte die symbolische, in den Dolomiten spielende Legende »Das blaue Licht« (Drehbuch: Bela Balázs), in welcher sie selbst spielte und zugleich Regie führte. Der Film wurde von der Kritik sehr unterschiedlich beurteilt:

. *»Eine etwas langsame Folge märchenhafter Bilder, die alle wie Gemälde komponiert und in ein magisches Licht getaucht sind ... Leni Riefenstahl erscheint darin sehr schön, übernatürlich wie eine Bergfee, und sie selbst hätte schon genügt, um dem Film einen fremden, anrührenden Charme zu geben«* (»Cinémonde«, 21. Juli 1932);
. *»ausschließlich junge Leute erliegen der Faszination des ›Blauen Lichts‹. Dafür lassen sich zwei Gründe nennen: – das ewige junge Thema von Siegfried, dem Recken. Denn es sind ja die jungen Männer, die bereit sind, ihr Leben zu opfern und das zu verachten, was nicht ihrem Ideal entspricht ...«*
. *»ein ausschließlich nationalsozialistisches Thema. Der Film atmet den Geist der rituellen Feste von Nürnberg, die ebenfalls die Begeisterungsfähigkeit der jungen Leute mobilisierten und Hoffnungen auf das Regime und rassische Zugehörigkeit weckten«* (»Bulletin du Ciné-Club de Toulouse«, Februar 1949).

»Das blaue Licht« wurde bei den Filmfestspielen von Venedig ausgezeichnet und überzeugte den Führer so sehr, daß er Leni Riefenstahl von der Partei fördern ließ.

Die »Bergfee« stieg von ihren Höhen herab und nahm den Auftrag an, den Parteitag der Nationalsozialisten in Nürnberg filmisch festzuhalten. Das Motto dieses Parteitags »Parteitag des Sieges«, an dem zwischen dem 1. und 3. September 1933 rund 500 000 Menschen teilnahmen, inspirierte Frau Riefenstahl dazu, ihrem Dokumentarstreifen von einer Stunde Laufzeit den Titel »Sieg des Glaubens« zu geben.

Während ein martialischer Chorgesang anhebt, zeigen die ersten Bilder des Films einen morgendlichen Himmel, dann eine Stadt im Nebel: Nürnberg mit seinen alten Häusern, seinem Fluß, seinen Brunnen und seinen Turmuhren. Auf dem Hauptmarkt werden Tribünen errichtet. Überall gibt es Blumenschmuck, Fahnen und Spruchbänder mit dem Hakenkreuz. Soldaten erscheinen in den Straßen. Ein Trupp Nazis marschiert singend auf, Kinder heben den Arm zum Hitlergruß. Ankunft eines Zuges, dem Goebbels und andere Würdenträger entsteigen. In der Stadt nimmt der Straßenverkehr zu. Die wartende Menge wird immer größer. Der Führer trifft als letzter mit dem Flugzeug ein. Seine Miene ist abweisend. Die Menge grüßt ihn und bringt Ovationen aus. Aufrecht in seinem Wagen stehend, fährt er durch die Stadt. Alle Glocken läuten. Mit einem Bild, bei dem die Menschenmenge über einen abendlichen Himmel kopiert ist, beginnt der eigentliche Film.

An diesem Abend nimmt Hitler Blumen in Empfang, hört sich die Begrüßungsworte eines Vertreters der Stadt an und hält vor aufmerksamen Zuhörern, unter ihnen auch Goebbels, seine erste Rede. Die Offiziellen durchqueren den Saal und werden von der Menge begeistert bejubelt. In einem riesigen Saal, in dem man Göring erkennt, werden den Hitlerjugend-Scharschaften Hakenkreuz-Standarten vorangetragen. Der stellvertretende Parteiführer Rudolf Heß, erklärt den Parteitag für eröffnet: »*Mein Führer! Sie waren uns als Führer der Partei der Garant des Sieges! ... Adolf Hitler und Deutschlands Zukunft Sieg Heil!*« Ein italienischer Faschist überbringt die Grüße Mussolinis (»*Heil Hitler! Heil Mussolini!*«). Ein Orchester spielt, dann singen alle das Niederländische Dankgebet (»*Wir knien nieder, um Gott dem Gerechten zu danken*«). Die Sequenz endet mit der Großaufnahme eines Hakenkreuzes und einem Blackout.

Im Stadion gehen Hitler und sein Stabschef die Stufen der Freitreppe hinab. Eine riesige Menge hat sich versammelt. Fanfaren, Vorbeizug, Fahnenaufmarsch. Ehrung für die sechs im Jahre 1923 in München gefallenen Kameraden. Die Fahnen senken sich, man hört den »Treuen Kameraden«. Hitlers erste große Rede, nachdem er zuvor wild seine Mähne geschüttelt hat: »*Was uns jahrelang als Traumbild vorschwebte, ist Wirklichkeit geworden ... Um dieses Volk wollen wir ringen und kämpfen ... Denn der kostbarste Besitz auf dieser Welt ist das eigene Volk.*«

Zackig hebt er den rechten Arm. Eine donnernde Ovation ist die Antwort. Ein Luftschiff überfliegt die Versammlung, Köpfe recken sich, Fanfaren tönen. Von der Hitlerjugend begrüßt, durchschreitet Hitler die Menge. Dann sieht man ihn auf der Tribüne wieder. Beifall, die lächelnden Gesichter von Hitlerjungen, denen Hitler seine zweite Rede widmet: »... *Ihr müßt euch vielmehr in eurer Jugend bewahren, was ihr besitzt, das große Gefühl der Kameradschaft und der Zusammengehörigkeit ... Ihr seid das lebende Deutschland der Zukunft, nicht eine leere Idee, kein blasses Schemen, sondern ihr seid Blut von unserem Blute, Fleisch von unserem Fleische, Geist von unserem Geiste, ihr seid unseres Volkes Weiterleben ... Deutschland Heil! ...«*

Ein massives »*Heil!*« kommt zurück. Darauf folgt die Truppenparade vor den Tribünen des Hauptmarktes. Hitler steht hemdsärmlig aufrecht in seinem Wagen und grüßt mit zufriedenem Lächeln. Großaufnahmen: Fanfaren, Stiefel, Hakenkreuzfahnen ... Auf den Balkonen und in den Fenstern grüßen Zivilisten mit dem Hitlergruß. Göring grüßt selbstgefällig direkt in die Kamera. Der Führer schüttelt ihm und Himmler die Hand. Die SS-Elitetruppe »Reichsstandarte« zieht im Stechschritt vorüber und erntet großen Beifall.

Am Abend findet das Défilée der SA statt. Im Stadion, in dem man auch ausländische Fahnen entdeckt (vor allem englische und französische) präsentiert SA-Chef Röhm dem Führer seine Mannen, um sich sodann mit ihm zur Kranzniederlegung zum Ehrenmal zu begeben. Der Fahnenweihe, die von Salutschüssen begleitet wird, folgt die letzte Rede des Führers, deren Heftigkeit noch durch seine Armbewegungen unterstrichen wird, wobei er großen Beifall erhält: »*Der Parteitag unserer Bewegung war immer die große Heerschau ihrer Männer, die entschlossen sind und bereit sind, die Disziplin der Volksgemeinschaft nicht nur theoretisch zu vertreten, sondern auch praktisch ... eine Gemeinschaft, die sich zusammengefunden hat, vereint in einem großen Glauben und in einem großen Wollen ... Die Schuld unseres Volkes ist gelöscht ... Es lebe unser Volk!*«

Der Film endet, wie »Hans Westmar«, mit einer Überblendung: knatternde Hakenkreuzfahnen über einem Wolkenhintergrund. Und wie am Schluß von »SA-Mann Brand« ertönt das Horst-Wessel-Lied.

Die Intention von »Sieg des Glaubens« ist strikt dokumentarisch. Die Wirklichkeit übertrifft jegliche Einbildungskraft. Man entdeckt hier bereits den Pomp, den späterhin alle großen Naziversammlungen haben sollten. Zum erstenmal erscheint die SS im Film. Hitler erhält den Löwenanteil der Großaufnahmen. Seine Reden geben schon zu diesem Zeitpunkt Aufschluß über die Absichten des Regimes und die Persönlichkeit Hitlers. Indem sie der Wechselbeziehung zwischen Menschenmenge und der Magie des Wortes einen großen Wert beimaß, ging Leni Riefenstahl viel weiter als Steinhoff oder Seitz. Sie reproduzierte nicht nur mit exemplarischer Genauigkeit den Geist des Regimes, sondern lieferte darüber hinaus auch eine Illustration des Hauptwerkes ihres Führers: »*Nach dem Kriege*«, so führte dieser in »Mein Kampf« aus, »*erlebte ich dann in Berlin eine Massenkundgebung des Marxismus vor dem Kgl. Schloß und Lustgarten. Ein Meer von roten Fahnen, roten Binden und roten Blumen gaben dieser Kundgebung, an der schätzungsweise hundertzwanzigtausend Personen teilnahmen, ein schon rein äußerlich gewaltiges Ansehen. Ich konnte selbst fühlen und verstehen, wie leicht der Mann aus dem Volke dem suggestiven Zauber eines solchen grandios wirkenden Schauspiels unterliegt.*« Im Vorwort heißt es: »*Ich weiß, daß man Menschen weniger durch das geschriebene Wort als vielmehr durch das gesprochene zu gewinnen vermag, wie jede große Bewegung auf dieser Erde ihr Wachsen den großen Rednern und nicht den großen Schreibern verdankt.*«

Halten wir zum Schluß fest, daß eine echte Anstrengung unternommen wurde, die bloße Aneinanderreihung ausgewählter Filmsequenzen zu vermeiden, um eine bereits kolossal zu nennende Regiearbeit noch kolossaler zu gestalten. Gegenstände spielen in dem Film eine wichtige Rolle: Tribünen und Gerüste, Glocken, Fanfaren, Fahnen, Spruchbänder und Abzeichen werden leitmotivisch verwendet. Gleichzeitig lockern Großaufnahmen von Hitlerjungen, italienischen Faschisten und einer Serie von Gesichtern aus der Menge der Zuhörer die Reden auf. Zooms von einem Balkon aus auf die Stiefel Marschierender, auf erschreckt auffliegende Tauben und dann der Gegenschuß auf eine Trommel: dieses Verfahren versucht, ein und dasselbe Ereignis von möglichst vielen Blickwinkeln aus einzufangen. Gegen Schluß zeigen eine große Totale und ein Travelling das Stadion, in dem Hitler die letzte Rede dieses Parteitages halten wird. Unter Einbeziehung der Möglichkeiten des Tonfilms war hier ein neuer Stil im Kommen.

Der Film wurde offiziell vom Propagandaministerium und seinen örtlichen Stellen vertrieben. Goebbels gab in diesem Zusammenhang den folgenden Erlaß heraus (veröffentlicht in »*Film-Kurier*«, 2. Dezember 1933): »*An alle Ortsgruppen der NSDAP.! Das gewaltige Filmwerk ›Der Sieg des Glaubens‹ tritt in diesen Tagen seinen Zug durch Deutschland an. Nur einigen hunderttausend Parteigenossen, SA.- und SS-Kameraden war es vergönnt, die Tage des Reichsparteitages in Nürnberg mitzuerleben. Jetzt vermittelt der Film den vielen Millionen deutscher Volksgenossen Ton und Bild dieses großen Ereignisses. Die Ortsgruppen der NSDAP werden daher angewiesen, am jeweiligen Tage der Aufführung dieses gewaltigen Filmwerkes innerhalb dieses Ortsgruppenbereiches keine anderen dienstlichen Veranstaltungen durchzuführen, um der Parteigenossenschaft und der Bevölkerung Gelegenheit zu geben, durch ihren Besuch die Aufführung des Reichsparteitagfilms zu einer machtvollen Kundgebung zu gestalten.*«

Die Premiere des Films fand im Berliner »Ufa-Palast am Zoo« in Anwesenheit des Führers, Vizekanzlers von Papen und einem Großteil der Prominenz des Dritten Reichs sowie den akkreditierten Repräsentanten ausländischer Mächte statt. Hitler wurde von Röhm, seinem persönlichen Adjutanten Rudolf Heß und von Goebbels begleitet. Vor dem Film spielte Hitlers Leibgarde auf der Bühne, verstärkt durch Flötisten und Trommler, den »Badenweiler Marsch«. Nach der Vorführung sangen die Zuhörer zusammen mit Hitler das »Horst-Wessel-Lied«. Die Führerreden im Film hatten soviel Erfolg, und in den umliegenden Straßen hatten sich soviele Anhänger versammelt, daß Polizei und Leibgarde alle Mühe hatten, die fanatisierte Menge zurückzuhalten. Hitler mußte den Saal durch einen Nebenausgang verlassen.

TRIUMPH DES WILLENS

Man kann »Sieg des Glaubens« als eine Vorstudie zu dem offiziellen Parteitagsfilm »Triumph des Willens« des Jahres 1934 betrachten (4. bis 10. September). Das Motto dieses Parteitages wurde für den Film übernommen und entstammt einer der grundlegenden Thesen aus Rosenbergs »Mythus des 20. Jahrhunderts«: »... *Worum es sich heute handelt, ist ... der Willenhaftigkeit des Germanentums auf allen Gebieten nachzugehen. Das Problem ist also: gegen das chaotische Durcheinander eine gleiche Seelen- und Geistesrichtung herbeizuführen, die Voraussetzungen einer allgemeinen Wiedergeburt selbst aufzuzeigen.«*

Der »Völkische Beobachter« vom 1. September schrieb, der Film solle vor allem »*die Ordnung und Geschlossenheit und die Zielstrebigkeit der nationalsozialistischen Bewegung*« zeigen, ein »*Dokument der einmütigen Gefolgschaftstreue zum Führer und damit zu Deutschland*« sein und »*der ganzen Welt den Friedenswillen des deutschen Volkes, verkörpert im Führer in eindrücklichster Weise vor Augen führen*«.

Nach der »Nacht der langen Messer« vom 30. Juni, der Umwandlung der SS in eine autonome Organisation am 20. Juli, dem Tod des Reichspräsidenten Hindenburg am 2. August, dem Volksentscheid vom 19. August, wonach Hitler zum »*Führer und Reichskanzler*« sowie »*Obersten Führer*« des deutschen Heeres bestellt wurde, waren solche Dinge für die Konsolidierung des Regimes nach innen und außen wichtig. Hitler hatte dem Parteitag seinen Segen gegeben und damit auch dem Film, der – wie der Vorspann ausweist – unter seiner Schirmherrschaft produziert wurde. In ihrem Buch »Hinter den Kulissen des Reichsparteitag-Films« (1935) notiert Leni Riefenstahl: »*Um neue filmische Wirkungen zu erzielen, werden in großzügigster Weise mit Unterstützung der Stadt Nürnberg Brücken, Türme und Bahnen gebaut, wie es bisher noch nie für einen Film gemacht werden konnte. So wird zum Beispiel an einem 38 Meter hohen Eisenmasten im Luitpoldhain ein Aufzug gebaut, der, elektrisch betrieben, den Operateur in wenigen Sekunden auf diese Höhe bringt ... Oder am Adolf-Hitler-Platz wird in der Höhe des ersten Stockwerkes der Häuserfront entlang eine 20 Meter lange Fahrbahn gebaut, um die vorbeimarschierenden Truppen mit der bewegten Kamera von oben aufzunehmen.*« Sie hält ferner fest: »*Unser Arbeitsstab ist allmählich auf 120 Mann gewachsen. Ich zählte in Nürnberg 16 Kameraleute und 16 Hilfsoperateure mit 30 Apparaturen zum ›Stab‹. Daneben die 4 Tonapparaturen, die Beleuchter, 22 Autos mit ihren Chauffeuren, außerdem die SA.- und SS.-Wachen, die Feldjäger. Dazu 16 Wochenschau-Operateure, die mit ihren großen Erfahrungen eine wertvolle Unterstützung für den Film bedeuteten.«*

Das Ergebnis solchen Aufwandes anläßlich einer Zusammenkunft, die, abgesehen von der Nürnberger Bevölkerung (etwa 350 000 Einwohner), mehr als eine halbe Million Parteimitglieder und rund 200 000 weitere Besucher umfaßte, beschrieb Leni Riefenstahl 1965 folgendermaßen: »... *mein Film ist lediglich ein Dokument. Ich habe gezeigt, wovon alle Welt sprach oder Zeuge gewesen und beeindruckt war. Ich habe diesen Eindruck auf Zelluloid aufgenommen. Und genau das nimmt man mir offenbar übel: das aufgenommen, das gefilmt zu haben ... Der Film ... enthält nicht eine einzige gestellte Szene. Alles an ihm ist wahr. Und er hat keinen tendenziösen Kommentar, ganz einfach deshalb nicht, weil er gar keinen Kommentar hat. Das ist Historie. Ein rein historischer Film. Ich präzisiere: das ist ein film-vérité. Er reflektiert die Wirklichkeit dessen, was damals, 1934, geschah. Daher ist er ein Dokument und nicht ein Propagandafilm*« (Erklärung gegenüber »Cahiers du cinéma«, No. 170).

Gewiß, die Wirklichkeit der Ereignisse ist unleugbar: Hitler, wie er lächelnd am Flughafen ankommt oder wie er sich breit und mit zufriedener Miene auf die Balkonbrüstung eines Nürnberger Hotels stützt, Nürnberg während des Festes, die Menge, die Paraden, die Reden – alles historische Realitäten. Die ununterbrochene Folge von Vorbeimärschen, unterschnitten mit Großaufnahmen des Führers: darin teilt sich unfreiwillig die Öde und Langeweile des Parteitags mit. Die Zwischenschüsse auf die Adler, die von oben gemachten Aufnahmen auf die akkurat ausgerichteten Massen der Werktätigen, die imponierenden Travellings entlang der Spruchbänder mit dem Hakenkreuz oder über begeisterte Gesichter ändern diesen Eindruck nicht. Auch die technischen Einfälle und der Schnitt vermögen kein Leben in diese nicht endenwollende Parade zu bringen.

Wenn dieser Film indessen ein Dokument sein soll, dann muß doch erlaubt sein anzumerken, daß die von Leni Riefenstahl getroffene strenge Bildauswahl stark gefärbt ist. Sorgfältig hat sie sich aus der Menge die enthusiastischen jungen Mädchen, die freudestrahlenden Jünglinge und eben jene Mutter herausgesucht, die mit ihrem Kind auf dem Arm dem Führer die Hand schüttelt. So also sieht das Deutschland von heute und morgen aus, das in mystischer Begeisterung seinem neuen Gott huldigt.

Die Schlüsselszenen des Films feiern das gesunde und fröhliche Lagerleben, die männliche Anmut der Paukenschläger und Trompeter, die Solidarität zwischen Arbeitern und Soldaten. Der Aufmarsch des Arbeitsdienstes und dessen minutiöse Verpflichtungszeremonie wurde in die Mitte des

Films genommen, und diese Szene scheint den Film wie ein Brückenbogen zu tragen. Auf die Ouvertüre von Spruchbändern und Fanfaren folgt als erster Akt die Vorstellung Tausender von Arbeitern durch ihren Obmann. Wie aus einem Munde rufen alle: »*Hier!*« Der Obmann fragt: »*Kamerad, woher kommst du?*« Die Antworten (»*Aus Pommern*«, »*Von der Donau*«, »*Von der Saar*« usw.) nennen in ihrer Gesamtheit alle Provinzen des Reichs und enden in dem gemeinsamen Bekenntnis: »*Hier stehen wir alle für Deutschland!*« Zweiter Akt: die Totenehrung. Langsam senken sich nacheinander die Fahnen. »*Ihr seid nicht tot; ihr lebt weiter für Deutschland!*« verkündet der Obmann. Gesang hebt an, und, ihren Spaten wie ein Gewehr präsentierend, grüßen alle, während der Führer seine Rede beginnt...

Leni Riefenstahl hat das Spiel mit dem Fortissimo vollkommen ausgereizt. Um den massiven Charakter des Parteitags zu betonen, verzichtete sie – effektvollerweise – auf einen Kommentar. Dieser wird jedoch durch Musik und Original-Reden ersetzt. Schon vor dem Titelvorspann sorgt eine lange musikalische Einleitung für feierliche Stimmung. Dann folgen Blechmusik, Fanfarenklänge, Volkslieder, Marschlieder, Lieder der Hitlerjugend und der Partei, Trompetengeschmetter und grollende Paukentöne – nur von den Ovationen der Menge oder den offiziellen Reden unterbrochen. Der Film enthält etwa 15 Reden, die wie in »Sieg des Glaubens« den wichtigsten Teil ausmachen. Rudolf Heß eröffnet den Parteitag mit der Ehrung von Hindenburg (als dem »*ersten Soldaten Deutschlands*«) und der »*gefallenen Kameraden*«, um schließlich vor allem dem Führer seine Reverenz zu erweisen: »*Dank Ihrer Führung wird Deutschland sein Ziel erreichen: Heimat zu sein für ein freies Volk ... Heimat zu sein für alle Deutschen der Welt!*« Dann sprechen Rosenberg, Otto Dietrich, der Pressechef der Partei, Ingenieur Todt, Hauptverantwortlicher für den Bau der Autobahnen, Reinhard, Reichslandwirtschaftsminister Walter Darré, Julius Streicher, Chefredakteur der antisemitischen Hetzschrift »Der Stürmer«, Reichsarbeitsführer Robert Ley, Leonhard Frank, der juristische Berater des Führers, Goebbels und Hierl.

Hitlers erste Rede ist die Antwort auf die Ansprache des Reichsjugendführers Baldur von Schirach, der seine Hitlerjugend präsentiert hat: »*Wir wollen ein Volk sein... Vor uns liegt Deutschland, in uns marschiert Deutschland, und hinter uns kommt Deutschland!*« Die Rede wirkt improvisiert. Bisweilen sucht der Führer nach Worten. Dies scheint echt und nicht etwa der Versuch zu sein, die Jungen, die ihn umringen, durch betonte Einfachheit zu beeindrucken. Sein Tonfall schwillt bei der zweiten Rede an: »*So sei unser Gelöbnis an diesem Abend: In jeder Stunde, an jedem Tag nur zu denken an Deutschland, an Volk und Reich, an unsere große Nation.*« Kaum ist der letzte Satz gesprochen, – Hitler zittert noch vor Erregung, – da setzt sich ein Fackelzug in Bewegung. Dritter Teil: die feierliche Ansprache an die SA und SS: »*Wir stehen fest zusammen für unser Deutschland, und wir müssen fest zusammenstehen für dieses Deutschland.*« Die meisten Sätze dieser Rede zielen auf sofortige Wirkung ab: auf die kollektive Erregung. Die letzte Rede ist auch die letzte Sequenz des Films. Sie steigert sich bis ins Fieberhafte. Der Redner wird von seinem Stellvertreter, Rudolf Heß, angekündigt: »*Es spricht der Führer!*« Nach langen Ovationen und einem Augenblick der Sammlung verkündet Hitler bewegt den Abschluß des VI. Parteitags. Zum ersten Male seit Beginn der Veranstaltung liest er seine Rede ab, die er mit weitausladenden und nervösen Gesten begleitet. Seine Lippen zucken. Am Ende der Sätze stellt er sich auf die Zehenspitzen, um sich dann zurückfallen zu lassen. Der Satz: »*Wir können glücklich sein, daß die Zukunft uns gehört!*« erhält tosenden Beifall. Nachdem er abschließend die Partei als »*Symbol des Ewigen*« gepriesen hat, tritt Heß noch einmal ans Pult und ruft: »*Die Partei ist Hitler, Hitler aber ist Deutschland, wie Deutschland Hitler ist.*« Dann endet der Film mit dem »Horst-Wessel-Lied«.

Dieses sorgfältig dosierte Crescendo, das die »*kräftigende und ermutigende*« Wirkung von »*Massenversammlungen*« auf den »*isolierten*« Menschen und »*die Zauberkraft des gesprochenen Worts*« (»Mein Kampf«) so massiv ins Bild umsetzte, war keine reine Reflexion der Wirklichkeit. Eingangstext (»*Am 5. September 1934, zwanzig Jahre nach dem Ausbruch des Weltkrieges, sechzehn Jahre nach dem Anfang deutschen Leidens, neunzehn Monate nach dem Beginn der deutschen Wiedergeburt, flog Adolf Hitler nach Nürnberg...*«), die lange Luftaufnahme, die zu Beginn des Films – im Stile von Fanck – das zweimotorige Flugzeug des Führers über den Wolken zeigt, durch die die Sonne bricht, der Schatten des Flugzeuges über dem Erdboden, die Landung aus den Wolken herab (weißes Wolkenmeer, auf das alsbald das Meer dunkler Hakenkreuzfahnen folgt), eine getragene Musik, die Aufnahmen von Nürnberg, das für Deutschland steht, – dies alles bewirkt eine mystifizierende Atmosphäre.

Damals sah Leni Riefenstahl in ihrem Film eine »*Symphonie*« und vermerkte »*heroischen Stil*«. Dreißig Jahre später sollte sie gegenüber den »Cahiers du cinéma« ihre Unschuld beteuern. In dem gleichen Text, den sie heute freilich vergessen zu haben scheint, fügte sie in Bezug auf die Sequenzen über den Reichsarbeitsdienst hinzu: »*Leider ist die Sonne hinter den Wolken verschwunden. Doch als der Führer kommt, brechen die Strahlen durch das Gewölk: Hitlerwetter!*«

»Triumph des Willens« verklärt eine mehr oder weniger abstrakte Wirklichkeit. Die Regisseurin verwirklichte dabei Prinzipien, die sie 1940 in ihrem Artikel »Wesen und Regie des Dokumentarfilms« in »Der deutsche Film« erläuterte »*Vier Dinge stehen dem Regisseur hauptsächlich zur Verfügung, um einem reinen Filmbuch die künstlerische Gestaltung zu verleihen: der richtige Aufbau – die Architektur des Films, der Rhythmus der Montage, die besondere Auswertung des Tones und die Qualität der Kameraeinstellung.*«

Damit hatte sie einen neuen Stil des Dokumentarfilms gefunden, der intim und spektakulär zugleich war. Indem sie nicht nur die offiziellen Zeremonien zeigte, sondern auch deren Vorbereitung und Randereignisse, verschaffte sie dem Zuschauer die Illusion, selbst zur näheren Umgebung des Führers zu gehören, selbst ein bißchen der Führer zu sein, und darüber hinaus gab sie ihm die Möglichkeit, sich mit Deutschland zu identifizieren. Diese Prinzipien entwickelte sie in ihren Olympiade-Filmen, welche noch heute eine grundlegende Arbeit auf dem Gebiet der filmischen Sportreportage darstellen, weiter. Dabei kommt der Zuschauer in puncto Großartigkeit und Anschaulichkeit durchaus auf seine Kosten. Ein Standartenwald, die geschickte Einbeziehung von Licht und Schatten sowie geometrischer Linien erinnern an die Bilder von »Siegfrieds Tod« (Fritz Lang). Ohne selbst Mitglied gewesen zu sein, hatte Leni Riefenstahl doch für die Partei gute Arbeit geleistet. Heute liest sich das so: »*Ich habe den Film mit primitivsten Mitteln gemacht. Es war ein sehr billiger Film. Er hat nicht mehr als 280 000 Mark gekostet. Ich verfügte nur über zwei Kameras*« (aus ihrer oben zitierten Erklärung gegenüber den »Cahiers du cinéma«). Tatsächlich stand ihre Arbeit von der Konzeption bis zum Schnitt unter großem zeitlichem Druck, wie sie dies auch in ihrem Buch ausführt. In diesem Film, der ausschließlich auf Effekt hin konzipiert ist und dessen musikalische Untermalung mit viel Pauken und Blech auf die Dauer ermüdend wirkt, ebenso wie die optischen Wiederholungen ein- und desselben Sujets, spielt der Schnitt eine wichtige Rolle. Man darf der Riefenstahl wohl Glauben schenken, wenn sie 1965 erklärt, sie habe »*beim Schnitt große Probleme mit der Synchronität gehabt. Denn damals waren gute Tonaufnahme-Teams noch selten. Dasjenige, das ich für den Film hatte, und das, das ich während des Schnitts hatte, gehörten beide nicht zu den besten, bei weitem nicht: die Teams, die besser waren, befanden sich schon in festen Händen, sie arbeiteten für viel bekanntere Filmemacher, als ich das war. Darüberhinaus mußte ich den Film vollkommen alleine schneiden. Ich hatte schon einige Kenntnisse von der Schnittarbeit, weil ich die französische Version von ›Die weiße Hölle vom Piz Palü‹ gemacht hatte, aber die Arbeit, die ich nun zu leisten hatte, war enorm: sie war sehr anstrengend, sehr ermüdend, vor allem für eine Frau, und wir arbeiteten fast ausschließlich nachts. Zwar habe ich versucht, Hilfe zu bekommen, aber vergebens.*« Von den zirka 130 000 Metern entwickelten Materials verwertete die Regisseurin etwa den vierzigsten Teil für zwei Filmstunden. Dazu waren sechs Monate Arbeit notwendig, und Goebbels, der der Riefenstahl schon während der Dreharbeiten für »Sieg des Glaubens« seine Feindschaft bezeigt hatte, sorgte für zusätzliche Schwierigkeiten.

Im Verlaufe ihrer Feststellungen räumt Frau Riefenstahl auch mit der hartnäckig sich haltenden Legende auf, wonach Walter Ruttmann, Regisseur berühmter Montagefilme wie »Berlin, Sinfonie einer Großstadt«

(1927) und »Melodie der Welt« (1929), Leni Riefenstahls Assistent gewesen sein soll. Das konnte man noch 1956 in einer von der Cinémathèque française herausgegebenen Broschüre lesen (»Images du cinéma allemand). Darin wurde eine lange Analyse der »Kunst von Ruttmann« gegeben, der für »Triumph des Willens« hauptverantwortlich gewesen sein soll und damit für *das einzige Meisterwerk des deutschen Films in dieser Zeit*«. In ihrer Erklärung für die »Cahiers du cinéma« führt Leni Riefenstahl aus: *»Ich hatte zu keiner Zeit einen künstlerischen Mitarbeiter oder einen Co-Regisseur. Tatsächlich ist behauptet worden..., Walter Ruttmann habe an »Triumph des Willens« und an den Olympiade-Filmen mitgearbeitet. Dazu kann ich nur mitteilen, daß er keinen einzigen Meter meiner Filme gedreht hat... Er war bei den Dreharbeiten ganz einfach gar nicht da.*« Tatsächlich sollte Leni Riefenstahls Film ein erster Teil über die Entstehung der Nazipartei vorausgehen und Ruttmann mit dessen Herstellung beauftragt werden. Die Branchenzeitschrift »Licht-Bild-Bühne« vom 23. Oktober 1934 berichtet denn auch, daß zusätzliche Szenen von der Riefenstahl und Ruttmann gedreht worden seien, und zwar *»Rekonstruktionen tatsächlicher Ereignisse und Geschehnisse der Vergangenheit«*. Aber das Material fand keine Verwendung.

»Triumph des Willens« erhielt die Prädikate »staatspolitisch und künstlerisch besonders wertvoll«, »volksbildend« und »Lehrfilm«. Am 1. Mai 1935 verlieh Goebbels ihm den »Nationalen Filmpreis« und würdigte die Auszeichnung mit den Worten: *»Er hat den harten Rhythmus dieser großen Zeit ins eminent Künstlerische gesteigert; er ist monumental, durchzittert vom Tempo der marschierenden Formationen, stählern in der Auffassung und durchglüht von künstlerischer Leidenschaft.«*

Daneben erhielt »Triumph des Willens« bei der Biennale in Venedig den ersten Hauptpreis in der Kategorie »Dokumentarfilme«. Leni Riefenstahl hatte sich während einer Verwaltungsratssitzung der Ufa am 28. April 1934 einen Vertrag gesichert, der ihr das Urheberrecht an dem Film *»auf unbegrenzte Zeit«*, auch für die Auswertung in den Formaten acht und sechzehn Millimeter, zusprach. Eine Verordnung der Reichsfilmkammer vom 26. März 1935 sicherte dem Film *»wegen seines speziellen Charakters und seiner besonderen politischen und kulturellen Bedeutung«* außergewöhnliche Vergünstigungen in Bezug auf die Eintrittspreise zu: einen Preisnachlaß für Nazi-Organisationen, die mit wenigstens hundert Personen den Film besuchten; *»für Privatvorführungen, die außerhalb der üblichen Vorstellungen«* liefen, durfte die Karte nicht mehr als 50 Pfennige kosten; in Kindervorstellungen betrug der Preis für einen Sitzplatz 20 Pfennige; in regulären Vorstellungen hatten Kinder Anspruch auf einen Nachlaß von 50 Prozent. Der Film wurde wiederholt im Rahmen der Internationalen Ausstellung von Paris 1937 gezeigt.

Später wurden Teile des Films in anti-faschistischen Montagefilmen, wie beispielsweise in Frank Capras »Warum wir kämpfen« (1942) oder in Erwin Leisers »Mein Kampf« (1959) verwendet. Indem sie sich auf ihren Vertrag aus dem Jahr 1934 berief, verlangte Frau Riefenstahl vom Produzenten von »Mein Kampf« (Minerva International Films in Stockholm) »...*eine Beteiligung am Einspielergebnis des Films. Nach Fräulein Riefenstahls Meinung war der Erfolg von › Mein Kampf‹ nicht auf die bis dahin unbekannten Szenen aus dem Warschauer Ghetto oder auf die allgemeine Konzeption dieser Dokumentation zurückzuführen, sondern auf die kurzen Ausschnitte aus ihrem berühmten Film ... Nachdem sie darüber informiert worden war, daß die Urheber an nazistischen Propagandawerken keine Rechte auf antifaschistische Filme geltend machen können und daß › Triumph des Willens‹ außerdem... von den Alliierten als Kriegsbeute beschlagnahmt worden war, antworteten ihre Rechtsanwälte, sie habe den Film in eigener Verantwortung und nicht als politische, sondern als künstlerische Arbeit produziert... Minerva gewann die daraus entstandenen Prozesse«* (Leiser in einem Artikel in »Cinéma 69«). Frau Riefenstahls Überzeugung ist es, daß sie –nach ihrer Verhaftung durch die Franzosen –»*diesem Film einige Jahre in Lagern und Gefängnissen...*« verdankt (aus der bereits genannten Erklärung gegenüber »Cahiers du cinéma«).

Einem Artikel von David Gunston über »Leni Riefenstahl« in »Film Quarterly« (Vol. XIV, No. 1, 1960) zufolge, hat die Regisseurin 1935 einen Kurzfilm mit dem Titel »Tag der Freiheit« gedreht. Tatsächlich existierte dieser Film (zirka 1800 Meter). Er wurde nach Kriegsende von den Amerikanern konfisziert. Später tauchten in den USA Kopien-Fragmente davon auf (die jedoch nicht zu einer Rekonstruktion ausreichten). Der Originalfilm gilt als verschollen. David Stewart Hull gibt an, die Riefenstahl habe den Film »*an einem einzigen Tag mit sechs Kameramännern*« gedreht.

OLYMPIA

Wo beginnt die Politik? Von welchem Augenblick an werden die Sportstadien zu Stätten nationalistischer Konfrontationen? Ist der sportliche Antagonismus nicht manchmal ganz realer Ausdruck des Wettstreits der Staaten untereinander? Diese Frage muß man sich stellen, ehe man sich an die Analyse der Filme über die Olympischen Spiele von Leni Riefenstahl macht. Man schrieb damals das Jahr 1936, und Deutschland wollte diese völkerverbindende Veranstaltung nutzen, um aller Welt die Stärke des Hitler-Regimes vor Augen zu führen. Zwei Jahre zuvor hatte Hitler verkündet: »*Der junge Volksgenosse muß in seiner körperlichen Kraft und Gewandtheit den Glauben an die Unbesiegbarkeit seines ganzen Volkstums wiedergewinnen*« (»Mein Kampf«).

Nichts war außer Acht gelassen worden, um diese große Zurschaustellung von Volkswillen und Macht zustandezubringen, die in jeder Hinsicht kolossal werden sollte und es dann wurde. Die Filmarbeit wurde ganz selbstverständlich in die gigantischen Propagandaanstrengungen mit einbezogen. Leni Riefenstahl hat nicht einen Film über die Olympischen Spiele gedreht, sondern über das olympische Deutschland. Der Unterschied ist wichtig, denn in den scheinbar neutralen Titeln wie »Fest der Völker« und »Fest der Schönheit« ist die Erweiterung der Berliner Ereignisse bereits enthalten: für alle, die nicht gekommen waren, sollten die Filme Zeugnis ablegen von einem durch und durch gesunden Deutschland.

Um das zu erreichen, wurden 45 Kameraleute abgestellt. An technischem Personal herrschte kein Mangel. Raffinierte technische Einrichtungen wurden installiert, Schienen für Kamerafahrten verlegt, damit Läufer und Speerwerfer verfolgt werden konnten. Teleobjektive, Aufnahmewagen, Fesselballons und Kräne wurden herbeigeschafft. Mehr als 30 Kameras konnten eingesetzt werden, einige davon am Grund des Schwimmbeckens. Das Luftschiff »Hindenburg« sowie Flugzeuge wurden bereitgestellt. Um die Läufer besser aufnehmen zu können, wurden Gräben für die Kameraleute ausgehoben. Das Ergebnis war beeindruckend: es entstanden 800 000 Meter Negativmaterial, das gut für fünfhundert Stunden Film gereicht hätte. Davon blieben schließlich ungefähr 6 000 Meter übrig, die auf zwei Filme verteilt wurden. Leni Riefenstahl wollte daraus »*eine Hymne an die Kraft und die Schönheit des Menschen*« machen und darin »*das ständige Streben des Menschen nach Perfektion und Schönheit*« zeigen.

Der erste Teil beginnt mit einer Reminiszenz an das Griechenland der Antike. Säulen und Statuen werden gezeigt. Es folgen der Fackellauf und die Eröffnungsfeier. Dann sieht man verschiedene Wettbewerbe (Diskuswerfen der Männer, Hindernislauf der Frauen, Hammerwurf, 100-m-Lauf, Hochsprung der Frauen, Gewichtheben, 800-m-Lauf, Dreisprung, Weitsprung, 1 500-m-Lauf, Hochsprung der Männer, Hindernislauf der Männer, Speerwurf, 10 000-m-Lauf, Stabhochsprung, Staffellauf, Marathonlauf). Der zweite Teil umfaßt die Wettbewerbe Turnen (Pferd, Reck, Barren, Schwebebalken...), Rudern, Florett-Fechten, Boxen, Hockey, Polo, Fußball, Geländeritt, Pistolenschießen, Parcours, Radfahren (100 km auf der Straße), Rudervierer, Ruderachter, Zehnkampf, Turmspringen der Frauen, 200 m Freistil der Männer, 100 m Frauenschwimmen und Turmspringen der Männer.

Die Kamera ist überall dabei. Zwischen den Beinen der Pferde, unter Wasser, vom Himmel herab. Sie scheint die spektakulärsten aller olympischen Leistungen zu vollbringen. Lange Panorama-Schwenks wechseln mit Großaufnahmen von den angespannten Gesichtern der Wettkämpfer. Schüsse von oben auf die Menge der Zuschauer und die Ereignisse im Stadion werden abgelöst durch eindrucksvolle Gegenschüsse, die, vor einem Wolkenhimmel als Hintergrund, die sportlichen Leistungen noch mehr verherrlichen. Selbst die Geräuschkulisse wechselt ständig: das Summen der Menschenmenge, der Hufschlag der Pferde, die Stimmen der Stadionsprecher oder Kommentare, neoromantische Musik oder zeitgenössischer Jazz sind den Bildern unterlegt. »Olympia« ist ohne Zweifel ein großes Ereignis in der Geschichte der Sportreportage. Nicht nur wegen der Mittel, die eingesetzt wurden, sondern vor allem wegen der Ingeniosität der ständig wechselnden Regieintentionen. Die Kamera schweift vom allgemeinen zum besonderen, geht aus der Totalen ins Detail, von der Masse der Zuschauer zum kämpfenden Sportler über. Noch heute schulden die Dokumentarfilmer Leni Riefenstahl einiges.

Trotz dieser Qualitäten besteht kein Anlaß, heute eine Neueinschätzung der beiden Olympiade-Filme vorzunehmen. In unserer Zeit wirkt eine solche Reportage banal. Das Interesse, das die Filme verdienten, ist historischer und politischer Art. Man sollte das Hakenkreuz auf dem schwarzen Badeanzug der Schwimmer, den Trikots der Boxer und Ringer sowie der anderen deutschen Sportler sehen. Man sollte beobachten und zur Kenntnis nehmen, mit welch' nationalistischem Stolz Deutschland seine Sieger feierte. Ihnen sind in diesen Filmen die lautesten Bravo-Rufe, die sorgfältigsten Gegenschüsse, die frenetischsten Kommentare gewidmet. Und der große Organisator dieses Fests der Völker und der Schönheit, Hitler, ist stets gegenwärtig: er lächelt mehr und ist entspannter als gewöhnlich. Jeder seiner Auftritte beweist, daß er, zumindest für die Masse der Deutschen, der eigentliche »Gott des Stadions« ist.

Der Erfolg der Filme war weltweit. Selbst Stalin sandte einen handschriftlichen Glückwunsch an Leni Riefenstahl. Sie zeigte ihre Filme in aller Welt und wurde fast überall triumphal aufgenommen. »Olympia« gab es in drei Fassungen (deutsch, englisch und französisch), die leicht voneinander abwichen. David Stewart Hull stellt fest, daß die Verleiher später die sportlichen Szenen in allen möglichen Zusammenschnitten montierten und lediglich die Kopie des »George Eastman House«, die von Leni Riefenstahl persönlich hergestellt worden war, noch einigermaßen dem Original entspricht. Sie enthält auch wieder die 88 Meter Film, die von den alliierten Zensoren nach dem Krieg herausgeschnitten worden waren und folgende Szenen umfaßten:

. im ersten Teil des Films die Eröffnungsrede des Führers, die Aufnahmen der anwesenden Nazi-Prominenz und die Übergabe von zwei Medaillen an deutsche Sieger;

. im zweiten Teil Aufnahmen des Reichssportführers Osten von Tschammer.

Nach dem Erfolg ihrer jüngsten Filme begab sich Leni Riefenstahl in die USA auf Propagandatournee. Nach James Manilla (»Film comment«, 1965) soll sie 1938 einen Dokumentarfilm von 50 Minuten unter dem Titel »Berchtesgaden über Salzburg« gedreht haben: *Auch wenn es sich wirklich um ein Werk von Leni Riefenstahl handelt, ist das vermutlich ihr schlechtester Film. Offensichtlich handelt es sich um eine Auftragsarbeit, wahr-*

scheinlich für Hitler, der ein filmisches Dokument über seinen ›Adlerhorst‹ wollte. Der Film trägt an einigen Stellen die Handschrift Leni Riefenstahls. Es ist ihm eine gewichtige und reiche Begleitmusik im Stile Wagners unterlegt. Er beginnt mit einem Blick auf die Berge im Licht der aufgehenden Sonne... Eine Reihe von Szenen spielt im Schnee und zeigt glückliche Bergbauern. Insgesamt jedoch ist der Film entsetzlich glanzlos. Zwar enthält er einige wundervolle Aufnahmen, die von den zahlreichen, für den Film engagierten Kameramännern stammen, zwar ist der Schnittrhythmus zum Teil gut: aber wenn er nur acht Minuten dauern würde, dann wäre er interessanter, als in seiner ganzen Länge. Im Gegensatz zu den besseren Arbeiten von Leni Riefenstahl ist der Film schwerfällig. Die optischen Effekte überlagern einander.« (Anmerkung des Übersetzers: Nach Auskunft von Frau Riefenstahl wurde der Film nicht von ihr gedreht und ihres Wissens nach auch nicht von einem ihrer Schüler. In der Zeit, als dieser Film entstanden sein muß, drehte sie nachweislich »Tiefland«).

Im Jahre 1939 begann Leni Riefenstahl mit den Dreharbeiten eines »Penthesilea«-Films nach Kleist. Sie selbst wollte die Hauptrolle, die Königin der Amazonen, spielen:

»Spezielle Stoffe wurden gewebt, mit denen die Personen im griechischen Stil gekleidet werden sollten; eine Gruppe von Mädchen lernte ohne Sattel zu reiten... Mit den Außenaufnahmen sollte in Lybien begonnen werden (mit einem bekannten französischen Darsteller in der Hauptrolle), als der Krieg ausbrach. Das Projekt wurde trotz erheblicher Vorkosten aufgegeben« (David Stewart Hull). Es wurde auch später nicht wieder aufgenommen.

EWIGER WALD

Während Leni Riefenstahl ihre Olympiade-Filme drehte, wurde in Berlin ein Montagefilm gezeigt, der ohne Beispiel bleiben sollte: »Ewiger Wald« von Hans Springer und Rolf von Sonjewski-Jamrowski. Produziert von der nationalsozialistischen Kulturgemeinde und gespielt von *»Frauen und Männern aus allen Gegenden Deutschlands«*, brachte diese *»Allegorie über die Geschichte und das Leben«* (so der Untertitel) zweitausend Jahre germanischer Zivilisation auf die Leinwand. Der Film war gleichermaßen ein Denkmal des Nationalismus wie eine verzückte Hymne an die Natur, die der Wald symbolisierte. Der deutsche Wald wohlverstanden.

Die Eröffnungssequenz stellt eine Art Resümee des Inhalts dar und stimmt auf den Ton des ganzen ein. Sommer, Herbst, Winter, Frühling – das Wechselspiel der Natur zieht vorüber mit den Unbilden der Witterung und doch immer wieder schönen Tagen. Stolze Baumwipfel auf Wolkenhintergrund, Gras, durch das der Wind streicht, schneebedeckte Tannen, goldschimmernde Blumen an den Ufern der Flüsse und blütenübersäte Wiesen symbolisieren die Jahreszeiten, die vergehen im stetigen Kreislauf der Natur. (*»Ewiger Wald, ewiges Volk...«*).

Die Darstellung der deutschen Vergangenheit wechselt ab mit Bildern aus dem Wald, wobei ein lyrischer Kommentar jedes Detail dieses Vergleichs unterstreicht. (*»Es ist der Wald, aus dem wir kommen und von dem wir leben«*). Zu Beginn schildern einige Szenen das Leben der prähistorischen Menschen: ein kleines Dorf, das aus dem Dunkel der Geschichte emportaucht, die ersten Begräbnisriten, pantheistische Kulthandlungen am Waldesrand, rund um einen geschmückten Baum. Das Bild einer Laubkrone wird von einem römischen Feldzeichen überlagert. Die Legionen des Augustinus kommen als Feinde des Volks (*»Volk, fürchte nicht den Krieg!«*). Und alsbald nehmen die Germanen unter Arminius in der Schlacht im Teutoburger Wald Rache (9 nach Christus).

Ein gewaltiger Wind rüttelt die Bäume. Schwarze Wolken ziehen über den Himmel, Blitze fahren zur Erde. Nach dem Rückzug der Römer werden die Toten auf Schild-geschmückten Scheiterhaufen verbrannt. Eine Flamme zeichnet das alte Runenzeichen, das die Form des Blitzes hat und in Verdoppelung das Signum der SS werden sollte.

Eine kurze Sequenz, die den Wikingern gewidmet ist, leitet ins Mittelalter über. Mönche, mit Kreuzen in der Hand, ziehen durch den Wald. Zur Laute besingt ein Minnesänger unter dem Fenster seiner Geliebten die Treue, die Königin, und immer wieder – den Wald, denn aus ihm kommen die teutonischen Ritter (*»Gebt dem Vaterland Lebensraum!«*) Es folgen die mittelalterlichen Handwerker: ein Schmied, ein Holzfäller bei der Arbeit, ein Wagner, die Fassaden alter Fachwerkhäuser, die Künstler der Zeit, Kirchenschiffe, Bilder der Hirschjagd. Der Bauernkrieg bricht aus, wir befinden uns zu Beginn des 16. Jahrhunderts: die Bauern versammeln sich, Waffen werden drohend emporgereckt, man betet, ehe man mit kriegerischen Gesängen den Angriff beginnt. Unter Kanonenbeschuß, ein Dorf wird in Brand gesetzt, stürmen die Revoltierenden ein Schloß. Als der Friede eingekehrt ist, werden die verwüsteten Gegenden wieder aufgeforstet.

Um 1830 geht ein Paar unter Birken spazieren. Doch die Industrialisierung bemächtigt sich dieses Waldes: Sägewerke entstehen, die erste Eisenbahn fährt. Die »Belle Epoque« wird reduziert auf ein ländliches Fest, ein Picknick im Schatten des Waldes, während am Waldrand bereits mit dem Abholzen begonnen wird.

Der Himmel bezieht sich. Der Krieg steht vor der Tür. Granaten verwüsten den Wald, Soldaten durchstürmen ihn. Weihnachten findet in holzverkleideten Unterständen statt. Holzkreuze blühen auf den Friedhöfen. Die Niederlage ist da: wie ein Skalpell, das das Fleisch eines Toten durchtrennt, so frißt sich eine Säge durch einen Baumstamm. Die Stämme sind aneinandergekettet (*»Volk, wie kannst du das ertragen – Wie kannst du das ertragen, Wald?«...*).

Der Film endet in einer Apotheose: eine Hitlerfahne, der Wald so sommerlich wie zu Beginn, ein junger Arier, eine junge Arierin, Dorfbewohner, die um den traditionellen, für den 1. Mai geschmückten Maibaum tanzen. Ein vertikales Travelling stoppt in der Krone des Maibaums. (»*Das Volk strebt, wie der Wald, nach der Ewigkeit.*«)

Doch trotz seiner symbolischen Machart ist der Film nicht ohne Kraft und auch nicht ohne Sinn für richtige Proportionen. Dies trifft vor allem auf die gestellten Szenen zu. Der Text ist knapp gehalten. Wichtig sind Musik und Lieder, sowie Bildeindrücke, Gesichter und Gegenstände. Nur selten mischt sich ein Kommentarsatz darunter, ausnahmsweise eine abschreckende Vision wie diese: während ein senegalesischer Gewehrschütze Wache hält, fallen in einer (nicht-arischen) Welt jahrhundertealte Bäume – einer nach dem anderen.

Mehr als irgendetwas sonst appelliert der Film »Ewiger Wald« an die Naturliebe des Deutschen. Damit knüpft er an eine literarische Tradition an. Es gibt kaum einen deutschen Dichter, der nicht wenigstens einige Sätze den Bäumen, als einem Symbol des kraftspendenden Lebens, und dem Wald, Synonym für das deutsche Vaterland und Quelle aller Freuden und Mysterien, gewidmet hätte. Zehn Kameramänner haben an dem Film mitgearbeitet, ein Aufwand wie bei den Dokumentarfilmen von Leni Riefenstahl. Einer ihrer Mitarbeiter war auch da dabei: Sepp Allgeier (»Triumph des Willens«), ein Schüler von Arnold Fanck und Mitarbeiter von Pabst bei »Das Tagebuch einer Verlorenen« (1929). Ein weiterer bemerkenswerter Name taucht in der Liste der Kameraleute auf: Guido Seeber, der unter anderem an »Golem« (1920) und später an einer Reihe von Stummfilmen von Pabst beteiligt war.

Diesen beiden waren ganz bestimmte Gegenlichtaufnahmen ebensowenig fremd wie zart verschwimmende Bilder oder starke Kontraste (in Szenen des Kriegs 1914-18 beispielsweise wird ein dunkler Hintergrund von Zeit zu Zeit grell durch die Explosionen von Granaten beleuchtet). Das Gesicht eines Mönches vor einem schwarzen Hintergrund läßt an Dreyer denken, das Bild eines Bauern-Paares vor seinem brennenden Haus an Eisenstein. »Ewiger Wald« erhielt das Prädikat »volksbildend«.

Deutschland und seine Vergangenheit

... Denn man lernt eben nicht Geschichte, nur um zu wissen, was gewesen ist, sondern man lernt Geschichte, um in ihr eine Lehrmeisterin für die Zukunft und für den Fortbestand des eigenen Volkstums zu erhalten.
(»Mein Kampf«)

Der Kult mit den großen Männern

Man hat es nicht verstanden, die wirklich bedeutenden Männer unseres Volkes in den Augen der Gegenwart als überragende Heroen erscheinen zu lassen, die allgemeine Aufmerksamkeit auf sie zu konzentrieren und dadurch eine geschlossene Stimmung zu erzeugen.
(ibidem)

Den Nationalsozialismus, samt Partei und Symbolen (dem Hakenkreuz, den Fahnen und Emblemen) zu einem Kult zu machen, das war die wichtigste Aufgabe des dokumentarischen Montagefilms in den Jahren 1933 bis 1936. Die Anhänger der neuen Religion sollten das *»Wiedererleben eines neuen Zusammengehörigkeitsgefühls«* erfahren, wie Rosenberg in seinem »Mythus des 20. Jahrhunderts« schrieb, und ein *»Gemeinsamkeitsbewußtsein«.* In diesem Sinne verfuhr die deutsche Filmindustrie, indem sie sich der Heroen deutscher Geschichte annahm, um so der Bevölkerung den Eindruck zu vermitteln, vergangene Größe sei zurückgekehrt.

Für den König von Preußen

Von allen heroischen Persönlichkeiten der deutschen Geschichte, derer sich der Nazifilm bemächtigte, war die König Friedrichs II. von Preußen (1712−1786) bei den Drehbuchautoren die beliebteste. Schon in seinem Buch »Mein Kampf« bekundete Hitler eine besondere Vorliebe für Friedrich. Während einer Lagebesprechung im Winterfeldzug 1944/45 mit Panzer-General Guderian, dem damaligen Stabschef der Wehrmacht, wies Hitler auf ein Bild des Königs von Graff, das über seinem Schreibtisch hing und sagte:» *Von diesem Bilde hole ich mir neue Kraft, wenn die schlechten Nachrichten mich niederzudrücken drohen. Sehen Sie die gewaltigen, blauen Augen, diese große Stirn. Welch' ein Kopf!«* (Überliefert von Guderian in seinen Memoiren »Erinnerungen eines Soldaten«, Wels 1952). Dieses Friedrich-Porträt sollte dann auch der einzige Schmuck in Hitlers Büro im Führerbunker, 16 Meter unter der Reichskanzlei, sein.

In seinem Tagebuch hielt Hitlers Finanzminister Schwerin von Krosigk fest, daß Goebbels Anfang April 1945, nicht ganz einen Monat vor des Führers Selbstmord, diesem, um ihn zu ermutigen, eine Passage aus Carlyles »Geschichte Friedrichs des Großen« vorlas, die von den Schwierigkeiten handelte, die den Preußenkönig im Herbst 1761/62 heimsuchten. Wie Goebbels von Krosigk erzählte, soll Hitler dabei Tränen in den Augen gehabt haben. Rosenberg seinerseits widmete dem Großen König flammende Zeilen, indem er dessen *»Charaktereigenschaften, nach deren Herrschaft heute wieder sehnsüchtig seitens der Besten des Deutschtums gerungen wird: persönliche Kühnheit, unerbittliche Entschlußkraft, Verantwortungsbewußtsein, durchdringende Klugheit und Ehrbewußtsein...«* feierte. Er verwies ferner auf dessen *»unzähmbare Naturkraft«* und sah in ihm *»das Symbol alles Heroischen«.*

Friedrich II. war übrigens zu allen Zeiten das Idol deutscher Nationalisten, und nur ein paar Jahre nach dem Waffenstillstand des I. Weltkrieges sind eine Reihe von Filmen zu seinem Ruhme gedreht worden. Die wichtigsten Titel sind:

. 1922/23: Fridericus Rex (»Ein Königsschicksal«), ein vierteiliger Film von A. von Cserepy mit Otto Gebühr und Werner Krauß, der von der Linkspresse heftig angegriffen wurde, aber dennoch in Arbeitervierteln großen Erfolg hatte. Die nachfolgenden beiden Teile (»Sanssouci« und »Schicksalswende«) erhielten das Prädikat »volksbildend«.

. 1925/26: »Die Mühle von Sanssouci«. Regie Siegfried Philippi. Mit Otto Gebühr. Unter den Kameraleuten entdeckt man die Namen der späteren Regisseure Gustav Ucicky und Eduard von Borsody.

. 1927: »Der alte Fritz«, ein zweiteiliger Film, Regie: Gerhard Lamprecht. Mit Otto Gebühr. Der erste Teil (»Friede«) erhielt die Prädikate »künstlerisch« und »Lehrfilm«.

. 1928: »Waterloo«. Regie Karl Grune (Regisseur der »Straße«, 1923, der sich danach auf historische Filme spezialisiert hatte). An der Seite von Otto Gebühr spielte Charles Vanel. Otto Gebühr stellte nicht nur den alten Fritz, sondern auch Marschall Blücher dar und hatte solchen Erfolg, daß Berliner Restaurants auf ihren Speisekarten ein »Filet à la Otto Gebühr« führten.

. 1930: »Das Flötenkonzert von Sanssouci« unter der Regie von Gustav Ucicky mit Otto Gebühr. Die ersten Vorführungen mußten wegen linker Proteste abgebrochen werden. Dennoch war der Film einer der drei größten Erfolge der Kinosaison 1930/31. 1945 wurde der Film von den Alliierten verboten. Friedrich erschien hierin nicht nur als Bewahrer der Moral (er verhindert, daß eine Soldatenbraut die Ehe bricht), sondern auch als schlauer Fuchs, schlauer als das übrige Europa. Während sich Österreich, Frankreich und Rußland anschicken, Preußen anzugreifen, läßt er heimlich mobil machen. Gleichzeitig gibt er in seinem Schloß ein Konzert, an dem die Botschafter der drei Mächte teilnehmen, ohne zu wissen, was vor sich geht.

. 1932: »Die Tänzerin von Sanssouci« unter Regie von Friedrich Zelnik mit Otto Gebühr und Lil Dagover. In diesem Film verkörpert der König eine generöse Persönlichkeit. Er befiehlt, alles Geld, das zur Feier seines Sieges ausgegeben werden soll, an die Kriegsopfer zu verteilen, und hilft großmütig zwei Liebenden.

. »Trenck« von Heinz Paul und Ernst Neubach beschreibt die Liebesgeschichte zwischen Friedrichs Schwester Amalie und seinem Adjutanten Trenck. Zwar erscheint der König nur einmal im Hintergrund (er wurde auch nicht mehr von Otto Gebühr gespielt), doch steht er ständig im Zentrum der Handlung. So hört man beispielsweise einmal, wie Voltaire ihm erklärt, gute Untertanen seien besser als gute Gesetze. Der Film endet mit der Widmung, die Trenck seinen Memoiren voranstellte: »*An den Geist Friedrichs des Einzigen, König von Preußen – die Geschichte meines Lebens.*«

. 1933: »Der Choral von Leuthen« (die Premiere fand am 3. Februar, vier Tage nach der Ernennung Hitlers zum Reichskanzler, statt). Regie: Carl Froelich und A. von Cserepy, Regisseur von »Fridericus Rex« (1922/23); der Film wurde von Froelich auch produziert. Unter den Darstellern: Otto Gebühr und die späteren Regisseure Veit Harlan und Wolfgang Staudte. Ein Genie, das nicht mit gewöhnlichen Maßstäben zu messen ist, das ist Friedrich der Große. Er weigert sich, auf die Ratschläge seiner altgedienten Generäle zu hören, geht in die Schlacht und triumphiert. »*Es ist, obwohl die Ereignisse mehr als 175 Jahre zurückliegen, im Geiste doch ein aktueller Stoff: ein einziger Kopf, der für alle sorgt, der sich keine Ruhe gönnt, die Wankelmütigen anspornt, die Mutigen vorwärts treibt – das aktuellste Thema in unserer heutigen führergläubigen Zeit*«. (*Kalbus*)

Sieht man einmal von dem Schauspieler Otto Gebühr in den Hauptrollen ab, der die Figur des Königs bald jovial, bald unbeugsam anlegt, familiär oder übermenschlich, dann haben die Filme darüberhinaus noch weitere Gemeinsamkeiten. Die österreichischen Offiziere erscheinen in ihnen immer als Musikliebhaber, als sorglos und ein bißchen verweichlicht, kurz wie Statisten aus einer Operette, während die Franzosen ständig jemandem den Hof machen, intrigieren und zu plaudern wissen. Die Armut Preußens kontrastiert zum geradezu unverschämten Reichtum seiner Feinde. Abstrakte Formeln wie die »*Autorität des Führers*«, das »*Persönlichkeitsprinzip*« – in »Mein Kampf« als »*tragende Faktoren national-sozialistischer Weltauffassung*« bezeichnet – werden in den »Fridericus-Filmen« bebildert. Und Rudolf Oertel konnte zu Recht schlußfolgern: »*Die seelische Vorbereitung des deutschen Volkes auf das Kommende durch den Film hat, wie wir uns erinnern, schon mit der ›Fridericus-Rex-Serie‹ begonnen.*«

Das Dritte Reich fügte der Serie von Filmen über Friedrich II. drei weitere hinzu. Der erste, »Der alte und der junge König«, wurde 1935 von Hans Steinhoff, dem Regisseur von »Hitlerjunge Quex«, gedreht. In der Zwischenzeit hatte Steinhoff vier andere Filme, davon allein drei im Jahre 1934, gedreht, die jedoch unbedeutend waren: »Freut euch des Lebens«, eine bayerische Komödie mit dem späteren Regisseur Wolfgang Liebeneiner, »Die Insel«, ein mondäner Spionagefilm mit Brigitte Helm und Françoise Rosay, und »Lockvogel«, eine Gaunerkomödie um einen Schmuckdiebstahl. »Der alte und der junge König« trug den Untertitel »Die Jugend Friedrichs des Großen« und war ein Film von knapp zwei Stunden Dauer. Thea von Harbou, Ex-Frau und Mitarbeiterin von Fritz Lang, hatte das Drehbuch geschrieben. Emil Jannings, der bedeutendste deutsche Schauspieler der damaligen Zeit, spielte die Rolle von König Friedrich-Wilhelm I.. Der junge Werner Hinz, der bald ein beliebter Schauspieler werden sollte, spielte seinen Sohn, den späteren Friedrich II.. Das Drehbuch entstand nach tatsächlichen Begebenheiten. Der Soldatenkönig, für den nur Geld und Soldaten zählten, machte sich Sorgen darüber, daß Preußens Thron an einen Erben fällt, der sich ganz in Büchern und der Musik verliert. Auf dem Kasernenhof tadelt Friedrich-Wilhelm seinen Sohn, der den Rang eines Hauptmanns bekleidet, öffentlich wegen dessen Lebensweise. Gedemütigt bereitet der junge Friedrich mit seinem Freund, dem Leutnant Katte, die Flucht vor. Seine Pläne werden entdeckt, sein Vater verhängt Stubenarrest über ihn. Es wird ihm verboten, französische Bücher zu lesen und Flöte zu spielen. Als dem König ein neuerlicher Fluchtplan bekannt wird, läßt er Friedrich in eine Festung bringen. Katte wird hingerichtet. Friedrich gibt nach. Er bittet seinen Vater um Vergebung und wird freigelassen. Doch die Versöhnung ist nur Schein. Erst am Totenbett des Vaters findet sie wirklich statt.

»Der alte und der junge König« bekam die Prädikate »staatspolitisch und künstlerisch besonders wertvoll« und »volksbildend« nicht ohne Grund. Er ist eine direkte Aufforderung zur völligen Unterwerfung, zum absoluten Gehorsam, den man dem Vater, dem Vorgesetzten, dem Staatsoberhaupt schuldet. Das Bild, das von dem Soldatenkönig entworfen wird, ist nicht eben differenziert, aber stimmig. Friedrich-Wilhelm, ein gewaltiger Esser und Trinker von rohen Manieren, besaß einen Leibesumfang von mehr als zwei Metern und verbrachte einen Teil seiner Zeit im »Tabakskollegium«, um zu rauchen und sich zu betrinken. Er war ebenso geizig wie brutal. Im Film sieht man, wie er um den Preis eines Lammbratens feilscht oder wie er, um zu sparen, Kerzenstümpfe sammelt. Er prügelt seinen Sohn, gibt ihm Ohrfeigen, verbrennt dessen Bücher und zerbricht dessen Flöte. Er zwingt den unglücklichen Friedrich sogar, die Enthauptung seines Freundes mitanzusehen, und man kann verstehen, daß in diesem der Widerstand gegen den Vater wächst. Am Ende jedoch fängt sich der verlorene Sohn, beugt sich dem Willen des Vaters und dankt diesem in dessen Todesstunde. (»*König: Ich war wohl sehr streng mit Dir? Kronprinz: Still doch! Du hattest recht! König: Es war nur Liebe! Kronprinz: Ich bring Dir auch mein ganzes Herz dafür! König: Ich wußte es ja, Du bist mein Sohn! Jetzt lege ich mein Land in Deine Hände, junger König! Kronprinz: Sprich nicht mehr, Vater! König: Generale! Dies ist Euer König! – Mach' Preußen groß! Kronprinz: Leb' wohl! Hab' Dank!*«)

Etliche Passagen des Drehbuchs befassen sich mit dem Sinn der Pflicht, dem aufkommenden Nationalismus, der Liebe zur Arbeit und zur Armee (»*Preußen ist mein Universum*«). Als der Vater Kattes für seinen Sohn um Gnade bittet, herrscht ihn der alte Souverän an: »*Es ist besser, ein Leutnant Katte stirbt, als daß das Recht kommt aus der Welt.*« Und Katte stirbt mit den Worten: »*Ich sterbe für einen Herrn, den ich liebe.*« Kattes Vater hatte sich dem Willen des Herrschers gebeugt: »*Ich will mir einbilden – es sei Krieg – und mein Sohn sei auf dem Felde der Ehre gefallen!*« (»*Herr von Katte – mein Kompliment!*«).

Der Film endet mit einer sehr langsamen Fahrt auf den jungen Prinzen und zeigt diesen neuen Siegfried mit dem klaren Blick in einer ausgiebigen Großaufnahme. ... Das ist das Ende eines Männerfilms, in dem Frauen allenfalls unwichtige Statisten sind und die Franzosen ein verweichlichtes, von teuren Parfüms umwehtes Völkchen – Symbol der Degeneriertheit.

Unter dem Titel »Die zwei Könige« schrieb die »Filmkritik« vom Februar 1961, daß der Film »*vollgestopft*« sei mit »*nazistischer Ideologie*«. Ferner wird konstatiert: »*Die Autorität des populären Friedrich wird benutzt, um gegen die Nachbarn Deutschlands zu sticheln. Welsche List:* ›*Die Nachtluft hat ihre Tücken, wenn sie von Frankreich herweht*‹. *Französische Romane:* ›*Hurenlektüre*‹. *England:* ›*Vor lauter Überlegungen geht die Zeit verloren*‹. *Sogar die alten Lateiner bekommen einen Hieb:* ›*Was wissen die Tacitus' und Livius' von Ostpreußen*‹. *Hitlers unbeugsame Entschlüsse werden plausibel, wenn damals schon galt:* ›*Das Land zerfällt, wo nicht ein Wille gilt*‹. *Hitlers Rolle als oberster Gerichtsherr im sogenannten* ›*Röhmputsch*‹ *wird durch diesen Film historisch gerechtfertigt: setzte sich doch schon einst der Soldatenkönig über das Gerichtsurteil hinweg, das Katte mit Festungshaft bestrafte; befahl der große König damals die Enthauptung:* ›*Es ist besser, daß ein Leutnant Katte stirbt, als daß das Recht kommt aus der Welt.*‹ – *Der Anspruch, mit einem Unrechtsakt dem Recht dienen zu wollen, ist der aktuelle Anspruch des Jahres 1935 auf Willkür und Terror, und der nationalen Einrichtung der Konzentrationslager wird nachträglich eine Basis untergeschoben; heißt es vom Soldatenkönig:* ›*Sein Wille ist Gesetz, und was sich ihm nicht beugt, muß er vernichten*‹. *Der Film flicht in seine historische Handlung gängige Propaganda seiner Gegenwart ein (*›*Arbeiten und Sparen!*‹*), und er veranstaltet sogar eine Bücherverbrennung; schreit das preußische Vaterideal:*

›Ins Feuer mit dem Dreck!‹. Und wer Zweifel hat, wird vom Film für unzuständig erklärt: ›Diese Taten sind zu groß, um von so kleinen Geistern verstanden zu werden‹.«

Es scheint, als habe die »Filmkritik« da ein bißchen übertrieben. Die Darstellung des Soldatenkönigs in seiner alltäglichen Welt (als Vater und Familienoberhaupt) sollte wohl insgesamt darauf abzielen, Sympathie und Respekt für die Figur zu wecken. Selbst seine Schwächen, die Fehler, die er begeht, bringen Friedrich-Wilhelm dem Zuschauer nahe. Jannings spielte auf dieser Saite besser als irgendjemand sonst. Und, war es denn nicht so, daß die stahlharte Erziehung des alten Königs aus einem verspielten jungen Menschen einen perfekten Staatsmann machte, der der größte Souverän Deutschlands werden sollte?

Man muß dem Film übrigens bescheinigen, daß er nicht ohne Humor beginnt: im Trommelwirbel hat die königliche Familie ihr Entrée in den Speisesaal, und der König schreitet an seinen Familienangehörigen vorbei, als nähme er die Front ab. Wenig später, es ist die »Schokoladenstunde« der Königin, vernimmt man den folgenden Aufschrei: » Wir sind immer noch in Preußen!« Als im Gang Befehle ertönen, bemerkt die Königin: » Das hört man!« Die gleiche Ironie, das gleiche satirische Element findet sich in einer Einstellung wieder, mit der eine Sauforgie abgeschlossen wird: die Kamera fährt den Tisch entlang, der mit Tabakresten, erloschenen Pfeifen und Bierhumpen bedeckt ist.

Insgesamt gesehen, besitzt der Film keine Einheitlichkeit, und man muß sich fragen, ob Steinhoff, der sonst sensitiver arbeitete, hier nicht in seinem Schwung gebremst wurde. Es ist ein Studiofilm, der fast ausschließlich in Kulissen gedreht wurde. Die Schauspieler outrieren stark, was möglicherweise vom Regisseur so gewollt war. Grandios ist – in ihrem Aberwitz – die Exekutionsszene: die flehentlichen Bitten des Verurteilten, die Verzweiflung des Prinzen, aus dessen Perspektive man diese Szene miterlebt. – Jannings spielt völlig entspannt, er fühlt sich sichtlich wohl in seiner Rolle. Wie der Gabin der 60er Jahre nimmt er sich das Recht auf seine Wutausbrüche und hat als Sterbender eine große Szene. Dadurch gewinnt er das Publikum zum Schluß für sich. Zehn Jahre nach »Tartuffe« von Murnau war dies noch einmal ein typisch expressionistisch angelegter Film.

»Der alte und der junge König« hatte in Paris und noch mehr in den USA einen großen Erfolg. Dieser verhalf Jannings dazu, nacheinander von Hitler, Göring und Goebbels empfangen zu werden. Es wurde ihm sogar angetragen, die Leitung der deutschen Filmfirmen zu übernehmen. Doch er lehnte ab.

Im folgenden Jahr (1936) drehte Johannes Meyer den Film »Fridericus«, die dritte Adaption des Romans von Walter von Molo über die Zeit des Siebenjährigen Kriegs. Vierzehn Jahre zuvor hatte das Buch schon als Vorlage eines Friedrich-Films und im Jahre 1933 als Stoff des »Chorals von Leuthen« gedient. Dieses Mal spielte Otto Gebühr wieder seine gewohnte Rolle. Lil Dagover war von neuem seine Partnerin. Kracauer und Leiser stellten beide fest, wie sehr Filme dieses Genres Hitlers Expansionspolitik antizipierten. Als Beispiel hierfür wird der Vorspann von »Fridericus« angeführt, in dem es hieß: » *Von den auf ihre vererbten Ansprüche bestehenden Großmächten Europas eingekreist, hat das aufsteigende Preußen seit Jahrzehnten um seine Lebensrechte gerungen.* « »Fridericus« wurde als »staatspolitisch wertvoll« eingestuft.

DER GROSSE KÖNIG

Der berühmteste Regisseur des Nazifilms, Veit Harlan, drehte ebenfalls einen Film über Friedrich II.. Harlan, der 1899 in Berlin-Charlottenburg geboren wurde, debütierte mit sechzehn Jahren als Theaterschauspieler und übernahm dann auch Filmrollen. Zwölf Jahre hindurch war er am Berliner Staatstheater engagiert, spielte bisweilen zusammen mit Werner Krauß und Gustaf Gründgens unter der Regie von Erich Engel, Leopold Jessner und Erwin Piscator. Seine erste eigene Theaterinszenierung, die Klamotte »Der Krach im Hinterhaus«, adaptierte er (1935) auch für einen seiner ersten Spielfilme. 1942 stand er vor seinem 16. Film.

Vielleicht waren zwei Stunden Film wirklich ein bißchen lang. Wie dem auch sei, die Beschäftigung mit großen Persönlichkeiten der Vergangenheit gelang Harlan ebensowenig wie Liebeneiner (»Bismarck«, »Die Entlassung«). Dabei standen Harlan alle Mittel zur Verfügung: » *Für den Film* ›*Der große König*‹ *wurde mir alles zur Verfügung gestellt, was ich für notwendig hielt. Ich bekam fünftausend Pferde, als ich sie brauchte, und ich durfte mit echten Soldaten Schlachten jeden Ausmaßes drehen. Auf Geld kam es nicht an. Der General Daluege stellte mir nahezu die gesamte Berliner Polizei zur Verfügung.* «

Mehr noch als bei Leni Riefenstahl bestimmen die Filme von Harlan die Statisterie, die Massenszenen, die Außenaufnahmen. Spezialist von festen Einstellungen, der er war, gelang Harlan nur schlecht abgefilmtes Theater, wenn er in Interieurs arbeiten mußte.

Kristina Söderbaum überzeugt nicht. Sie, deren Rollen stets etwas Artifizielles eignet, ist in diesem Film vollends nur Dekorationsstück, sentimentales Zugeständnis ihres Ehemanns an das Publikum. (*»› Warum brauchen Sie eine Liebesgeschichte?‹ fragte mich Goebbels ärgerlich. Ich führte ihm vor Augen, daß weder Schiller noch Goethe, ja nicht einmal die alten Griechen ihre geschichtlichen Dichtwerke zum Ruhme führen konnten, ohne den Gott Eros mitwalten zu lassen... Für Kristina fanden mein Mitarbeiter Alfred Braun und ich eine Anekdote, nach der eine Müllerstochter den König nicht erkannte, der dadurch Wahrheiten von ihr erfuhr, die ihm sonst verborgen geblieben wären, eine gute Rolle. Wir verheirateten diese Müllerstochter mit einem Wachtmeister...«*).

Der Wachtmeister Paul Treskow (Gustav Fröhlich), von dem hier die Rede ist, entscheidet die Schlacht von Torgau zugunsten der Preußen, indem er eigenmächtig das Signal zum Angriff gibt. Der König befördert ihn dafür zum Offizier, bestraft ihn jedoch gleichzeitig, weil er ohne Befehl seines Vorgesetzten gehandelt hat.

Von allen Filmen Veit Harlans ist der »Große König« sicherlich derjenige, der Anekdotisches und Symbolisches am meisten vermeidet. *»Ich versuchte«*, erklärte Harlan, *»der Gestalt des Königs die Züge der Wirklichkeit zu verleihen. Ich habe auf die heroische Pose verzichtet, ich wollte in das vergrämte Antlitz eines Mannes schauen, der nach der verlorenen Schlacht unter der Verantwortung schier zusammenbricht, die er auf sich geladen hat.«* Das mag so sein. Zugunsten des Regisseurs könnte man anführen, daß das von ihm gezeichnete Porträt eines alternden, vom Mißgeschick verfolgten Souveräns echte Züge trägt. Aber, ist das nicht ein zusätzlicher Trick?

Im Jahre 1942, als der Film herauskommt (die Premiere findet am 3. März im »Ufa-Palast am Zoo« in Berlin statt), sind Rußland und die USA in den Krieg eingetreten; die bis dahin unbesiegbaren Truppen Hitlers hatten ihre ersten Niederlagen in Afrika und Osteuropa bezogen. Wie würde die Zukunft aussehen? In seinem Tagebuch notiert Goebbels, nachdem er auf die politische Nützlichkeit des »Großen Königs« hingewiesen hat: *»Wir leben in einer Zeit, in der wir friderizianischen Geist nötig haben. Nur mit letzter Anspannung werden wir der Schwierigkeiten Herr werden, vor denen wir stehen. Überwinden wir sie, so werden sie zweifellos die nationale Widerstandskraft befestigen; und auch hier bewahrheitet sich das Nietzsche-Wort, daß das, was uns nicht umbringt, uns stärker macht.«* Und am 19. April, zu Führers Geburtstag, führt er in einer Radioansprache aus: *»In diesem Film wird der Versuch unternommen, die einzigartige Gestalt des großen Preußenkönigs, die ihresgleichen überhaupt in der Geschichte sucht, vom steinernen Denkmalssockel auf die Erde herunterzunehmen, sie allen anekdotischen Beiwerks zu entkleiden und so zu zeigen, wie sie, historisch gesehen, wahrscheinlich in der Tat gelebt und gewirkt haben muß. Es wird hier weniger Wert gelegt auf Umschreibung der traditionellen Attribute eines geschichtlichen Daseins als vielmehr auf die Darstellung der menschlichen und persönlichen Wesenheit eines einmaligen staatsmännischen und militärischen Genies, das uns heute, so abwegig das wohl auch klingen mag, in seinen Niederlagen noch größer und bezwingender erscheint als in seinen Siegen. Der grosse Preußen-König ersteht hier vor unseren Augen und mitfühlenden Herzen als ein ringender Titan, der sieben Jahre lang ein Inferno des Leidens, der Schmerzen aller nur erdenkbaren körperlichen und seelischen Art, der tiefsten menschlichen Enttäuschungen und höchsten sachlichen Prüfungen durchschreiten mußte... Die Parallelität zur Gegenwart ist in den Worten, die der große König spricht, in den seelischen Krisen, die er mit seinem Volk kämpfend und leidend durchlebt, manchmal so verblüffend, daß die Schöp-*

fer dieses Dramas sich genötigt sahen, gebührend darauf aufmerksam zu machen, daß er nicht etwa kurz vor Weihnachten zu bestimmten lehrhaften Zwecken, sondern schon im Frühsommer 1940 ohne Zusammenhang mit den Aufgaben und Pflichten unserer Zeit geplant wurde, die aktuelle Prägnanz der Sentenzen und die Gleichartigkeit mancher hier geschilderter Vorgänge also nicht auf bewußte Propaganda zurückgeführt werden könne, sondern ihre Ursachen in tiefliegenden geschichtlichen Gesetzen zu suchen habe.«

Dennoch versucht das Propagandaministerium, jeden Vergleich zwischen Hitler und dem Preußenkönig zu vermeiden. Insbesondere sollte bei Pressebesprechungen nicht etwa »*die pessimistische Note, die zu Beginn des Films vielfach die Texte beherrscht und die keinesfalls mit der Haltung des deutschen Volks im jetzigen Kriege zu identifizieren ist,*« herausgestellt werden.

Vergleiche blieben jedoch nicht aus. So protestierte das Führerhauptquartier gegen die Behauptung des Films, Friedrich II. sei von seinen Generalen im entscheidenden Augenblick im Stich gelassen worden. Tatsächlich war nach der Niederlage von Kunersdorf der preußiche Generalstab der Ansicht, es gäbe keine Hoffnung mehr, und daher bereit, jedweden Frieden zu akzeptieren. Gegen diese Meinung setzte der König den Krieg fort und beendete ihn siegreich. Diese Episode fiel auch dem Publikum auf, wie die Berichte des Sicherheitsdienstes (zitiert nach Leiser) beweisen: »*Die Zuschauer hätten in dem Film weitgehend › ein Spiegelbild unserer eigenen Zeit‹ gesehen. Viele hätten den Führer mit dem König verglichen und sich zu der Zeit, als der Film anlief, an einen in der Wochenschau gezeigten Bildstreifen erinnert, auf dem der Führer allein im Hauptquartier zu sehen war.*« Hitler selbst fühlte sich eher geschmeichelt und ließ sich eine Kopie zurückstellen, die er an Mussolini schickte.

Der Vorspann weist darauf hin, daß der Film, mit dem im Frühjahr 1940 begonnen worden sei, sich auf historische Fakten stütze. Das hatte zur Folge, daß Goebbels einige Änderungen verlangte. In einer Unterredung mit Harlan bemängelte er: »*Es ist natürlich vollkommen ausgeschlossen, daß der russische General Tschernitschew – daß ausgerechnet ein russicher General es ist, dem Friedrich der Große den Sieg des Siebenjährigen Krieges zu verdanken hat.*« Der Regisseur erwiderte darauf (nach »Im Schatten meiner Filme«): »*Es steht ja in jedem Schulbuch, daß Friedrich die große Schlacht bei Schweidnitz, die den Siebenjährigen Krieg im Jahre 1762 abschloß, nicht gewonnen hätte, wenn der General Tschernitschew nicht entgegen der Order der Zarin Katharina II. Gewehr bei Fuß stehen geblieben wäre, ohne den Österreichern zu Hilfe zu kommen.*« Die Entgegnung Goebbels' darauf soll gelautet haben: »*Dann wird von heute ab jeder Schulbub erfahren, daß Tschernitschew aus privater Infamie gegen die Zarin nicht in die Schlacht eingriff und daß der Sieg Friedrichs des Großen ausschließlich auf der genia-*

len Strategie des preußischen Königs beruhte. Und auf seiner Fähigkeit, schwere Schläge hinzunehmen. Und daß es eben darauf ankommt, die letzte Schlacht zu gewinnen. Der Schulbub wird lernen, in Tschernitschew keinen Freund und Helden zu sehen, sondern einen Verräter.«

Daraufhin wurden einige Szenen nachgedreht. Die Sequenz, in der sich der König die geschwärzten Finger an der Uniform neben dem Schwarzen-Adler-Orden reinigte, nachdem er eine Prise Schnupftabak genommen hatte, mußte herausgenommen werden. (Obwohl diese Angewohnheit geschichtlich verbürgt ist). Alle Passagen, in denen der Alte Fritz berlinerte oder Französisch sprach, mußten nachsynchronisiert werden. Nach Goebbels hätte diese Tatsache, daß der »Große König« berlinerte, eine »*distanzlose Unverschämtheit*« und eine »*Proletarisierung seines adeligen Wesens*« bedeutet.

Die Betrachtungsweise ist unbestreitbar nationalsozialistisch. Vom »Preussischen Präsentiermarsch« zu Beginn des Films bis zum Adler am Ende nehmen Bilder von Fahnen, Trommeln und Paraden einen breiten Raum ein. In einer Kirche, in die sich der König zurückgezogen hat, um sich zu sammeln, hört man sogar eine Improvisation über »Deutschland, Deutschland über alles«. Einige Antworten sind bezeichnend: »*Am Sieg zweifeln, das ist Hochverrat!*« Über den Kommandanten Bernburg, der nach seiner Niederlage Selbstmord begangen hat, urteilt Friedrich II.: »*Er floh aus der Schlacht, er floh aus dem Leben.*« (Genau das war letzten Endes das Schicksal einer Reihe von Naziführern, Hitler eingeschlossen). Patriotismus, wohin man nur blickt: »*Die tapferen Preußen... es gibt kein mutigeres Herz*«, sagt die Königin, als sie vom Sieg erfährt. Und wenn auch einen Moment lang die Armee entmutigt scheint, so respektieren doch alle die Befehle ihres Souveräns. (»*Wir werden uns in die Schlacht werfen, wir werden Berlin retten oder untergehen*«).

Stil und Bedeutung des »Großen Königs« offenbaren sich am signifikantesten in Erklärungen Friedrichs II., wie: Europa befinde sich in »*einer schweren Krise,*« man lebe in einer Epoche des Umbruchs, die »*das Antlitz Europas verändern*« werde, doch nach schweren Zeiten, die noch zu bestehen seien, so gibt der Monarch seinen optimistischen Ausblick, »*klärt der Himmel auf*«. Wie groß auch die Zahl seiner Feinde sei, er habe Vertrauen in die gerechte Sache, die er vertrete, und in den Mut seiner Truppen – vom General bis hinunter zum geringsten seiner Soldaten.

Von Napoleon zu Maria Stuart

Den drei Filmen über Friedrich II. kann man Franz Wenzlers Napoleonfilm aus dem Jahre 1934 zur Seite stellen. »Hundert Tage« war eine deutsch-italienische Co-Produktion, die in Italien gedreht wurde. Es handelte sich um die Adaption eines Theaterstücks, das Benito Mussolini geschrieben hatte und das in Deutschland nach 1933 des öfteren in hervorragender Besetzung gezeigt wurde. Wie nicht anders zu erwarten, ist darin der Kaiser lediglich eine Art Ideenträger. Die schwerfälligen Dialoge sind überladen mit Parolen des erwachenden Faschismus und Nationalsozialismus.

Bei seinem Aufbruch von der Insel Elba sieht sich Napoleon als Werkzeug einer glücklichen und friedlichen Zukunft (*»Wenn ich in Moskau gesiegt hätte, wäre mein Traum erfüllt gewesen: ein einiges Europa, ein ewiger Friede nach so vielen Kriegen«*). Seine Feinde, die Herrscher Europas, betrachten seine Ermordung als *»eine Tat der Menschlichkeit«*. Gegenüber dem skeptischen Fouché verteidigt Napoleon das Volk, die Handwerker, Arbeiter und Soldaten, gegen die *»Schwätzer im Parlament«*, indem er sagt: *»Jene Frau, von der ich glaubte, daß sie mir eine Bittschrift unterbreiten wollte, und die mir ihre Ersparnisse anbot, das ist das Vaterland, Herr Fouché, nicht Ihre fünfhundert Schwätzer im Parlament, die ich jederzeit durch vier Grenadiere nach Hause jagen kann.«*

Die Ähnlichkeit dieser Rede mit der Mussolinis vor dem italienischen Parlament kurz nach dem Marsch auf Rom ist auffällig. Napoleon verlangt die Autorisation der Diktatur, *»um das Vaterland retten zu können«*. Und, während der Kaiser über seine Vergangenheit sinniert, hat man Gelegenheit, seine Gedankengänge ins Nazi-Deutschland zu transponieren: *»Ströme von Blut sind geflossen. Ich habe eine ganze Generation umbringen lassen, ich scheue die Verantwortung nicht. Es schien mir eine heilige Mission, diese lächerlichen kleinen Staaten von Europa zu zerschlagen, die willkürlichen, sinnlosen Grenzen und Zollschranken niederzureißen und alle Völker in eine große Gemeinschaft zu zwingen. Jede Nation als lebendiges Glied eines einzigen, großen Vaterlandes, nie wieder ein Krieg unter Europäern, das war mein Traum, das ist mein politisches Vermächtnis«*.

»Hundert Tage«, mit Werner Krauß in der Rolle des Napoleon, mit Gustaf Gründgens und Friedrich Gnass kam 1935, wenige Tage nach Verkündung der allgemeinen Wehrpflicht, in die Kinos.

Im gleichen Geiste drehte Carl Froelich, Präsident der Reichsfilmkammer, im Jahre 1940 seinen Film »Das Herz einer Königin«. Froelich hatte als Kameramann 1908 unter Oskar Messter begonnen und war später Regisseur von vielen Erfolgsfilmen, u.a. mit Henny Porten. 1928 hatte er den ersten deutschen Tonfilm »Die Nacht gehört uns« mit Hans Albers gedreht. Er war einer der wenigen Filmschaffenden, denen Goebbels den Professoren-Titel verlieh.

»Das Herz einer Königin« (Prädikate »künstlerisch wertvoll« und – damals selten – »kulturell wertvoll«) ist stark den historischen Biographien, wie sie Hollywood damals hervorbrachte, nachgeahmt. Geschickt wird eine Mischung aus Romanhaftem und Personen der Geschichte, ihren Leidenschaften und Verstrickungen hergestellt. John Ford hatte schon 1936 mit »Mary of Scotland« (mit Katherine Hepburn und Fredric March) der unglücklichen Königin von Schottland einen Film gewidmet. Carl Froelich nun interessierte vor allem die Rivalität zwischen Elisabeth, der »jungfräulichen Königin«, und Maria Stuart. Staatsräson, Religionszugehörigkeit und Gefühlsverstrickungen erklären den Widerstreit der beiden Königinnen von dem Augenblick an, da Maria Stuart 1561 nach Schottland zurückkehrt, bis hin zu ihrer Abdankung im Jahre 1567, mit der sie sich ihren schlimmsten Feinden ausliefert. An dieser Stelle zeigt der Film ihre Hinrichtung, auch wenn diese in Wirklichkeit erst nach neunzehnjähriger Kerkerhaft in England erfolgte.

Wie alle Nazifilme über historische Themen, profitierte auch dieser von einem großzügigen Budget und einer sorgfältigen Regie. Aber hinter einer harmlosen Fassade verbergen sich bemerkenswerte Absichten, ganz im Sinne der Nazi-Ideologie (die Bedeutung des Gefühls im Verhältnis von Regierenden zu Regierten, die Verantwortung des Herrschers) und den tagespolitischen Erfordernissen: das Todesurteil der Engländer, das über Maria verhängt wird, kann schließlich nicht zugunsten Großbritanniens ausgelegt werden.

. »*Dieser großzügige Ausstattungsfilm, abwechslungsreich, ergreifend, bewundernswert in der minuziösen Detailzeichnung, nimmt durch Weite und durch seine machtvolle Aussagekraft gefangen... Was könnte bewegender sein als das tragische Schicksal dieser Königin, die auch auf dem Thron Frau und Liebende sein wollte!... Zarah Leander verleiht ihr ... Anmut und Schönheit; sie entzückt in romantischen und zärtlichen Liedern... Die Massenszenen ebenso wie die intimen Sequenzen wurden mit packender Gestaltungskraft geschaffen*« (Nach ACE-Ufa-Katalog, 1941/42).

. »*Das Herz einer Königin... behandelt die sieben Jahre der Regentschaft Maria Stuarts in Schottland, die so ungeheuer reich an Aufschwüngen und Niederschmetterungen des Herzens waren. Die Erkenntnis, daß alle Handlungen Maria Stuarts im Menschlichen, im Herzen verwurzelt sind, gab die Richtschnur zur künstlerischen Deutung vieles Ungedeuteten. Es ist manches in diesem Film, was Grauen erregen kann, aber mehr als alle kleinlichen, schrecklichen, sündhaften Dinge empfindet man in diesem Filmwerk, das mit Wucht und der herben Innigkeit einer nordischen Ballade vorüberzieht, die Größe und den Adel eines Herzens*« (»Der deutsche Film«).

. »*Maria Stuart, die von Zarah Leander zu neuem Leben erweckt wurde, ist eine Europäerin, zart, zerbrechlich und edel in einer Welt Shakespeare'schen Wahnsinns... Sie unterliegt, sie wird vernichtet, aber sie büßt nichts von ihrer hoheitsvollen Anmut ein, und ihre letzten Worte sind: ›Das Leben gehört den Königen, aber die Ewigkeit gehört den reinen Herzen‹*«(Nach »L'Illustration« vom 8. November 1941).

. »*... Ein anti-britischer Propagandafilm ... der die Geschichte Maria Stuarts in nationalsozialistischer Sicht wiedererstehen läßt. Seine Moral wird*

Königin Elisabeth in den Mund gelegt: ›Wer England zu Hilfe kommt, stirbt‹« (H.H. Wollenberg).

Wolfgang Liebeneiner und Bismarck

Ebenso wie dem »Großen König« spricht Rosenberg dem zweiten großen preußichen Staatsmann, Prinz Otto von Bismarck, dem Premierminister König Wilhelms I. seit 1862 und Reichskanzler von 1871 bis 1890, *»politischen Adel«* zu und jenen *»gestalteten Willen, der sich zeigt als Ehre und Pflicht«.* Dieser sei *»der Höchstwert des nordisch-abendländischen Wesens«* (*»Mythus«*).

Diese Werte werden in zwei Filmen angesprochen, die Bismarck verherrlichen: »Bismarck« (1940) und »Die Entlassung« (1942). Beide wurden von Wolfgang Liebeneiner gedreht. Wie Harlan, so war auch Liebeneiner zunächst Theaterschauspieler (bei Max Reinhardt), bevor er zum Film kam. Max Ophüls hatte ihm eine Rolle bei seinem berühmt gewordenen Film »Liebelei« anvertraut. Vor Liebeneiner hatten schon Ernst Wendt und Curt Blachnitzky unter der Schirmherrschaft von Präsident Hindenburg und mit einer Reihe von künstlerischen und militärischen Beratern einen zweiteiligen Bismarckfilm gedreht (1925/26). Für dessen Herstellung war damals eigens die »Bismarck-Film-GmbH« gegründet worden.

Der patriotische Film Liebeneiners schildert vor allem die wichtigsten Ereignisse der deutschen Einigungsbewegung. 1862, als Bismarck Kabinettschef wurde, gab es in Deutschland noch 35 Einzelstaaten, wie der Vorspann vermerkt. Das ganze Volk habe nichts sehnlicher gewünscht, als die politische Einigung, doch sei diese durch die Eifersüchteleien der Fürsten untereinander verhindert worden, wovon die mächtigen Nachbarn Deutschlands profitiert hätten.

Bismarck machte es sich zur Aufgabe, die Opposition zu beseitigen und die inneren und äußeren Feinde Preußens in die Knie zu zwingen. Es erstaunt daher keineswegs, daß die Nazis die Legendenbildung um den »Eisernen Kanzler« nur förderten und ihn als einen Mann der Vorsehung in der deutschen Geschichte gewertet wissen wollten, als den Propheten Hitlers gar.

Beim Publikum des Jahres 1940 mußte der Film eine besondere Resonanz finden. Die historischen Rekonstruktionen sind auf minutiöse Weise exakt, die abgeschilderten Ereignisse wurden nicht romanhaft verfälscht. In Aussehen und Stimme ist Paul Hartmann der ideale Bismarck-Darsteller. Ein weiteres Verdienst des Films ist es, daß er das Episodenhafte ausspart und weitgehend den großen geschichtlichen Ereignissen Raum gibt. Hier wird nicht ein Bismarck in seiner Privatsphäre, sondern der autoritäre und energische Reichskanzler abgeschildert, wie man ihn aus den Schulbüchern kennt. Gute Schüler erinnern sich: an Landtagssitzungen, in denen die liberalen Abgeordneten sich gegen den Kriegsminister stellen; den Ver-

80

tragsschluß von Gastein zwischen Preußen und Österreich; die Zusammenkunft mit Napoleon III. in Biarritz; die Schlacht von Sadowa und schließlich die Ausrufung des Kaiserreichs im Spiegelsaal von Versailles. Dennoch gibt es Dialogstellen, die auf die Zeit von 1940 gemünzt sind.

Erwin Leiser berichtet von antisemitischen Szenen im Drehbuch, die jedoch nicht gedreht wurden. Zumindest das mißglückte Attentat des englischen Juden Cohen-Blind auf den Kanzler verblieb aber im Film. Auch die Presse bekommt ihr Teil ab: *»Die Zeitungen sind nicht das Volk. – Sie wetzen ihre Mäuler und schießen mit Papier. Wir wetzen unsere Säbel und werden mit dem Zündnadelgewehr schießen.«*

Frankreich und Rußland werden bemerkenswerterweise mit einem Minimum an Rücksichtnahme behandelt. Wohl, weil man mit dem einen Land einen Waffenstillstand und mit dem anderen einen Nichtangriffspakt geschlossen hatte. Bezüge zur Gegenwart finden sich dennoch da und dort in den patriotischen Deklarationen des Preußenkönigs von der Notwendigkeit der Wiedererstellung der nationalen Ehre, der Aufforderung, man müsse nun *»zur Sache kommen«*, die Macht Preußens sei nur durch *»Blut und Eisen«* wiederzuerstellen. Und, wenn Bismarck im Landtag sich mit Heftigkeit gegen die Opposition wendet und ihr entgegenschleudert, *»der gordische Knoten«* der deutschen Situation lasse sich nicht mit Behutsamkeit, sondern nur durch militärischen Einsatz lösen, was heiße, daß eine Reform des Heeres zu erfolgen habe *(»mit oder ohne Ihr Einverständnis!«)*, dann fällt es einem schwer, nicht an Hitler zu denken.

Im Verlauf der gleichen Sitzung wirken Rede und Gegenrede zwischen Bismarck und Virchow (Karl Haubenreisser) wie die Bestätigung der nationalsozialistischen Doktrin angesichts Demokratie und Pazifismus:

»Virchow: Meine Herren, dies ist ein schwarzer Tag in der Geschichte unseres Vaterlandes. Mitten im Kampf um die Ideale der Freiheit und des Fortschritts wird Preußen in die Düsternis des Mittelalters zurückgestoßen. Aus seinem Garten des Geistes wird eine Kaserne gemacht. Nein, meine Herren, bis hierhin und nicht weiter. Wir sind das Volk der Dichter und Denker, und wir sind stolz darauf...

Bismarck: Ja, begreifen Sie denn nicht, welche Ironie in dem Wort ›Volk der Dichter und Denker‹ liegt? Während Sie hier träumen, verteilen die anderen die Welt unter sich!

Virchow: Ich bitte, mich nicht zu unterbrechen! Wir wollen die Welt nicht, wir wollen Freiheit im eigenen Lande.

Bismarck: Aber die haben Sie ja auch nicht, die haben die anderen ...

Virchow: Herz und Geist bilden eine höhere Einheit als alle Verfügungen.«

Es ist schade, daß in diesem Film, genau wie in »Robert Koch«, Virchow als lächerliche Figur erscheint, als Träumer und inkompetenter Politiker. Seine Vorschläge laufen auf eine vorbehaltlose Verdammung jeglicher

Diktatur hinaus: erstaunlich genug in einem Nazifilm des Jahres 1940. Kann man dies dem Regisseur zugute halten? Rein technisch und künstlerisch gesehen fehlt es dem Film allerdings an Atmosphäre und erst recht an Genialität. Man muß sich schon sehr anstrengen, um darin Regieleistungen aufzuspüren: die Überblendung einer strategischen Karte Dänemarks und einer Großaufnahme von Schiffen etwa, eine Massenszene (die triumphale Rückkehr der preußischen Truppen nach Berlin), Zwischenschnitte (das Ballett der Oper von Paris, das vor der französischen Kaiserin und der Bismarck'schen Familie tanzt, indessen Bismarck im Park mit Napoleon III. diskutiert), oder – der Höhepunkt des Gewagten – eine Einblendung des Krieges von 1870. Doch ansonsten bevorzugte Liebeneiner starre Einstellungen und Gegenschüsse (wie in der ersten Unterredung zwischen dem König und Bismarck). In dem Film gibt es nur eine einzige, wirklich exzellente Sequenz: die der Landtagsauflösung, aus der oben Auszüge zitiert wurden.

Die Schauspielerleistungen, bei denen Paul Hartmann dominiert, sind mehr als angängig. Als Kaiserin Eugénie nimmt Lil Dagover ihren pikanten französischen Akzent von »Der höhere Befehl« wieder auf, um die oberflächliche, leichtsinnige Granddame abzuliefern. Das reicht natürlich nicht aus, die zwei Stunden schwerer Kost leichter zu machen.

DIE ENTLASSUNG

Liebeneiners zweiter Bismarck-Film »Die Entlassung« ähnelt im Tenor dem ersten. Hitler ist in der Maske des berühmten Vorgängers stets gegenwärtig – wie dieser die Macht über das Recht stellend.

Die Handlung setzt mit dem 8. März 1888 ein, kurz vor dem Tode Wilhelms I., und endet mit Bismarcks Entlassung durch den neuen Kaiser Wilhelm II. im Jahre 1890. Das sind zwei Jahre »Schicksalswende« – so auch der Untertitel des Films – und insgesamt 150 Minuten Film, die einem schier endlos vorkommen. Nahezu ständig in Interieurs findet ein unablässiges Défilée von Kaisern, Prinzen und politischen Größen statt, die längst von der Geschichte verschlungen wurden. Die Rolle des »bösen« Wilhelm II. gibt Werner Hinz dünkelhaft, prätentiös und voll eitler Hysterie. Sich als der große Unverstandene fühlend, akzeptiert Bismarck dennoch sein Schicksal aus Respekt vor der kaiserlichen Autorität. »*Mein Werk ist beendet*« sagt er auf dem Sterbelager. »*Dies war erst der Anfang. Das Volk wird es vollenden.*« Bei anderer Gelegenheit fordert er offen die Schaffung eines »*deutschen Staatssozialismus*« – der Anklang an Nationalsozialismus ist unüberhörbar.

Der Film geht von historischen Quellen aus, vor allem von Bismarcks »Gedanken und Erinnerungen«. Wie schon bei »Der große König« nahm Goebbels auch bei diesem Film Änderungen vor. Beispielsweise korrigierte er in seinem Sinne einen Teil einer historischen Rede August Bebels, dem

Vorsitzenden der Sozialdemokratischen Partei, in welcher dieser sagte: »*Für Krautjunker und Schlotbarone sollen unsere Brüder und Söhne im Krieg des Herrn von Bismarck verbluten!*« Dieser Satz, der – nach Curt Riess (»Das gab's nur einmal«) – bei den Dreharbeiten von den Atelierleuten donnernden Applaus erhielt, wurde auf Anordnung des Ministers folgendermaßen geändert:»*Für Krautjunker und Schlotbarone soll der Arbeiter von seinem kärglichen Lohn hohe Steuern zahlen...!*«

Der ganze Film lebt von der schauspielerischen Leistung Emil Jannings', der hier abermals mit großem Pathos eine historische Persönlichkeit gibt (nach Friedrich dem Großen, Robert Koch, Präsident Krüger). Mit von der Partie ist sein alter Gegenspieler Werner Krauß, der als Antipathie-Träger (hier als Privatsekretär von Holstein) zu Jannings Größe nicht unwesentlich beiträgt. Außerdem vermerkt der Vorspann eine Reihe von Schauspielern aus der Stummfilmzeit wie beispielsweise Fritz Kampers (Dr. Schwenninger), Bernhard Goetzke (Majunke) und den Kameramann Fritz Arno Wagner (»Nosferatu«, »Dreigroschenoper«, »M«). Der Film hat nur eine besondere Qualität: die ausgesprochen schöne und noch expressionistisch zu nennende Kameraführung.

Die Werbung für den Film »Die Entlassung« hob vor allem hervor, daß es sich um einen neuen Film mit Emil Jannings handle. Das Publikum kam in Massen. Der Film spielte sechs Millionen Mark ein. Das war auch eine Folge der Maßnahmen der offiziellen Propaganda. Es wurde ihm eine ganze Reihe von Prädikaten verliehen: »Film der Nation«, »staatspolitisch und künstlerisch besonders wertvoll«, »kulturell wertvoll«, »volksbildend«, »volkstümlich wertvoll«, »anerkennenswert« und »jugendwert«.

»Die Entlassung« wurde in der Bundesrepublik 1963 unter dem Titel »Schicksalswende« noch einmal in den Kinos gebracht. Dabei überging man geflissentlich die Mitarbeit von Goebbels an der Filmfassung. Der »Katholische Filmdienst« empfahl ihn als »*sehenswert, vor allem für Jugendliche*«.

Der Triumph des Emil Jannings

Hans Steinhoff, dem Regisseur von »Hitlerjunge Quex« und von »Der alte und der junge König«, blieb es vorbehalten, die beiden besten und berühmtesten Filme dieser Serie über große Männer zu drehen: »Robert Koch, der Bekämpfer des Todes« (1939) und »Ohm Krüger« (1941). In beiden spielte Emil Jannings die Hauptrolle. Nach »Der alte und der junge König« war Steinhoff ein vom Regime geschätzter Regisseur und bis 1944 bekam jeder seiner Filme zumindest eines der begehrten Prädikate. Selbst die von Thea von Harbou geschriebene Oscar-Wilde-Adaption »Eine Frau ohne Bedeutung« (1936) wurde noch »künstlerisch wertvoll« genannt. Am besten freilich schnitt »Robert Koch« ab. Er erhielt die Prädikate

»staatspolitisch und künstlerisch besonders wertvoll«, »kulturell wertvoll«, »jugendwert« und »volkstümlich wertvoll«. Darüber hinaus gewann er den ersten Preis bei der Biennale von Venedig.

»Schnee- und Regenschauer fegen über winterliche Felder. Heulend fängt sich der Wind in dem steinigen Hohlweg, durch den in früher Morgenstunde der Landarzt und Kreisphysikus Dr. Robert Koch zu einem sterbenden Kinde fährt. Die Tochter eines armen Waldhüterpaares ist der tückischen Tuberkulosekrankheit, die jedes vierte Kind in dem ländlichen Kreise dahinrafft, zum Opfer gefallen.

Erschüttert steht Koch an der Leiche der Kleinen. Jedes vierte Kind im Kreise... und keine Aussicht, diese fürchterliche Seuche mit Erfolg zu bekämpfen. Seit Jahren beschäftigt er sich damit, den Erreger der Tuberkulose zu finden. In seinem Sprechzimmer in Wollstein hat Koch sich einen kleinen Verschlag gebaut. Hier arbeitet er in jeder freien Minute an seinen Präparaten – sitzt Nächte hindurch vor seinem Mikroskop, um dem Erreger dieser fürchterlichen Geißel der Menschheit auf die Spur zu kommen. Kleinbürgerlicher Unverstand macht ihm das Leben schwer.

Ein in seiner Würde gekränkter Lehrer und eine Gesundbetersekte gehen mit scharfen Anklagen gegen den stillen Forscher vor. Gemeine anonyme Artikel erscheinen im Kreisblatt, um den Landarzt und Kreisphysikus Dr. Koch aus seiner Stellung zu bringen. Zum Glück hat er in dem Landrat des Kreises einen verständnisvollen Freund, der die große Bedeutung der wissenschaftlichen Arbeiten seines Kreisphysikus längst erkannt hat. Eingaben über Eingaben gehen an das Ministerium nach Berlin. Koch selbst schickt immer wieder neue Berichte über seine Forschungen ein... mit dem einzigen Resultat, daß die Akten der Berliner Registratur dicker und dicker werden! Denn der große Berliner Gelehrte, Geheimrat Virchow, auf dessen Urteil die ganze medizinische Welt hört, ist ein erklärter Gegner der Koch'schen Theorie. Bazillen als Erreger der Krankheiten erklärt er für Unsinn. Seiner Meinung nach sind die Krankheiten auf einen Zerfall oder Veränderung der Zellen zurückzuführen. Einer der Assistenten Kochs ist der Sohn des Landrats, Fritz, ein junger Mediziner, der sein Staatsexamen glänzend bestanden hat und als Lieblingsschüler Kochs mit ihm arbeitet. Nach vielen Monaten aufopferungsvoller Arbeit gelingt es Koch, nach Hunderten von vergeblichen Versuchen und Färbungen seiner Präparate den Erreger der Tuberkulose festzustellen. Aber noch gibt er diese Entdeckung nicht bekannt, denn erst gilt es, bis ins Letzte den Beweis zu erbringen, daß dieser von ihm gefundene Erreger einwandfrei der Ursprung dieser todbringenden Krankheit ist.

Trotz aller Intrigen und niedrigen Anschuldigungen, die gegen den Landarzt erhoben werden, kommt endlich die Berufung Kochs nach Berlin als Regierungsrat an das Kaiserliche Gesundheitsamt. Der Leibarzt des Fürsten Bismarck, der gleichzeitig Direktor dieses Gesundheitsamtes ist, hat sich auf das wärmste für den stillen Forscher eingesetzt. Voller Freude eilt Koch nach

Berlin – aber auch hier erwarten ihn nur neue Kämpfe und Schwierigkeiten. Man spöttelt über den ›Bazillenjäger‹ – der sich mit seinen Assistenten Löffler, Gaffky und Fritz tagelang im Laboratorium einschließt. Untergeordnete Beamte versuchen, dem Regierungsrat Koch immer neue Hindernisse in den Weg zu legen – so daß dieser sich schließlich hilfesuchend an Virchow – den ›Papst der Wissenschaft‹ wendet.

Leider hat der vielbeschäftigte Geheimrat, der gerade zu einer großen Reichstagssitzung fahren will, keine Zeit, um sich von Herrn Dr. Koch seinen ›Bazillen-Zirkus‹ vorführen zu lassen.

Es ist ein gigantischer, dramatischer Kampf, den Koch für seine Entdeckung führt. Ein Kampf vor allem auch gegen Rudolf Virchow – der sich am Ende doch vor dem Gegner beugen muß!

Und es ist ein Kampf, den Koch mit schwerstem Opfer bezahlen muß; sein junger Assistent Fritz, den er wie einen Sohn liebt, wird nach einer Anstekkung, die er sich während der gemeinsamen Laboratoriumsarbeit zuzieht, von dieser schrecklichen Krankheit befallen und stirbt.

Eine grandiose Apotheose des Sieges schließt den Film: In der Aula der Universität wird der zu Weltruhm gelangte R o b e r t K o c h gefeiert. In einer mitreißenden Rede fordert er die ihm gläubig lauschende Jugend auf, den Kampf gegen den heimtückischen Feind, die Tuberkulose, fortzuführen, bis zum siegreichen Ende« (Werbebroschüre zu »Robert Koch«).

Der ganze Film geht vom »*unerschütterlichen Glauben*« der bedeutenden Persönlichkeiten aus. Das »*Heroische*« an Kochs »*Kampf*« ist in dem Film jeden Augenblick gegenwärtig. Nacheinander begegnet er dem Mißtrauen abergläubischer Eltern; dem Fanatismus eines Priesters, der in ihm »*das Böse*« sieht; dem engstirnigen Konservativismus eines Dorflehrers, der sich weigert, das Klassenzimmer zu lüften; dem Unverständnis der eigenen Ehefrau, die droht, mit ihrer Tochter das Haus zu verlassen; den Verleumdungen durch die lokale Presse *(»Der Spießer hat immer recht«)*. In Berlin stößt Koch im Forschungsinstitut auf einen böswilligen Pedell, der ihn bei seinen Vorgesetzten anschwärzt, so daß Koch die für seine Experimente notwendigen Versuchstiere und wichtige Materialien nicht bekommt. Die zweite Hälfte des Films ist vor allem dem Konflikt zwischen Koch und dem Pathologen Virchow (Werner Krauß) gewidmet, einem Pionier der Zellular-Pathologie. Die Theorien des Neuankömmlings stören den alten Gelehrten, der auch, was seine politische Einstellung betrifft, als völliger Reaktionär gezeigt wird (man sieht ihn im Reichstag gegen Bismarck auftreten). Seinen Rivalen qualifiziert er als »*diesen Landarzt*« ab und wirkt im übrigen leicht senil. In Wirklichkeit war Virchow einer der großen Liberalen seiner Zeit, und es ist bezeichnend, daß er hier für die »*dekadente Demokratie*« steht, welcher Hitler den Kampf bis auf Messer angesagt hatte. Seine schließliche Sinnesänderung ist überaus spektakulär angelegt und genau der *coup de théâtre*, der den Helden erhöht (»*Eine entscheidende Stunde für die Mensch-*

heit«). Der freilich bleibt bescheiden. Dieser Hymnus auf einen mutigen Einzelgänger und dessen umwälzende Ideen, diese Lobpreisung eines Genies erhält ihre moralische Rechtfertigung durch Kochs Ansprache vor den Studenten in der Aula der Universität. »*Ihr jungen Menschen, ihr werdet mich verstehen, wenn ich sage, daß es kein Leben und kein Vorwärts zu großen Zielen gibt ohne Opfer. Ich weiß, daß das Große und Gute in euch weiterlebt, in eurem Geist, in euren jungen Herzen. Wenn einmal die Fackel aus unseren Händen gleitet, reißt ihr sie wieder hoch und tragt sie in den neuen, schöneren Tag hinein.*«

Helmut Regel und Erwin Leiser haben beide darauf verwiesen, daß in Kochs Mund eine ganze Kriegs-Terminologie gelegt wird: »*Wo steckt der Feind?*« fragt er und meint den Bazillus, nach dem er forscht. »*Wie sieht er aus? Mit welchen Waffen kann ich ihn bekämpfen?*« Und, nachdem er ihn entdeckt hat: »*Nun kenne ich den Feind. Nun kann ich die Waffe schmieden, die ihn vernichten wird; und wenn ich dereinst fallen werde, werde ich meine Waffe weitergeben in die Hände derer, die nach uns kommen. Der Kampf beginnt und wird nicht enden, bevor der Feind besiegt ist.*«

Es ist nicht schwer, sich vorzustellen, welches Echo ähnliche Parolen, wie sie der Appell Kochs an die Jugend enthielt, im Deutschland des September 1939 hatten: die Premiere des Films fand zirka drei Wochen vor der Offensive der Wehrmacht in Polen statt.

Wenn »Robert Koch« im ganzen gesehen auch ein bißchen schwerfällig und aufgesetzt wirkt und den Legendenfilmen des sowjetischen sozialistischen Realismus à la Mitchurin ähnelt, so bleibt er dennoch ein großer Film. Regisseur Steinhoff verrät hier schon die Handschrift von »Ohm Krüger«. Um das Interesse des Zuschauers lebendig zu halten, verwendet Steinhoff geschickt die Parallel-Montage: während Koch über sein Mikroskop gebeugt sitzt, planen die Dorfbewohner, ihn ins Gefängnis werfen zu lassen; zum gleichen Zeitpunkt, zu dem er vor der Akademie seinen Bericht verliest, wird sein Assistent in die Berliner Charité eingeliefert. Sowohl in seinen Bildern als auch im Ton ist der Film fast immer äußerst maßvoll. Musik wird wenig verwendet. Vorrang haben die Geräusche (Laborgeräusche beispielsweise). Das ist ein zusätzliches dramaturgisches Spannungsmoment. Man ist nicht wenig von den Außenaufnahmen zu Beginn des Films begeistert. Ebenso ist man fasziniert von den einzigen Farbaufnahmen des Films, die den endlich entdeckten Bazillus zeigen.

Steinhoff bringt etwas, was im Nazifilm selten ist (was jedoch bereits bei seinem »Hitlerjungen Quex« feststellbar war), nämlich einen bemerkenswerten Realismus: kurze anekdotische Sequenzen voller Humor (die alte Trinkerin, die hypernervöse Baronin) und eine Reihe von Spitzweg-Charakteren typisieren die Patienten des Landarztes. Man vergißt weder den verdrossenen, perfiden Pfarrer, noch die Gesichter seiner Pfarrkinder, alt, verbraucht und besessen, und auch nicht die furchteinflößenden Visagen der Leute in der ländlichen Kneipe, die vor ihren Bierkrügen und vollbeladenen Tellern hocken. Bilder, die von Kameramann Fritz Arno Wagner hervorragend eingefangen wurden. Ihm lagen offenbar die zahlreichen Nachtszenen (zu Beginn) ebenso wie die Innenaufnahmen, bei denen die Ausleuchtung sorgfältig kalkuliert wurde. Da gibt es gewisse expressionistische Reminiszenzen, da geht ein bestimmter Symbolismus sehr direkt zurück auf Fritz Langs »Metropolis«: kaum hat Koch dem jungen Fritz, der das Opfer seiner Pflicht geworden ist, die Augen geschlossen, da erscheint ein gotisches Fenster, das von Bündeln von Licht durchbrochen wird... Erfahrung zahlt sich allemal aus. Das sollte sich auch hier in der Solidität der Regiearbeit erweisen. Können zeigt auch Emil Jannings, der seiner Rolle eindrucksvoll Gewicht verleiht. Sie war Jannings auf den Leib geschrieben. Fünfzehn Jahre nach »Der letzte Mann« überzeugte seine Fähigkeit zur Spontaneität noch immer.

1944 schrieb Gerhard Menzel, der die Idee zu »Robert Koch« geliefert hatte, für Gustav Ucicky das Drehbuch zu dem Film »Das Herz muß schweigen«, bei dem deutlich zu erkennen ist, wie sehr man bemüht war, den Stil des Steinhoff-Films zu treffen. Doch trotz Paula Wessely, Mathias Wiemann und Werner Hinz wurde diese Geschichte über die ersten Experimente mit Röntgenstrahlen im Wien der Jahrhundertwende nichts weiter als eine schlechte Imitation.

Als der Buren-Krieg ausbrach, war Hitler gerade zehn Jahre alt. In seinem Buch »Mein Kampf« schreibt er: »*Wie ein Wetterleuchten kam mir der Burenkrieg vor. Ich lauerte jeden Tag auf die Zeitungen und verschlang Depeschen und Berichte und war schon glücklich, Zeuge dieses Heldenkampfes wenigstens aus der Ferne sein zu dürfen.*«

Aus diesem »Heldenkampf« sollte – nach Goebbels Vorstellungen – der deutsche »Panzerkreuzer Potemkin« entstehen. Mit seiner Rede anläßlich des ersten »Internationalen Filmkongresses« im Jahre 1935 machte er sich durch die lobende Erwähnung des Films eines sowjetischen Juden etliche Feinde, dabei hatte er bereits am 28. März 1933 erklärt: »*Er ist fabelhaft gemacht, er bedeutet filmische Kunst ohnegleichen. Das >entscheidende< Warum ist die Gesinnung. Wer weltanschaulich nicht fest ist, könnte durch diesen Film zum Bolschewiken werden.*«

Um der »Gesinnung« willen ließ der Propagandaminister nach »Bismarck« unter anderem auch »Ohm Krüger« drehen. Hippler vermerkt dazu, bei beiden Filmen, ebenso wie bei »Jud Süss«, habe es sich um »*ausgesprochene, z. T. sogar bis in Einzelheiten festgelegte Staatsaufträge gehandelt.*«

Und Riess berichtet, der Minister habe alle zwei oder drei Tage Änderungswünsche ins Studio geschickt. Der Film sollte eine Superproduktion werden: zwei Drehbuchautoren standen bereit, etwa 50 Schauspieler, unter ihnen sechs Stars, und schließlich 40 000 Statisten. Drei Kameraleute wurden engagiert, unter ihnen Fritz Arno Wagner. Sie sollten einen Film von zwei Stunden und zehn Minuten Dauer drehen. Regisseur Steinhoff konnte sich für die Massenszenen als Assistenten die Regisseure Herbert Maisch und Karl Anton aussuchen. Mit 5,4 Millionen Mark hatte er ein Budget zur Verfügung, das fünfmal höher lag als das eines normalen Films zu jener Zeit und »Ohm Krüger« zur teuersten Produktion des Dritten Reichs machte.

Der Film läuft als Rückerinnerung des einstigen Buren-Präsidenten ab, der das Ende seines Lebens in einer Zürcher Klinik erwartet. Er schildert den Kampf des Transvaal gegen die Engländer zu Beginn des Jahrhunderts. In einem Artikel für den »Völkischen Beobachter« bezeichnet Steinhoff seinen Film eindeutig als einen »*politischen Propagandafilm... der England die Maske vom Gesicht reißen soll*«. Um die Engländer in möglichst schlechtem Licht zu zeigen, werden alle Register herkömmlicher Propaganda gezogen; es werden eingesetzt:

. die Karikatur: Königin Victoria – an den Rollstuhl gefesselt, dem Whisky zugetan – soll ganz offensichtlich das Bild einer abscheueinflößenden Megäre bieten. Cecil Rhodes wird, und das ist bereits ein Programm, von Ferdinand Marian dargestellt, der ein Jahr zuvor den Jud Süss spielte und nun als Rhodes lediglich eine Devise kennt: »*Alles ist käuflich... es ist nur eine Frage des Preises*«. Selbst die Königin mißbilligt seine Politik, bis sie erfährt, daß es im Burenland massenhaft Gold zu schürfen gibt: Viktoria und Rhodes verkörpern die »*britische Habgier*«, und wie schon in »Rothschild« werden auch hier Engländer mit Juden gleichgesetzt. Eine kurze Sequenz verdeutlicht die Absicht der Filmautoren: Rhodes und sein Helfershelfer Jameson befinden sich in ihrer Goldmine im Transvaal. Sie sehen aus wie Buschräuber und unterhalten sich im Tonfall zweier Verschwörer. »*Rhodes: Aber bin ich nicht Engländer wie Sie? – Jameson: Sie sind Kapitalist! – Rhodes: Das ist doch das gleiche.*« Der Prinz von Wales und spätere Eduard VII. ist degeneriert und frivol, ein nichtswürdiger Sohn. Man muß ihn aus einem Pariser Musik-Establissement holen, als seine Mutter im Sterben liegt. Er bietet das unwürdige Gegenstück zu Jan, dem Sohn von Ohm Krüger. Joseph Chamberlain (Gustaf Gründgens) gibt der Figur des Kolonialministers die Umrisse eines dekadenten Dandy: Orchidee im Knopfloch und Monokel am Samtband. Es kommt noch stärker: in einer Kirche, in der der Union Jack aufgezogen ist, verteilen südafrikanische Missionare zu »God Save the Queen« Bibeln nach der einen und Gewehre nach der anderen Seite. (Im gleichen Geiste verläuft ein Dialog Rhodes-Jameson. Frage: »*Wo ist der Scheck?*« Antwort: »*Unter der Bibel*«). Die englischen Soldaten werden vom Offizier bis hinunter zum letzten Mann als gemeinste Soldateska dargestellt. General Kitchener fordert: »*Schluß mit der Humanitätsduselei!*« Er verbietet eine unterschiedliche Behandlung von Soldaten und Zivilisten, läßt Farmen niederbrennen, Frauen und Kinder der Buren werden in Konzentrationslager verschleppt. Der Lagerkommandant (Otto Wernicke), ein feiger, hochnäsiger Schweinekerl, weigert sich, die Verpflegung im Lager zu verbessern, füttert aber seinen Hund mit Schinkenstückchen. Um ein Exempel zu statuieren, befiehlt er, Jan vor den versammelten Lagerinsassen aufzuhängen. Auf revoltierende Juden und Kommunisten läßt er mit Maschinengewehren schießen;

. die Perfidie: Jan (Werner Hinz) hat in England studiert. Zu Beginn des Films kehrt er nach dreijährigem Aufenthalt in Oxford in sein Heimatland zurück, bebrillt und stutzerhaft – der veritable Notariatsangestellte und dazuhin noch völlig anglisiert. Pazifist und Englandfreund, der er ist, setzt er sich für eine Politik des Verzichts ein. Sein Vater jagt ihn davon;

. die Lüge: Mit geradezu entwaffnender Dreistigkeit behauptet der Film, die Engländer seien die »Erfinder« der Konzentrationslager gewesen. Als der Film entsteht, existieren bereits im ganzen Großdeutschen Reich ebensolche Lager;

. die Kriegshetze: »*Verflucht sei England!*« sind die letzten Worte Jans (der inzwischen zum Anhänger der Sache seines Vaters geworden ist). Zuvor hatte Krüger bereits erklärt:» *Wer mit England paktiert, liefert sich ihm aus.*« Dieser Aufruf zum bewaffneten Kampf wird durch die Mobilisierung der Buren wenig später befolgt. Vor dem Hotel Pretoria marschieren sie zu Musik und mit geschmückten Gewehren auf. Die Spruchbänder, die sie mit sich führen, tragen Aufschriften wie »*Nieder mit England!*«, und zwar in Deutsch und Afrikaans. Die offene Gewalttätigkeit einiger Sequenzen machte später den Auslandsverkauf des Films schwierig. In der Originalkopie, die in Belgien mit Untertiteln gezeigt wurde, hatte man daher einige der bösartigsten Beschimpfungen der Engländer durch Lagerinsassen gar nicht erst übersetzt.

Doch »Ohm Krüger« ist nicht nur anti-britisch. Die Pariser Revue, aus der man Prinz Eduard herausholen muß, bringt – »ganz zufällig« – eine bösartige Parodie des Burenkrieges: Mädchen mit nackten Beinen, ausgerüstet mit Holzgewehren, verhöhnen eine Schlacht der Siedler gegen schottische Regimenter. Das ist ein Seitenhieb auf den »*guten französischen Geschmack*« im speziellen und den Amüsierbetrieb im allgemeinen, der dem Regime als dekadente Ausgeburt der Weimarer Republik galt. Selbstverständlich sollte auch die von Gründgens gespielte Figur des Chamberlain eine bösartige Darstellung des »typischen« deutschen Politikers vor 1933 sein. In einer anderen Szene zu Beginn des Films wird die sogenannte »freie Presse« amerikanischen Stils diffamiert, mit der sich Goebbels regelmäßig anlegte und die bereits in einigen früheren Filmen angeprangert worden war: ein Skandalreporter des »Berliner Tageblatts« versucht, den Direktor des Hotels zu bestechen, in das sich Krüger zurückgezogen hat, dringt schließlich gewaltsam in dessen Zimmer ein und photographiert mit Blitzlicht rücksichtslos, ohne sich darum zu kümmern, daß der Präsident augenleidend ist. Sodann wirft er ihm noch vor, er mache sich eine gute Zeit in der Schweiz, während sein Volk ausgerottet werde. Sowohl die Handlungsweise des dicklichen, eine Melone tragenden Reporters, als auch sein Akzent sollen ihn als Juden ausweisen. Im Gegensatz dazu wird Krüger −so der »Deutsche Film« −»zum Träger eines Volksschicksals, Symbol des Kampfes eines einfachen und schlichten Bauernvolkes gegen kapitalistische Ausbeutung und rohe Gewalt.«

Die negative Propaganda wird in ihrem Effekt verstärkt, indem der Film den bösen Engländern die guten Buren gegenüberstellt, indem er die grotesk oder bestialisch überzeichneten englischen Führerpersönlichkeiten mit dem aufrichtigen Ohm Krüger konfrontiert. Wie Robert Koch, so ist auch er von unerschütterlichem Glauben an sein Volk, an das afrikanische Land, an seinen Gott. Die Buren sind gläubige, fromme und ehrfürchtige Menschen. Wie die preußischen Grenadiere von ehedem, scharen sie sich nach der Schlacht um ihren Präsidenten, um dem Herrn zu danken, daß er ihnen in ihrem gerechten Kampf beigestanden hat.

Den Filmautoren waren zwei Qualitäten an der Figur des Ohm Krüger besonders wichtig: das inspirierte Genie und der tapfere Kämpfer. Stärker noch als Koch wird Krüger als Sympathieträger präsentiert, der der Großvater all' der kleinen Deutschen sein könnte, die geschlossen und in Viererreihen zu den Filmvorführungen gebracht wurden. Steinhoff hat bis zum äußersten mit volkstümlichen Klischees, mit pittoresken Details und nicht zuletzt einer scheinbaren Intimität gearbeitet. Während des ganzen Films wird der Mann, den man tatsächlich »Ohm (Onkel) Krüger« oder »Ohm Paul« nannte, von den Buren mit seinem Vornamen angesprochen. Er ist sich nicht zu schade zu einem Kräftemessen mit einem ehemaligen Kriegskameraden. Auf Bücherweisheiten, die ihm sein Sohn herbetet, antwortet der weise Alte: »*Die intelligenteste Sache, die es gibt, ist, seinen Gefühlen treu zu bleiben.*« Die andere Seite des Heldenepos ist eine Familientragödie: ein Vater verliert seinen Sohn und findet ihn erst in den dunkelsten Augenblicken seines Lebens wieder. Den gleichen Konflikt gab es schon zwischen Friedrich-Wilhelm I. von Preußen und dem späteren König Friedrich II. in »Der alte und der junge König«, aus welchem Film Steinhoff für »Ohm Krüger« die beiden Hauptdarsteller Emil Jannings und Werner Hinz übernahm. Die Szene, in der Krüger seinem Sohn Jan die Urkunde mit der Kriegserklärung an England ins Gesicht schlägt, ehe er ihn davonjagt, ist eine Wiederholung des Wutausbruchs Friedrich-Wilhelms I. vor der Einkerkerung Friedrichs II.. Mehr noch als Staatsmann und Militärbefehlshaber ist Krüger in dem Film ein brüderlicher Kamerad, Familienvater und liebevoller Ehemann. Beim Abschied von seiner Frau kurz vor seiner Europareise, sagt er: »*Ich hatte es gut bei dir!*«

Der Film läßt nichts unversucht, im Zuschauer Mitleid für Krüger zu wecken. Am gleichen Abend, an dem er sein Augenlicht verliert, bricht auch die Sache der Buren zusammen: »*Johannesburg ist gefallen, Prätoria steht in Flammen!*« Die Schreie von Jans kleinem Sohn, als Jans Farm brennt, das Baby im Arm einer Gefangenen, die ihre Tagesration im Lager abholt, die ausgestreckten Arme von Jan, der seine Frau hinter Stacheldraht wiederfindet – diese Bilder sollen Emotionen auslösen und einen gerechten Zorn beim Zuschauer entfachen. Geschickt in die Handlung eingestreut sind indes auch knappe, sachliche Szenen, die den Film mittragen und weiterführen. Der Film ist gefühlvoll angelegt, verfällt aber kaum je in Gefühlsduselei. Diese maßvolle Beschränkung läßt beinahe das zügellose Manichäertum des Drehbuchs vergessen und kaschiert teilweise raffiniert, daß es sich um eine Verherrlichung von Patriotismus und um nationalistische Verhetzung handelt.

Emil Jannings, Hauptdarsteller und Produktionschef, war wesentlich am Gelingen dieses sensationellen Films beteiligt. Mühelos, so scheint es, schlüpft er in die Rolle des Präsidenten Krüger. Er betont die menschliche Seite der Figur. (Schon Koch war so angelegt gewesen, daß er als Mensch wie jeder andere wirkte). Man muß gesehen haben, mit wieviel Sorgfalt er sich eine Pfeife stopft oder seine kleine Enkelin auf den Arm nimmt, um mit ihr zu schäkern, um zu wissen, wie völlig ungezwungen, ohne Übertreibung er das bringt, und daß jeder Zuschauer mit normaler Gemütslage einfach davon angerührt sein muß. Es ist etwas an der Definition, die »Der deutsche Film« von der Kunst Steinhoffs gibt, bei der Natürlichkeit oberstes Gebot gewesen sei: »*Er erfüllte damit eine Hauptforderung des Films von heute: Nahe am Leben zu sein!*«

Doch Steinhoff – wenn es auch schon eine Leistung für sich war, Jannings im Zaum zu halten – war nicht nur ein bedeutender Schauspieler-Regisseur. Stets kam bei ihm der Humor zu seinem Recht. Die Unterredung zwischen Krüger und Königin Victoria, die darin besteht, daß sie sich über rheumatische Leiden unterhalten, während sich draußen die Londoner am Gittertor drängen, um das Ergebnis der Zusammenkunft zu erfahren, ist typisch dafür. Das Team Anton-Maisch-Steinhoff funktionierte wie eine gut geölte Maschinerie. Vielen großen Hollywoodproduktionen ist eine solche Aufeinanderfolge nicht gelungen: der Zweipersonenauftritt von Vater und Sohn (Innen), in dessen Verlauf Krüger Jan davonjagt, und darauf die grandiose Massenszene des Burensieges über die englische Kavallerie (Außen). Von diesem Gegeneinanderspiel der Kräfte – einmal Krüger-Jan, zum anderen die Mannen Krügers gegen die britischen Truppen – wird der Film getragen. Manche Bilder des Films sind von bestechender Schönheit, vor allem, als die Geburtsstunde des Transvaal mit seinen riesigen Rinderherden beschworen wird. Aufgrund seiner dramaturgischen Spannung und seiner frappierenden Aufnahmen konnte es »Ohm Krüger« mit jedem amerikanischen Film dieses Genres aufnehmen.

Es wurde immer wieder behauptet, der Beginn der großen Schlußszene im englischen Lager sei ein Plagiat der berühmten Eisenstein'schen Sequenz mit dem verdorbenen Fleisch in »Panzerkreuzer Potemkin«. Tatsächlich ähneln die Handlungselemente einander: in Steinhoffs Film zeigt eine Gefangene dem Lagerarzt den Inhalt einer Konservendose, um gegen die Verpflegung zu protestieren. Auf dem Kreuzer führen Matrosen dem Schiffsarzt nicht mehr genießbares Fleisch vor. Wie der Arzt Smirnov ist auch der Lagerarzt ein kleiner Herr mit Kneifer. Aber hier enden die Ähnlichkeiten. Denn die Revolte der Frauen in »Ohm Krüger« bricht aus, nachdem Jan gehängt wurde, und nicht wegen der schlechten Nahrung. Es hieße, Steinhoff etwas unterstellen, was er möglicherweise nicht im Sinn hatte, wollte man den Plagiatsvorwurf aufrechterhalten. Die Szene ist eindrucksvoll, und man ist geneigt, den Zuschauer aufzufordern, sie ganz unvoreingenommen als eine Huldigung an Eisenstein zu verstehen. In seinem Montagefilm »Deutschland, erwache!« hat Erwin Leiser die Szene aus »Potemkin« hinter die aus »Ohm Krüger« gesetzt, welche er für »eine schlechte Kopie« hält (»Cinema 69«, N. 141). Ohne Leiser zu nahe treten zu wollen, muß man doch sagen, daß es paradox anmutet, in einem Film, der die Manipulationsmethoden des Kinos anprangert, eine Art von Beweisführung zu entdecken, die selbst nichts weiter ist als Manipulation. Wir sind der gleichen Ansicht, wie David Stewart Hull in »Film Quarterly«, der »Ohm Krüger« für »den technisch besten unter allen Nazifilmen« hält. Dabei sind wir uns über seine Intentionen absolut im klaren. Wir folgen auch der Definition von Bardèche und Brasillach, die Steinhoff als »die stärkste Persönlichkeit des neueren deutschen Films« bezeichnen. Man muß feststellen, daß sich die Mitarbeit von Herbert Maisch an dem Film auf die Schweizer Szenen, die in Genf gedreht wurden, auf eine Rede von Jannings und eine Passage in Prätoria beschränkte. Nach Hull »erfuhr Steinhoff erst nach Ende der Dreharbeiten, daß diese Szenen gefilmt worden waren, und war darüber, verständlicherweise, sehr verärgert.« Sie ändern nichts an dem Gesamteindruck des Films, für den Steinhoff auch alleine hätte zeichnen können. »Ohm Krüger«, der heute noch kritischer Überprüfung standhält, ist, dies sollte man zugestehen, ein Meisterwerk.

Goebbels erteilte dem Film auf seine Weise die Zustimmung. Er ließ für »Ohm Krüger« das höchste Prädikat schaffen, das fortan vom Regime an Filme zu vergeben war, das Prädikat »Film der Nation«. Darüberhinaus bekam der Film die Auszeichnungen »staatspolitisch und künstlerisch besonders wertvoll«, »kulturell wertvoll«, »jugendwert«, »volkstümlich wertvoll« und »volksbildend«. Auf dem Filmfestival von Venedig wurde ihm der »Mussolini-Pokal« verliehen, der jeweils an den besten ausländischen Film vergeben wurde. Jannings wurde von Goebbels mit dem »Ehrenring des deutschen Films« ausgezeichnet. »Ohm Krüger« erlebte 1964 in Athen, gekoppelt mit anti-britischen Reportagefilmen zur Zypernfrage, eine Wiederaufführung. Einen Protest des englischen Botschafters wies die griechische Regierung damals zurück. Man behauptete, die Kopie sei aus dem Nahen Osten ins Land gekommen, eine Intervention sei nicht möglich.

CARL PETERS

1941 war auch das Jahr des Films »Carl Peters«, eines Films über einen weiteren berühmten Mann in Afrika, diesmal einen Deutschen. Der Film, den Regisseur Herbert Selpin ein Jahr zuvor in Prag gedreht und zu dem er in Zusammenarbeit mit dem Schriftsteller Ernst von Salomon das Drehbuch geschrieben hatte, erhielt die Prädikate »staatspolitisch, künstlerisch und kulturell wertvoll«, »jugendwert« und »volksbildend«. Salomon hatte sich schon in seinen Romanen »Kautschuk« (1938) und »Kongo-Express« (1939) mitenglischen Kolonialisten bzw. deutschen Urwaldsiedlern befaßt. Selpin, der Assistent bei Pabst gewesen war, war zum Spezialisten für exotische Abenteuerfilme geworden und hatte bereits fünfmal mit Hans Albers zusammengearbeitet. 1934 hatte er mit »Die Reiter von Deutsch-Ostafrika« dem deutschen Kolonialismus den ersten Film gewidmet.

Kochenrath faßt das Drehbuch zu »Carl Peters« folgendermaßen zusammen: »*Carl Peters (Hans Albers) kehrt mit seinem Freund Carl Jühlke nach erfolgreichem Studium in seine Heimatstadt Neuhaus a. d. Elbe zurück. Auf dem Bahnhof sieht er eine Gruppe Auswanderer, die nach Amerika gehen und stellt schmerzlich fest, daß bestes deutsches Blut dem deutschen Boden verlorengeht. Anschließend geht Peters für einige Zeit zu seinem Onkel, der als englischer Staatsbürger in London lebt. Hier lernt er die englische Kolonialpolitik kennen und weiß sich im Picadilly Club Beschimpfungen, die er als Deutscher empfängt, mit einer mannhaften Ohrfeige zu erwehren. Nach Berlin zurückgekehrt, hält er vor dem inzwischen gegründeten Deutschen Kolonialverein eine flammende Rede für die Gründung deutscher Kolonien: ›Ich möchte den Deutschen die Welt öffnen‹, während ein englischer Spion die Ausführungen auf seiner Manschette mitschreibt. Da der Vereinsvorsitzende, Graf von Hohenlohe, jedoch lediglich den ›Gedanken‹ an eigene Kolonien gepflegt wissen möchte, entsteht großer Tumult. Graf Pfeil und Geheimrat Kayser, Legationsrat im Auswärtigen Amt, bekennen sich zu Peters' Vorstellungen. Geheimrat Kayser jedoch soll sich im Laufe des Films als ein feiger und finsterer Intrigant erweisen; die Erklärung für solch undeutsches Verhalten: er ist Jude und paktiert insgeheim über seinen Bruder Julius, der Redakteur des ›Vorwärts‹ ist, mit der Sozialdemokratie, die auf deutsche Kolonien, der guten Beziehungen zu England wegen, verzichten will. Ohne Unterstützung des Reiches begeben sich Peters, Jühlke und Graf Pfeil von Sansibar aus auf ihre erste Expedition. Sie überraschen arabische Sklavenhändler, wie diese mit englischer Billigung Jagd auf ›schwarzes Elfenbein‹ machen. Zahlreiche verängstigte Negerstämme schließen dankbar und freudig mit Peters, der im Namen des deutschen Kaisers auftritt, Schutzverträge ab, die ihm die perfiden Engländer vergeblich zu entwenden versuchen. Wieder in*

Deutschland, warnt ihn Geheimrat Kayser: ›Es ist gefährlich, nach den Sternen zu greifen‹. ›Aber schön‹, lautet Peters' Antwort, der vom Kaiser und Bismarck empfangen wird, von denen er den geforderten Schutzbrief für seine Unternehmungen erhält. ›Persönlicher Mut und die Kraft einer Idee‹ treiben die drei zu einer weiteren Expedition, von der sie 1890 mit neuen Verträgen zurückkehren. Kommentar der Brüder Kayser zu Peters' Erfolgen: ›Je höher der Affe klettert, umso mehr sieht man seinen Hintern‹. Peters wird schließlich zum Reichskommissar von Ostafrika ernannt, erhält aber dank Kaysers Perfidie einen Reichsbeamten vor die Nase gesetzt. Schon will Peters erbost ablehnen, als ihn Graf Pfeil mit den markigen Worten: ›Ein Kerl wie Sie kann doch nicht fahnenflüchtig werden‹, zur Annahme des Amtes überredet. Nun kehrt deutsche Gemütlichkeit – natürlich mit Bierseidel – in Ostafrika ein.

Aber die neidigen Engländer geben nicht Ruhe. Meuchlings lassen sie Carl Jühlke, den treuen Freund Peters', erschiessen. Die zwei schwarzen Attentäter werden gefaßt und, um einem von den Engländern angezettelten Aufstand zuvorzukommen, auf Peters' Befehl kurzerhand aufgehängt. Damit hat Peters seine Kompetenzen überschritten, und die jüdische Sozialdemokratie in Berlin triumphiert insgeheim. Peters muß sich vor dem Reichstag verantworten. Zuvor jedoch bietet ihm der englische Botschafter in Berlin eine führende Stellung im britischen Kolonialdienst an, da Peters in Deutschland auf verlorenem Posten stünde. Er solle alle Gefühle beiseite lassen und das Angebot nüchtern überlegen. Erwidert Peters: ›Gerade meine Gefühle sind ein Teil meiner deutschen Existenz‹. Unten in Afrika läge das Grab seines Freundes Jühlke, auf dem geschrieben stünde: ›Gestorben für Deutschland‹. Peters lehnt das Angebot ab. Im Reichstag erwartet ihn ein tobender Hexenkessel. Die Sozialdemokratie, von jüdischen Hinterbänklern angestachelt, schreit, jault, johlt und vertritt offensichtlich die Interessen Englands. Peters versucht sich vergeblich zu verteidigen. Einsam steht er der gröhlenden Masse gegenüber: ›Ich bin nur mir selbst verantwortlich und Deutschland‹. Schließlich verzweifelt er: ›Armes Deutschland, du bist dir ja selbst der größte Feind‹. Er tritt von seinem Amt zurück. Draußen erwartet ihn seine Mutter: ›Mein Carlemann, mein Carlemann!‹ Sie bittet ihn, an den mütterlichen Herd zurückzukehren. Zustimmend birgt Peters sein Haupt an dem Busen der Mutter. Im Hintergrund leuchtet die Siegessäule.«

Der Sinn des Films ist klar. Carl Peters, der blonde Held mit dem Lokkenbart und dem väterlichen Lächeln, kommt aus Deutschland herbei, um den unterdrückten Völkern Afrikas die befreiende Hand der westlichen Zivilisation zu reichen. Ausgestattet mit allen Tugenden (und dargestellt von dem so überaus populären Hans Albers), besitzt er die Lebenskultur seines Landes, Sinn für Freundschaft und Familienbande. Er ist ein großzügiger, mutiger und gerechter Ehrenmann, der sich für große Dinge begeistert. Als weitsichtiger Kolonisator ist er ein Wortführer der Hitler'schen Expansionspolitik. *»Die deutsche Nation ist bei der Verteilung der Welt vom 15. Jahrhundert an bis auf den heutigen Tag leer ausgegangen... Erwerben kann man nämlich nicht vom grünen Tisch aus, sondern nur durch Männer, die hart und selbstbewußt sind, und nicht solche, die sich bei jedem Stirnrunzeln der Engländer in die Hosen machen.«*

Selbstverständlich sind die Engländer die Feinde: dieser Haufe vulgärer Typen, hinterhältiger Spione und Sklavenhändler will Deutschland innerhalb seiner Grenzen einschnüren und es seiner ihm zustehenden Kolonien berauben. Aber es gibt einen noch gefährlicheren Feind: das internationale Judentum und die Verräter im Innern, nämlich die Sozialdemokraten. Ihnen fällt Peters zum Opfer und damit auch die Zukunft Deutschlands.

Das ist mehr als eine offizielle Biographie, das ist eine dreifache Abrechnung, die noch viel weiter geht als »Das Herz der Königin« oder »Ohm Krüger«. Die große Schlußszene im Reichstag – übrigens die beste des Films – zeigt das. Gezwungen, sich gegen die Falschaussagen eines schwarzen Bischofs zu verteidigen, der im Solde des britischen Geheimdienstes steht, ruft Peters Deutschland zum Zeugen an. Er wird von einem Abgeordneten unterbrochen: *»Deutschland sind wir, denn wir sind das Volk!«* Dieser Abgeordnete ist Jude. Er bekommt die überlegene Ironie des Ariers sofort zu spüren: *»So! Sie sind das Volk. Entschuldigen Sie, das konnte ich natürlich nicht ahnen.«*

Die tatsächliche Ironie liegt freilich in der Wandlung, der die historische Persönlichkeit Carl Peters unterzogen wurde. Dieser war in Wirklichkeit ein zwielichtiger Bursche, der wegen seiner an Eingeborenen begangenen Grausamkeiten 1887 sein Amt niederlegen mußte. Im Jahr darauf ging er nach England und gründete dort eine deutsch-englische Gesellschaft zur Ausbeutung goldhaltiger Ländereien in Rhodesien. Nach Deutschland kam er erst kurz vor dem Ersten Weltkrieg zurück. Aber verständlicherweise durften diese Dinge im Jahre 1940 nicht erwähnt werden. Eine eklatante Geschichtsfälschung also und genau dem entsprechend, was Reichsinnenminister Frick am 3. Oktober 1933 vor dem Kongreß deutscher Juristen so formulierte, daß das Recht sei, was dem deutschen Volk diene.

Die Regie des Films läßt zu wünschen übrig. Ebenso die ständige Konfrontation der guten Deutschen mit den bösen Engländern oder deren Handlangern. Selpin drängt wichtige Szenen zu wenigen, verpfuschten Minuten zusammen. Lange Sequenzen sind oft ohne jede Bedeutung: ein Beispiel ist die Begegnung im »Picadilly Club«. Sie dient lediglich dazu, eine Revuenummer zu zeigen, in der zwei Statisten zu der Melodie »A bicycle made for two« endlos Walzer tanzen. Auch der übrige Film weist diesen Mangel an einheitlichem Stil auf: Augenblicken wirklich großartiger Regie (dem Aufstand der Neger, für die Tausende von Statisten engagiert wurden) folgen Dschungelbilder mit zwei, drei ärmlichen Palmen und einem aufgemalten Kilimandscharo bestückt, bei denen monotoner Gesang afrikanische Atmosphäre schaffen soll. Ab und zu tauchen dennoch Bilder auf, die gut komponiert und gut photographiert sind, so daß man sich des Eindrucks nicht erwehren kann, der Regisseur könnte trotz allem Talent haben. In seinem filmischen Charakter hat »Carl Peters« etwas von einem schlecht geratenen »Tarzan«-Film. Das Publikum mochte ihn daher auch zurecht nicht besonders.

Künstler und Erfinder

»Für die Menschheit lag der Segen nie in der Masse, sondern ruhte in ihren schöpferischen Köpfen, die daher in Wirklichkeit als die Wohltäter des Menschengeschlechts anzusprechen sind,« so wird in »Mein Kampf« konstatiert.

In der Zeit zwischen 1939 und 1944 gibt es in Deutschland eine wahre Hochblüte von Filmen über schöpferische Menschen, seien es Künstler (Maler, Schriftsteller, Architekten, Musiker, Schauspieler) oder Erfinder. Hans Steinhoff machte indessen mit dem berühmten holländischen Maler des 17. Jahrhunderts, Rembrandt, einen Nicht-Deutschen zum Helden einer seiner biographischen Filme. Der Film »Rembrandt« (1941) wurde zum Teil in Berlin, Tempelhof und Babelsberg aufgenommen, zum Teil in Amsterdam und La Haye, welche beiden Orte damals von den Deutschen bereits besetzt waren. Es scheint so, als sei Steinhoffs Film, trotz der Vorliebe des Regisseurs für das Anekdotische, besser gelungen als der Rembrandt-Film von Alexander Korda aus dem Jahre 1936. Man schätzt seine *»Intelligenz«* (Jeanne und Ford) und Szenen, wie die, in der Rembrandt malt, *»während der Gerichtsvollzieher sein Logis ausräumt«, »die Bürger sich ihrem Rang nach aufstellen, um sich malen zu lassen«* und die *»goldene, wunderbare Passage über die Frauen im Leben des ›Poeten von Licht und Schatten‹«* (Bardèche und Brasillach). Richard Angst, einer der besten Kameraleute des Dritten Reichs, hat wirklich verstanden, alles aus den raffinierten Dekors des ehemaligen »Caligari«-Ausstatters Walter Röhrig herauszuholen. Die schöne Hertha Feiler spielt die junge Braut des Malers, Saskia van Uylenburgh. In einer Szene freilich werden jüdische »Wucherer« in *»unwürdiger Weise«* geschildert (Hull). »Rembrandt« ist der Schlußpunkt in der Karriere Steinhoffs. Nach zwei kleineren Filmen, »Gabriele Dambrone« (1943) und »Melusine« (1944), wovon letzterer verboten wurde, begann er in Prag noch den 15. Farbfilm des Nazi-Kinos, den antikommunistischen Kriminalfilm »Shiva und die Galgenblume« mit Hans Albers in der Hauptrolle. Doch dieser wurde nie beendet.

FRIEDRICH SCHILLER UND ANDREAS SCHLÜTER

Herbert Maisch, der Mitarbeiter Steinhoffs an »Ohm Krüger«, der seine Karriere am Theater begonnen und 1936 mit »Boccaccio« sein Spielfilmdebüt (Hauptrolle: Willy Fritsch) gegeben hatte, drehte nacheinander die

96

Filme »Friedrich Schiller« (1940) und »Andreas Schlüter« (1942). »Friedrich Schiller« trägt den Untertitel »Der Triumph eines Genies« und fängt mit einer gewalttätigen Szene an: Reiter führen im Trab Gefangene zu einer Festung. In einer Kneipe schimpft der Dichter Schubart (Eugen Klöpfer): »*Zerstörung, Krieg, Elend und Hunger... Das ist es, was der Herzog von Württemberg für uns bereithält. Das Gericht wird fürchterlich sein!*« Wenig später wird er von einem Agenten des Herzogs verhaftet. Die Handlung führt in die Militärakademie, die Schubart zuvor »*Die Zuchtschule*« genannt hat. Ein viehischer Adjutant (Paul Dahlke) ist die Personifizierung des hier herrschenden preußischen Ordnungsdrills. Der junge Schiller (Horst Caspar) ist empört über die Zustände und beschwert sich beim zuständigen General. Horst Caspar spielt diese Rolle mit jugendlichem Ungestüm, ganz im Ton der ersten Dramen des Dichters und zugleich expressionistisch (man fühlt sich an Alfred Abel in »Metropolis« erinnert). Maisch erreicht bisweilen Steinhoffs beste Leistungen, so etwa in der Darstellung des schier unglaublichen Ankleidezeremoniells, in dessen Verlauf sich die Militärschüler im Takt anziehen und gegenseitig die Zöpfe flechten müssen. Darauf folgt die Parade vor dem Herzog (Heinrich George, der zwar eine Karikatur bietet, dabei aber köstlich ist). Schiller nützt die Gelegenheit, der Tochter seines Vorgesetzten ein Billett zuzustecken. Als der Herzog dem Unterricht seiner Soldaten beiwohnt, wagt Schiller es, ihm zu widersprechen und fällt damit auf. In der gleichen Nacht versammeln sich die Kadetten in einem Keller, wo ihnen der Dichter sein erstes Drama, »Die Räuber«, vorliest, das nach einer Erzählung Schubarts entstanden ist: die Geschichte eines Rebellen, der die Züge des Autors trägt, und einer Gruppe von Mitstreitern, in denen man die Schüler der Militärakademie wiedererkennen kann. Die Verschwörer werden überrascht und müssen sich in Reih und Glied aufstellen (dies ist eine hervorragende Sequenz, in der die Kamera dem inspizierenden Herzog mit einem raschen Travelling folgt). Schiller wird der Dichter Schubart gezeigt, der seit Jahren im Gefängnis schmachtet. Vergeblich. Schiller, der inzwischen Regimentsmedicus geworden ist, gelingt es, »Die Räuber« anonym zu veröffentlichen. Die Premiere in Mannheim wird zu einem triumphalen Erfolg. In einer Loge ruft eine Dame aus: »*Das deutsche Volk hat seinen Dichter gefunden!*«

Vom Herzog, der ihn weiterhin mit seiner Rachsucht verfolgt, erbittet Schiller eine Unterredung. In deren Verlauf nimmt er kein Blatt vor den Mund: »*Freiheit dem Geist, Freiheit dem Volk!*« verlangt er.

Der Film endet mit einem Fest am herzoglichen Hof (eine großartige Regie, imponierender Einsatz von Statisten an Originalschauplätzen) und mit der Flucht des Dichters. Auf der Flucht nach Mannheim hatte er auszurufen: »*Die Freiheit!*« Aber die Zensoren von Goebbels verboten die Sequenz und ließen sie aus dem Film schneiden (Hull).

Dieser »Friedrich Schiller« ist besser und vor allem intelligenter konzipiert als sein Vorläufer aus dem Jahre 1923, den Kurt Götz mit Theodor Loos gemacht hatte. Rudolf Oertel stellt dazu fest, es sei: »*Das erstaunlichste Filmkunstwerk überhaupt, das im Dritten Reich gedreht wurde. Erstaunlich, denn es war von der ersten bis zur letzten Szene eine flammende Anklage gegen die Unterdrückung des Geistes durch einen Tyrannen und Militärdespoten und stimmte mit allem Feuer echter Leidenschaft, umgeben von Konzentrationslagern, angesichts eines Volkes in Uniform und im Gleichschritt, unter dem Dröhnen der Kanonen und Bomben, trotzig das Hohelied der Freiheit an. ›In tyrannos‹ hat Schiller seinen Räubern als Motto und trotzige Herausforderung vorangesetzt. ›In tyrannos‹ konnte man auch diesem Film voransetzen. Es bedurfte keiner besonderen Phantasie, um diese jedem Deutschen bekannte dramatische Episode aus der Jugend des Lieblingsdichters der Nation ins Aktuelle zu übersetzen. Den brutalen Tyrannenstaat, den verhaßten Militärdienst, das gab es 1940 auch, ein Feldwebel (Paul Dahlke), der wie ein Zuchtmeister aus einem Konzentrationslager wirkte, ein Herzog, der in seiner Brutalität und Tyrannei den Führern des Dritten Reiches alle Ehre machte, der alte Dichter, der wegen eines offenen Wortes im Gefängnis schmachtet... das war 1940 unerhört aktuell. Das erstaunlichste aber waren die Worte, die in diesem Film gesprochen wurden... Horst Caspar, glühend vor innerem Feuer, verkündete das Recht auf Menschenwürde und Freiheit und Menschlichkeit... Und sogar im Titel war das Manifest des Trotzes zu hören... Vielleicht war Goebbels so sehr überzeugt davon, wirklich ein Schirmherr der Künste zu sein, daß ihm gar nicht der Gedanke kam, dieser Film könnte auch ihn anklagen. Vielleicht auch paßte es ihm ausnahmsweise, daß Militär und Drill eins auf die Kappe bekamen. Schließlich hinkte er, taugte nicht für den Militärdienst, war ein Zivilist und ein Intellektueller und liebte Schiller wirklich, auch ›Die Räuber‹....«*

Es ist wahr, daß eine erste, unvorbereitete Besichtigung des Films diesen Eindruck hinterlassen kann. Doch Oertels Aussage ist in zweifacher Hinsicht suspekt:

. Nicht wenige Westdeutsche und vor allem nicht wenige der Filmemacher, die den Faschismus gekannt haben, neigen zu Rechtfertigungsversuchen: immerhin hat das Dritte Reich eine Reihe von Dingen durchgehen lassen, nicht jeder wurde sofort verdammt, und Goebbels war auch nicht unbedingt der Unhold, als der er gern gesehen wird.

. Oertel zeigt nur einen Aspekt des Films auf, ohne dessen Absichten exakt zu interpretieren. Die stickige Atmosphäre der Militärakademie, aus der Schiller flieht, repräsentiert doch eben jene veraltete Form der Erziehung ohne Verstand, ohne Großzügigkeit und Größe, gegen die das Hitlerregime und u. a. die Hitlerjugend anzugehen vorgab. Diese Art von Verdrehung haben wir schon in »Ohm Krüger« erlebt, und man darf darin wohl eine gewisse machiavellistische Absicht sehen. Der Herzog von Württemberg, Inkarnation des Absolutismus, erlaubte es dem Genie nicht, sich zu entfalten. Goebbels, der sich als Schirmherr der Künste sah, durfte sich wohl geschmeichelt fühlen. Die Schwierigkeiten, die der Herzog Schiller machte, werden indes nicht nur negativ gesehen. Wie schon der Film »Der alte und der junge König« zu zeigen bemüht war, bedurfte es geradezu der Despotie von Friedrich-Wilhelm I., damit ein Staatsmann wie Friedrich der Große seine Formung erhielt. Heinrich George als Herzog von Württemberg (er spielte im gleichen Jahr dieselbe Figur in dem Film »Jud Süss«), einer der populärsten Darsteller der damaligen Zeit, gab die Rolle durchaus nicht unsympathisch.

Oberste Schlußfolgerung zu »Friedrich Schiller«: damals hatte Deutschland noch nicht zu sich selbst gefunden. Es besaß noch keinen »Führer«. Ein wesentlicher Aspekt des Films ist mit dem Untertitel »Triumph eines Genies« ausgedrückt, ein Untertitel, der auf alle jene Filme hätte Anwendung finden können, die dem Kult großer Männer gewidmet waren, ob sie nun Friedrich II. oder Rudolf Diesel hießen. *Die Vision, die Friedrich Schiller mit ahnungsvoller Gewißheit erfüllte, war die, daß es etwas Größeres gebe als die politisch verrotteten Zustände seiner Zeit. Größeres und Erhabeneres als die selbstgefällige Willkür von kleinen Dutzendstaaten und ihrer mehr als sterblichen Beherrscher. Und dieses Ideal, an das er glaubte, für das er kämpfte, hieß: ein Deutschland, ein Volk, ein Vaterland!* (»Illustrierter Film-Kurier«). Leiser hat wohl recht, wenn er den Schiller dieses Films so interpretiert: *Er ist das Genie, der geistige Führer, für den andere Gesetze gelten müssen. Der Autor der ›Räuber‹ ist ein Vorläufer des Verfassers von ›Mein Kampf‹. Er ist ein Übermensch...* Diese Stilisierung des Genies zum nationalen Heros entspricht dem, was Hitler in Bezug auf Schiller in »Mein Kampf« formulierte *... der größte Pionier der Freiheit unseres Volkes.* Sie entsprach auch der Bewunderung der Nazi-Grössen für Schillers Stücke.

Der Film »Andreas Schlüter«, in dem wieder Heinrich George die Hauptrolle spielte, wurde vom Propagandaministerium für noch wichtiger eingeschätzt. Er erhielt die Prädikate »staatspolitisch und künstlerisch besonders wertvoll« und »jugendwert«. Er schildert die Lebensgeschichte des Barockbildhauers und Architekten Schlüter, der zu Beginn des 18. Jahrhunderts am Berliner Hof wirkte und den Beinamen »Michelangelo Preußens« erhielt. Seine Arbeiten umfaßten Totenmasken von Kriegern, ein Reiterstandbild des Großen Kurfürsten, Pläne für ein neues Berlin, die vom antiken Rom inspiriert waren und Paris vergessen machen sollten. Gigantismus, Glorifizierung deutscher Tugenden, die heftige Gegenreaktion auf den französischen Einfluß, der unbändige Wille, der Welt neue nationale Größe zu beweisen, damit scheint Schlüter schon in seiner Arbeit die Intentionen, Konzeptionen und Stilformen vorwegzunehmen, die Hitlers Bildhauer und Architekten Arno Breker, Speer, Trost später präsentierten. Doch Schlüter fällt in Ungnade: sein Geldturm stürzt zusammen. Noch im

Gefängnis arbeitet er an einer »Gruppendarstellung mit Tod« für den königlichen Sarkophag. Wie Koch in der Auseinandersetzung mit Virchow, wie Peters im Streit mit Kayser und wie Schiller gegenüber seinem Herzog, bleibt auch Schlüter unbeugsam und seiner Überzeugung treu. Seine moralische Haltung (»*Das Leben vergeht, das Werk ist unvergänglich*«) stellt im Jahre 1942 eine Lektion der Selbstverleugnung dar.

FRIEDEMANN BACH

Deutschland hat, wie man weiß, große Musiker hervorgebracht. Traugott Müller, der Ausstatter von Gründgens bei Theater- und Operninszenierungen, dreht 1941 »Friedemann Bach«, den einzigen Film, den er jemals machen sollte, mit Gründgens, Camilla Horn, Eugen Klöpfer, Otto Wernicke, Wolfgang Staudte und Wolfgang Liebeneiner.

» Der älteste Sohn von Johann-Sebastian Bach, Friedemann, hat ein glanzvolles Debüt anläßlich einer Abendsoirée am sächsischen Hof. Beschwingt von dem Erfolg, verliebt er sich in die Tänzerin Fiorini und komponiert für sie die Musik zu einem Ballett: ein oberflächlich hingeschludertes Werkchen. Eine seiner treuen und scharfsichtigen Freundinnen, die schöne Komtesse Antonia Kollowrat, bezichtigt ihn des Verrates an der Musik. Friedemann entschließt sich, sich für einige Zeit ins Elternhaus zurückzuziehen, um zu sich selbst zurückzufinden. Um bei seinen Gönnern wieder in Gnade aufgenommen zu werden, läßt er sich dazu hinreißen, ein unveröffentlichtes Werk seines Vaters als das seine auszugeben... Aber der Betrug wird entdeckt, es kommt zum Eklat. Friedemann tritt einer obskuren Wandermusikanten-Truppe bei. Als er erfährt, daß Antonia sich verheiratet hat, schwört er, Rache zu nehmen... Er muß deshalb die Stadt verlassen und versprechen, nicht mehr zurückzukehren. Verarmt und alt stirbt er in Berlin im Hause seines Bruders Philipp Emanuel, Musikus am preußischen Königshof, nachdem er sich in einem Streit mit einem Fremden eine tödliche Verletzung zugezogen hat. So endete ein genialer, aber haltloser Komponist, den das Glück floh« (nach »ACE-Ufa – Das Kino im Kommen«).

In »Friedemann Bach« findet man das Thema des verlorenen reuigen Sohns wieder. Gleichzeitig setzt er die Reihe der Filme mit »*autoritärer Tendenz*« fort, von der Kracauer spricht. Doch zu allererst ist der Film ein moralisches Drama, das Drama einer Bewußtwerdung. Friedemann wird von der jungen polnischen Gräfin Antonia geliebt; er jedoch bevorzugt Mariella Fiorini, die erste Tänzerin am Hof: er verrät nicht nur sein bürgerliches Milieu, sondern auch seine musikalische Berufung. Von Antonia »auf den rechten Weg« zurückgebracht, widmet er sich wieder der Arbeit, aber er hat einen Mißerfolg nach dem anderen und zweifelt schließlich an sich selbst. Friedemann greift zur Lüge, beginnt ein Wanderleben, lebt als Bettler und stirbt schließlich eines absurden Todes: der Fremde, mit dem er in Streit gerät, ist ein Mann, der Johann Sebastian Bach beleidigt hat... Vordergründig ist der Film wieder eine Verherrlichung des individuellen Muts, des Genies und des Glaubens an das Ideal.

Die Schauspieler sind gut. Eugen Klöpfer ganz besonders, der Johann Sebastian Bach mit viel Würde gibt. Camilla Horn (mit entblößter Brust unter duftigem Schleier) hat lediglich Gelegenheit, Tanzschritte anzudeuten. Die Regie ist uneinheitlich, weist Brüche auf. Die erste Sequenz des Films, in der man einer Unterrichtsstunde bei Johann Sebastian Bach beiwohnt, ist hervorragend. Die dánn folgenden Szenen – ohne Leerlauf und in rascher Abfolge geschnitten – haben passagenweise durchaus Kolorit. Dann jedoch erlahmt das Interesse, trotzdem das Intrigenspiel um den jungen Komponisten – begabt aber undomestizierbar (»*Ich mache die Musik, die ich will!*«) – ganz hübsch vorgeführt wird. Der zweite Teil des Films ist theatralisch, geschwätzig und ermüdend. Er fällt in die Klischees zurück, die für den Nazifilm typisch sind: nach dem Tod von Johann Sebastian Bach folgt dem Bild seines Grabs die Aufnahme eines wolkenbedeckten Himmels.

WEN DIE GÖTTER LIEBEN

Unter diesem Titel (Dystichon des griechischen Dichters Menander: »*Wen die Götter lieben, der stirbt früh*«) drehte Karl Hartl 1942 einen Film über Mozart. Drei Jahre vorher hatte bereits Leopold Hanisch nach Mörikes Novelle »Mozart auf der Reise nach Prag« seinen Film »Eine kleine Nachtmusik« gemacht.

Am 4. Dezember 1941, ein Jahr vor der Premiere von Hartls Film in Salzburg, der Geburtsstadt des Komponisten, hatte Goebbels Mozart und seine Musik anläßlich der 150. Wiederkehr von Mozarts Todestag gewürdigt: »*Seine Musik klingt allabendlich über Heimat und Front. Sie gehört mit zu dem, was unsere Soldaten gegen den wilden Ansturm des östlichen Barbarentums verteidigen. Sie ist unser... Wenn auf irgendwen, dann paßt auf sein Werk das Wort, daß deutsch sein klar sein heiße... Wer weiß heute noch, daß beispielsweise die Melodie ›Üb immer Treu und Redlichkeit‹ von ihm stammt?*«

Hartl war, wie Froelich, ein Veteran der »Wien-Film«, die »Wen die Götter lieben« produzierte. Er war schon 1917 bei der »Sascha-Film GmbH« dabei. Nach drei Jahren in Berlin (1921-24) wurde er Cutter und kehrte dann nach Wien zurück, wo er sich als Spezialist für Untertitel einen Namen machte. Als Drehbuchautor arbeitete er außerdem an mehreren Filmen von Gustav Ucicky mit, in denen Willi Forst spielte. Seine Karriere als Regisseur begann 1931 in Berlin. Zusammen mit Luis Trenker drehte er »Berge in Flammen«. Nach zwei Filmen mit Hans Albers (»I.F. 1 antwortet nicht«, 1932, und »Gold«, 1934) machte er einige Kostümfilme (»So endete eine Liebe«, 1934, »Der Zigeunerbaron«, 1935, »Ritt in die Freiheit«, 1936). Zwei Jahre später wurde Hartl nach dem »Anschluß« Österreichs an Deutschland zum Chef der Nazifilmproduktion in Wien bestellt.

Das Drehbuch zu »Wen die Götter lieben«, das von Regisseur von Borsody stammt, läßt sich in vier Teile aufgliedern:

1. Mozart (Hans Holt) und seine Mutter verlassen Salzburg, um nach Paris zu fahren. »*Er hat recht, wegzufahren*«, meint einer seiner Landsleute, »*soll er hier vegetieren, während ihm die ganze Welt zujubelt?*« Dieser Abschied im Stile einer musikalischen Komödie ist theatralisch, redselig, aber sorgfältig gemacht, mit einer gewissen Leichtigkeit dargestellt und kaum langweilig. Der Musiker legt am Hof von Mannheim einen Aufenthalt ein und trifft bei dieser Gelegenheit Louise von Weber (Irene von Meyendorff). Er spielt den lockeren jungen Mann, den Charmeur, und schreibt für sie ein Lied. All' diese Szenen sind unterlegt mit Kompositionen Mozarts, die von den Wiener Philharmonikern dargeboten werden. Der kühle Empfang Mozarts in Paris, seine Rückkehr nach Salzburg und sein Aufbruch nach Wien werden sehr kurz resümiert.

2. Wien. Während der Prinz (Curd Jürgens) Kompositionen von Mozart spielt, macht Mozart, der von Louises Hochzeit erfahren hat, ihrer Schwester Konstanze den Hof. Das Libretto zur »Entführung aus dem Serail« gibt ihm die Idee ein, das Mädchen zu entführen. Am Abend der Opernpremiere überstürzen sich die Ereignisse: Mozart erfährt, daß er Vater geworden ist. Louise, die aus München angereist ist, singt die Rolle des Pagen. Konstanze vermag nicht, ihre Eifersucht zu verbergen.

3. Prag. Zusammen mit Louise singt Mozart vor seiner augenblicklichen Wohltäterin und deren Gästen unter freiem Himmel das Duett des Don Juan und der Zerlina. Der lange Kuß am Ende macht Konstanze klar, daß ihre Befürchtungen begründet sind. Noch am Abend der »Don Juan«-Premiere entschließt sie sich, nach Wien zurückzukehren. Herrliche Aufnahmen, mit Überblendungen aus der Opern-Aufführung, zeigen Mozart, der durch die Straßen Prags irrt, um Konstanze zu suchen. Konstanze ist nicht abgereist.

4. Nach Wien zurückgekehrt, empfängt Mozart einen merkwürdigen Besucher: der Mann mit den eindrucksvollen, scharfgeprägten Gesichtszügen, der in einen schwarzen Umhang gehüllt ist, kommt von einem mysteriösen Unbekannten, der ein Requiem bestellen möchte. Ist er der Tod? Mozart komponiert sein letztes Werk, das »Requiem«. Großaufnahme seines Gesichts, darüber Rückblenden: noch einmal erlebt er seine Jugend als Wunderkind, die Residenzen, an denen man ihm zujubelte: Schönbrunn, Versailles. Obgleich das bisweilen sehr sentimental und konventionell ist und die dramatischen Effekte aufgesetzt wirken (der Besuch des jungen Beethoven), ist dieses Ende sehr gut. Noch einmal spielt Mozart das Requiem. Einen Moment lang erinnert er sich an den Auftritt der Königin der Nacht in der »Zauberflöte«. Langsam erschlaffen seine Hände über der Partitur, während das Requiem gedämpft weiter erklingt. Im Dunkel des Raumes verteilt stehen schwarz gekleidete

Personen. Der Direktor des Theaters, in dem man Mozart gerade anläßlich der 50. Aufführung der »Zauberflöte« einen Triumph bereitet hat,
kommt hinzu. Er bringt einen der Blumenkränze mit, die auf die Bühne
geworfen wurden: dieser wird zum Totenkranz. Die ganze Szene ist von
beklemmender Düsternis und hat echte Größe. Auch wenn sie an die
Todesszene von »Friedemann Bach« erinnert. Unter Verwendung von
Mozart-Partituren hat Alois Melichar hier eine bemerkenswerte, technisch einwandfreie und geschickt eingesetzte Filmmusik geschrieben.
Unbestritten überzeugt diese Musikerbiographie durch ihre Seriosität
und musikalische Einfühlsamkeit. Angesichts dieser Qualitäten scheint
das Prädikat »staatspolitisch und künstlerisch besonders wertvoll« für
»Wen die Götter lieben« berechtigt.
Weitere Filme waren berühmten Komponisten gewidmet: »Abschieds-
walzer« von Geza von Bolvary (1934) mit Wolfgang Liebeneiner als Cho-
pin und der Musik von Alois Melichar (das Drehbuch stammte von Ernst
Marischka und wurde zehn Jahre später in den USA von Charles Vidor mit
Cornel Wilde und Merle Oberon unter dem Titel »Song to Remember« neu
verfilmt) und »Träumerei« von Harald Braun (1943) mit Hilde Krahl und
Mathias Wieman in den Rollen von Clara und Robert Schumann.

Die Rückkehr von Pabst
Seit der Machtübernahme durch Hitler lebte Georg Wilhelm Pabst in
Frankreich. Nach einem Aufenthalt in Hollywood (1934/35) und einer weiteren in Frankreich verbrachten Zeit, ging der Regisseur 1939 nach Österreich. Die Gründe für diesen Schritt blieben im Dunkel. Er kümmerte sich
um den Schnitt des Films »Feuertaufe« und drehte dann die Filme »Komödianten« (1941) und »Paracelsus« (1943), seine beiden einzigen Filme unter der Naziherrschaft.
»Komödianten« ist Caroline Neuber gewidmet, die um die Mitte des 18.
Jahrhunderts das deutsche Theater von der Schmiere weg auf ein Niveau
führte, das den Werken der großen deutschen Dichter der damaligen Zeit –
Lessing, Goethe, Schiller – angemessen war. Der Film erzählt die Geschichte der Neuber sehr linear und mit weniger nationalsozialistischer
Staffage als sie die regimetreuen Regisseure sonst einzusetzen gewohnt waren.
Auf dem Weg nach Leipzig liest eine fahrende Komödiantentruppe unter
der Leitung von Caroline Neuber (Käthe Dorsch) die junge Philine Schröder (Hilde Krahl) auf. Das Mädchen ist minderjährig. Auf Anraten von
Geheimrat Klupsch, einem Erzfeind der Neuber und Gönner des Possen-
reißers Müller, von dem sich die Neuber getrennt hat, erstattet Philines Vater Anzeige und läßt das Mädchen festnehmen. Die Theatertruppe, die so
die Gunst der Herzogin von Weissenfels (Henny Porten) verliert, reist auf
Einladung des Grafen von Kurland nach Sankt Petersburg weiter. Doch bei

ihrer Rückkehr nach Leipzig findet »die Neuberin« ihr Theater von Müller in Beschlag genommen. Der Rat verweigert ihr jegliches Ausweichquartier. Daraufhin spielt die Truppe unter freiem Himmel und sorgt so für eine Niederlage Müllers. Die Herzogin gewährt der Truppe wieder ihre Protektion, Philine entschließt sich endgültig, Schauspielerin zu werden. Lessing, der schon lange die Arbeit der Neuber schätzt, schickt an die Herzogin das später als die »erste moderne deutsche Tragödie« bezeichnete Theaterstück. »Emilia Galotti (1772). Caroline Neuber stirbt vereinsamt und erschöpft auf einer ihrer Wanderfahrten. Der Film endet mit der Gründung des »Deutschen Theaters« durch die Herzogin. Philine setzt die Arbeit ihrer Wohltäterin fort.

Diese Geschichte über Wander-Schauspieler, wie sie beiläufig schon in »Friedemann Bach« auftauchten, gibt Gelegenheit:

. zur Darstellung der Anfangsmisere des deutschen Theaters. Dabei wird auch an den Übersetzer, Theoretiker und Dramatiker Johann Christoph Gottsched erinnert, der sich bis zu seinem Tode im Jahre 1766 für eine deutsche Bühnendichtung eingesetzt hat. Es stimmt, daß Caroline Neuber seine Bemühungen unterstützte: »*Ein anständiges Theater will ich machen, gebessert und erschüttert werden sollen die Zuschauer!*« war ihre Devise, worauf Gottsched, Professor zu Leipzig ihr entgegenhielt: solange der Possenreißer die Bretter, die die Welt bedeuten, beherrsche, käme nur das niedere Publikum ins Theater. Klar, daß beide die Hanswursten gegen sich haben (»*Ihre Stimme erschallt in der Wüste!*« schleudert Müller seiner Prinzipalin entgegen) und dazuhin auch das Publikum, für das der Rat Klupsch feststellt: »*Ohne Hanswursten kein Publikum!*« Dies alles wird zu Anfang des Films abgehandelt. Daneben erinnert »Komödianten« wie »Friedrich Schiller«, an die Bedrängnisse, die Künstler in einem geteilten und rückständigen Deutschland auf sich zu nehmen hatten. Selbst die Herzogin, die zu diesem Zeitpunkt Caroline Neuber und ihre Truppe noch protegiert, macht aus ihrer Meinung keinen Hehl: »*Man heiratet keine Schauspielerin, man amüsiert sich höchstens mit ihr ... Edel ist man von Geburt!*« Caroline antwortet: »*Und Schauspieler ist man aus Berufung, das ist noch mehr! ...*«

. einen stilvollen Nationalismus zu exekutieren: »*Ich will*«, ruft die Neubert aus, »*daß das stumme Deutschland zu reden beginnt!*«

. eine Eloge auf persönlichen Mut und Ausdauer anzubringen. Maxime der Neuber: »*Das Unglück schmiedet den Menschen.*« Lessings Ansicht: »*Jeder muß seinen eigenen Weg suchen.*«

. eine dicke Satire auf russische Verhältnisse abzuliefern. Die karikaturenhafte Szene des Bacchanals am russischen Hof könnte leicht mit »Eine Orgie bei den Wilden« untertitelt sein. Alle Repräsentanten des Hofs, Männer wie Frauen, sind betrunken, von Gier besessen und werden von abergläubischen Halbidioten bedient. Die erste Einstellung auf einen stockbesoffenen, grotesk überzeichneten Adligen läßt eine gewisse Tendenz erkennen. Wie zu erwarten, wird Caroline von dem Adligen bedrängt, ihre Karriere aufzugeben. Sie sammelt ihre Leute um sich und begibt sich tugendhaft in die Heimat zurück. Damit stellt sie in jeder Hinsicht die ideale Verkörperung deutscher Wohlanständigkeit dar.

Der Film ist schlecht. Zum Teil deswegen, weil versucht wird, die Haupthandlung in geschwätzigen, ausladenden Nebenhandlungen zu entwickeln. Gottsched warnt Caroline, erschreckt über deren hohe Ziele: »*Das Theater ist nicht der Spiegel des Lebens! Das Leben ist schmutzig. Nur die Kunst ist rein!*« Philine, die eine leidenschaftliche Begegnung mit Lessings Freund, dem Leutnant Armin Perckhammer, hat, entscheidet sich, als sie zwischen der Liebe und ihrer Berufung wählen soll, für ihre Berufung. Der Film ist oft recht realitätsfern. Außerdem bewältigt Käthe Dorsch die Hauptrolle nicht. Sie besitzt nicht das Kaliber von Henny Porten in der Rolle der autoritären, tabakschnupfenden Herzogin.

Goebbels war mit dem Film insgesamt außerordentlich zufrieden. In seiner Rede vom 12. Oktober 1941 vor der Hitlerjugend zitierte er ihn anerkennend und führte aus: »*Damals stand das deutsche Theater vor derselben Entscheidung wie heute der Film; auch es mußte einmal den Sprung von der Schmiere zur Kunst wagen. Nur mit dem einen Unterschied gegen heute: damals ließ man die Pioniere einer wirklichen Theaterkunst verlacht oder vergessen auf den Landstraßen sterben; heute versehen wir die Pioniere einer wirklichen Filmkunst mit staatlichen Aufträgen und geben ihnen damit die Möglichkeit, unter größter wirtschaftlicher und geistiger Förderung der nationalen Führung ihre großen Pläne und hohen Ziele in die Wirklichkeit zu übertragen.*«

Doch den großen Pabst der Filme »Westfront 1918«, »Lulu«, »Die Dreigroschenoper« gab es nicht mehr. Dazu liefert der Film »Paracelsus«, der 1942 in Prag gedreht wurde, die traurige Bestätigung. Daran ändert auch die Tatsache nichts, daß er als »staatspolitisch und künstlerisch wertvoll« eingestuft wurde, wobei er mit Werner Krauß in der Hauptrolle, mit Mathias Wiemann, Fritz Rasp, Bernhard Goetzke und dem Tänzer Harald Kreutzberg eine hervorragende Besetzung hatte. Dieser dramatische Bericht nach dem Leben des berühmten Arztes Theophrastus Bombastus von Hohenheim, (genannt Paracelsus), der im 16. Jahrhundert lebte, besitzt ebensowenig Inspiration wie »Die Komödianten«. Er schildert, ähnlich wie »Robert Koch«, den Sieg eines Genies über die Scharlatanerie. Das Thema hatte Aktualität: im Jahr vor den Dreharbeiten zu dem Film erschienen in Deutschland fünf Bücher über Paracelsus, alle stark nationalistisch gefärbt. Der Film ist das Porträt eines Mannes, der seiner Zeit voraus war, er stellt einen Appell an Gemeinsinn und Selbstlosigkeit dar - beides war den Nazis teuer.

Der Film endet mit einem Blick auf eine Menge von Krüppeln und Kranken und mit den Worten: »*Die höchste Motivation der Medizin ist die Liebe.*« David Stewart Hull, der konstatiert, daß der Film »*außerordentlich geschwätzig*« und »*langweilig*« sei, schreibt in »Film Quarterly«, daß er dennoch die schönste Sequenz aller Tonfilme Pabsts enthalte, nämlich die, in der Fliegenbein (Harald Kreutzberg) den »*makabren und grotesken Tanz der Todesangst zur überirdischen Musik von Herbert Windt anführt.*« Nach Rosenberg war Paracelsus »*der große Sucher, auf der Schwelle zweier großer Epochen stehend, über beide hinausschauend mit der Sehnsucht nach einer Zeit, da nicht mehr Wort wider Wort, Altar wider Altar stehen, sondern dies alles eingefügt sein wird in die Urgesetze des Lebens...*«

DAS UNSTERBLICHE HERZ

Mit seinem Film »Das unsterbliche Herz« (1938), adaptierte Veit Harlan das Stück »Das Nürnbergisch Ei« seines Vaters Walter Harlan. Der Titel allein schon ist symbolisch. »Das unsterbliche Herz«, das ist nicht nur die erste Taschenuhr, das ist auch das unsterbliche Herz des fleißigen, genialen Deutschland. In der Galerie großer Männer hatte Peter Henlein, der Erfinder des »Nürnberger Eies«, seinen Platz. Eine romantisch verwickelte Handlung schmückt in diesem Film das von Mißerfolgen heimgesuchte, arbeitsreiche Leben des Erfinders aus. Er wird zu einer Art Musterbeispiel hochstilisiert, zum guten Ehemann und tadelsfreien Bürger. Historische Ungenauigkeiten nimmt man dabei in Kauf. Der Kartograph Beheim, der bereits 1507 verstarb, kann natürlich bei Henleins Tod im Jahre 1517 nicht anwesend gewesen sein. Dieser hinwiederum hat die Taschenuhr 1510 erfunden und nicht erst kurz vor seinem Tod. Um sein Lebenswerk durchzusetzen, muß sich Henlein im Film gegen seine Frau (Kristina Söderbaum) stellen, die ihn betrogen hat, eine alte, nicht ausgeheilte Schußverletzung macht ihm zu schaffen. Dazuhin muß er sich der Schikanen seiner Umgebung erwehren, da man ihn der Häresie beschuldigt. Dies alles hindert ihn nicht, seine Arbeit fortzusetzen, denn, so sagt er: »*Der Mensch, der sein Leben einer höheren Pflicht weiht, hat das Recht, dieser alles zu opfern, auch das, was er liebt.*«

Nürnberg ist mit seinen Kirchen, seinen Dächern und Türmen, seinen alten Bauten ständig präsent. Die große Beerdigungszeremonie am Schluß erinnert ein wenig an den Pomp der Nazi-Versammlungen. »*Es darf ein Erfinder*«, so hatte es Hitler in »Mein Kampf« zum Ausdruck gebracht, »*nicht nur groß erscheinen als Erfinder, sondern muß größer noch erscheinen als Volksgenosse. Die Bewunderung jeder großen Tat muß umgegossen werden in Stolz auf den glücklichen Vollbringer derselben als Angehörigen des eigenen Volkes*«.

Peter Henlein sollte alle jene Tugenden verkörpern, die man im Deutschland kurz vor Kriegsausbruch von jedermann erwartete. Als Idealist mit ansonsten beschränktem Gesichtsfeld hatte er sich für eine große Sache zu opfern und dabei sein eigenes Ich zu vergessen.

»Das unsterbliche Herz« ist ein unbedeutenderer, wenn auch nicht zu übergehender Film von Veit Harlan, der vor allem den Vorzug hat, jenes filmische Naziprodukt zu sein, das man »alltäglich« nennen könnte. Um 1939 geht es nicht mehr darum, die Massen zu indoktrinieren, indem man ihnen zeitgenössische Helden vor Augen stellt, sondern vielmehr darum, ihrem Patriotismus und ihren Vorstellungen vom Tausendjährigen Reich mit Bildern aus der Geschichte Nahrung zu geben. Trotz eines massiven Aufwands der Regie (Harlan hatte in der lokalen Presse einen Aufruf an die Nürnberger Bevölkerung veröffentlicht, an der Beerdigungsszene zahlreich teilzunehmen) und trotz Untermalung mit klassischer Musik hinterläßt der Film den Eindruck rein äußerlichen Gepränges ohne dramaturgische Effekte. Veit Harlan zeigt hier, wie in der Mehrzahl seiner Filme, mehr handwerkliche Fähigkeiten denn Inspiration.

Regieveteran Gerhard Lamprecht gab sein Debüt im Jahre 1923. Von ihm kennt man vor allem »Emil und die Detektive« (1931). Doch vorher drehte er bereits eine Reihe von Stummfilmen, die in Vergessenheit gerieten, wie »Der fünfte Stand« (1925), »Die Unehelichen« (1926), »Der Katzensteg« (1928) und einige historische Filme, die nicht weiter wichtig waren. Während des Dritten Reichs bemühte er sich um eine Art »filmische Kalligraphie«, die unter anderem zu den Filmen »Prinzessin Turandot« (1934, photographiert von Fritz Arno Wagner), »Barcarole« (1935, nach Motiven aus »Hoffmanns Erzählungen« von Jacques Offenbach), »Madame Bovary« (1937) und »Der Spieler« (1938) führt, der zwei Tage nach seiner Uraufführung verboten wurde. 1942 dreht Lamprecht, teils in Prag teils in den Berliner Ufa-Studios, mit Willy Birgel und Paul Wegener eine romanhafte Filmbiographie über den Ingenieur Rudolf Diesel. Der Film erhielt die Prädikate »staatspolitisch und künstlerisch wertvoll« und »volkstümlich«. Im gleichen Jahr dreht er unter dem Titel »Geheimakte WB I« nach einem Drehbuch des »Carl Peters«–Regisseurs Herbert Selpin einen Film über den deutschen Ingenieur Wilhelm Bauer, der im Jahre 1834 das Unterseeboot erfand. *Es gelingt Bauer, den Königlich Bayerischen Hof für seine Erfindung zu interessieren. Eine Vorführung von Unterwasserprojektilen im Chiemsee verläuft erfolgreich. Weitere Experimente werden von einem britischen Agenten sabotiert. Bauer nimmt eine Einladung des Großfürsten Konstantin an, seine Arbeit im russischen Hafen Kronstadt weiterzuführen. Indessen alles gut läuft, bricht in Deutschland der Krieg aus. Bauer und seine Mitarbeiter dürfen nicht in ihr Heimatland zurückkehren. Mit ihrem Unterseeboot durchbrechen sie die Hafensperre. Ihre Rückkehr markiert – laut Drehbuch – den Beginn einer neuen deutschen Seemacht. Während Unterseeboote des Dritten Reiches gezeigt werden, klingt der Film mit einer Reminiszenz an Wilhelm Bauer aus, der vor hundert Jahren den ersten Schritt ge-*

tan habe, um die Konstruktion solcher Boote zu ermöglichen« (nach Hull).

Obgleich Alexander Golling in der Hauptrolle gut ist und die Kamera von Franz Koch überzeugt, hat »Geheimakte WB I« etwas Uneinheitliches und wirkt bisweilen sogar ziemlich langweilig. Dieser militärische Propagandafilm hat neben seinem Spielfilmcharakter auch die Ambitionen eines Lehrfilms, weil Pläne und Modelle aus den Konstruktionsphasen der Unterseeboote mitverwandt wurden. Ballszenen am Hof, Aufnahmen des Stapellaufs am Chiemsee und einige Unterwasserbilder vermögen zu fesseln.

Mit »Geheimakte WB I«, »Der große König«, »Rembrandt«, »Die Entlassung«, »Diesel«, »Andreas Schlüter« und »Wen die Götter lieben«, insgesamt also sieben Filmen, erreicht die Serie der verklärenden Filme über Staatschefs, Künstler und Erfinder im Jahre 1942 ihren Höhepunkt. »Paracelsus«, »Träumerei«, »Der unendliche Weg« (mit Eugen Klöpfer, 1943), in welchem Film Hans Schweikart das Leben von Friedrich List, dem Mitinitiator des »Zollvereins«, aufzeigt, »Die Affäre Roedern« von Erich Waschneck (1944 mit Paul Hartmann) sollten noch folgen. Die Niederlage von Stalingrad (2. Februar 1943) hatte sich bereits ereignet. Was den Film von Schweikart anlangt, so führt Hull dazu aus: »*... List verläßt Deutschland und trägt seinen Teil zum Bau der nordamerikanischen Eisenbahnen bei. Lange Passagen spielen in Pennsylvania. Diesen sind – ihre geschichtliche Einordnung spielt dabei keine Rolle – Lieder wie* ›*The girl I left behind me*‹, ›*Yankee doodle*‹ *und* ›*The battle hymn of the Republic*‹ *unterlegt. Man ist versucht, anzunehmen, die Absicht des Filmes sei es gewesen, die deutsch-amerikanische Freundschaft zu manifestieren und die Notwendigkeit der Vernichtung Englands dem Betrachter vor Augen zu führen. Geradezu liebevoll,*« so fügt Hull hinzu, »*habe man Amerika auf die Leinwand gebracht.*« Und es dürfte stimmen, was er in seinem Buch weiter anmerkt, daß nämlich »*viele Nazis*« des Glaubens gewesen seien, daß eines Tages sich die USA den Deutschen anschlössen, um gegen die Sowjetunion Front zu machen.

Ein großer Teil der verfilmten Themen entsprach jedenfalls jener »*Intuition*«, von der Goebbels 1937 in seiner Rede vor der Reichsfilmkammer gesprochen hatte. Manchmal mißachtete man dabei historische Wahrheiten – siehe »Ohm Krüger«, »Carl Peters« und »Das unsterbliche Herz« – wichtig war nur, daß die geheiligten germanischen Tugenden beschworen wurden. Ob man die Helden je nach Bedürfnis größer machte, als sie es in Wirklichkeit waren, spielte keine Rolle.

Die Bewußtwerdung

Wir müssen heute mehr tun als die anderen, weil wir so viel versäumt und deshalb so viel nachzuholen haben. Es ist unsere nationale Pflicht, in höchster Disziplin den täglichen Aufgaben nachzugehen und nichts aufzuschieben, was für den Sieg notwendig ist. Unsere deutsche Einheit ist erst jüngeren Datums. Wir tragen noch die Narben der Wunden unserer ehemaligen parteipolitischen Zerrissenheit an uns; wir müssen behutsam und mit Eifersucht darüber wachen, daß sie auch nicht an einer einzigen Stelle wieder aufreißen und erneut zu bluten anfangen. Gleichgültig, welche Probleme der oder jener für lösungsreif oder lösungsbedürftig hält, es gibt augenblicklich für uns überhaupt nur ein kardinales Problem, und das heißt: siegen!
(Goebbels, 14. Dezember 1941)

Nur eines zählte, und das wurde immer wichtiger: man mußte dem deutschen Volk nicht nur seine nationale Größe zu Bewußtsein bringen, sondern es auch von der Notwendigkeit eines gerechten Krieges überzeugen. Dafür reichten die Beispiele großer Gestalten der Vergangenheit nicht aus. Der Krieg an sich mußte verherrlicht werden. Dabei bevorzugte der Nazifilm zwei Epochen: die Zeit der Befreiungskriege gegen Napoleon I., welche man als Erhebung gegen fremdländische und besonders welsche Tyrannei präsentierte, und, versteht sich, den Ersten Weltkrieg von 1914–18.

Tod den Franzosen!

Die Serie der Filme über die napoleonische Zeit hatte schon während der Weimarer Republik, exakt im Jahre 1926, ihren Anfang genommen. Sie knüpfte damit an eine literarische Vergangenheit, die deutsche Romantik, an: Zu Beginn des 19. Jahrhunderts setzten sich zahlreiche Schriftsteller und Wissenschaftler für die Erweckung eines deutschen Nationalbewußtseins ein. (Jahn, Fichte, Kleist, Lübeck, Schenkendorf, Arndt, Körner, Rückert u.a.). Die wichtigsten Titel der Filme, die sich an dieser Zeit inspirierten:

. »Die elf Schill'schen Offiziere«, Stummfilm, Regie Rudolf Meinert (1926), dem die Geschichte preußischer Offiziere, die 1811 in Wesel auf Befehl der Franzosen hingerichtet wurden, weil sie sich unter dem Kommandanten von Schill an einem Aufstand gegen die napoleonische Unterdrückung beteiligt hatten, zu Grunde liegt. 1932 drehte derselbe Regisseur mit Veit Harlan eine Neuverfilmung des Stoffs.

. »Die letzte Kompanie« (1930) von Kurt Bernhardt (er nannte sich später Curtis Bernhardt und drehte 1945 in Hollywood »Conflict« mit Humphrey Bogart), *»das Hohelied auf Patriotismus und militärische Pflichterfül-*

lung« (Jeanne und Ford), in dem Conrad Veidt die Hauptrolle spielte.

. »Luise, Königin von Preußen« (1931), Regie Carl Froelich mit Henny Porten und Gustav Gründgens. Höhepunkt dieses üppigen Historiengemäldes war die Begegnung der unglücklichen Königin mit Napoleon. Die Dialoge enthielten eine Reihe von Anspielungen auf den Versailler Vertrag und die verzweifelte Situation Deutschlands in den 30er Jahren.

. »Yorck« (1931), Regie Gustav Ucicky mit Werner Krauß, Gustav Gründgens und Veit Harlan. Ucicky, der, wie in »Das Flötenkonzert von Sanssouci«, das im Jahr zuvor gedreht wurde, auch hier an den Nationalstolz appelliert, erzählt mit diesem Film die Geschichte des preußischen Generals Yorck von Wartenburg, der am 30. Dezember 1812 in der Konvention von Tauroggen auf eigene Faust einen Beistandsvertrag mit den Russen unterzeichnete. Damit war der Vertrag Friedrich Wilhelms III. mit Napoleon gebrochen und das Signal zur Erhebung gegen die Franzosen gegeben.

. »Der schwarze Husar« (1932), eine Komödie von Gerhard Lamprecht mit Conrad Veidt.

. »Marschall Vorwärts« (1932) von Heinz Paul mit Paul Wegener.

. »Theodor Körner« (1932) von Carl Boese, einem erfahrenen Regisseur realistischer Filmdramen (»Der Mann ohne Namen«). Es ist zweifellos kein Zufall, wenn die Serie dieser Filme kurz vor Hitlers Machtergreifung immer mehr zunimmt: neun Filme dieser Art entstanden zwischen 1930 und 1932, allein fünf davon im Jahre 1932.

DER REBELL

Obgleich der Film »Der Rebell« schon 1932 gedreht wurde, hat er einen festen Platz in der Filmgeschichte des Dritten Reichs. Goebbels erwähnte ihn in seiner für den deutschen Film wichtigen Rede vom 28. März 1933 (»*Ein Film, der auch den Nichtnationalsozialisten umwerfen könnte«*). In Stil, filmischer Ästhetik und Atmosphäre wirkte er beispielgebend auf die Filme der kommenden Jahre.

Der Skifahrer, Schauspieler und Filmemacher Luis Trenker war als Mitarbeiter von Arnold Fanck (»Der heilige Berg«) und durch die eigene Produktion »Berge in Flammen« zum Spezialisten für Bergdramen geworden. Das beweist er auch in »Der Rebell«. Der Film besaß überdies politische Intentionen, über die kein Zweifel aufkommen kann. David Stewart Hull äußert sich zu Trenker wie folgt: »*Trenker ist ein kurioser Fall. Er spielte in nationalistischen Filmen mit und führte Regie, war aber kein Deutscher. Er war Südtiroler mit italienischem Paß. Als Double war er von Fanck bei einer von dessen Film-Expeditionen entdeckt worden. Er spielte bald im deutschen Film die Rolle, die John Wayne in Hollywood-Filmen hatte: die des Naturburschen, rauh, unkompliziert und anständig, stets bereit, einer in Not geratenen Filmheldin durch couragierten Einsatz aus der Patsche zu helfen. Er*

110

wurde nicht nur in Deutschland bekannt, sondern drehte auch einige Filme in den USA, die ebenfalls erfolgreich waren«.

Die Handlung des »Rebellen« spielt im Tirol des Jahres 1809, während Napoleon dabei ist, einen großen Teil Europas zu annektieren. Um Severin Anderlan, zu welcher Figur sich Trenker von Andreas Hofer inspirieren ließ, sammeln sich glühende Patrioten. Man will Napoleon Einhalt gebieten (*»Gegen Napoleon, für die Freiheit aller Deutschen«*).

Die Geschichte fängt an wie ein »Heimatfilm«: Wolken, die Berge, Wald im Gegenlicht, Hirten in ihrer Tracht, Schafe und Kühe, eine zarte Wiesenblumen-Idylle an einem Bergbach; dann wieder eindringliche Gegenlichtaufnahmen in Wald und Schnee, die von einer sentimentalen, gefühlsträchtigen Musik untermalt sind. Die Handlung zwischen Severin und Erika, der Tochter des Amtmannes Riederer, will einem weniger romantisch als konventionell erscheinen, daran sind sowohl die albernen Dialoge als auch das Spiel von Luis Trenker und Luise Ullrich schuld.

Dennoch hat der »Rebell« einige bravouröse Szenen, die an Abel Gance und an den epischen Western erinnern. Da gibt es eine Verfolgungsjagd im Hochgebirge, wobei Schüsse dem dumpfen Rhythmus der Marseillaise respondieren. Vermerkenswert ist auch die Sequenz, in der sich die Aufständischen gegen die zweite französische Armee wie die Teufel zur Wehr setzen, wobei sie Felsbrocken und Baumstämme schleudern und sie mit Sperrfeuer empfangen. Severin und zwei seiner Freunde fallen während des Kampfs in die Hand der Franzosen und werden hingerichtet. Während seine Feinde die Tiroler Fahne zerfetzen, erscheint Severin in der Überblendung als unsterblicher Heros, der unter den Klängen eines patriotischen Volksliedes zu den wolkenverhangenen Berggipfeln entrückt wird. Diese Art der Überblendung wird hier zum erstenmal gebracht und sollte von nun an immer wieder im Nazifilm als apotheotischer Ausklang Verwendung finden.

Diese Mischung aus Kolossal-Film, sentimentaler Verherrlichung der Berge, Nationalismen und Heroentum war sowohl stilistisch als auch thematisch ein Wegbereiter des Nazifilms. Es verwundert nicht, daß der Führer – er empfing Trenker in Berchtesgaden – den Film viermal gesehen hat und dabei – so der »Film-Kurier« vom 23. August 1933 –*»jedesmal neues Vergnügen«* empfand.

DER HÖHERE BEFEHL

»Der Rebell« sollte der Prototyp einer Filmreihe werden, der Filme zuzurechnen sind wie: »Der Judas von Tirol« oder »Der ewige Verrat«, von Franz Osten 1933 mit Fritz Rasp und Camilla Spira in den Hauptrollen zum Ruhme von Andreas Hofer gedreht; »Schwarzer Jäger Johanna« (1934), in dem Marianne Hoppe – in ihrer ersten Hauptrolle – neben Paul Hartmann und Gustaf Gründgens unter der Regie von Johannes Meyer eine preußi-

111

sche Patriotin darstellt, die gegen die napoleonischen Truppen zu Felde zieht;»Der höhere Befehl«(1935), Regie Gerhard Lamprecht;»Der Ritt in die Freiheit«, Regie Karl Hartl mit Willy Birgel;»Der Katzensteg« (1937) nach einem Roman von Hermann Sudermann, Regie Fritz Peter Buch, mit Brigitte Horney, Hannes Stelzer, Otto Wernicke und Rudolf Klein-Rogge (der 1922 und 1932 den Dr. Mabuse verkörpert hatte);»Der Feuerteufel«(1940) von Luis Trenker und »Kameraden«(1941) von Hans Schweikart (damals Produktionschef der Bavaria) mit Willy Birgel. Der wichtigste Film dieser Reihe ist »Kolberg« von Veit Harlan (1945), die letzte Produktion des Nazifilms. Auf ihn werden wir noch zurückkommen.

»Der höhere Befehl« wirkte wie eine Illustration der Hitler'schen Forderung, daß an erster Stelle stets das Vaterland zu stehen habe. Im Jahre 1806 erweist sich der Rittmeister von Droste im preußischen Perleberg nach dem Sieg Napoleons über Preußen als »*ein Mann wie von Eisen, äußerlich beherrscht, aber die Seele lodernd von Liebe zu seinem armen, geknechteten Vaterland.*«(»Illustrierter Film-Kurier«). Eines Abends hält eine staubbedeckte Kutsche vor dem Gasthaus »Zur Krone« in Perleberg. Ihr entsteigt ein Herr, dessen Namen Schmidt lautet und der sich als Weinreisender ausgibt. In seiner Begleitung befindet sich Mme. Martin, eine französische Schauspielerin (Lil Dagover), die er unterwegs mitgenommen hat. Schmidt ist in Wirklichkeit Lord Beckhurst, der außerordentliche Gesandte des Königs von England, der von Wien nach London unterwegs ist. Er reist in wichtiger Mission: »*Eines Tages wird das Bündnis zustande kommen,*« offenbart er sich Droste, »*Österreich, England, Preußen! Dann wird Europa frei sein!*« Zwei Kuriere wurden bereits abgefangen, ein Attentat auf Beckhurst versucht. Er braucht Beistand, um weiterzukommen. Droste ist sofort entschlossen, ihm zu helfen. Im Schutze der Dunkelheit wird er den Engländer unter Bedeckung zur Grenze bringen. Er weiß, daß dies Hochverrat ist, doch er gehorcht »*dem höheren Befehl*« seines Gewissens. Indes, vor der Abfahrt verschwindet der Fremde spurlos und mit ihm die Französin. Der Umhang des Lords wird, von Kugeln durchlöchert, im Wald gefunden. Die Französin, die man inzwischen aufgebracht hat, schweigt (steckt sie mit dem Advokaten Mennecke, einem französischen Spitzel, unter einer Decke?). Der zerfetzte Umhang stellt sich als Finte heraus, der Lord lebt, und nur Mennecke kennt den Ort, wo er versteckt gehalten wird. Der Engländer soll über die Elbe geschafft und den Franzosen übergeben werden. Im letzten Moment gelingt es Droste, sich des Wagens, mit dem der Gefangene weggebracht werden soll, zu bemächtigen. Seine Kürassiere befreien in einem Feuergefecht den englischen Geheimkurier. Bei diesem Gefecht kommt die Französin um, Mennecke wird gehängt. Für den Rittmeister gilt es, Abschied zu nehmen von der Heimat, da er von den Franzosen gesucht wird, und den »Kampf um die Freiheit« vorzubereiten, »*draußen in der Fremde, in England bei Gneisenau. Vorwärts für Preußen!*«

112

Zur Verherrlichung des Rebellen, der nur seinem patriotischen Gewissen folgt – bereits eine traditionelle Übung – (»Yorck«, »Der Rebell«) kommen hier einige originelle Elemente. England erscheint in »Der höhere Befehl« als ein loyaler Verbündeter. Damit entspricht der Film mehr politischen Interessen des Augenblicks als der historischen Wahrheit: 1935 war das Jahr des Marineabkommens mit Großbritannien. Aus denselben Gründen wurde die Allianz mit Rußland in dem von Preußen geführten Freiheitskrieg stillschweigend übergangen: Hitler stieß sich nämlich damals an dem zustandegekommenen französisch-sowjetischen Beistandspakt. Was Frankreich betrifft, so ist es außer durch den Spion, der den Verrat anzettelt, auch durch Mme. Martin repräsentiert, die von Lil Dagover sehr outriert gespielt wird und die Dialoge in einem grotesken französisch-deutschen Kauderwelsch zu sprechen hat: »*Sie ma petite?... Also, courage, mon enfant!*« Dieses hybride Filmwerk, das des öfteren von der Spionagegeschichte in Unterhaltungsszenen großen Zuschnitts ausweicht, mitunter einen Einschlag von Dorfkomödie hat und sich allzu sehr auf Situationseffekte oder sentimentale Töne verläßt, hat bisweilen allerdings auch eine Bewegung und Eleganz, die an Lubitschs' »Lustige Witwe« oder an Ophüls' »Liebelei« erinnern. Der Film wurde als »staatspolitisch und künstlerisch besonders wertvoll« eingestuft.

»Ritt in die Freiheit« behandelt den Freiheitskampf der Polen gegen das Zarenreich um 1830. Hartl erzählt darin das Schicksal eines polnischen Reiter-Offiziers in russischen Diensten, der sich zwischen dem Eid, der ihn an den Erbfeind bindet, und dem Vaterland, das ihn ruft, entscheiden muß. Selbst die Liebe zu einer Russin und die Aussichten auf eine blendende Karriere vermögen ihn nicht zurückzuhalten: unter Einsatz seines Lebens tritt er den »Ritt in die Freiheit« zu seinen Landsleuten an.

Man kann »Ritt in die Freiheit« mit dem Film »Schwarze Rosen« vergleichen, den Paul Martin 1935, das heißt ein Jahr früher, dem Kampf Finnlands gegen das zaristische Rußland gewidmet hat und in dem Lilian Harvey, Willy Birgel und Willy Fritsch mitwirkten. Auch »Die Warschauer Zitadelle«, Regie Fritz Peter Buch (1937), befaßte sich mit dem polnischen Freiheitskampf; 1930 war diese Vorlage schon einmal verfilmt worden. Werner Hinz und Paul Hartmann übernahmen in der Zweitverfilmung die Hauptrollen.

DER KATZENSTEG

»Der Katzensteg« wurde als »staatspolitisch und künstlerisch wertvoll« empfohlen. Die Handlung spielt im Jahre 1806. Preußen ist geschlagen, französische Truppen sind bereits einmarschiert. Ist da an Widerstand zu denken? Baron Schranden, dessen Rittergut an der polnischen Grenze liegt, bleibt, wie viele seinesgleichen, mit den Füßen auf der Erde: er hat sich auf die Seite Napoleons geschlagen. Als er französischen Soldaten das

Versteck eines versprengten preußischen Trupps verrät und dieser bis auf den letzten Mann aufgerieben wird, setzen die Bauern der Umgebung Feuer an seine Besitzung. Fortan wird er von der Bevölkerung gemieden. Sein Sohn verläßt ihn, um sich dem preußischen Freiheitskampf anzuschließen. Nur die treue Haushälterin Regine bleibt bei dem vereinsamten Rittergutbesitzer. Als dieser stirbt, verweigern ihm Pfarrer und Bauern ein christliches Begräbnis. Der Sohn Boleslav, inzwischen zum Leutnant avanciert, setzt die Beisetzung im Schutze der Bajonette seiner Soldaten durch. Doch diese wollen von diesem Zeitpunkt an nichts mehr von ihm wissen, und die Bauern übertragen ihren Haß auf ihn. Sie fassen den Entschluß, ihn auf dem »Katzensteg« zu überfallen und zu ermorden. Regine, die ihren Herrn warnen will, wird von den Bauern in der Dunkelheit für Boleslav gehalten und niedergeschlagen. Boleslav findet sie sterbend und begreift, daß sie das einzige Wesen war, das ihn jemals geliebt hat. Er kehrt in den Krieg zurück und fällt in der Schlacht von Ligny.

Wie in »Der Rebell« und in »Ritt in die Freiheit« wird auch in »Der Katzensteg« ein Unbekannter zum Helden gemacht. Mehr noch freilich als individuelles Heldentum glorifizieren alle drei Filme Treue, Ehre, Patriotismus und Nationalbewußtsein.

KAMERADEN

Auch der Film »Kameraden« spielt im Deutschland unter napoleonischer Besatzung. Kommandant von Wedell, der versucht, eine deutsche Armee zu rekrutieren, wird wegen Hochverrats zum Tode verurteilt. Todesmutig bis zum Ende, weigert er sich, die obligatorische schwarze Augenbinde anzunehmen, und läßt sich mit offenen Augen exekutieren. Personenzeichnung, Thematik und Absichten dieses Films sind die gleichen wie die der drei bereits beschriebenen Filme. Von Wedell, Grundbesitzer wie von Schranden, offenbart seinem Bruder die Leidenschaft, die ihn treibt: »Wir haben den Krieg verloren... Es gilt, eine große Arbeit zu vollbringen... Wir müssen eine neue Armee aufbauen!« Der ganze Film ist von Phrasen wie den folgenden durchsetzt: Ein Offizier: »Ich kenne die Preußen, sie sind eine stolze Nation!« Ein Geheimkurier des Kommandanten: »Entweder ich komme durch, oder ihr werdet nie wieder etwas von mir hören!« Der Kommandant zu seiner Frau: »Es gibt kein Glück ohne die Pflichterfüllung!« Beiläufig wird die Unmenschlichkeit der Franzosen herausgestrichen, beispielsweise, wenn die Kürassiere des Kaisers einem Bauern auf dem Felde das Pferd entreißen. Das Ende erinnert an »SA Mann Brand«, »Hitlerjunge Quex« und »Hans Westmar«: marschierende Truppen, in die Adler überblendet sind, Gegenschnitt auf das Brandenburger Tor vor einem Hintergrund drohender Wolken. Der Film, der in Prag gedreht wurde, ist insgesamt sehr akademisch, theatralisch und plappermäulig in seinen Dialogen. Er erhielt die Prädikate »künstlerisch und staatspolitisch wertvoll«,

»jugendwert« und »volksbildend«. Zu der Serie der Filme über Freiheits-
helden und die Freiheitskriege könnte man auch noch die freie Adaption
von Schillers »Wilhelm Tell« von Heinz Paul (1934, mit Emmy Sonne-
mann, der späteren Frau Görings), den Jeanne d'Arc-Film von Gustav
Ucicky, »Das Mädchen Johanna« (1935), und die deutsch-italienische
Co-Produktion »Condottieri« von Luis Trenker (1937), die den Volksauf-
stand gegen Cesare Borgia zum Inhalt hat, zählen.

Der »Große Krieg«

Ausgangspunkt von Hitlers »Mein Kampf«, der nationalsozialistischen
Ideologie und der Nazi-Bewegung war der Weltkrieg und die daraus resul-
tierende deutsche Niederlage, die am 28. Juni 1919 im Versailler Vertrag
besiegelt wurde: »*Mögen Jahrtausende vergehen, so wird man nie von Heldentum reden und sagen dürfen, ohne des deutschen Heeres des Weltkrieges
zu gedenken. Dann wird aus dem Schleier der Vergangenheit heraus die eiserne Front des grauen Stahlhelms sichtbar werden, nicht wankend und nicht
weichend, ein Mahnmal der Unsterblichkeit. Solange aber Deutsche leben,
werden sie bedenken, daß dies einst Söhne ihres Volkes waren*« (»Mein
Kampf«).
Die Stimmung im Volk gegen die Weimarer Republik wuchs. Man lastete
ihr an, den status quo zu akzeptieren, sich vor den Siegern zu erniedrigen
und sich jeglichen Ehrgefühls begeben zu haben: »*Es besteht also nachweislich eine systematisch durchgeführte politisch-weltanschauliche Arbeit, dem
deutschen Volk seinen Stolz auf die Verteidiger der Heimat von 1914 zu rauben, ihr Andenken zu schänden und den heißen Willen, Volk und Vaterland
zu schirmen, in den Schmutz zu ziehen*« (Rosenberg, »Mythus«).
Folgerichtig war die revanchelüsterne Rechte ab den zwanziger Jahren
nicht nur bestrebt, geschichtliche Persönlichkeiten wie Friedrich den II.
oder die Befreiungskriege in Filmen zu glorifizieren, sondern auch – und
dies vor allem – die Rolle, die die Deutschen im Ersten Weltkrieg spielten,
wobei es nicht ausblieb, daß die Sieger als Bösewichte denunziert wurden.
Von 1923 bis 1933 wurden rund 15 Filme zu diesem Thema gedreht:

. »Der Seekadett« von Carl Boese (1926);
. »Unsere Emden« von Louis Ralph (1926);
. »Die versunkene Flotte« (Untertitel: Die Schlacht am Skagerrak), von
   Manfred Noa (1926) nach dem Roman des Marine-Leutnants Helmut
   Lorenz (der auch als technischer Berater mitwirkte) mit Bernhard Goetz-
   ke und Heinrich George in den Hauptrollen;
. »Der Weltkrieg« von Leo Lasko. Ein Film, der weder auf die Marne-
   Schlacht noch den Stellungskrieg von Verdun eingeht, und der sich vor
   allem darum bemüht, die Schuldlosigkeit Deutschlands nachzuweisen
   und zu zeigen, daß es nicht besiegt, sondern verraten wurde. Der Vertrag

von Versailles wird als ein ketzerischer Akt gesehen. Dennoch gab man vor, der Film stelle »*historische Tatsachen mit unbestreitbarer Objektivität*« dar. Nach Kracauer enthielt der Film eine »*bedeutsame technische Neuerung:* ›*lebende Landkarten*‹, *die Schlachtenordnungen und Heeresbewegungen nach Art der Zeichentrickfilme darstellten;*«

. »U 9 Weddigen«, Regie Heinz Paul (1927), ein Film, bei dem der ehemalige Marineleutnant Hermann Rohne als Berater mitwirkte;

. »Die Welt ohne Waffen« oder »Abrüstung« von Gernot Bock-Stieber (1927) mit Margarethe Schön (der Kriemhild von Fritz Lang) und Paul Wegener, in dem Wochenschau-Ausschnitte benutzt und Luftkämpfe rekonstruiert wurden;

. »Zwei Welten«, eine engl.-deut. Coproduktion unter der Regie von E. A. Dupont (1930), dem Regisseur des berühmten Films »Varieté«;

. »Berge in Flammen«, eine deutsch-französische Coproduktion von Luis Trenker und Karl Hartl (1931), die eine Episode auf dem Hintergrund der Kämpfe zwischen Österreichern und Italienern in den Dolomiten bringt;

. »Die andere Seite« von Heinz Paul (1931) mit Conrad Veidt und Wolfgang Liebeneiner;

. »Douaumont«, Regie Heinz Paul, ein Film, an dem Formationen der Reichswehr und Veteranen von Douaumont teilnahmen (1931);

. »Die letzten Tage vor dem Weltbrand« (1931), eine reportagehafte Rekonstruktion. Regieveteran Richard Oswald zeichnete dafür verantwortlich. Mit Heinrich George und Eugen Klöpfer;

. »Kreuzer Emden«, Regie Louis Ralph (1932), ein Film, in dem der Regisseur Teile seines Filmes aus dem Jahre 1926 verwandte und in dem O. E. Hasse und Helmut Käutner spielten;

. »Tannenberg«, Regie Heinz Paul (1932), eine Rekonstruktion der Schlacht von Tannenberg mit Wolfgang Staudte.

Zu Beginn der dreißiger Jahre kann man eine Zunahme dieses Filmgenres feststellen: allein vier solcher Filme wurden 1931 gedreht. Bei zumindest zweien gibt es plötzlich eine ganz neue Tendenz: in »Westfront 1918« von Pabst (1930) und »Niemandsland« von Victor Trivas (1931). In ihnen hat der Krieg keinen Glanz mehr. Den Weltkriegsveteranen wird vor Augen geführt, was sie in Wirklichkeit waren: Kanonenfutter.

MORGENROT

»Morgenrot« sollte die erste Ufa-Produktion für das Nazikino werden. Die Premiere des Films fand am 31. Januar 1933, am Tag nach Hitlers Nominierung zum Reichskanzler in der Ruhr-Hauptstadt und Krupp-Residenz Essen statt. Zwei Tage später wurde der Film mit großem Reklameaufwand im Berliner »Ufa-Palast am Zoo« im Beisein von Hitler, Hugenberg und Vizekanzler von Papen aufgeführt. Am gleichen Tag hatte Hindenburg den Reichstag aufgelöst und den neuen Kanzler in einer leidenschaftlichen Rundfunkrede vorgestellt. Erstaunlich, daß Kracauer, der in seinem Urteil sonst so sicher ist, schlußfolgert: »*Daß Hitler ›Morgenrot‹ beim Morgengrauen seines eigenen Machtantritts sah, mag als ein seltsames Zusammentreffen erscheinen.*«

Die Ufa war 1917 mit Unterstützung der Schwerindustrie und Banken gegründet worden und befand sich seit 1927 in der Hand des Hitler-Wegbereiters Hugenberg. National-konservative Kreise konnten somit Einfluß auf die Produktion nehmen und wurden von ihr nicht enttäuscht.

»*Das schon oft siegreiche U-Boot ›U 21‹ unter Kapitänleutnant Liers ist von der Admiralität zu einem neuen Spezialauftrag ausersehen. Es soll hinter den feindlichen Linien einen englischen Kreuzer versenken, auf dem hohe Militärs der Entente zur Stärkung der russischen Verteidigungslinien nach Rußland gebracht werden. Beim Abschied des U-Boots aus Meerskirchen, der Heimatstadt von Liers und dem 2. Offizier Fredericks, genannt ›Fips‹, und des Funkers Jaul, gibt es viel Begeisterung, nur Liers Mutter hat Angst, auch ihren letzten Sohn noch im Feindkampf zu verlieren. ›Fips‹ umschwärmt Helga, die Tochter des Bürgermeisters, die aber Liers liebt, ohne daß dieser es weiß. Nach tagelangem Bemühen und Kreuzen hinter den feindlichen Linien macht der Funker den Kreuzer aus, und trotz der starken Bewachung der 3 Zerstörer gelingt es der Mannschaft, den Kreuzer mit zwei Torpedos zu versenken. Auf der Flucht muß man noch feindlichen Wasserbomben ausweichen. Nach vollbrachter Tat erinnert sich Liers an Helga und ihr verliebtes Gespräch, das er zunächst auf Fips bezogen hatte, jetzt aber ahnt er, daß die Worte ihm galten. Als er es freudig Fips erzählt, wird bei diesem ein Jugendtraum zerstört. Auf der Heimfahrt gerät U 21 in eine U-Bootfalle, die als Segler getarnt ist. Zu spät wird die Gefahr erkannt, und U 21 wird versenkt. 10 der 31 Besatzungsmitglieder sind in einem wasserdichten Raum eingeschlossen. Da bringt die Entdeckung von 8 Tauchrettern neue Rettungsmöglichkeiten. Da nun zwei sich für die Rettung der anderen opfern müssen, erschießen sich Fips und der Einzelgänger Petermann. Die Rettung der übrigen gelingt*« (»Illustrierter Film-Kurier«).

»Morgenrot« ist nicht die erste U-Bootgeschichte im deutschen Film. Schon 1927 kam der Film »U 9 Weddigen« heraus. Doch dieses Mal sparte man nicht an den Mitteln. Die Regie führte Gustav Ucicky (»Das Flötenkonzert von Sanssouci«, »Yorck«), die Dekors entwarf Walter Röhrig, einer der bedeutendsten Ausstatter der expressionistischen Epoche (»Das Kabinett des Doktor Caligari«, »Faust«), die Kamera führte mit Carl Hoffmann ein weiterer Veteran der »goldenen Zeit« des deutschen Films (»Die Nibelungen«, »Faust«), den Schnitt besorgte der frühere Kameramann Eduard von Borsody. Außerdem wirkte als technischer Berater des Films der Marineleutnant Fürbringer mit. Das Drehbuch war von Gerhard Menzel nach einem Roman des ehemaligen U-Boot-Kommandanten von

Spiegel geschrieben worden. Oertel berichtet: »*Die Ufa mußte,um einen Wehrmachtsfilm drehen zu können, im Jahre 1932/33 aus Deutschland hinausgehen, denn der Besitz von U-Booten war dem Reich noch verboten. Die Aufnahmen wurden daher zum Teil bei Helsingfors auf der Ostsee oder im Festungsgebiet der finnischen Hauptstadt gemacht... Die Aufnahmen waren nur möglich, weil die finnische Regierung sich bereit erklärt hatte, eines ihrer wenigen U-Boote zur Verfügung zu stellen.*«

Der »Völkische Beobachter« hatte nicht Unrecht: »Morgenrot« ist in der Tat ein Film über die heroische Seite des Kriegs, ein Film über den patriotischen Krieg, ein Epos auf die Waffenbrüderschaft bis in den Tod, die Beschwörung, der Opferbereitschaft. Die Dialoge sind bedeutungsschwer: So sagt beispielsweise Liers zu seiner Mutter: »*Was ist wichtig? Das Leben? Wir wissen's nicht. Das Unwichtigste halten wir für wichtig. Und das Wichtigste sehen wir gar nicht. Vielleicht ist der Tod das einzige Ereignis im Leben.*« Der Kommandant des U-Bootes erklärt seinen Leuten gegenüber: »*Wir Deutschen wissen vielleicht nicht, wie zu leben, aber wie zu sterben, das wissen wir.*« Der Erste Offizier, angesichts der Tatsache, daß seine Kameraden es ablehnen, sich mit den Tauchrettern zu retten, während er und der Kommandant sich opfern: »*Solche Menschen!... Ich könnte zehn Tode sterben für Deutschland, hundert!*« Am Ende ertönt das schicksalsträchtige Lied: »*Morgenrot, Morgenrot*
leuchtet mir zum frühen Tod...
Gestern noch auf stolzen Rossen...«

Das ist die moderne Version des germanischen Walhall-Mythos, diesem »*Paradies der Ehre und der Pflicht*«, wie Rosenberg es in seinem »Mythus des 20. Jahrhunderts« benannte – Rosenberg, der im übrigen auch der Verfasser eines Buches mit dem Titel »Blut und Ehre – Ein Kampf für deutsche Wiedergeburt« war (der Spruch »*Unser Blut ist unsere Ehre*« wurde in die HJ-Dolche eingraviert).

Noch eindeutiger und klarer als in den anderen Filmen über den Ersten Weltkrieg werden in »Morgenrot« die deutsche Armee, der unbesiegbare deutsche Soldat, der sich lediglich dem ungerechten Versailler Diktat beugen mußte, rehabilitiert. Kalbus zieht seinen Schluß aus der Geschichte des Films: »*Der Film ›Morgenrot‹ ehrt eine Waffe, der einstmals das Herz eines ganzen Volkes gehörte. Dieser Film ehrt die 6000 deutschen U-Boot-Leute, die aus 199 untergegangenen Booten nie zurückkehrten und auf dem Meeresboden heute noch und für ewig in ihren eisernen Särgen ausruhen... Ein Werk zur Erinnerung und Mahnung, zum Glauben und zur Wiedergeburt!*«

Mehr als das: eine kaum verhüllte Aufforderung zur Revanche. Zu vergangener Größe sollte zurückgefunden werden, um die Niederlage vergessen zu machen. Damit wurde das Anbrechen des »Tausendjährigen Reiches« vorbereitet, dessen Verwirklichung im Januar/Februar 1933 so nahegerückt schien.

In einigen Passagen ist der Film extrem anti-britisch und zeigt, wie der perfide Feind den tapferen deutschen Soldaten gemeine Fallen stellt. Dieser Tenor führte sogar zu einer Anfrage im Unterhaus. Man wollte eine Protestnote an die deutsche Regierung bewirken, weil man es als Kränkung der britischen Ehre empfand, daß das als Segler getarnte Kriegsschiff die Flagge des Vereinigten Königsreichs erst hißte, nachdem es bereits einen Schuß auf das deutsche U-Boot abgefeuert hatte.

Ein Resümee des Drehbuchs zeigt, daß »Morgenrot« ein sentimentaler Film ist. Elemente einer konstruierten Liebesstory wie die in dem Film enthaltene (U-Boot-Kommandant und sein Stellvertreter lieben dasselbe Mädchen) kann man in Produktionen des Nazi-Films nach dem 1. Februar 1933 mehrfach finden. Noch öfter taucht das Thema des Heimaturlaubs auf, das hier den Anfang und den Schluß des Films ausmacht. Sequenzen wie die, in der sich die Mutter des Kommandanten weigert, in den Jubel über die Heldentat ihres Sohns einzustimmen, mit der Begründung, daß auch die feindlichen Soldaten ihre Pflicht täten und man sich nicht freuen könne, solange irgendwo Menschen leiden müßten, sind in späteren Filmen nachgerade unmöglich. Leiser stellt fest: »*Die entsprechende Szene in einem NS-Film über den Weg dreier Kadetten der Handelsmarine, Bernd Hoffmanns ›Fahrt ins Leben‹ (1940), endet mit dem Monolog einer alten Frau über den Sinn des Sterbens und schließt solche Gefühle des Mitleids nicht ein.*«

Als »Morgenrot« im Jahre 1939 wiederaufgeführt wurde, war die fragliche Szene herausgeschnitten, weil sie möglicherweise »*falsches Mitleid*« (Blobner und Holba) hätte erwecken können. Die Sentimentalität einiger Szenen an Bord des sinkenden U-Boots findet ihre Entsprechung in der Filmmusik. Herbert Windt, der noch einer der wichtigsten Filmkomponisten des Regimes werden sollte, benutzte die Musik hier – möglicherweise zum erstenmal – in dieser Art der genauen Abstimmung auf die Handlung, um beim Zuschauer ein Maximum an Erschütterung zu erreichen: der melancholische Chor der Menge vor dem Haus des Kommandanten kontrastiert zu dem fröhlichen Gesang der Matrosen an Bord des U-Boots (»*Denn wir fahren gegen Engeland*«), welches Lied auch den letzten Bildern des Films unterlegt ist und eine Art Leitmotiv im Kino der Hitlerzeit werden sollte.

Während die Szenen auf hoher See technisch glänzend gemacht sind und geradezu »amerikanisch« wirken (zum Beispiel der Effekt, als der Zerstörer hinter dem getarnten Segler auftaucht), ist der Rest uneinheitlich. Die Szenen, in denen die Familien ohne Nachricht von dem U-Boot sind und die Frauen ihre Vermutungen untereinander austauschen, bleiben vordergründig platt. Der Regie gutzubringen ist der diskrete Expressionismus in der Schilderung des kleinen Hafenorts. Da haben sich Hoffmann und Röhrig Mühe gegeben. Während der Dämmerung versammelt sich eine große

119

Menschenmenge in der Stadt vor der Druckerei der Lokalzeitung. Gibt es Neuigkeiten vom U-Boot? Irgendjemand stürzt ins Innere des Hauses und taucht hinter dem Schaufenster wieder auf: nichts. Später, eine kurze dokumentarische Einblendung: Torpedos werden sorgfältig geputzt, ihre Mechanik überprüft, ehe sie in die Abschußrohre befördert werden.

»*Damit dieses Nationalgefühl von Anfang an echt sei und nicht bloß in hohlem Schein bestehe, muß schon in der Jugend ein eiserner Grundsatz in die noch bildungsfähigen Köpfe hineingehämmert werden: Wer sein Volk liebt, beweist es einzig durch die Opfer, die er für dieses zu bringen bereit ist*«, hatte Hitler in »Mein Kampf« postuliert. »Morgenrot« entsprach in seiner Mentalität diesen Vorstellungen.

Im Jahre 1934 montierte Louis Ralph aus dem Material seiner beiden früheren Filme über den Kreuzer »Emden« den Film »Heldentum und Todeskampf unserer Emden«. Diese dritte Filmversion über das Kriegsschiff wurde für »staatspolitisch wertvoll« und »volksbildend« erklärt und als einer *«der größten deutschen Filme über den Seekrieg«* angekündigt. Er zeigte deutsche Seeleute, die nach der Kriegserklärung versuchen, in ihre Heimat zurückzukehren, »*um Deutschland gegen seine zahlreichen Feinde zu verteidigen*«.

Um dem Zuschauer diese Teufelskerle noch näher zu bringen, scheute man sich nicht, immer wieder ehemalige Matrosen der »Emden« auftreten zu lassen: am Ende der Vorstellungen erzählten sie dem Kinopublikum ihre Erinnerungen.

STOSSTRUPP 1917

Die Schrecken des Kriegs fanden sich verzehntfacht in dem Film »Stoßtrupp 1917« wieder, der im gleichen Jahr von Hans Zöberlein und Ludwig Schmid-Wildy nach Zöberleins Buch »Der Glaube an Deutschland« gedreht wurde. Von diesem Buch hatte Hitler 1931 in München gesagt: »*Hier ist das Vermächtnis der Front niedergelegt... Kämpfe und Schlachten stehen in historischer Treue wieder auf... Gipfel und Abgründe stehen nebeneinander und immer die sturmfeste Treue der Kameradschaft dabei. Man hört das Herz der Front schlagen...*«

Der Streifen, der als »*der gewaltigste und aufrüttelndste deutsche Kriegsfilm*« angepriesen wurde, versuchte ebenfalls die deutsche Armee des Ersten Weltkriegs zu rehabilitieren. Er wurde unter Mitwirkung der Wehrmacht, der SA und mit ehemaligen Weltkriegskämpfern gedreht und als »*ein arischer Film! Das heißt: ein deutscher Film bis in die kleinste Einzelheit...*« etikettiert.

»Stoßtrupp 1917«, von der »Arya-Film GmbH«, München, produziert, begann mit den ersten Strophen des berühmten Uhland-Gedichts »Ich hatt' einen Kameraden«, das zu einem Marschlied geworden war und das hier ein Zug von Soldaten sang. Insgesamt gliedert sich der Film in drei Teile:

. Frühjahr 1917 in der Champagne: das Alltagsleben in den deutschen Gräben. Ständig wiederholte Angriffe, ein feindliches Flugzeug, das defaitistische Flugblätter abwirft (»*Deutsche: die ganze Welt steht gegen euch. Wollt ihr den Frieden, wollt ihr endlich wieder etwas zu essen?*«), der Sturm der ersten Angriffswelle, der Kampf gegen das Giftgas. Franzosen, die einen Deutschen gefangennehmen und ihn in einem unmöglichen Kauderwelsch zu vernehmen versuchen.

. Zur gleichen Zeit in Flandern: Die Franzosen sind entmutigt, während die Deutschen jederzeit bereit sind, den Kampf wieder aufzunehmen. Die wenigen Sätze, die man im Lärm der Granaten und Bomben versteht, lauten etwa so: »*Du bist hier für dein Vaterland, für deine Familie, für deine Kinder. Der Krieg ist hart, aber das ist der Beginn einer neuen Zeit.*«

. Cambrai, Ende November 1917: Entmutigung bei den Engländern, die im Schutz ihrer Panzerwagen angreifen. (»*Die auf der anderen Seite wollen keinen Frieden!*«). Hier wird der Film zur heroischen Legende. Die Deutschen sind die armen Opfer, die ständig gezwungen sind, sich gegen die bösen Franzosen und verabscheuungswürdigen Engländer zu verteidigen (wobei ganz übersehen wird, daß die Schlacht in Frankreich stattfindet). Im Unterschied zu ihren Feinden kennen sie jedoch keine Niedergeschlagenheit. Es ist Weihnachten. Man singt »*Stille Nacht, heilige Nacht*«. Ein neuer Angriff erfolgt. Wenig später bemüht man sich um einen sterbenden englischen Soldaten, zündet für ihn nochmals den Weihnachtsbaum an und spielt ihm Lieder auf der Harmonika. Als er tot ist, drückt man ihm die Augen zu. Der Schlußkommentar ist ein Appell an die Deutschen, sich diesen Film anzusehen, um sich ins Gedächtnis zurückzurufen, wie die deutsche Armee im »*größten Krieg aller Zeiten*« an allen Fronten ihren Mann gestanden habe. Der Novemberverrat des Jahres 1918 habe die Opfer eines Volkes preisgegeben, das für die Freiheit und Unabhängigkeit Deutschlands gekämpft habe.

Der Film hinterläßt einen merkwürdig zwiespältigen Eindruck. Eine simple Montage verschiedener dokumentarischer Szenen soll das Leben in der Armee verdeutlichen: das Aufstellen von Stacheldraht-Verhauen, das Ausheben eines Grabens, Kampfgeplänkel, Gefangennahme gegnerischer Soldaten, Gasangriffe, Bombardements, Verletzte, Tote, Beute (28 Gewehre), Kamerafahrt vorbei an Granattrichtern, in denen das Wasser steht. Kein Handlungsfaden, kaum Dialoge: der Ton besteht im Wesentlichen aus Gewehrschüssen, Maschinengewehrfeuer, dem Pfeifen und der Explosion von Bomben, aus gebrüllten und meist unverständlichen Befehlen. Ein weiteres Martyrium für den Zuschauer: der Schnitt bringt etwa alle fünf Sekunden einen Szenenwechsel. Und das bei einem Film, der insgesamt zwei Stunden dauert! Hier könnte man einwenden, genau dies reproduziere die Hölle, wie sie die Soldaten 1914-18 erlebt haben. Aber wollten die Autoren wirklich so weit gehen? Doch bleiben die menschlichen Aspekte, Angst und Grauen der Frontsoldaten, gerade auf dem Hintergrund des Fehlens einer Story, im Weglassen jeglichen anekdotischen Aufputzes, jeglicher dramatischen Bearbeitung, in der Konzessionslosigkeit und geradezu inhumanen Verknappung nur auf das Inferno des Krieges hin, nicht ohne Überzeugungskraft.

Als »staatspolitisch wertvoll« eingestuft, wurde »Stoßtrupp 1917« vom »Völkischen Beobachter« (unter der Überschrift »Unsterbliches Soldatentum« am 21. Februar 1934) in einer Art gewürdigt, die es wert ist, zitiert zu werden: »*Die nationalsozialistische Kriegsopferversorgung lud zur Uraufführung des deutschen Frontfilms »Stoßtrupp 1917« ein. Eine große Festgemeinschaft fand sich im Berliner Ufa-Palast am Zoo in einer Feierstunde, das Erleben des großen Krieges, das Erleben des Frontkameradentums, das erste Kapitel zur Geschichte des nationalsozialistischen Staates vor sich in schlichter Wahrheit und ernster Größe aufgeschlagen zu sehen. Lange Reihen SA-Absperrmauern, schwarze SS-Kolonnen, säumten die Straßen, in denen sich dichte Massen drängen, den Führer zu sehen, den unbekannten Soldaten des großen Krieges, den Führer des neuen Staates, der hier erwartet wird. Über das bunte Bild der leuchtenden Fahnen, über die Massen blickt ernst und weisend wie ein Symbol von hoher Wand ein ernster Kopf unter grauem Stahlhelm, das harte Gesicht der Front. Und alle, die hineinströmen in das große Haus, sie vergessen Spiel und Gegenwart, sie schauen in jedem Abschnitt immer wieder dieses Bild, dieses Angesicht, und sie dürfen ihm in die Augen schauen, ruhig und tief, denn die Gegenwart läßt dieses Opfer, diese Treue und diese Größe nicht umsonst sein... Wenn nämlich irgendwo ein Höchstmaß von Formungsvermögen und seelischer Erfassung eines Lebensvorgangs beansprucht wird, dann ist das der Fall bei dem schwierigsten Unternehmen, welches der Filmkunst als Aufgabe überhaupt gesetzt werden kann: Der Nachgestaltung des Fronterlebnisses und damit der Frontwirklichkeit... Hier in diesem Film sieht sich der unbekannte Frontsoldat selber, der wurzelechte, unkomplizierte Kämpfer für Deutschland, wie er war und sein wird, und hier empfindet er die Erinnerung an die Größe seiner Leistung, zu der er fähig war und stets gewesen ist, wenn er richtig geführt wurde... Deutschland muß sich diesen Film gut ansehen. Er ist der Lehrfilm vom Kriegserlebnis, den Spießern zur Beschämung, den Kriegsopfern zur Stärkung im Kampf um ihr Recht, der Jugend zum Vorbild.«*

Unter dem Titel »Im Trommelfeuer der Westfront« nimmt Charles Willy Kaiser das gleiche Thema in einer Montage von Wochenschaumaterial und einigen rekonstruierten Filmszenen wieder auf und widmet seinen Film dem Heldenmut des unbekannten Soldaten des Ersten Weltkrieges. Der Film erhält prompt die Prädikate »staatspolitisch wertvoll« und »volksbildend«.

1934 produzierte die Arya-Film (Drehbuchautor: Hans Zöberlein, Regisseure: Zöberlein und Schmidt-Wildy) den Film »Um das Menschenrecht«. Er ist in gewisser Hinsicht die Fortsetzung von »Stoßtrupp 1917« und dreier großer anti-kommunistischer Filme. Er schildert das Kriegsende und die danach folgende Kampftätigkeit der sogenannten »Freikorps« gegen linksgerichtete politische oder revolutionäre Bewegungen.

»In Deutschland ist Revolution! Die Front ist zerbrochen, mit ihr die Kompanie, das Bataillon, das Regiment, das Heer. Die Frontsoldaten gehen auseinander – heimatlos, erwerbslos, zum Teil haltlos. Auch die vier Frontkameraden dieses Films. Der Künstler jagt der Idee der Weltrevolution nach. Der zweite sieht seine Familie hungern und tritt in die Reihen des roten Proletariats. Der dritte geht unzufrieden auf seinen Bauernhof zurück. Der vierte, einst Student, wird Freikorpsmann. Alle vier werden am Vaterlande irre. Überall lauert der Kommunismus, um schwache Seelen einzuschläfern und dann einzufangen. In der Spanne des Nachkriegs ist keine Zeit zum Grübeln oder zum Studieren. Alles geht drunter und drüber. Jeder einzelne hat seine eigene Gesinnung: Reaktion, Liberalismus, Sozialismus, Bolschewismus, Rätediktatur, Parlamentarismus, Antisemitismus, Joberei, Hunger, Elend, Leid – das deutsche Golgatha, in dessen Dunkel der Bruder den Bruder totschlug und selbst in die treuesten Herzen Zweifel und Verwirrung gesät wurden. Bis sich plötzlich ein bestimmter Begriff formt: Frontsozialismus! Adolf Hitler! Nationalsozialismus! – Das zündet in den Reihen der Freikorpsmänner, die sich mit ihrem Blut zu einem felsenfesten Glauben an Deutschland verpflichtet fühlen. Diese Helden, keine Desperados, sondern Vorkämpfer, Wegbereiter, Patrioten, richten mit ihren Leibern das lebendige Bollwerk gegen den Bolschewismus auf« (Kalbus).

Wenn man der Werbung für den Film Glauben schenken will, dann stützt sich der Erfolg des Films, wie der seines Vorgängers, darauf, daß er mit außergewöhnlichen Mitteln gemacht wurde und auf »*Massenszenen von unglaublichen Dimensionen*«. Aber seine Intentionen waren selbstverständlich anderer Art. Indem der Streifen die Anfänge der politischen Spaltung in Deutschland schildert, glorifiziert er gleichzeitig (und wieder einmal) die Rolle der Kämpfer von 1914-18, von denen mancher die spätere Nazi-Herrschaft mitbegründen sollte. Ferner denunziert er die »rote Gefahr«.

Im Jahre 1934 zeigte man den Ersten Weltkrieg sogar aus der Perspektive der deutschen Kolonien. Der Film »Die Reiter von Deutschostafrika« (»volksbildend«) wurde der erste wichtige Film von Regisseur Herbert Selpin. Der Streifen schildert *»das Leben eines deutschen Pflanzers, der in der Hochzeitsnacht durch den Kriegsausbruch von der Seite seiner jungen Frau gerissen wird, sich mit einer Handvoll deutscher Reiter und Askaris tapfer mit den übermächtigen Gegnern schlägt, und – dem Verdursten nahe – durch den hingebenden Opfermut seiner Frau gerettet wird«* (Kalbus).

123

Der Film wurde 1939 wegen seiner pazifistischen Tendenz und 1945 von den Alliierten als »kriegshetzerisch« verboten...

Regisseur Werner Klingler drehte 1936 den Film »Standschütze Bruggler« über die Kämpfe zwischen Italienern und Österreichern im Jahre 1915 um die »geheiligte Erde Tyrols«. Der Ufa-Katalog von 1936/37 machte ihn als Film schmackhaft, in dem die Kampfhandlungen »*mit schonungsloser Realität*« gezeigt würden, was eine technische Meisterleistung darstelle, da die Aufnahmen ja im Gebirge gemacht werden mußten. Dabei kämen indessen auch die menschlichen Schicksale jener Väter und Söhne nicht zu kurz, denen es gelänge, ihr kleines Dorf mit seinen Frauen und Kindern zu retten, und dies unter schwerstem Feindbeschuß.

Der Film wurde als »staatspolitisch und künstlerisch wertvoll« und als »volksbildend« empfohlen.

Herbert Maisch, später Assistent bei dem Steinhoff-Film »Ohm Krüger«, der früher schon »Friedrich Schiller« und »Andreas Schlüter« gedreht hatte, machte 1937 mit »Menschen ohne Vaterland« seinen ersten wichtigen Film (Willy Fritsch und Willy Birgel spielten die Hauptrollen). Das Drehbuch, an dem Ernst von Salomon mitgeschrieben hatte, handelte von den Freikorps und vor allem von deren Aktivitäten im Baltikum. Wie in dem Film »Um das Menschenrecht« konzentriert sich die Handlung auf drei Personen, drei ehemalige Soldaten, die in diesem Falle an den Kämpfen um den litauischen Hafen Liepaia beteiligt sind: ein internationaler Geheimagent, ein Freikorps-Offizier und ein aus Rußland vertriebener Deutscher. Die beiden Deutschen, die eine tiefe Freundschaft verbindet, finden am Ende den rechten Weg für ihr Vaterland. Maisch hatte im gleichen Jahr weniger Glück mit seinem Film »Starke Herzen«, der ebenfalls von der Freikorpstätigkeit und den revolutionären Bewegungen des Jahres 1918 handelte: der Film wurde von der Zensur verboten.

Karl Ritter

Neben den Regisseuren Steinhoff und Harlan ist Karl Ritter der dritte unter den großen Filmemachern des Nazikinos. 1937 drehte er die Filme »Patrioten« und »Unternehmen Michael«. Ritter, der wie Maisch, ehemaliger Offizier war und sich später als Maler durchbrachte, kam 1925 zum Film. »Patrioten« spielt 1918 und handelt von einem deutschen Flieger (Mathias Wieman), der über einem französischen Dorf abgestürzt ist, seinem stillen Widerstand gegen die feindliche Umgebung und der Liebe eines Mädchens zu ihm.

»Patrioten« erhielt nicht nur das Prädikat »staatspolitisch und künstlerisch besonders wertvoll«, der Film wurde auch bei den Filmfestspielen von Venedig ausgezeichnet.

Mathias Wieman, einer der höchstbezahlten Darsteller des Nazifilms, spielt neben Heinrich George eine der Hauptrollen in dem Film »Unternehmen Michael« und arbeitete an dessen Drehbuch mit. Erzählt wird die Geschichte der deutschen Frühjahrsoffensive an der Westfront im Jahre 1918, in deren Verlauf ein kleines französisches Dorf eingenommen und in einen Trümmerhaufen verwandelt wird. »*Es wird nicht gefragt, ob diese Offensive sinnvoll war. Es wird verschwiegen, daß ihr Ziel, die Verhinderung einer Vereinigung der französischen und englischen Armeen, nicht erreicht wurde. Wer die deutsche Geschichte nicht kennt, muß sogar annehmen, Deutschland habe den ersten Weltkrieg gewonnen. Der kommandierende General ist eine Vatergestalt, deren Ähnlichkeit mit Hindenburg unverkennbar und doch nur angedeutet ist. Der Held des Dramas ist ein Generalstabsmajor, der seinen Posten im Hauptquartier mit der Führung des Sturmbataillons vertauscht und in der Schlacht getötet wird. Die Schlußworte des kommandierenden Generals sind an ihn gerichtet: ›Sie wissen es genau wie ich. Nicht nach der Größe unseres Sieges wird man uns einmal messen, sondern nach der Tiefe unseres Opfers.‹ Mit großem Respekt spricht der Major Zurlinden von der Verantwortung des Vorgesetzten (›Befehle geben, andere auf den Weg schicken...‹). Die Argumente gegen das ›Unternehmen Michael‹ werden in den Mund eines Rittmeisters gelegt, der, während der General eine Konferenz über die Planung der Offensive abhält, Klavier spielt und von einer Ordonnanz aufgefordert wird, mit dieser (in NS-Filmen meist, aber nicht immer eines richtigen Mannes unwürdigen) Beschäftigung aufzuhören: ›Die Herren haben zu arbeiten‹«* (Leiser).

Im Jahre 1937 wird auch der Film »Signal in der Nacht« von Richard Schneider-Edenkoben gedreht: die Geschichte einer Gruppe italienischer Widerstandskämpfer, die im Jahre 1915 in den Dolomiten auf den österreichischen Gegner trifft.

URLAUB AUF EHRENWORT

»Urlaub auf Ehrenwort« (1937) ist eine Antwort auf pazifistische Romane und Filme wie »Im Westen nichts Neues«. Seine Absichten sind unverkennbar: er will die hervorragende Kampfmoral der deutschen Truppen im Herbst 1918, deren absoluten Gehorsam und Unbeeinflußbarkeit durch defaitistische Parolen aufzeigen. Diese Demonstration ist geschickt gemacht, denn sie zielt auf alle Bevölkerungsschichten: auf Intellektuelle und auf Künstler ebenso wie auf die unteren Schichten.

Zwischen zwei Zuganschlüssen hat eine Kompanie in Berlin Aufenthalt. Der Leutnant entschließt sich, seinen Leuten sechs Stunden Urlaub zu geben. Die Berliner unter den Soldaten sollen so Gelegenheit bekommen, ihre Familien oder ihre Freunde zu besuchen. Aber setzt er damit die Soldaten nicht auch der Versuchung aus, zu desertieren? Der Leutnant nimmt das Risiko auf sich. Am Ende bleibt kein einziger weg. Die Moral: ohne den kommunistischen »Dolchstoß« wäre die deutsche Armee unerschütterlich gewesen. Selbst angesichts der Annehmlichkeiten der Heimat und trotz der

Indoktrination des Feindes im Inneren erfüllt sie ihre vaterländische Pflicht. Dies war genau die Meinung der deutschen Nationalisten – und vor allem der Nationalsozialisten jener Zeit. Ihrer Ansicht nach waren Juden und Marxisten die Alleinverantwortlichen für die Niederlage, während man der Armee selbst keinerlei Vorwurf machen konnte. 1918 gab es in der Tat keine Desertationswellen, wie ein Jahr zuvor in Rußland. Als der Krieg zu Ende war, organisierten sich zahlreiche Revanchisten in den Freikorps, um seperatistische oder revolutionäre Tendenzen zu bekämpfen, was freilich kein Freibrief dafür hätte sein dürfen, die Aktionen der Spartakisten zu verunglimpfen oder die schwierige wirtschaftliche und militärische Lage Deutschlands von damals einfach zu verschweigen.

Das Berlin, wie es gezeigt wird, – die meisten der Filme Ritters spielen ja in dieser Stadt – hat wenig mit dem Berlin der damaligen Zeit gemeinsam. Es ist keine Rede von der Hungersnot, die herrschte, keine Rede von der schweren Typhus-Epidemie, die dem Mangel an Nahrungsmitteln folgte.

»Urlaub auf Ehrenwort« arbeitet mit mehreren parallellaufenden Handlungen, in denen es einen oder mehrere Helden gibt, die »Urlaub auf Ehrenwort« haben. Dieses Verfahren erlaubt es den Drehbuchautoren und dem Regisseur, alle dramaturgischen Register zu ziehen. Zum größten Teil sind die handelnden Personen stark typisiert, wie dies in allen Filmen der Fall ist, die von einer Gruppe von Menschen handeln. Ein Straßenbahnfahrer (Fritz Kampers) sieht seine Tram, seine Frau und seine vielen Kinder wieder; die Nachbarn organisieren ihm zu Ehren ein kleines Fest, bei dem getrunken und gesungen wird. Der junge nichtsnutzige Friseur besinnt sich und hilft seiner Mutter, indem er an ihrer Stelle einem Kunden den Bart stutzt. Der geniale Komponist schafft es sogar, im Konservatorium sein an der Front komponiertes Werk zu dirigieren. Schwester Inge läßt sich von einer Freundin vertreten und träumt in den Armen ihres hübschen Leutnants von der Zukunft. Andere wiederum sind weniger glücklich. Hans muß begreifen, daß seine Freundin ihn vergessen hat und nun mit einem Bildhauer zusammenlebt. Diejenigen, die nicht aus Berlin stammen, besuchen den Zoo und das Militärmuseum. Der Jüngste der Urlauber lernt inzwischen das »Ariston Hotel Aurora«, sprich dessen freundliches Personal kennen. Ein Mädchen beklagt sich: »*Ich fühle mich so einsam! Männer sind rar! Nichts als Frauen!*« Eine attraktive Brünette nimmt nach der Vorführung eines spanischen Tanzes den unschuldigen Jungen mit auf ihr Zimmer. In diesen Momentaufnahmen ist Ritter dem großen Pabst der Stummfilme »Die freudlose Gasse« und »Lulu« mit ihrem brutalen Realismus ebenbürtig.

Der Intellektuelle (Carl Raddatz), der die Schlüsselfigur darstellt, läßt sich schließlich weder durch die Lektüre subversiver Zeitschriften wie, »Der Weltfrieden«, noch durch die Diskussion mit Ausländern von seiner Meinung abbringen. Die Sequenz der Diskussion im Café ist das genaue Gegenstück zu der entsprechenden Szene in Erich Maria Remarques »Im Westen nichts Neues«, dem Autor, der dem Regime verhaßt war. Hartmann räsoniert:» *Was sehe ich? Idioten! Was höre ich? Geschwätz!*« Die tapferen Soldaten sind rechtzeitig wieder am Bahnhof, um einer ungerechten Niederlage entgegenzufahren. Zusammen singen sie »*In der Heimat...*«. Hartmann äußert ironisch: »*Dieses verdammte Pflichtgefühl!*«

Abgesehen von dem spekulativen Thema ist »Urlaub auf Ehrenwort« technisch und künstlerisch gesehen ein ausgezeichneter Film. Er ist gut gemacht, abwechslungsreich, keinen Augenblick langweilig. Noch stärker als in »Pour le Mérite« erweist sich hier Karl Ritter als ein perfekter Regisseur des realistischen Films. Sehr inspirierend die Kneipenszene mit den leichten Mädchen und die Bordellsequenzen mit den käuflichen Damen in duftigen Negligés. Schade, daß Ritter später dergleichen nie mehr gedreht hat. 1955 sollte dann Wolfgang Liebeneiner in einem Remake von »Urlaub auf Ehrenwort« Regie führen, dessen Handlung in den Zweiten Weltkrieg verlegt wurde.

POUR LE MÉRITE

»Pour le Mérite« (1938) schrieb Karl Ritter zusammen mit Fred Hildenbrand. Der Film hatte eine ausgezeichnete Besetzung (102 Schauspieler, unter ihnen Paul Hartmann, Fritz Kampers, Paul Dahlke, Friedrich Gnaß und Wolfgang Staudte) und wurde mit den Prädikaten »staatspolitisch und künstlerisch besonders wertvoll« und »jugendwert« ausgezeichnet. 1939 veranstaltete der Reichserziehungsminister in den deutschen Schulen einen Wettbewerb zu dem Thema » *Warum ist der Film ›Pour le Mérite‹ von Karl Ritter wichtig für die deutsche Jugend?*« Das Filmprogramm führt ihn mit den folgenden Worten ein: »*Das Machtwort des Führers, des tapferen, treuen Kämpfers aus dem Weltkriege, hat die ruhmreiche deutsche Wehrmacht wieder aus dem Boden gestampft, zu Lande, zu Wasser und – in der Luft. Wieder donnert ein Geschwader Richthofen dahin über deutschen Landen. Der Geist der toten Helden ist wieder lebendig geworden.*«

Dieser interessante Aufriß über die Ursprünge des Nationalsozialismus ist in erster Linie ein Loblied auf die Jagdflieger des Ersten Weltkrieges, deren repräsentativste Figur der 1918 gefallene Freiherr von Richthofen war. Er gab das Vorbild für die Hauptperson Prank ab, die von Paul Hartmann gespielt wurde.

Die ersten beiden Sequenzen zeigen den jungen Offizier inmitten spöttelnder altgedienter Soldaten, die noch in der »Belle Epoque« ihren Dienst begonnen haben, auf einer Caféhaus-Terrasse. Da empfängt er eine telegraphische Mitteilung, daß ihm vom Kaiser der »blaue Max«, der Orden »Pour le Mérite«, eine der höchsten Auszeichnungen in der preußischen Armee, verliehen worden ist (im Jahre 1740 von Friedrich II. gestiftet). Ein kleiner dokumentarischer Teil über die heroischen Zeiten der Fliegerei (man sieht, wie ein Dreidecker drei französische Ballonfahrzeuge zerstört) leitet zu den Tagen des Kriegsbeginns über, den die jungen Piloten enthusiastisch und voller Freude willkommen heißen. Unter anderem gibt es da vorzügliche Aufnahmen von einem Luftkampf. Die deutsche Überlegenheit ist sofort klar: der Gegner hat eine Rekordzahl von zerstörten Flugzeugen aufzuweisen. Nach kurzer Zeit feiern die Piloten ihren 500. Luftsieg. Doch der Triumph weicht der Ratlosigkeit: bald erweisen sich die deutschen Flugzeuge im Material den gegnerischen unterlegen, die gepanzert und deren Tanks feuersicher sind. Die Disziplin gerät ins Wanken. Dieser ganze Teil über das Kriegsende ist konfus und wenig interessant. Der Waffenstillstand erfolgt. Major Prank verweigert in einem Akt von großartigem, aber sinnlosem Heroismus die Befehle und bringt seine Männer nach Darmstadt zurück. Kaum auf Heimatboden gelandet, stecken sie ihre Flugzeuge in Brand. Die Ehre ist gerettet. Am Rande der Weimarer Republik lebend, arbeiten die Kriegshelden ohne Unterlaß an der Verwirklichung ihrer revanchistischen Idee. Fabriken entstehen (zum Teil mit Staatsgeldern). Der Erfolg bleibt nicht aus: bei einer zufälligen Begegnung zwischen einem ehemaligen Offizier und einem Piloten aus dessen Staffel fällt dem Piloten etwas herunter: das Parteiabzeichen der Nazis. Da schlägt der Offizier das Revers seines Jacketts zurück: auch er trägt das Abzeichen... Sie haben alle ein gemeinsames Ziel: wieder zu fliegen. Dabei genießen sie allerhöchste Unterstützung. Ministerialdirigent Kofl, selbst ein ehemaliger Flieger, sagt: »*Ich bedaure, Ihnen sagen zu müssen, daß ich nichts für Sie tun kann – offiziell. Inoffiziell können Sie mit mir rechnen – Tag und Nacht, zu jeder Stunde, zu jeder Minute!*« Und Prank konstatiert: »*Die Dinge machen sich! Die Jungen folgen uns bereits!*«

Zur gleichen Zeit versumpft die Weimarer Republik. Man vergnügt sich in Luxuskabaretts und zur Musik schwarzer Bands (siehe auch »Hans Westmar«)... In ihren Ausbildungsstätten für Flieger, die als Schulen für Segelflug getarnt sind, besitzen die Nazis bald ihr erstes Motorflugzeug. Zunächst trägt es noch den Namen eines Segelflugzeugs (»Häschen«), doch dann bekommt es das Hakenkreuz aufgemalt. Eine Kommission der Alliierten, die hinter der Segelflugschule eine verbotene militärische Ausbildungsstätte vermutet, versucht »Häschen« zu beschlagnahmen. Es wird mit Maschinenpistolen verteidigt und schließlich zerstört. Die Schießerei fordert zwei Tote. In dem folgenden Prozeß legt Prank seine Karten auf den Tisch: »*Ich habe mit diesem Staat gar nichts zu schaffen, denn ich hasse die Demokratie wie die Pest. Was immer Sie tun mögen, ich werde sie schädigen und stören, wo ich nur kann. Wir müssen wieder ein Deutschland auf die Beine stellen, das den Vorstellungen eines Frontsoldaten entspricht. Dabei mitzuhelfen, halte ich für meine Lebensaufgabe. Ich werde das auf Soldatenweise lösen... Die schönsten Jahre sind uns genommen worden, meinen Kameraden und mir, aber sie können uns nicht unser Ideal rauben.*«

Nach Prozeßende flieht Prank zu einem Fliegerkameraden und findet dort die alte Maschine wieder, mit der er einst seine Einsätze flog. Die Nazi-Flieger beginnen sich zu formieren. Zuerst bauen sie Flugzeugrümpfe, dann setzen sie Motoren ein. »*Wir wissen genau, was wir wollen*«, erklärt ein Ex-Offizier, »*wir arbeiten nicht für heute, wir arbeiten für die Zukunft.*« Dieser Ansicht ist auch Kofl: »*Ich diene einer Regierung, von der ich weiß, daß sie Deutschland zugrunde richtet. Aber sie wird es nicht können.* »Das Wunder«, von dem Prank gesprochen hatte (»*Einmal muß ein Wunder geschehen! Wenn ich an dieses Wunder nicht glauben würde, säße ich nicht hier. Außerdem sind wir nicht allein. Es gibt nämlich noch einige andere, bessere Männer als wir, die an dieses Wunder glauben und für seine Verwirklichung kämpfen*«) tritt ein.

Am 16. Mai 1935 wird in Deutschland die allgemeine Wehrpflicht wieder eingeführt. Goebbels verliest den Gesetzestext. Die Luftwaffe wird gegründet. Kofl wird zu ihrem Chef ernannt: »*Männer wie Prank*«, erklärt er, »*sind die Pfeiler der neuen deutschen Luftwaffe.*« Die erste Staffel nimmt den Flugbetrieb auf. Der Enthusiasmus aus dem Ersten Weltkrieg lebt wieder auf. Nach mehreren Jahren im Exil kehrt Prank nach Deutschland zurück. Die letzte Sequenz zeigt eine Militärparade: Prank wird zum Oberst befördert, die ersten Stukas steigen auf, in Großaufnahme erscheint der Orden »Pour le Mérite«.

Diese ausgebreitete Geschichte (der Film dauert zwei Stunden) zum Ruhme der deutschen Jagdflieger ist uneinheitlich. Wie bei einer großen Zahl von Nazifilmen sind auch hier die Dialoge das Wichtigste. Ein Jahr vor Ausbruch des Zweiten Weltkrieges war es eben nötig, dem deutschen Publikum vor Augen zu führen, aus welchem Holz Deutschlands Flieger geschnitzt waren. Ritter hat sich mit Elan in das Unternehmen gestürzt, wobei er die pompösen Worte nicht vergaß. Die Szenen jedoch, in denen die Weimarer Republik gebrandmarkt werden soll, sind recht gelungen; die Luftaufnahmen haben Tempo.

Ein weiterer Film über die Pioniere der Luftwaffe während der Zeit von 1914–18 ist »DIII 88« von Herbert Maisch (1939), der als »staatspolitisch besonders wertvoll« und »jugendwert« eingestuft wurde. Wie »Pour le Mérite« geht es dem Film darum, zu zeigen, daß ohne Frontkameradschaft und Geist der Jagdflieger von damals die Nazi-Fliegerei nicht existieren würde: »*Persönliche Differenzen gibt es überall, aber im Dienst gibt es nur den Einsatz der ganzen Person. Reibungslose Zusammenarbeit, bedingungslose Hingabe. Nur so kann unsere Waffe zu einem Instrument werden, auf das sich unser Führer im Ernstfall bedingungslos verlassen kann.*«

... REITET FÜR DEUTSCHLAND

Bis zum Jahre 1941 hatte Arthur Maria Rabenalt lediglich harmlose Komödien oder Filme aus dem Zirkusmilieu gedreht. »...reitet für Deutschland« indessen war ein politischer Film, wie immer Rabenalt dies später

auch sehen mochte: »*Es ist oft die ungewollte, unbeabsichtigte Resonanz eines Filmes, die ihn politisch werden läßt. Der einzig von einfachen patriotischen Empfindungen getragene Sportfilm um einen Turnierreiter, der ohne
politische Absicht hergestellt worden war, wurde erst durch seinen Erfolg sowohl im neutralen und im besetzten Ausland wie im Inland zu einem Politi-
kum. Die Folge war, daß der Film ›... reitet für Deutschland‹ nachträglich
das Prädikat ›staatspolitisch wertvoll‹ erhielt, nach dem Zusammenbruch zu
den berüchtigsten Nazifilmen der schwarzen Liste gezählt wurde und dem
Regisseur und seinen Hauptdarstellern zu einem fast zweijährigen Berufsverbot – diesmal von den Amerikanern – verhalf (während das mitspielende
Pferd Harro von den Russen deportiert wurde). Als die emotionelle Stau-
druckwelle verebbt war, wurde der Film völlig harmlos und unpolitisch befunden, als einer der ersten von der alliierten Verbotsliste gestrichen und mit
Erfolg zum dritten Male wiederaufgeführt.*«

Vordergründig handelt es sich um die Geschichte des Pferdes Harro und
seines mutigen, glänzend aussehenden Reiters Rittmeister Freiherr von
Langen (Willy Birgel). In den Wirren der Nachkriegszeit voneinander getrennt, findet Langen sein Pferd wieder und reitet nun zum höheren Ruhme
Deutschlands. Gelegentlich zeigt der Film schöne Szenen aus dem Reiter-
leben und ein spannendes Reitturnier. Bereits die ersten Bilder sind in der
Ästhetik der Nazifilme gehalten: ein Reiter überquert eine trostlose, stel-
lenweise schneebedeckte Landschaft, während am Himmel drohend dunkle
Wolken hängen...

Daß »... reitet für Deutschland« in erster Linie ein patriotischer Film ist,
darauf macht schon der Vorspann aufmerksam, eine Widmung für den
Rittmeister Freiherr von Langen, der nach »*tiefer Schmach*« die »*Ehre
Deutschlands*« wieder hergestellt habe.

Baron Carl Friedrich von Langen hatte in der Tat sein Leben dem Pferde-
sport gewidmet und kurz nach dem Ersten Weltkrieg, vor allem in Rom,
Genf und Budapest, die deutschen Farben erfolgreich vertreten. Auf seinem Pferd, das in Wirklichkeit »Hanko« hieß und mit dem sein Vorbesitzer
während des Krieges in Polen und Frankreich gewesen war, hatte er 23
Siege errungen. Die Nazis verliehen ihm dafür – so Riess – »*alle möglichen
Parteititel*«. Als er im November 1918 von den Polen verwundet worden
war, gab man ihm eine Chance von eins zu tausend, daß er jemals wieder in
der Lage sein würde, ein Pferd zu besteigen. Auf die Gefahr hin, sein Leiden
zu verschlimmern, wagte er es dennoch und schaffte es.

Für den Helden des Films ist der Parcours das Schlachtfeld, auf dem er
seinen Kampf für Deutschland weiterkämpft *(»Ich weiß, was ich will, was
ich tue und was ich tun muß«).* Als die Stunde seines Triumphes kommt, die
deutsche Nationalhymne gespielt wird und die Menge sich erhebt, kann der
Tapfere seine Tränen nicht zurückhalten. »*Unbeweglich, wie ein ehernes
Standbild deutscher Kraft und Größe, stehen Roß und Reiter vor diesem in-*

ternationalen Forum«, so schildert die Werbebroschüre von »...reitet für Deutschland« die Szene. An Roß und Reiter werden die Leiden Deutschlands exemplifiziert: der edle Recke wird 1918 an der Ostfront verwundet, das Pferd rettet ihn, wird jedoch von ihm getrennt. Es folgen dunkle Zeiten. Nur schwer erholt sich der Rittmeister von seiner Verwundung, verliert jedoch dabei die Hoffnung nicht. Das Pferd wird zum simplen Zuggaul degradiert und vor einen Möbelwagen gespannt. Aber da geschieht das Wunder: eines Tages geht sein früherer Herr vorüber; Herr und Pferd haben sich wiedergefunden und dies zu einer triumphalen Musik, die anzeigt, daß bessere Tage bevorstehen.

Zwei Szenen machen die Intentionen der Produktion besonders deutlich. Ein Jude mit lächerlichem Akzent und groteskem Gehaben verkauft das Vollblut-Pferd an einen Russen. Das denunziert ganz beiläufig die immer wieder angeprangerte Zusammenarbeit zwischen dem »Judentum« und den verschworenen Feinden Deutschlands, hier den Kommunisten. Zudem verabreicht der Held einem Exponenten der Weimarer Republik eine solche Ohrfeige, daß dieser hintenüber in einen Sessel stürzt. Wie schon in »Pour le Mérite« werden die zwanziger Jahre als eine Zeit des moralischen und politischen Verfalls in einer Kabarettszene lächerlich gemacht, in der sich Tänzer zu den Klängen einer farbigen Jazzband verrenken. Kontrapunktisch dazu steht das große Reitturnier, das den Triumph eines regenerierten Deutschland bedeutet...

Von Kapitänleutnant Liers bis zum Rittmeister der Kavallerie von Langen bietet der Nazi-Film eine ansehnliche Galerie von zeitgenössischen Heroen, wobei die Kriegstaten – nach Rosenberg – (»Mythus«) *»die Opfer einer wertelos gewordenen Epoche«* waren, *»zugleich aber ... die Märtyrer eines neuen Tages, eines neuen Glaubens.«*

Aber es genügte nicht, den Deutschen ein Bewußtsein der Vergangenheit zu vermitteln. Man mußte, und dies geradewegs, in die Gegenwart eintreten. Auch in ihr gab es erbauliche Vorbilder, exemplarische Charaktere. Dem Militär – einer Idealfigur par excellence – sollte der Zivilist folgen.

Die Deutschen daheim und im Ausland

So hat der völkische Staat in seiner Erziehungsarbeit neben der körperlichen gerade auf die charakterliche Ausbildung höchsten Wert zu legen (»Mein Kampf«)

Jeder grundlegende Regimewechsel hat auch eine Wandlung des Menschen zum Ziel. Mit der Oktoberrevolution kam der Begriff des *»sozialistischen Menschen«* auf. Der Nationalsozialismus wollte den Tatmenschen, durchdrungen vom germanischen Mythos und von völkischen Prinzipien, der die Zukunft des Regimes, des Landes und der Rasse verbürgen sollte. Diejenigen Filme, die dieses Ideal zum Mittelpunkt hatten, erfüllten einen doppelten Zweck: einmal zeigten sie den Bürgern, was der Staat von ihnen erwartete; zum anderen stärkten sie die soldatische Moral, indem sie indoktrinierten, der Soldat verteidige humanitäre Werte und sei in diesem Kampf eins mit dem ganzen Volk. 1937, auf halbem Weg zwischen Machtergreifung und Kriegsausbruch, entstanden drei hierfür beispielhafte Filme.

DER HERRSCHER
Nicht zufällig trägt eines dieser exemplarischen Porträts den Titel »Der Herrscher«. Die Hauptrolle spielte Emil Jannings. Man ist heute geneigt, ausschließlich die Handschrift Veit Harlans in dem Film zu erkennen, doch Jannings hatte entscheidenden Anteil daran. Außerdem weist der Vorspann drei weitere Mitarbeiter aus, nämlich Thea von Harbou, die am Drehbuch mitarbeitete, und die beiden Schauspieler Rudolf Klein-Rogge und Theodor Loos (der Gunther aus den »Nibelungen« und der Kommisar Grober aus »M«). Der Film war Jannings erster großer Erfolg und machte ihn zum offiziellen Filmschaffenden des Regimes. Für das Publikum zählte auch der Name Gerhart Hauptmann, dessen Schauspiel »Vor Sonnenuntergang«, das im Jahre 1932 mit Werner Krauß in der Hauptrolle und in der Regie von Max Reinhardt uraufgeführt wurde, dem Film zugrunde lag. (Drei Jahre zuvor hatte Thea von Harbou schon Hauptmanns »Hanneles Himmelfahrt« für den Film bearbeitet).
»Der Herrscher«, das ist Matthias Clausen, ein mächtiger Industrieller des Ruhrgebiets. Die erste Szenenfolge, hervorragend gestaltet, zeigt die Beerdigung von Clausens Frau. Um das offene Grab stehen die Verwandten und geladenen Gäste im Regen und hören die Trauerrede. Dabei zeigt Harlan viele realistische Details: der Kirchendiener hält während der Predigt einen Regenschirm über den Pastor (Theodor Loos). Der schrille Pfiff einer Lokomotive ertönt. Nervös zittert der Kinnbart des ältesten Sohns. Kalt und hochmütig wirkt das Gesicht der Schwiegertochter; ungeduldig wirft der Schwiegersohn einen Blick auf seine Armbanduhr. In der Folge

umkreist der Film ausschließlich die Figur von Matthias Clausen. Dieser *lebt unter Menschen aus einer anderen Zeit. Fast möchte man meinen: aus der Vorkriegszeit. Seine zahlreichen Direktoren denken in Tantiemen, seine nicht weniger zahlreichen Angehörigen denken in Renten. Nicht nur vieles der letzten Jahre, sondern alles scheint an diesen Leuten vorübergegangen zu sein. Sein Sekretär Dr. Wuttke und Sanitätsrat Geiger sind seine einzigen Freunde. Sie stehen ihm bei, als seine Kinder und deren Anhang Anstoß an seinen Beziehungen zu seiner Sekretärin nehmen und ein Entmündigungs-verfahren anstrengen. Sie halten zu ihm – und verstehen ihn, wenn er sagt, daß Stahl nur unter harten Schlägen entstehen könne. Es ist das Werk, das Matthias Clausen immer wieder von neuem die Kraft gibt, sich zu behaupten und durchzusetzen: nicht nur gegen die Kleingläubigen im Betriebe, auch ge-gen die Engherzigen und Habgierigen in den eigenen vier Wänden. Seine Se-kretärin wird ihm Bundesgenossin – und später Lebensgefährtin«*

(»Berliner Volkszeitung« vom 18. März 1937).

Schließlich enterbt er seine Familie und vermacht die Clausen–Werke *»dem Staat, also der Volksgemeinschaft. Ich bin gewiß, daß aus den Reihen meiner Arbeiter und Angestellten, die mir geholfen haben, das Werk aufzu-bauen, der Mann erstehen wird, der berufen ist, meine Arbeit fortzusetzen. Mag er vom Hochofen kommen oder vom Zeichentisch, aus dem Laborato-rium oder vom Schraubstock, ich will ihn das Wenige lehren, das ein Schei-dender den Kommenden zu lehren vermag. Wer zum Führer geboren ist, braucht keinen Lehrer für sein eigenes Genie.«*

Die Filmfigur des Clausen erinnert kaum mehr an die Theaterfigur von Hauptmann, sie war – so Harlan – »*völlig verändert*« worden, wobei ihm ein »*großer Industriekapitän vom Range eines Krupp*« vorschwebte. Später er-zählte er David Stewart Hull, daß er und Jannings Familienaufzeichnungen der Familie Krupp studiert hätten, um deren Eigenheiten möglichst tref-fend auf die Leinwand zu bekommen.

Entsprechend der Taktik seines Erinnerungsbuches sucht Harlan auch bei diesem Film (»*Jannings wollte mich als Regisseur für seinen Monumen-talfilm ›Der Herrscher‹ haben*«) seine Verantwortlichkeit herunterzuspie-len. Goebbels befahl ihm, den Film zu Ende zu drehen, obgleich er seinem »*Freunde Emil*« bereits erklärt hatte, er solle sich einen anderen Regisseur suchen. Ein »*Aufpasser vom Propagandaministerium*« namens Arnold Rae-ther achtete darauf, daß »*die Belange des Nationalsozialismus*« gewahrt blieben. Die nationalsozialistischen Schlagworte wie »*Volksgemeinschaft*« oder »*Arbeiter der Stirn und Faust*« und ähnliche Wortbildungen mehr habe der Staatssekretär im Propagandaministerium und spätere Wirtschaftsmi-nister Walter Funk »*höchstpersönlich*« hineingeschrieben. Diese Ausdrük-ke sind deutlich genug, die ganze Anlage des Drehbuches ist deutlich genug. Bis hin zum Titel stellt der Film eine Huldigung des Führers dar. Er wurde dementsprechend hymnisch aufgenommen:

»...*Er stellt die Menschen nicht nur als Redende, sondern als Handelnde vor uns hin... Das Werk ist nicht die Pfründe einer kapitalistischen Hausdynastie. Er vermacht es dem Staat, und aus dem Werk wird der neue Arbeiter aufstehen, der es für die Gesamtheit verwaltet... Man könnte wohl fragen, ob es nötig war, die Gegenspieler so hart an die Grenze der Karikatur zu treiben... Ja, es war nötig. Sie sollten ja nichts weiter sein als kleinliche, egoistische Jämmerlinge*« (»Der Angriff« vom 19. März 1937).

»... *Das Recht des Einzelnen ist dann souverän, wenn es sich mit der Pflicht der Allgemeinheit gegenüber deckt. – Man kann den einen oder anderen Satz ein wenig pathetisch finden; aber man kann sich nicht dem tiefen Gesamteindruck entziehen, der eine granitene ethische Gesetztafel darstellt. Der Begriff des ausschließlichen Familienerbes, des Fideikommisses, der überalterten Regel: ›Erben sind die Leibeserben, auch wenn sie in Unfähigkeit und bösem Willen das Erbe zerstören werden‹, wird ersetzt durch das moralische Recht der Erbfolge der Allgemeinheit. Der Schaffende und Schöpfer arbeitet nicht für drei oder vier direkte Nachkommen; sein Lebensinhalt gilt dem Ganzen, gilt dem Volk und dem Staat*« (»Licht-Bild-Bühne« vom 18. März 1937).

Der »Hamburger Anzeiger« vom 18. März 1937 unterstreicht die Tatsache, daß an Originalschauplätzen (der Gutehoffnungshütte in Oberhausen) gedreht worden war: »*Die rauchenden Schlote und die stampfenden Riesenhämmer, die Öfen und die Maschinen, der Lärm und der Qualm – alles wird zu einem Lied der Arbeit: wird zu einem Symbol für den Mann, der in diesem Reich der wirkliche Herrscher ist.*«

»*Dieser Film ist ein heutiger, ein im aufrichtigsten Sinne nationalsozialistischer ... Er zwingt Werte und Verbrechen deutscher Vergangenheit erbarmungslos vor das Objektiv...*« (»Hamburger Tageblatt« vom 18. März 1937).

Das Szenarium »*sprengt gleichsam die gutbürgerlichen Wände und stellt das Geschehen in Zusammenhang mit einer weiteren Welt... darüber hinaus noch mit dem Existenzkampf unseres durch den Schmelzofen seines Schicksals gehenden und zu Stahl berufenen deutschen Volkes... aus dem Verteidiger seiner Privatrechte wird ein zäher Kämpfer, der die Grundidee der Gegenwart verteidigt, daß Gemeinnutz vor Eigennutz zu gehen hat, wenn ein Gemeinwesen bestehen will. Aus dem gewissenhaften, sich selbst und seine Fabrik emporführenden Glücksmenschen wird in dieser Handlung eine Führernatur, den keiner so begreift und versteht wie die Belegschaft seiner 20 000 Arbeiter. Ein Mann, zum Herrn und Herrscher geboren, erfährt, daß keiner tiefer zu dienen hat als der, welcher die Macht hat. Dieser Dienst aber gilt nicht dem Eigennutz, nicht einmal zunächst der Familie, vor allem dann nicht, wenn sie nichts kennt als Raffbegierde und Wohlleben, sondern der höheren Gemeinschaft, dem Volk*« (»Germania« vom 19. März 1937).

Das bemerkenswerteste daran ist, daß die gesteuerte Nazipresse in diesem Falle auf Interpretationen verzichtete. Mit seinem Führerkult, der Beschwörung nationaler Ziele, dem Aufruf zur Unterwerfung im Namen des Volkes war dieses filmische Manifest ausgezeichnet geeignet, die Deutschen auf jene blinde Opferbereitschaft vorzubereiten, die man ihnen wenig später abverlangen sollte. Unter einem Hitlerbild (vesteht sich) donnert Jannings alias Clausen vor dem versammelten Verwaltungsrat: *» Wir sind dazu da, für Millionen und Abermillionen Arbeit und Brot zu schaffen. Wir sind dazu da, für die Volksgemeinschaft zu arbeiten. Der Volksgemeinschaft zu dienen, das muß das Ziel eines jeden Wirtschaftsführers sein, der sich seiner Verantwortung bewußt ist. Dieser mein Wille ist das oberste Gesetz für mein Werk. Dem hat sich alles andere zu fügen, ohne Widerspruch, auch wenn ich damit den ganzen Betrieb in den Abgrund steuere. Wer sich diesem obersten Gesetz nicht unterordnet, für den ist kein Platz mehr in den Clausen-Werken.«*

Bis dahin hatte wohl kaum ein Nazifilm so direkt als Vehikel für die Ideologie des Regimes gedient.

Goebbels war offenbar entzückt. Er, der nach Aussagen Harlans, Hauptmann für einen Kommunisten hielt, triumphierte, und Harlan reportiert das so: *» Was wir aus dem ›Herrscher‹ gemacht hätten, habe mit Hauptmanns Stück gar nichts mehr zu tun. Unser Film sei eben deshalb so vortrefflich gelungen, weil wir Hauptmann nicht gefolgt seien.«*

An der Seite von Emil Jannings und Marianne Hoppe nahm er persönlich an der Premiere teil, die am 17. März 1937 stattfand. Schon zwei Tage zuvor hatte der Film das Prädikat »staatspolitisch und künstlerisch besonders wertvoll« bekommen, und am 1. Mai erhielt er den »Nationalen Filmpreis 1937«. Aus diesem Anlaß wurden Harlan und Jannings in die Reichskanzlei gebeten, wo Hitler, Goebbels und Baldur von Schirach sie zu dieser *»Deutschland Ehre bringenden Leistung«* beglückwünschten. Emil Jannings wurde mit dem »Ehrenring des deutschen Films« ausgezeichnet, zum Kultursenator ernannt und in dieser Eigenschaft im Oktober des gleichen Jahres zu einem offiziellen Besuch nach Schweden geschickt. In der Zwischenzeit war der Film bei der Pariser Weltausstellung gezeigt worden und hatte Jannings bei den Filmfestspielen von Venedig den Pokal Volpi eingebracht.

TOGGER

»Togger« (Prädikat: »staatspolitisch wertvoll«) ist der einzige wichtige Film von Regisseur Jürgen von Alten, einem ehemaligen Schauspieler und Theaterregisseur. Es wird darin vom *» Kampf gegen die finsteren Mächte der internationalen Großfinanz«* erzählt und die Geschichte der Berliner Tageszeitung »Der neue Tag« entworfen sowie das Porträt ihres Chefredakteurs Togger (Paul Hartmann). Die Handlung beginnt im Jahre 1932 während der Wahlen, die Hitlers Machtergreifung vorausgingen. Zu dieser Zeit soll die Tageszeitung vom »Reuler-Konzern«, einem ausländischen Trust, aufgekauft werden. Togger verschafft sich die Unterstützung der Mehrheit der Arbeiter bei der Zeitung, die sogar zum Streik bereit sind, und beschließt, die Unabhängigkeit des Blattes zu verteidigen. Während einer Reportage in der Provinz macht die Redakteurin Hanna (Renate Müller) die Bekanntschaft von Peter Geiss (Mathias Wieman), einem Redakteur des »Siebenstädter Boten« (ein Hort der Rechtschaffenheit im Pressewesen). Ein Sabotageakt, hinter dem der Reuler-Konzern steht, zerstört die Papierfabrik, die den »Neuen Tag« beliefert; der Fabrikdirektor begeht Selbstmord. Doch die triumphale Machtergreifung Hitlers bringt alles wieder in Ordnung: wie am Ende der großen Filme des Jahres 1933 paradiert die SA in den Straßen, die Mitglieder des Trusts werden verhaftet, Peter Geiss, der nach Toggers zeitweiligem Ausscheiden die Chefredaktion übernommen und die Rückkehr Toggers betrieben hatte (um von der schändlichen jüdisch-internationalen Verschwörung vor die Tür gesetzt zu werden), kehrt in die Redaktion des »Neuen Tages« zurück. Togger indessen bezieht hocherhobenen Hauptes wieder sein Chefbüro: *»Der Weg ist frei«.*

Der relativ wenig bekannte Film ist sowohl politisch wichtig als filmisch interessant. Unverhüllt nationalsozialistisch, im Ton polemisch, siedelt er so hart am Rande des Pamphlets, daß »Der Herrscher« dagegen wie ein politischer Diskurs wirkt. Bisweilen verläßt er das nationale Terrain und stellt zwielichtige Gestalten mit so beziehungsreichen Namen wie Raskovitch und Mariano vor. Ebenso wie »Das Testament des Dr. Mabuse« (freilich in ganz anderem Sinne) spiegelt der Film passagenweise das politische und wirtschaftliche Debakel des Jahres 1932 wider: Schlagzeilen der oben genannten Zeitungen werden eingeblendet (*»Ein Volk – 32 Parteien.« »Wohin gehen wir?«*), Aufnahmen von aufgebrachten Menschenmengen, drohenden Druckereiarbeitern, der Verhaftung der Mitglieder des Reuler-Konzerns sind dazwischengeschnitten. Genau betrachtet spielt der Film auf drei Klavieren: der Führerkult wird propagiert (Togger und später Geiss sind allein verantwortliche Chefs in der gleichen Art wie Clausen in dem Film »Der Herrscher«), die Idee von einer ausländischen Verschwörung gegen die Ziele des im Aufbruch befindlichen Deutschlands wird beschworen und das Bild deutscher Eintracht wird wieder einmal fixiert.

Die agitatorische Brisanz der Dialoge wird dadurch verstärkt, daß Paul Hartmann und Mathias Wieman, zwei Lieblinge des Regimes, ihre Rollen nüchtern, energisch und männlich anlegen. Am Anfang ist der Film rasch, hart und nervig montiert. Ein Beispiel dafür ist die brillante Schnittfolge von Bildern der laufenden Rotationsmaschinen. Das ist eine geradezu »moderne« Technik (höchst selten im Nazifilm), fast »amerikanisch«. Wenn man den Film heute sieht, drängt sich der Vergleich mit »Deadline USA« von Richard Brooks auf. Der Mittelteil ist geschwätzig, im konventionellen Stil der Filmkomödien der dreißiger Jahre gehalten. Dennoch, insgesamt gelingt es der Regie, ein bestimmtes Klima des damaligen Berlin, seiner Dynamik, seiner Geschäftswelt und seines Amüsierbetriebes einzufangen. Die ziemlich künstliche weibliche Hauptfigur ist allerdings überflüssig. Insgesamt ist »Togger« ein geschickt gemachter Film, der einen, zugegebenermaßen, nicht kalt läßt. Das deutsche Publikum war damals freilich anderer Ansicht: »Togger« hatte keinerlei Erfolg.

EIN VOLKSFEIND

»Der Herrscher« war ein Drama, »Togger« enthielt Komödienelemente, bei dem Film »Ein Volksfeind«, den Steinhoff nach dem Stück von Henrik Ibsen drehte, verschwimmen die Grenzen. Zu Beginn wird die Familie Stockmann vorgestellt. Doktor Stockmann (Heinrich George), der Arzt der Stadt, bringt seine Frau zur Verzweiflung, weil er nie pünktlich zu Tisch erscheint, notleidende Patienten zum Essen einlädt und sich um die Seinen kaum kümmert. Dieses großzügige Original hat drei Kinder: einen 15jährigen Sohn, eine Tochter, die Lehrerin ist, und ein achtjähriges Mädchen. Wir befinden uns in der Zeit des Endes der Weimarer Republik. Der Arzt wird nach Bad Trimburg berufen, einem kleinen Thermalbadeort, in dem sein Bruder Bürgermeister ist. Er soll die Nachfolge des Badearztes antreten. Stockmann, der von ausgeprägter beruflicher Korrektheit ist, läßt das Wasser des Heilbades analysieren und verlangt danach die Einberufung einer außerordentlichen Ratsversammlung der Stadt. Sein Bruder ruft nur einen kleinen Kreis von Ratsherren zusammen. Daraufhin veröffentlicht der Arzt in den »Trimburger Neuesten Nachrichten« einen Artikel: das Wasser des Heilbads ist durch industrielle Abwässer verseucht. Man lacht darüber, Empörung im Stadtrat, eine Sensation für die Zeitung. Doch Stockmann spricht es furchtlos aus, daß sich nämlich Freiheit und private Interessen nicht schrankenlos entfalten dürfen. Der Bürgermeister übt Druck auf die Zeitung aus. Aber der Arzt hat die Unterstützung seiner Tochter Petra und eines mit ihr befreundeten Journalisten (das Idealbild des Hitleranhängers). Stockmann sieht bald keine andere Möglichkeit mehr, die Wahrheit publik zu machen, als in einer öffentlichen Versammlung. Doch der Stadtrat organisiert eine Verschwörung gegen ihn: alle Saalbesitzer lehnen die Veranstaltung ab. Der junge Journalist verläßt seine Zeitung, weil diese seinen Artikel über die Angelegenheit nicht veröffentlicht hat. Ein Kollege von ihm sagt: »Er hat nicht die gleichen politischen Ansichten«, was nichts anderes heißt, als daß er ein Nazi ist. Die Veranstaltung findet nach einer heimlichen Plakataktion doch statt. Im letzten Augenblick versucht der Bürgermeister, die Sache abzuwiegeln: Stockmanns Frau droht, ihren Mann zu verlassen. (Dieses Motiv wiederholt sich im »Robert Koch«-Film.) Und, wie Robert Koch, so spricht auch Stockmann in seiner Rede davon, daß die Mehrheit nicht immer das Recht auf ihrer Seite habe, daß die

Wissenden die Unwissenden zu führen hätten und daß er, Stockmann, dafür kämpfe, daß der Staatsbürger verstehen lerne, daß man der Gemeinschaft zu dienen habe. Stockmann wird zum Volksfeind erklärt. Zusammen mit seiner Frau verläßt der Arzt die Versammlung. Vor seinem Hause rottet sich eine Menschenmenge zusammen. Steine fliegen durch's Fenster. Die Kurgäste verlassen den Ort. Vergeblich versucht man, Stockmann zur Rücknahme seiner Äußerungen zu bewegen. Die Bäderverwaltung entläßt ihn. Die Aktien des Unternehmens fallen. Gerechtigkeit wird erst geübt, als der Gesundheitsminister (die Nazis sind an die Macht gekommen) sich einschaltet. »*Leute, die ihre persönlichen Interessen zu opfern in der Lage sind, interessieren mich*«, sagt der Minister. Der Stadtrat tritt zurück. Das Wasser des Heilbades war tatsächlich von Abwässern verunreinigt worden. Rehabilitierung des Helden: der Stadtratsvorsitzende spricht von einem »*wahren Freund des Volkes*«. Stockmann erwidert: »*Glücklicherweise bleibt die Wahrheit die Wahrheit! Da gibt es keine Halbheiten!*«

Wie »Der Herrscher« geht auch dieser Hymnus auf Berufsethos, persönlichen Mut und Opferbereitschaft im Sinne des Ganzen, diese neuerliche Attacke gegen kleinbürgerliche Egoismen von der grundlegend veränderten Adaption eines Theaterstücks aus. Leiser schreibt: »*Der Titelheld von Ibsens ›Ein Volksfeind‹ unterliegt im Kampf gegen die ›kompakte liberale Majorität‹, obgleich er die Vision von einem Leben in Freiheit und Schönheit entwirft. Der Film ändert das Stück im Geist der NS-Ideologie, indem Dr. Stockmann ... nach der Machtergreifung des Nationalsozialismus wieder in seine Stellung eingesetzt wird und seine Reformvorschläge durchführen kann. Die Majorität ist jetzt auf seiner Seite.*«

Man wird bemerkt haben, daß diese Adaptionen stets eine positive Wendung nehmen: Mißerfolge erlaubt das Dritte Reich nicht, Optimismus ist Trumpf. »Ein Volksfeind« ist durchaus ein respektabler Film von Steinhoff. Die beiden letzten Drittel des Streifens haben Schwung, was zum größten Teil der schauspielerischen Leistung von Heinrich George zu danken ist.

ICH KLAGE AN

Nach diesem triumphalen Jahr 1937 taucht die Vision des völkischen Menschen in zwei ganz verschiedenen, aber ähnlich erfolgreichen Filmen wieder auf, in: »Ich klage an« (1941) von Wolfgang Liebeneiner und »Der Strom« (1942) von Günther Rittau.

Eine eindrucksvolle Besetzung, darunter Stummfilm-Veterane (Bernhard Goetzke), Schauspieler der zweiten Garnitur (aber nichtsdestoweniger Publikumslieblinge wie Albert Florath und Erich Ponto), zwei männliche Stars (Paul Hartmann und Mathias Wieman) und die junge Heidemarie Hatheyer wurden aufgeboten, um in »Ich klage an« für die Euthanasie zu plädieren. Professor Thomas Heyt (P. Hartmann) gibt aus Anlaß seiner Ernennung zum Direktor des Anatomischen Instituts der Münchner Universität eine kleine Einladung. Das Licht im Salon ist gedämpft, während Hanna, die Frau des Professors, auf dem Klavier Beethoven spielt. Plötzlich will ihr ihre linke Hand nicht gehorchen. Ist das möglicherweise die Folge eines Sturzes, den sie am gleichen Tag auf der Treppe erlitten hat? Eine Untersuchung durch den Freund der Familie, Doktor Lang (Mathias Wieman), ergibt: die junge Frau leidet an multipler Sklerose, einer unheilbaren Erkrankung des zentralen Nervensystems, die zu Muskellähmungen führt und schließlich zu einem qualvollen Tod. Nach Langs Diagnose werden die Ausfallerscheinungen nacheinander den linken Arm, dann beide Beine und schließlich den rechten Arm unbeweglich machen. Der Mann der jungen Frau und seine Assistenten vesuchen alles, um der Krankheit Einhalt zu gebieten. Hanna ist ans Bett gefesselt und auf Pflege angewiesen. Bald hat sie solche Schmerzen, daß sie Doktor Lang bittet, sie zu töten. Er weigert sich.

Der Ehemann schließlich gibt ihr den Tod. Eine lange Großaufnahme zeigt den Kopf der toten Hanna an der Schulter ihres Mannes. Als etwas später Lang hinzukommt (auf Wunsch der Kranken hatte er in einem Nebenzimmer eines ihrer Lieblingsstücke auf dem Klavier gespielt) und hört, daß Thomas Heyt seine Frau »*erlöst*« hat, ist er entsetzt *(»Du hast Hanna ermordet!«)*. Berta, das Dienstmädchen der Familie, zeigt den Professor an. Die Freundschaft zwischen Lang und Heyt ist zerbrochen. – Das letzte Drittel des Films behandelt ausschließlich den Prozeß, den die Anzeige zur Folge hat, und die Probleme, die er aufwirft. Man versucht, Heyt eine »goldene Brücke« zu bauen: er soll aussagen, seine Frau habe aus Unachtsamkeit eine zu starke Dosis eines Beruhigungsmittels eingenommen ... Er aber steht zu dem, was er getan hat: »*Ich habe meine Frau sehr geliebt... und weil ich sie geliebt habe, habe ich es getan...*«

In der Folge treten verschiedene Zeugen vor Gericht auf. Hannas Bruder, der den Professor beschuldigt, er habe ein Verhältnis mit seiner Assistentin und habe sich nur Hannas Vermögen aneignen wollen, der Assistent von Heyt, das Dienstmädchen Berta, der Chef des Professors und schließlich auch Lang, der zugunsten des Angeklagten aussagt. In der Geschworenenszene äußert der Geschworene, der die offizielle Lesart des Regimes verkündet: »*Ja, wenn einer verrückt ist oder schwermütig oder sonst keinen freien Willen mehr hat, da muß eben der Staat die Verantwortung übernehmen! ... Man müßte Kommissionen einsetzen aus Ärzten und Juristen...*«

In seinem Schlußwort greift der Angeklagte den Paragraphen 216 an, der Ärzten die Sterbehilfe verbietet: »*Hier stehe ich, Karl Thomas Heyt, und bekenne, daß ich meine Frau, die unheilbar krank war, auf ihren Wunsch hin erlöst habe. Hier stehe ich, der Angeklagte, und ich klage an. Ich klage die Vollstrecker überwundener Anschauungen und überholter Gesetze an.*« Im Resümee wirkt der Film brutal. Er ist es aber nicht, wenn man ihn sieht. Vielmehr geschieht seine Exposition behutsam, subtil, stufenweise. Als Professor Heyt erfährt, daß seine Frau unheilbar krank ist, setzt er alles daran, um der heimtückischen Krankheit beizukommen: »*Ein wirklicher Arzt gibt niemals auf!*« Doktor Lang, der der Kranken den Gnadentod unter Hinweis darauf, daß es die Pflicht des Arztes sei, Leben zu erhalten, verweigert hatte, anerkennt Heyts »Verbrechen« zunächst lediglich als einen Akt der Liebe. Von diesen beiden Haltungen ist zweifellos diejenige Langs, die der populäre Wieman verkörpert, die überzeugendere. Die Absichten des Films werden zu Beginn des Films in einer kurzen Passage angedeutet, als nämlich ein Assistent des Professors eine verletzte weiße Maus von ihren Leiden erlöst. Erst nach und nach finden Geschworene und Zeugen die intellektuellen Argumente, um die Tat des Angeklagten, dem gefühlsmäßig ihre Sympathie gehört, zu rechtfertigen. Zunächst jedoch sieht man davon ab, theologische oder philosophische Gesichtspunkte einzubringen. Die Auseinandersetzung erfolgt auf einer eher volkstümlichen Ebene, um die Problematik einem breiteren Publikum zu erschließen. Den Höhepunkt der Verhandlung markiert die Aussage von Doktor Lang, der seine Meinung geändert hat und die Tat seines Freundes nun billigt. (Das tragische Beispiel eines kleinen Jungen, dem er unter Einsatz aller Mittel das Leben gerettet hat und der seitdem geistesgestört in einer Heilanstalt dahinvegetiert, hat ihn dazu gebracht). Das letzte Drittel des Films behandelt die juristische Seite des Falles: wie kann das bestehende Gesetz geändert werden, um die Tötung aus den genannten Motiven zuzulassen? Nachstehend die grundsätzlichen Passagen aus der Geschworenenszene:

.   Studienrat Schönbrunn: »*Eu-thana-sie – von Thanatos – Tod, griechisch... Sehen Sie, meine Herren, bei den alten Griechen und Römern war das erlaubt.*«

.   Ein Mediziner: »*Fünf deutsche Staaten hatten dieses Gesetz noch im vorigen Jahrhundert*« (Anmerkung: das die Gnadentötung erlaubte).

.   Ein Major: »*Unsere Vorfahren waren eben in vieler Beziehung vernünftiger als wir.*«

.   Einem Bauern, der Einwände erhebt *(»Gott will es. Er schickt das Leid, damit die Menschen seinem Kreuze nachfolgen und zu ewiger Seligkeit gelangen«),* hatte jener Major zuvor erwidert: »*Mein lieber Herr... Ihr Christentum in allen Ehren, ich bin selbst nicht ganz frei davon – aber für so grausam möchte ich den lieben Gott nicht halten.*«

.   Ein Förster: »*Meine Herren, wenn wir Förster ein Tier angeschossen haben, und es quält sich noch rum, dann geben wir ihm eine Gnadenkugel, und wer das nicht tut, der ist ein roher Kerl und kein ehrlicher Weidmann.*«

.   Der Major: ... »*Der Staat hat einfach die P f l i c h t, zunächst einmal für die Leute zu sorgen, die überhaupt der Staat s i n d – für die Arbeitenden nämlich – und was die betrifft, die gern sterben wollen, weil sie mal gesund w a r e n und es nun nicht mehr aushalten können – da meine ich, daß der Staat, der von uns eine P f l i c h t zu sterben fordert, uns auch ein R e c h t zu sterben einräumen müßte... Ich bin ein alter Soldat und weiß, was ich sage.*«

Solche Reflexionen bereiten das Schlußplädoyer des angeklagten Arztes vor: »*Es geht hier nicht um mich, sondern um die Hunderttausende jener hoffnungslos Leidenden, deren Leben wir gegen die Natur verlängern müssen und deren Qualen wir damit ins Widernatürliche steigern... und es geht um jene Millionen von Gesunden, denen kein Schutz vor Krankheit zuteil werden kann, weil alles, was dazu notwendig wäre, verbraucht werden muß, um Wesen am Leben zu erhalten, deren Tod für sie eine Erlösung und für die Menschheit die Befreiung von einer Last wäre...*« Zweifellos kann man mit Leiser einiggehen, der die Scheinargumentation des Filmes als »*demagogische Taktik*« bezeichnet. Nach Willi Roth (zitiert von Kochenrath) war er »*einer der bestgemachten Propagandafilme des Dritten Reiches, weil er, zumindest in den ersten zwei Dritteln, den Schein der Objektivität zu wecken versteht.*« Neben »Jud Süß« dürfte er denn auch eines der gefährlichsten Produkte des Regimes gewesen sein. Hitler hatte in »Mein Kampf« diese Entwicklung bereits vorgezeichnet: »*Wenn die Kraft zum Kampfe um die eigene Gesundheit nicht mehr vorhanden ist, endet das Recht zum Leben in dieser Welt des Kampfes. Sie gehört nur dem kraftvollen ›Ganzen‹ und nicht dem schwachen ›Halben‹.*«

Der 29. August 1941, der Tag der Premiere des Films, liegt genau zwei Jahre nach Erteilung der Vollmacht an Reichsleiter Bouhler und Dr. Brandt: »*die Befugnisse namentlich zu bestimmender Ärzte so zu erweitern, daß nach menschlichem Ermessen unheilbaren Kranken bei kritischster Beurteilung ihres Krankheitszustandes der Gnadentod gewährt werden kann*«. In dieser Zeit kam bereits (nach Feststellungen des Sicherheitsdienstes) Beunruhigung in der Bevölkerung auf. Es war auch der Zeitpunkt, da mit der systematischen physischen Ausrottung dem Regime überzeugungsmäßig oder rassisch nicht genehmer Häftlinge in den Konzentrationslagern begonnen wurde (Zusammenkunft hoher Regime-Funktionäre in dieser Angelegenheit am 20. Januar 1942 bei Gestapo-Chef Heydrich).

Tatsächlich waren Kommissar Christian Wirth unter der Direktion von Bouhler und dessen Adjutant Viktor Brack (beide gehörten zur engsten Umgebung Hitlers) beauftragt, entsprechend dem geheimen Dekret vom 1. September 1939 das »Euthanasieprogramm« in Gang zu bringen. Wie Léon Poliakov in seiner Dokumentation »Auschwitz« (collection Archives-Juillard 1964) ausführt, wurde die Tötung »lebensunwerten Lebens« in sechs dafür geschaffenen Einrichtungen, die über Deutschland verstreut lagen, vorgenommen, und zwar durch Kohlenmonoxyd. Medizinerkommissionen, denen bekannte Psychiater attachiert waren, suchten die Heilanstalten für Geisteskranke auf und selektierten diejenigen der Patienten, die sie für unheilbar hielten. Daraufhin brachten die Einsatzgruppen unter dem Befehl von Wirth die Opfer zu den nächstgelegenen Vernichtungsstationen. Diese makabre Aktion sei unter dem Siegel strengster Geheimhaltung von Ende 1939 bis Herbst 1941 durchgeführt worden; mehr als 100 000 Deutsche seien auf diese Weise dem Rassenfanatismus zum Opfer gefallen. Die Verwandten der Opfer wurden durch Vordrucke vom plötzlichen Ableben der Kranken in Kenntnis gesetzt. Die Todesursache lautete jeweils auf »*Lungenentzündung*« oder »*Kreislaufschwäche*«. Die Häufung dieser Krankheiten machten die Angehörigen mißtrauisch und bald wurde zur Gewißheit, was geschah. Es kam zu Unruhen und demonstrativen Ansammlungen (bei Abtransport oder Anfahrt der Kranken). Die deutschen Geistlichen beider Konfessionen intensivierten ihre öffentlichen Proteste. Um eine Ausweitung der Erregung unter der Bevölkerung zu vermeiden, ließ Hitler das »Programm« im Herbst 1941 aussetzen. Zu diesem Zeitpunkt war vom Führer bereits »grünes Licht« – so Poliakov – für die Judenvernichtung gegeben. In einem Telegramm an den Vizepräsidenten des Bundestages Professor Carlo Schmidt im März 1965 hat Wolfgang Liebeneiner darauf verwiesen, daß der Film nichts zu tun gehabt habe mit den Verbrechen an Geisteskranken. Das Thema des Films sei »*die Tötung auf Verlangen nach § 216 des geltenden Strafrechts gewesen*«.

Freilich bleibt die Tatsache bestehen, daß Brack und Brandt die Entstehung des Filmprojekts initiierten. Liebeneiner konnte das nicht leugnen. In seiner Zeugenaussage im Euthanasieprozeß vom 8. Juli 1964 in Limburg und in einem Erwin Leiser am 28. März 1965 gewährten Interview sagte er, Brack habe ihm den berüchtigten Erlaß von 1939 gezeigt und gesagt, er wolle mit Hilfe eines Films testen, wie die Bevölkerung auf ein eventuelles Euthanasiegesetz reagieren würde. Man hatte ihm zu diesem Zwecke auch ein Drehbuch vorgeschlagen: »*...der Sohn eines Werkmeisters in einer Fabrik verblödet... Der Werkmeister bringt es* (das Kind) *um, und dann kommt es zu einer Art Volksgerichtshof... Sie sind uns* (mit dieser Geschichte) *nachgelaufen bis 1944.*«

Liebeneiner schafft es, diese Vorlage nie verfilmen zu müssen. Aber sie inspirierte ihn zu der Episode, in der Doktor Lang das Kind rettet und danach seine Haltung ändert. Eine Episode, die in der Struktur des Films nicht die Bedeutung hatte, wie sie sich der Minister wohl gewünscht hätte. Tatsächlich berührt der Film die Zuschauer, wenn auch in einem anderen Sinne als erhofft; was sie erschütterte, war nicht die Tatsache, daß der Professor vor Gericht gestellt wurde, nicht die juristische Problematik, sondern ganz einfach der Tod der Heldin. Der Film hatte nicht den politischen Erfolg, auf den man spekuliert hatte. Doktor Brandt wurde (ebenso wie Wirth und seine Leute) an die Ostfront versetzt. Der Film wurde prädikatisiert (»künstlerisch besonders wertvoll«, »volksbildend«) und erhielt bei den Filmfestspielen von Venedig einen Preis. Zweifellos kann man »Ich klage an« nicht mit jenen drei Filmen gleichstellen, die zum selben Thema 1935 und 1936 vom Rassenpolitischen Amt der NSDAP hergestellt worden waren und ausschließlich der parteiinternen Propaganda dienten. Das alliierte Militärgericht in Nürnberg, das über »Verbrechen gegen die Menschlichkeit«

zu urteilen hatte, kam im sogenannten »Ärzteprozeß« zu dem Schluß (nachdem der Film vorgeführt worden war): daß er *»mit den unter Anklage stehenden Verbrechen nichts zu tun habe.«* (Aus einem Brief Liebeneiners an Professor Carlo Schmidt vom 16. März 1965). Liebeneiners Brief umreißt das Problem objektiv und subjektiv so:

. *»Der Film hatte den Zweck, zu testen, ob ein Gesetz, das die Tötung auf Verlangen unter medizinischen und juristischen Kautelen straflos läßt, die Zustimmung der öffentlichen Meinung finden würde. Der Test verlief negativ, das Gesetz wurde nie erlassen…«*

. *»… man kann sehr darüber streiten, ob es richtig und ob es klug war, einen solchen Film gerade in der Nazizeit zu machen.«*

Richtigerweise weist Sadoul (1954) darauf hin, daß die Mörder des Regimes in ihren Gewissensentscheidungen nicht durch den Film Liebeneiners beeinflußt worden seien. Der Film aber bedeutete die intellektuelle Kampfansage an die christliche, humane, berufliche oder moralische Grundsätze gebundene Mehrheit der Bevölkerung, wobei in diesem Falle die Infamie darin lag, daß ethische Erwägungen vorgegeben wurden, wo das Regime ganz andere Ziele hatte. Willi Roth stellt denn auch abschließend fest: *»Die Frage selbst ist durchaus diskutabel, die wahren Beweggründe der Nazis dagegen sind völlig indiskutabel.«*

Was an diesem Film im Hinblick auf das grundsätzliche Problem der Euthanasie interessant sein könnte, wird unter dem Aspekt seiner hundertprozentig nationalsozialistischen Ausrichtung unerträglich, vollends, wenn man bedenkt, daß er vor dem Hintergrund der Existenz der Konzentrationslager und der Leiden unzähliger sogenannter *»lebensunwerter Leben«* gedreht wurde. Ohne stilistische Eigenheiten, vordergründig und sehr konventionell in der Machart, weist der Film – so Bardèche und Brasillach – *»in dem von Halbdunkel erfüllten Krankenzimmer einige ergreifende Situationen«* auf. Liebeneiner wird niemals didaktisch und hat wohl dank der Fähigkeiten seiner Darsteller einen besseren Film gemacht als Cayatte später mit »Schwurgericht«. Der Streifen »Opfer der Vergangenheit« von Gernot Bock-Stieber, der 1937 in 5300 Kinos lief, hatte nicht soviel Beunruhigung hervorgerufen. Dabei befaßte er sich mit Erbkrankheiten und ließ in seinem Kommentar an Deutlichkeit nichts zu wünschen übrig: *» Wer Unkraut verhindert, fördert das Wertvolle… Wenn wir heute das große Gesetz von der Auslese mit humanen Mitteln künstlich wiederherstellen, dann stellen wir damit die Ehrfurcht vor den Gesetzen des Schöpfers wieder her und beugen uns vor seiner Ordnung.«*

DER STROM

Ehe er den Film »Der Strom« drehte, hatte Günther Rittau 1939 »Brand im Ozean« (mit Wolfgang Staudte) und »U-Boote westwärts« gemacht. Vorher war er Chef-Kameramann u. a. bei den Filmen »Die Nibelungen«

(1924) »Metropolis« (1926) von Fritz Lang, bei »Asphalt« von Joe May (1929) und bei »Ritt in die Freiheit« gewesen. Wie der »Schimmelreiter«, der 1934 verfilmt worden war, spielte Rittaus 1942 gedrehter Film »Der Strom« ebenfalls unter Deichbauern in Friesland.

Der ungerechterweise unbekannt gebliebene Film, der unter »*Mitwirkung der Männer, Frauen und Kinder des Dorfes Glauchow*« entstand, beginnt exzellent: bis zum Horizont erstreckt sich unter tiefhängenden grauen Wolken das überflutete Land. Der Strom hat eine 20 Meter breite Bresche in den Deich gerissen, der den kleinen Ort Glauchow vor den Fluten schützt. Hastig werden Sandsäcke herangeschafft. Die Dorfbewohner werden mit Fuhrwerken und Booten evakuiert. Der gesamte erste Teil dieser Sequenz ist stumm, bis auf das Läuten der Sturmglocken über einer ernsten, diskreten musikalischen Untermalung. Die Bilder sind sehr schön. (Schließlich brachte Rittau 20 Jahre Erfahrung als Kameramann mit). Die hervorragend ausgewählten Originaldrehorte erinnern an den russischen Film vorstalinistischer Zeit.

Nach diesem Beginn wird die Geschichte der Dorns erzählt, einer jener Familien, die Opfer des Stroms geworden sind. Nach dem Tod des Vaters muß sich der älteste Sohn Peter um den Hof kümmern. Jakob, der Jüngste, hilft ihm dabei. Heinrich, ein Ingenieur, verläßt das Land.- Acht Jahre danach: der Deich, der wieder instand gesetzt wurde, hält noch immer. Peter, der die Arbeiten überwacht hat, ist Deichwärter geworden.- Der zweite Teil des Films schildert – und dies ist selten bei einem Nazi-Film – konkret die Wirklichkeit jener Jahre unter Bauern und Arbeitern, ohne diese »von außen« oder »von oben« zu betrachten. Eines Tages kehrt Heinrich zurück. Der Minister hat ihn aus Japan zurückgerufen, damit er den Strom begradige (wie er dies früher schon vorgeschlagen hatte). »*Ihr Land braucht Sie*«, versichert man ihm an höchster Stelle. Es kommt zu dramatischen Konstellationen: Peter hat inzwischen Renate geheiratet, das Mädchen, das Heinrich einst liebte und noch immer liebt. Der junge Jakob, dessen Wunsch es gewesen wäre, Geiger zu werden, mußte auf dem Hof bleiben, um Peter zu helfen, und macht deswegen dem älteren Bruder Vorwürfe, er habe sein Leben zerstört. Peters kleine Söhne werden von den Fluten des Stroms mit fortgerissen, und Peter sieht das Unglück als Strafe dafür an, daß er einst das Testament des Vaters fälschte. Doch Jakob gelingt die Rettung der Buben. Dann tritt der Strom abermals über die Ufer. Wieder gibt der Deich nach, und zwar an der Stelle, die Jakob nicht genügend beobachtet hat. Heldenhaft wirft sich dieser in die Fluten, um ein Kabel zu bergen, das wichtig ist für die Stromversorgung. Peter kommt dem erschöpften Bruder zu Hilfe. Beide gehen unter. Jakob bleibt unauffindbar. Peter stirbt kurz, nachdem man ihn aus dem Wasser geborgen hat. »*Hält der Deich?*« will er von seiner Frau wissen. »*Renate, der Hof... es war nicht alles umsonst!*«... Und Heinrich fügt hinzu: »*Das ganze Leben ist ein Opfer... Und es sind im-*

mer die besten, die von uns gehen!... Aber das Leben geht weiter.« Der
»Strom« ist ein Film, der aus der Situation heraus produziert wurde. Es war
natürlich besonders opportun im Januar 1942, dem Monat der ersten sowjetischen Gegenoffensive (die die Kriegswende bedeuten sollte), der Bevölkerung vor Augen zu halten, daß kein Opfer unnütz sei und daß, was
immer auch geschehen möge, *»das Leben weitergehe«.* Und so bekam der
Film seine Prädikate (»staatspolitisch und künstlerisch wertvoll« und
»volkstümlich«) nicht zufällig. Rosenbergs Formel vom *»räumlichen
Rhythmus und innerer Kraft«* ist auf ihn anwendbar. Trotz seiner moralisie-
renden Handlung, knapp an der Grenze zum Melodrama, ist »Der Strom«
Rittaus bester und sicherlich auch einer der anschaulichsten, schönsten
Filme der ganzen Nazi-Produktion.

Die Jugend

Es ist ein erstaunliches Phänomen, daß für die Jugend damals nur wenige
kommerzielle Spielfilme produziert wurden. Die Sonderausgabe von »Jun-
ges Deutschland« aus dem Jahr 1944, die unter dem Titel »Jugend und
Film« von der Partei veröffentlicht wurde, beklagt diese Tatsache: *»In 15
Jahren kamen in Deutschland nur 12 Spielfilme für die Jugend heraus!«*
Es beginnt mit »Reifende Jugend«, ein Streifen, den Carl Froelich 1933
mit Heinrich George und Hertha Thiele (»Mädchen in Uniform«) drehte.
In dem Film (Drehbuch Robert A. Stemmle) geht es um *»eine echte deutsche Gesinnung, um ein freies Menschentum, das Selbstachtung und innere
Anständigkeit besitzt, um Überwindung von Paragraphenpedanterie und das
beglückend Zukunftsträchtige des neuen Deutschlands. Die Jugend dieses
Films gehört unseren Tagen an, zerschellt nicht an den üblichen Klippen, es
kommt zu keiner Katastrophe, sondern diese Jugend kennt nur eins: zum
Charakter werden und als Charakter anständig bleiben, selbst wenn die Ver-
lockung noch so groß ist, eine – vielleicht berechtigte Gemeinheit zu begehen.
Diese Jugend ringt sich durch. Ihre Menschen werden später mit beiden Füßen im Leben stehen und mit ihm fertig werden. Man kann schon sagen: dieser Film richtet den Beschauer auf, stärkt den Glauben an die Jugend und
diese selbst. Wundervoll zu sehen, wie abgegriffene Filmthemen jetzt in
neuem Glanz erstehen. Echt deutsch ist auch die räumliche Umwelt des
Films: das schöne alte Stralsund mit seinen Winkeln und Gäßchen und vor allem mit seinem uralten gotischen Backsteingymnasium, das überschattet ist
von Melancholie und verklärt von deutschem Idealismus, so einzigartig, wie
es eben nur in Deutschland möglich ist. Deutsche Träumerei und deutsches
Philistertum...«* (Kalbus).
»General Stift und seine Bande« (1937), ein zweiteiliger Film über zwei
rivalisierende Jugendbanden und deren edelmütiges Verhalten, erscheint
ebenso entbehrlich wie »Drops wird Flieger« (1938). Beide Streifen sind.

145

von Regisseur Fritz Genschow. In letzterem wird eine todlangweilige Spionagegeschichte eingeführt, um Fliegerschulen für bedürftige Jungen zu propagieren.

KOPF HOCH, JOHANNES!

Nach einem Vorspann, in dem alle Namen in deutscher Schrift geschrieben sind und zu dem ein Parademarsch ertönt, führt der Film (1941, Regie Viktor de Kowa) ins Milieu alten Adels. Der junge Juan von Redel, 15, hat in Argentinien bei Verwandten seiner Mutter eine weltmännische Erziehung genossen. Nun kehrt er (seine Mutter ist in Argentinien gestorben) blasiert, verwöhnt und als ein Fremder auf den Herrensitz seines Vaters nach Deutschland zurück. Als eine Art Willkommensgruß überreicht ihm dieser seine Peitsche. Der Junge kann sich an das Leben in Deutschland nicht mehr gewöhnen, auch wenn ihm der Vater immer wieder sagt: »*Du bist hier zu Hause, in Deutschland.*« Energische Maßnahmen scheinen angebracht. Er kommt in die Nationalpolitische Erziehungsanstalt (NAPOLA) Oranienstein. Auf die mondäne Komödie folgt brutal ein dokumentarisches Filmdokument über diese Modellschule der neuen Epoche: die Jungen bei der morgendlichen Toilette (ein junger Nazi hat sauber zu sein), die militärische Disziplin (jede Antwort muß gebrüllt werden, fröhlich pfeifend werden die Stiefel geputzt), das Fliegen im Segelflugzeug. Für Juan ist die Veränderung gewaltig. Gegen die Regeln verläßt er mitten in der Nacht den Schlafsaal, um draußen, am Brunnenrand, im Licht des Vollmonds Akkordeon zu spielen…

Eine sportliche Erziehung (*»Du mußt zeigen, daß du ein ganzer Kerl bist und keine Angst hast«*), die Kameradschaft der anderen Jungen und sein musikalisches Interesse, das sich der Militärmusik zuwendet, setzen Juan schließlich instand, an den Abschlußkämpfen des Instituts teilzunehmen. Als Belohnung erhält er den obligaten Dolch mit der Inschrift *»Mehr sein als scheinen«* und schwört über der Fahne auf *»Führer und Reich«*. Die letzte Sequenz zeigt die Versöhnung zwischen Vater und Sohn unter den Klängen des Marsches der Hitlerjugend. (Der Vater heiratet Juans Tante, die den Jungen nach Deutschland gebracht hat).

Bei konventioneller Handlung erfüllt »Kopf hoch, Johannes!« vor allem einen dokumentarischen Zweck, den, das Wirken der Nationalpolitischen Erziehungsanstalten darzustellen, die mit als wichtigste Errungenschaften in der Erziehungspolitik des Regimes galten. Aus ihnen, so proklamierte man, werde der *»neue Mensch«* hervorgehen, der in der Lage sei, das *»große Werk der nationalsozialistischen Revolution«* fortzuführen.

»Kopf hoch, Johannes!« machte den Anfang einer Filmproduktion, die die Forderung vertrat: Platz der Jugend! Platz vor allem der vormilitärischen Erziehung (*»Wer in der Jugend nicht zu gehorchen versteht, wird später nicht zu befehlen wissen«*). Nur knapp zwei Monate später kam in der

146

Regie von Robert A. Stemmle, dem Drehbuchautor von »Reifende Jugend«, der Streifen »Jungens« heraus. Unter den Darstellern: Wolfgang Staudte in einer Nebenrolle und Jugendliche der Adolf-Hitler-Schule Sonthofen. Holba und Blobner geben die Fabel des Films wie folgt wieder: »*Der Film spielt unter Fischern und zeigt die Arbeit eines HJ-Gefolgschaftsführers, der von Beruf Lehrer ist und durch seine vorbildliche Haltung die Volksgemeinschaft praktisch verwirklicht... Es treten asoziale Subjekte, Schmuggler, in diesem Film auf. Der Film zielte darauf ab, den jungen Leuten die Denunziation als legales Mittel im Kampf für Führer und Reich hinzustellen... Man findet in diesem Film nicht die sonst übliche Figur des jungen Adligen. Vielleicht ist das der Grund, daß der Film, sieht man einmal von seiner propagandistischen Seite ab, streckenweise wirklichkeitsnahe Züge trug, die man im deutschen Film der damaligen Zeit selten antraf. Dieser Film und Helmut Käutners ›Unter den Brücken‹ sind die nach unserer Meinung einzigen Beispiele der nationalsozialistischen Produktion, die eine gewisse realistische Tendenz aufweisen.*«

JAKKO

»Jakko«, Regie Fritz Peter Buch, ist unter den Jugendfilmen des Jahres 1941 sicherlich der schwächste. Aber während weder »Jungens« noch »Kopf hoch, Johannes!« irgendwelche Prädikate erhielten, wurde er als »staatspolitisch wertvoll«, »jugendwert« und »volkstümlich« ausgezeichnet. Das Thema unterschied sich kaum von »Kopf hoch, Johannes!« Wie im »Völkischen Beobachter« vom 13. Oktober 1941 dem Leser dargelegt wurde, handelte es sich bei »Jakko« um die Frage, »*ob und wie ein an sich wertvoller Außenseiter in die Gemeinschaft der Staatsjugend eingefügt werden kann.*« Jakko ist Waise und reist mit dem Zirkus Zaballo von Stadt zu Stadt. In dem alten Clown Anton Weber (Eugen Klöpfer) besitzt er seinen einzigen Freund. Eines Tages verläßt er mit ihm den Zirkus, um ein neues Leben zu beginnen. Er wird von der Familie eines »Blauen Jungen« aufgenommen, wie man damals die Hitlerjungen der Marine nannte. Der Vater des Jungen (Albert Florath) ist Reeder. Jakko lernt erst nach Überwindung mancher Schwierigkeiten, »*daß in dieser Welt pünktliche Pflichterfüllung und bedingungslose Einordnung in das Leben der Gemeinschaft die Voraussetzungen für das Zusammenleben sind*« (»Der deutsche Film«). Doch zunächst mißtraut man ihm noch, dem ehemaligen Vagabunden und Zirkuskind. In seinem Stolz verletzt, reißt Jakko wieder aus und kehrt zu seinem alten Freund, dem Clown, zurück. Der hat ein Engagement in »Klein St. Pauli«, einer Kneipe am Hafen. Aber Einsamkeit und Elend haben ihm übel mitgespielt: er zieht Jakko in eine Einbruchsgeschichte hinein und büßt dabei mit dem Leben. Jakko verliert so zwar den Freund, findet aber zu der Familie des Reeders zurück.

Oberflächlich besehen ist »Jakko« ein fürchterlicher Mischmasch: da

wird das Zirkusmilieu eingesetzt, die Romantik des Meeres (wie schon in
»Hitlerjunge Quex«) und ebenso melodramatische wie erbauende Abenteuer. Das ist aber nicht nur ein Loblied auf die Kameradschaft, sondern –
noch eindeutiger als »Kopf hoch, Johannes!« – ein Propagandafilm der Hitlerjugend. Jakko wirkt von Anfang an sympathisch. Er versteht sich auf
merkwürdige Dinge und hat Mut. Er ist kein Engel, sondern durchtrieben
und scheut gelegentliche Diebereien nicht. Aber dafür gibt es eine Ent-
schuldigung: er wuchs elternlos auf, was ihn auch für den skrupellosen Zir-
kusdirektor Zaballo zum leichten Ausbeutungsobjekt werden ließ. Damit
er zum positiven Helden wird, bedarf es schließlich der Begegnung mit den
»Blauen Jungs«. Er erweist sich als besserungsfähig und dem Führer ergeben. Jakkos Ankunft in der Reederfamilie enthüllt die Absichten, die dem
Drehbuch zugrunde liegen: der Sohn des Reeders weiß sich bei Tisch zu benehmen. Jakko schlürft geräuschvoll die Suppe. Er hat weder Pyjama noch
Zahnbürste. Der Reedersohn hat ein Zimmer für sich, einen schönen
Schlafanzug und vergißt nicht, sich vor dem Zubettgehen zu waschen. Seltsam, wie sehr der ideale Hitlerjunge den kleinbürgerlichen Vorstellungen
von einem wohlerzogenen Jungen entsprach. Um die Geschichte ein bißchen schmackhafter zu machen, hatte man hier und da eine martialische, ef-
fektvolle Musik unterlegt. Außerdem spielte die »Marine-Hitlerjugend«
von Danzig mit. Dennoch kam der Film bei den Jugendlichen nicht an. Die
Urteile lauteten: »zu künstlich«, »unwahrscheinlich« und sogar »teilweise
Hollywoodimitation«.

KADETTEN

Dagegen war der Film »Kadetten« von Karl Ritter neben »Hitlerjunge
Quex« der erfolgreichste Film der ganzen Serie. Obgleich er im Frühjahr
1939 gedreht worden war, verschob man seinen Start aus Gründen der politischen Opportunität bis zum Herbst 1941. 1939, als Deutschland der Sowjetunion ein neues Handelsabkommen anbot, das schließlich zum
deutsch-sowjetischen Nichtangriffspakt ausgeweitet wurde, hatte der Film
einen zu eindeutig anti-russischen Charakter. Der Film, der nichts mit Ernst
von Salomons gleichnamigem Roman zu tun hat, erzählt eine dramatische
Geschichte aus dem Siebenjährigen Krieg, genauer aus den Kämpfen zwischen Russen und Preußen vor dem Berlin des Jahres 1760. Er ähnelt sowohl den Filmen aus der Fridericus-Serie (so ist das berühmte Regiment des
Obersten Bernburg vertreten, das im Jahr darauf auch in »Der große König« eine Rolle spielen sollte) als auch denen über die Freiheitskämpfe gegen Napoleon. Im Unterschied zu den bis dahin gezeigten Jugendfilmen ist
»Kadetten« auf völlig ungezügelte Weise militaristisch. Seine Helden sind
nicht älter als neun bis zwölf Jahre.
  Während Friedrich der Große bei Torgau gegen die Österreicher kämpft,
rücken die Russen gegen Berlin vor. Sie nehmen die 4. Kompanie des Ka-

dettenkorps der Lichterfelder Kadettenanstalt (eine der Ausbildungsstätten des preußischen Offizierkorps) als Geiseln. Der ehemals preußische Hauptmann Friedrich von Tzülow (Mathias Wieman), der nach der Niederlage von Kunersdorf auf die Seite des Feindes übergewechselt ist, weil er sich vom König zu Unrecht bestraft fühlte, bewundert deren Haltung und nimmt die Jungens unter seinen Schutz. Er flieht mit ihnen und verschanzt sich in einem alten Fort. Trotz des Protests der Jungen, die nicht wollen, daß ihre Freiheit dadurch erkauft wird, daß er sich den Russen ausliefert, reitet er den Kosaken entgegen, tötet deren Anführer und stirbt dann selbst im gegnerischen Kugelhagel. Damit aber hat er den preußischen Husaren die Pause verschafft, die nötig war, um die Festung zu entsetzen.

Die offizielle Kritik reagierte auf den Film ebenso enthusiastisch wie die jugendlichen Kinobesucher: »*Der Film hält bis zum Ende, was er am Anfang verspricht: Zeugnis abzulegen von edlem, stolzem, preußischem Soldatengeist, der sich bereits in den Jüngsten des Offiziersnachwuchses manifestiert. Die Gegenüberstellung der verschiedenen Jungentypen ist so blutvoll, so ohne Übertreibung markig profiliert, daß die heutige Jugend keine Jugend sein würde, wenn sie davon nicht hell begeistert und mitgerissen würde. Und war es nicht schon ein Erfolg, daß man Wochen und Monate später noch dem herrlich sauberen und frischen Kadettenlied, das Herbert Windt komponierte, begegnete, daß es gesungen, gepfiffen und marschiert wurde, wo immer deutsche Jungen, ja, auch Mädel oft, zusammenkamen. Der erste deutsche Jugendfilm, der seinem Publikum ein Lied geschenkt hat zum Nachhausetragen und Weitertragen*« (»Jugend und Film«).

Überflüssig, darauf hinzuweisen, daß das Beispiel, das diese »ganzen Kerle« im Film gaben, in den jugendlichen Zuschauern nur den einen Wunsch wachrufen konnte, nämlich gleichfalls am Kampf fürs Vaterland teilzunehmen, während die Karikaturen von russischen Offizieren dazu angetan waren, den Haß gegen den Feind aus dem Osten zu schüren. Im Vorspann heißt es, daß »*deutsche Jungen von heute aus dem gleichen Fleisch und Blut wie damals*« seien. Wieder einmal gelang Karl Ritter ein Erfolg.

HIMMELHUNDE

Das Jahr 1942 gehört dem Film »Himmelhunde« von Roger von Norman. »Himmelhunde«, das sind die Segelflugzeuge, die von einer Gruppe von Hitlerjungen auf der Schwäbischen Alb gebaut und geflogen werden. Diese Jungen stellen sich im Film selbst dar. Ausgebildet werden die zukünftigen Flieger mit dem klaren Blick und dem nötigen Enthusiasmus von besessenen jungen Instrukteuren. Einer von ihnen ist Kilian, blond und energiegeladen. Eine recht moralisierende, handgestrickte Handlung hält die Aneinanderreihung von Dokumentaraufnahmen (die sämtlich an Ort und Stelle gedreht wurden) zusammen. Die Aufnahmen zeigen unter anderem die Entwicklung eines neuen Segelflugzeugs durch Kilians Gruppe, die

Abnahme des Prototyps durch eine offizielle Kommission, die Dauerprüfung des Flugzeugs und Szenen aus dem Lagerleben, darunter auch eine sehr komische Theateraufführung unter freiem Himmel. Die Handlung selbst schildert einen Fall von Disziplinlosigkeit. Trotz des Verbots des Ausbilders reparieren zwei junge Flugbegeisterte das neue Segelflugzeug. Mit dem Hitlerjungen Werner am Steuerknüppel startet es beim großen Flugwettbewerb. Werner macht eine Bruchlandung. Sein Siebenstundenflug wird nicht anerkannt, seinem Team wird die Flugerlaubnis entzogen, er muß das Lager verlassen. In der Werkstatt eines verständnisvollen Vaters der Jungen beginnt die Mannschaft – ohne Werner – mit dem Bau eines neuen Segelflugzeugs. Werner, der sich in Trotz und Verbitterung zurückgezogen hat, schließt sich eines Tages den Kameraden wieder an (der Ausbilder: »*Dieses Mal hast du wirklich gewonnen*«).

Einige der Dialoge in dem Film sind typisch für die Geisteshaltung, die den zukünftigen Vaterlandsverteidigern vermittelt werden sollte:

. ein Flieger: »*Was ist wichtiger? Disziplin oder Kameradschaft?*«

. Antwort eines Instrukteurs: »*Beide sind gleich wichtig, das eine geht nicht ohne das andere.*«

. der Lagerführer: »*Die jungen Flieger von heute sind die Jagdflieger von morgen...*«

. Kilian: »*Jemand, der den Sinn einer Anordnung in Frage stellt, für den ist kein Platz bei uns!*«

Gehorcht ihr mal, den Rest machen wir! Von dieser Grundhaltung geht ein Film aus, den die martialisch-triumphale Musik noch unerträglicher macht, als er es ohnehin schon ist. Von »Der Herrscher« bis hin zu »Junge Adler« lag der Film-Produktion der Nationalsozialisten bei dem Versuch, das Bild des idealen Staatsbürgers zu zeichnen, ausnahmslos ein Motiv zugrunde: die Verherrlichung der »*Aufopferungsfähigkeit und des Aufopferungswillens für die Gesamtheit*«, jene Kräfte, die »*allein zur Bildung eines Staates befähigen*« (»Mein Kampf«).

Blut und Boden

Im Gegensatz zu den bisher beschriebenen »Serien« sind die mythischen »Blut und Boden«-Filme zeitlich weniger genau zu fixieren. Man begann damit in den ersten Jahren des Dritten Reichs (1933/34/35), brachte Filme in den Jahren 1936/39 und 40 heraus. 1941, das Jahr der großen Filme über den Ersten Weltkrieg und der Jugendfilme, markiert einen Höhepunkt dieser Filmgattung. Die Spitzmarke »*Blut und Boden*«, unter der sie liefen, wurde bisweilen spöttisch in »*Blubo*« verkürzt. Tatsächlich hieß ein Film, den der Regisseur Sonjevski-Jamrowski im November 1933 herausbrachte, »Blut und Boden«. Wie später der Film »Ewiger Wald« des gleichen Regisseurs, war dies eine Mischung aus Dokumentation und Spielfilm. Das

»Stabsamt des Reichsbauernführers« brachte den Streifen heraus, »*dessen Kern*« – so die »*Berliner Illustrirte*« vom 24. November 1933 – »*eine kompakte Spielhandlung von Bauernnot und Bauernsegen ist, der aber, im ganzen gesehen, Werbung bedeutet und Mahnung: ›Hat der Bauer Geld, hat's die ganze Welt! Hat der Bauer Not, hat's ganze Volk kein Brot!‹ Mit Trickfilmen, statistisch-plastischen Zeichnungen und einem Rückblick in die vergangene Elendszeit deutschen Bauerntums hat man diesem hochbedeutsamen Film die Grundlage gegeben, auf der sich, erschütternd und erhebend, die Spielhandlung aufbaut. Wir erleben das Reifen des Korns, die Mahd unter dem sommerlichen deutschen Himmel unserer Heimat, sehen Mühlen mahlen, Brot bräunt in der Glut der Öfen, liegt auf dem Tisch der Armen, wird ehrfurchtsvoll und nach alter Sitte mit dem Kreuzschlag angeschnitten.*«

Alfred Weidenmann

Die Serie dieser Filme beschließen zwei Arbeiten von Alfred Weidenmann, dem späteren Regisseur von »Canaris«: »Hände hoch« (1942) und »Junge Adler« (1944).

»Hände hoch«, der erste Spielfilm Weidenmanns (er hatte auch das Drehbuch geschrieben), war der Lieblingsfilm der faschistischen Entente. Er erhielt die Prädikate »staatspolitisch und künstlerisch wertvoll«, »jugendwert« und wurde als »Lehrfilm« ausgezeichnet. Beim Treffen der europäischen Jugend in Florenz erhielt er den Preis des »Reichsministeriums für Information und Propaganda«. Mit ihm wurden 1942/43 die Jugendfilmstunden in Anwesenheit von Dr. Goebbels eröffnet. Dabei war das Drehbuch nicht mehr wert als das von »General Stift und seine Bande«. Es schildert das friedliche Leben von »Pimpfen« in einem slowakischen Lager, das von zwei Gaunern gestört wird. Die jungen Helden bringen die beiden natürlich zur Strecke. Insgesamt eine Schmalspurausgabe von »Emil und die Detektive«. Auch die Darsteller sind nicht besser: in diesem Fall handelte es sich um 11- bis 14jährige Hitlerjungen aus Düsseldorf mit ihrem Lehrer, die in Sillein, am Fuß der Hohen Tatra, ihr Lager aufgeschlagen hatten.

Von allen Filmen für Jugendliche aus dieser Zeit ist »Junge Adler« der gelungenste. Auch wenn zunächst die Prädikate die gleichen sind wie für »Hände hoch«, auch wenn das Drehbuch dem von »Himmelhunden« ähnelt und wieder – dieses Mal Lehrlinge einer Flugzeugfabrik – Laien die Hauptrollen spielen. Während in dieser Filmreihe sich »Kopf hoch, Johannes!« und »Hitlerjunge Quex« auf Einzelfälle beschränkten, zeigt »Junge Adler« ähnlich wie »Hände hoch!«, »Kadetten« und »Jungens« die Entwicklung, die eine Gruppe von Jugendlichen innerhalb der nationalsozialistischen Gemeinschaft nimmt.

»Junge Adler« betreibt direkte Propaganda für die Arbeit in den Flugzeugfabriken. Das beginnt sehr erregend: vor einer Gruppe von Jungens hebt ein riesiges Flugzeug ab, dann folgen Bilder einer Ruderregatta, die einer der Jungen gewinnt. Der Sieg wird mit Bier gefeiert. Es folgt ein Box-kampf. Die aus dem Leben der Jungen gezeigten Ausschnitte (Werkstatt, wobei die Fabrik als Schule der Rechtschaffenheit und des Edelmuts ge-schildert wird, Sport, Unterricht, Ferienlager am Meer) haben die Arbeiter-söhne von damals vermutlich zum Schwärmen gebracht. Nur am Rande seien die aufregenden Unternehmungen erwähnt, die die »jungen Adler« (wie in »Himmelhunde«) auf eigene Faust durchführen, wie z.B. die heim-liche Mitarbeit in der Nachtschicht der Fabrik.

In dieser idyllischen Gruppe gibt es einen hübschen, künstlerisch veran-lagten Jungen, der Geige spielt und komponiert: Wolfgang, aber auch ein »schwarzes Schaf«: Theo Brakke, der Sohn des Fabrikdirektors. Er ist es, der die Ruderregatta gewinnt und dann nach einer zu ausgiebigen Sieges-feier mit dem Auto in ein Schaufenster steuert. Nun soll er den Schaden be-zahlen und vor allem beweisen, daß er imstande ist, seine Arroganz abzule-gen und sich der Gruppendisziplin zu fügen. Verzweifelt über die Schulden, die er aus eigener Kraft nicht begleichen kann, von seinem Vater vor die Tür gesetzt und von den meisten Kameraden gemieden, unternimmt Theo einen Selbstmordversuch. Glücklicherweise gelingt es seinen Kameraden, ihn zu retten und auf den rechten Weg zu bringen. Das Marschlied, das Wolfgang komponiert hat, begleitet Theo zu seinem Vater und in die Gemeinschaft der Lehrlinge zurück.

»Junge Adler« ist als Film zweitrangig. Der Zeitpunkt, zu dem er gestar-tet wird – der 24. Mai 1944 – sagt etwas über die Bedeutung aus, die ihm zu-gemessen wurde. Während »Jakko« Jugendliche für die Hitlerjugend mo-bilisierte, warb »Junge Adler« für die Rüstungsindustrie, die damals jede Arbeitskraft benötigte: alle, ohne Ausnahme, sollten an der nationalen An-strengung teilhaben. Das erklärt auch den Wandel im Ton, der sich schon in »Himmelhunde« ankündigte. Es gibt keine Zeit zu verlieren, sentimentale Geschichten (»Kopf hoch, Johannes!«) sind überflüssig, das Ziel wird di-rekt anvisiert. Aber so systematisch sich das Genre des Jugendfilms nach 1941 auch entwickelt haben mag, das Beiwerk ist stets das gleiche geblie-ben: Bilder von körperlicher Betätigung, vom Leben in der Gruppe, die verzeihlichen Sünden, die stets mögliche Läuterung. Diese Jugendlichen waren brave Jungs, auf die der Staat bauen konnte.

»*Die Psyche der breiten Masse ist nicht empfänglich für alles Halbe und Schwache*« (»Mein Kampf«). Unterstellt man, daß Hitler in diesem Punkte recht hatte, dann muß man den hier genannten Filmen einen Großteil Schuld an der selbstmörderischen Begeisterung der Jugendlichen geben, die nach 1943 eingezogen wurden. Darüber hinaus appellierten sie freilich auch ans Gefühl: die Romantik von Stralsund (»Reifende Jugend«), die Liebesgeschichte zwischen Dorothea Wieck und Albrecht Schoenhals in »Kopf hoch, Johannes!«, der Tod des alten Clowns in »Jakko« sollten den Propagandacharakter der Filme etwas mildern. Das entspricht genau einem anderen Postulat aus »Mein Kampf«: ... »*Die nüchterne Erkenntnis des Staatsmannes erscheint hier in gefühlsmäßige Werte umgesetzt, die nicht nur tragfähiger sind in der jeweiligen Wirksamkeit, sondern auch stabiler in bezug auf ihre Dauer.*« Zu den Spielfilmen der Reihe ist auch »Der Schimmelreiter« zu zählen, den Curt Oertel und Hans Deppe 1934 nach der Novelle von Theodor Storm mit Marianne Hoppe und Mathias Wieman drehten. Die Handlung spielt unter nordfriesischen Bauern in Holstein. Diese Bauern sind ebenfalls Deichbauern, was einen großartigen Handlungsrahmen abgibt. Oskar Kalbus begeistert sich: »*Die Forderung unserer Zeit: ›Gemeinnutz geht vor Eigennutz!‹ spiegelt sich in den wuchtigen Gedanken und den erdgebundenen Menschen des Films wider... Storm hat in seiner Novelle das Spukhafte und Gespenstische aufzeichnen wollen, während der Film den nüchternen und praktischen Landgewinnungsgedanken des Deichgrafen Hauke Haien ganz breit auswalzt und dadurch manches von dem sagenhaft-mythischen Urgrund der Fabel unerfüllt läßt. Vielleicht kommt es in diesem Film aber auch weniger auf die Geschehnisse inmitten der Katen und auf den Deichen an, mehr vielleicht auf die schicksalhafte Natur und ganz besonders auf das Meer. Dieser Film ist ja ohnehin fast ein stummer Film, und gerade die Wortkargheit wirkt hier stilbildend: die Friesen machen auch nicht viel Worte... Die deutsche Landschaft ist hier nicht nur Kulisse für die Handlung, sondern beide fließen zu einer Einheit zusammen. Die herbe Landschaft der Wattenküste klingt mit dem balladenhaften Stoff zu herrlichster Harmonie zusammen. Selbst die Innenaufnahmen klingen mit –Bilder von gemäldeartiger Kraft, die an holländische Meister des 17. Jahrhunderts erinnern. Ein Heimatfilm von deutschen Menschen, deutschen Räumen, deutschen Gegenden!*«

Andere »Blubo«-Filme

. »*Das verlorene Tal*« von Edmund Heuberger, wieder mit Mathias Wieman: die Bewohner eines Bergdorfs erklären einem Ingenieur den Krieg, der auf ihrem Land eine Radiumquelle gefunden hat. »*In dem Kampf siegt schließlich die Heimatliebe über Spekulation und Händlergeist*« (Kalbus).

. »*Das alte Recht*« (1934) von Igo Martin Andersen: ein Film, der in Oldenburg (Niedersachsen) gedreht wurde und die Rechtsauffassung der Vorfahren zum Thema hat.

. »*Peer Gynt*« (1934) von Fritz Wendhausen nach dem gleichnamigen Ibsen-Drama mit Hans Albers und Olga Tschechowa. Der Film profitierte von der Kamera Carl Hoffmanns und einer Musik, die von Grieg inspiriert war.

. »*Das Mädchen vom Moorhof*« (1935) des dänischen Regisseurs Detlef Sierck (dem späteren Douglas Sirk): eine sehr freie Bearbeitung der gleichnamigen Novelle von Selma Lagerlöf.

Eine Reihe weiterer Filme feierte die Rückkehr der Söhne Deutschlands zur heimatlichen Scholle, wobei die, die für die Auslandsdeutschen gedacht waren, dazu bestimmt waren, *»deren Patriotismus zu wecken und sie zur Rückkehr ins Reich anzuregen«* (Holba und Blobner). Die *»Stimme des Blutes«,* so meinte Rosenberg, habe sich erhoben: *»Heute aber beginnt ein ganzes Geschlecht zu ahnen, daß nur dort Werte geschaffen und erhalten werden, wo noch das Gesetz des Blutes Idee und Tat des Menschen bestimmt, sei es bewußt oder unbewußt.«* Die Deutschen daheim sollten ihre Brüder draußen entdecken, jene angeblich dem Haß und den schlimmsten Schwierigkeiten ausgesetzten teutonischen Minderheiten.

FLÜCHTLINGE

Der Film »Flüchtlinge« von Gustav Ucicky kam 1933, zehn Monate nach »Morgenrot«, heraus. Gerhard Menzel hatte das Drehbuch nach seinem Roman geschrieben. Die Handlung spielt an der russisch-chinesischen Grenze, wo eine Gruppe von Deutschen den Verfolgungen durch die Bolschewiken zu entfliehen sucht. Die ersten Sequenzen, für die in Neubabelsberg die Stadt Charbin nachgebaut worden war, packen durch ihre Lebendigkeit und Brutalität: eine riesige Menschenmenge begibt sich auf die Flucht ins Ungewisse. Diese Massenszenen sind meisterhaft inszeniert. Damals gehörten die Studios von Berlin zweifellos zu den besten der Welt. Sie waren für jede Art von spektakulärem Film gerüstet. Noch mehr als die sehr gute Regie alten Stils fesselt freilich die Handlung. Vierzig Jahre später erweist sich »Flüchtlinge« vor allem wegen seines vorbildlichen Helden als Nazi-Film. Hans Albers spielte ihn: einen Deutschen, der – laut Drehbuchanweisung – seinem Land enttäuscht den Rücken gekehrt hatte und Instrukteur in Nanking geworden war. Während der Auseinandersetzungen in der Mandschurei trifft er auf die Wolgadeutschen und zeigt ihnen, die unentschlossen und eigentlich schon verloren sind, was zu tun ist. Der Zuschauer soll über dem großen Abenteuer den politischen Hintergrund nicht vergessen. Ucicky und Menzel haben aus ihrer Hauptfigur den Typ von Nazi modelliert, der zwar einmal am Vaterland gezweifelt hat (weil er nämlich Sozialdemokraten in die Hände fiel), der im rechten Augenblick aber Patriotismus beweist und seine deutsche Unternehmungslust und Energie wiederfindet. Dieser gut aussehende Offizier in seiner makellosen Uniform, dem Hunger und Durst nichts anhaben können, erweist sich als Menschenführer mit eiserner Hand *(»Zuversicht, das ist unsere größte Chance!«)* und gewinnt mit diesen Eigenschaften auch die blonde Kristja (Kate de Nagy). Sein Ideal: *»Für etwas sterben können ist doch das Beste.«* Es ist es wert, zu sehen, wie dieser Modell-Arier eine Lokomotive über kaum befestigte Schienen fährt, damit die Deutschen nach Hause zurückkehren können.

Oskar Kalbus sollte zwei Jahre später schreiben: *»Mit ›Flüchtlinge‹ ist plötzlich der ›neue Film‹ da... Dieses Filmwerk ist vom ›neuen Geist‹ getra-*

gen, denn es verkörpert die hohen sittlichen Ideen der Selbsthilfe und des Führerprinzips. Einmal heißt es in dem Film: ›Für etwas sterben – den Tod wünsch' ich mir.‹ Das Wort wird nicht einfach dahergeredet, als irgendeine Stelle in einem Drehbuchdialog, es wächst aus dem Geschehen heraus. Es faßt den Inhalt der Handlung des Films in seinem letzten, tiefsten Schluß zusammen – denn hier ist endlich einmal ein Inhalt... Hier ist auch eine Gesinnung, eine Überzeugung, hier ist eine tragende, gestaltende Idee... Und es ist keine Idee, die uns fremd wäre, sondern eine, die zeitnahe ist: das Arbeiten, Kämpfen, Sterben für ein hohes Ziel, der Einsatz eines jeden für alle, der von einem einzelnen geweckte und gehaltene einigende Glaube an die befreiende Macht der opferwilligen Tat... Die Wolgadeutschen, die Deutsche sind, sie wären zugrunde gegangen in ihrer Verzweiflung und Zerrissenheit – wenn ihnen das Schicksal nicht einen Führer geschickt hätte, einen Kerl, der dem weichlichen November-Deutschland mit seinem Winseln, Sichducken und Petitionieren den Rücken kehrte, aber mit glühendem Herzen an dem wahren Deutschland hängt. Einen Kerl, der alle Kurzsichtigkeit und Nörgelei, alle Zerrissenheit und Schwäche mit harter Energie besiegt und die ausgemergelte Kraft seiner Landsleute zusammenrafft zur gigantischen Tat, der einzigen, die Rettung bringt: die Schienen zu flicken, den letzten Weg in die Freiheit benutzbar zu machen...«

Neben dem Heldenkult, der Verehrung der unverhüllten Inkarnation des »neuen Deutschland«, gibt es in »Flüchtlinge« noch ein weiteres Thema, das zum Grundmuster der nationalsozialistischen Filme gehört, ob es sich um »Ein Mann will nach Deutschland« oder um »Heimkehr« handelt: die Darstellung des Heimwehs der Auslandsdeutschen nach dem Vaterland. Da weckt schon das Wort »Deutschland« Erinnerungen, erwärmt die Herzen und läßt den verlorengegangenen Mut wieder wachsen. In dieser religiösen Mischung aus Patriotismus und Rassebewußtsein vermittelt der Gesang eine unverzichtbare Gemeinsamkeit: sie stärkt den Zusammenhalt und läßt alle Entfernungen vergessen. So wird denn auch das Leitmotiv aus »Flüchtlinge« – »Weit ist der Weg zurück ins Heimatland. So weit, weit, weit...« – zu einem der beliebtesten Kriegslieder.

Aus all' diesen Gründen bekam der Film höchstes Lob. Goebbels fand in ihm »Geist von unserem Geist, Kraft von unserer Kraft und Wille von unserem Willen.« Er zeichnete ihn mit dem 1933 zum erstenmal vergebenen »Staatspreis« aus. Daß der Film überdies als »künstlerisch besonders wertvoll« prädikatisiert wurde, hat nichts zu besagen, denn tatsächlich legte Ucicky mit ihm eher eine Probe seiner routinierten Fähigkeiten ab, als daß er Originalität bewiesen hätte. Insgesamt gesehen ist »Flüchtlinge«, gemessen an all' den Filmen der dreißiger und vierziger Jahre, die im fernen Osten spielen (»Shanghai-Express« u. a.), nur Durchschnitt. Raoul Ploquin und Henri Chomette stellten unter dem Titel »Au Bout du Monde« eine französische Version des Films her.

155

Zwei Jahre nach »Flüchtlinge« kam mit »Friesennot« (1935) einer der wichtigsten politischen Filme der Nazizeit in die Kinos. Er stellte neben »Der Choral von Leuthen« und »Hitlerjunge Quex« eine der wenigen exemplarischen Leistungen auf diesem Gebiet dar und wurde regelmäßig der Hitlerjugend vorgeführt. Gedreht von Regisseur Peter Hagen, wurde »Friesennot« ins offizielle Filmprogramm der Partei aufgenommen. Die Handlung spielt an den Ufern der Wolga. Dort lebt eine kleine Friesengemeinde. Eines Tages erscheinen Rotgardisten im Dorf: ihr Chef, Kommissar Tschernoff (Inkijinoff), ein fanatischer, gnadenloser Rotgardist, drangsaliert die Bevölkerung. Das Dorfmädchen Mette, die Tochter eines Friesen und einer Russin, wird die Freundin des Kommissars. Die Dorfbewohner jagen sie deswegen in die Sümpfe. Die Russen nehmen Rache: sie vergewaltigen eine junge Friesin. Der Film endet mit einem schrecklichen Blutbad. Alle Rotgardisten werden umgebracht und schließlich setzen die Deutschen ihr Dorf in Brand. Dann beginnen sie ihre Wanderung durch die Steppe zur Grenze nach Persien, um eine neue Heimat zu finden.

Dieses Bauerndrama endet nicht wie »Flüchtlinge« mit der Rückkehr nach Deutschland. Es begnügt sich damit, wie der Untertitel besagt, »*das Schicksal von Deutschen auf russischem Boden*« zu schildern, die, ausgestattet mit allen Tugenden der Germanen, die Reinheit ihrer Rasse verteidigen. (Wenn nötig auch durch ein Verbrechen). Verglichen mit ihnen wirken die Russen wie Barbaren. Sind sie nicht sogar zu einer Vergewaltigung fähig? Ihr Chef, der gewissen Typen in »Flüchtlinge« ähnelt, ist eine Art von Antichrist. In seinem Vorzimmer hängen blasphemische Bilder und über seiner Tür steht in vier verschiedenen Sprachen: »*Es gibt keinen Gott*«. So üben die Friesen nur Gerechtigkeit, wenn sie ihn und seine Komplizen liquidieren. Diese Abrechnung mit dem Bolschewismus wurde als »staatspolitisch und künstlerisch besonders wertvoll« eingestuft. Nachdem jedoch im Sommer 1939 der deutsch-sowjetische Nichtangriffs-Pakt unterzeichnet worden war, wurde »Friesennot« in den Kinos verboten und abgesetzt. 1941 kam der Film unter dem Titel »Dorf im roten Sturm« wieder heraus.

AMERIKA – EIN MANN WILL NACH DEUTSCHLAND

Ab 1934 beschäftigte sich der nationalsozialistische Film auch mit Amerika. Paul Wegener, der Schauspieler, der unter Max Reinhardt bekannt wurde, der 1913 in dem Film »Der Student von Prag« mitspielte und dann an den beiden »Golem«-Versionen von Henrik Galeen nicht nur mitschrieb, sondern dabei auch Co-Regie führte, drehte bis 1937 ein halbes Dutzend von Filmen. »Ein Mann will nach Deutschland« (1934) wurde sein bekanntester. Die Kamera besorgte Fritz Arno Wagner, Hauptrollen spielten Brigitte Horney und Willy Birgel. Die Handlung beginnt in Südamerika, führt nach Zentralamerika und endet in europäischen Hafenstädten.

Der Held ist ein deutscher Ingenieur, der bei Ausbruch des Ersten Weltkrieges im Ausland arbeitet. Bei Beginn der Feindseligkeiten verläßt er seinen Arbeitsplatz und läßt alles, was er erreicht hat, hinter sich. Von einem Werkmeister begleitet, verfolgt er nur ein Ziel: nach Hause zu kommen, um seine vaterländische Pflicht zu erfüllen. »*Dieses Thema*«, so äußerte sich Wegener dazu, »*bedingte eine starke, reportagemäßige Zusammenfassung.*« Dieses Mal erfolgte der Anstoß für die Rückkehr nach Deutschland nicht von außen, sondern von innen und diente ausschließlich dazu, den Heldenmut, die Opferbereitschaft und Vaterlandsliebe der Helden von 1914-18 darzustellen: »*Es ist ein Film unserer neuen Zeit*«, schreibt Kalbus, »*angefüllt mit ihrem heldischen Geist und durchdrungen von der tiefen, echten Vaterlandsliebe, die heute allen Deutschen wiedererweckt wurde...*«

LUIS TRENKER – DER VERLORENE SOHN

Im gleichen Jahr schilderte Luis Trenker das Schicksal eines armen Tiroler Auswanderers, der in New York ankommt. Der Held des Films »Der verlorene Sohn« – Trenker schrieb am Drehbuch mit und war Regisseur und Hauptdarsteller zugleich – heißt Tonio Feuersinger. Er hat seine Berge verlassen und ist voller ehrgeiziger Pläne, doch in der Neuen Welt werden alle seine Träume zunichte. Arbeitslos, halb verhungert, gezwungen, sich ein Stück Brot zu stehlen, geht Tonio fast zugrunde. Doch der Ruf der Heimat erreicht ihn: Tonio kehrt in sein Dorf zurück. Trenker hat das Thema (»*ein modernes Epos*«) sehr ernst genommen: »*...ich arbeitete Tag und Nacht, Woche um Woche nach Fertigstellung des ›Rebells‹ an diesem Gedanken... Ich ging von den Bergen aus frischweg nach New York, der Siebenmillionenstadt, der Weltmetropole, der Stadt der Wolkenkratzer, der Dollarmilliardäre und der elendsten Hungermenschen, der Weltstadt aller Rassen und Sprachen, der Metropole allen Lichts und Schattens... Das war der Gegensatz zum verträumten stillen Bergnest, wo der einfache Holzpflug noch galt und das karge Leben des um das tägliche Brot kämpfenden Bauern, der aber in seiner Bedürfnislosigkeit größer und freier ist als der reiche Sklave von Dollarmillionen. Mehr und mehr verinnerlicht sich die Linie der Handlung in die Grundgedanken des Glaubens der Bergbauern, ihrer Liebe zur Bergheimat überhaupt, im Gegensatz zu der steinernen Weltmetropole, deren letzter Sinn schließlich doch nur das Chaos sein kann, der Untergang...*«

»Der verlorene Sohn« wurde bei den Filmfestspielen von Venedig 1935 mit dem Preis des italienischen Ministers für Volkskultur ausgezeichnet, der dem ausländischen Film »*mit der wichtigsten moralischen Aussage*« vorbehalten war. Ohne daß er besonders anti-amerikanisch gewesen wäre (schließlich produzierte ihn die »Deutsche Universal«), zeigte der Film sehr realistisch das New York der Wirtschaftskrise, den Stumpfsinn des Großstadtbetriebs und reflektierte Trenkers ehrliche und leidenschaftliche Liebe zu den Bergen.

Trenker schrieb 1936 auch den Film »Der Kaiser von Kalifornien«, führte in ihm Regie und spielte die Hauptrolle. Dieser Film erhielt das Prädikat »staatspolitisch und künstlerisch besonders wertvoll« und wurde in Venedig mit dem »Mussolini-Pokal« für den besten ausländischen Film ausgezeichnet. Der Film erzählt die Geschichte des Schweizers Johann August Sutter. Trenker schrieb über Sutter später auch noch einen Roman, begnügte sich jedoch bei seinem Film damit, den Roman »L'Or« von Blaise Cendrars umzusetzen. Ein wegen seiner politischen Ansichten verfolgter Verleger wandert in die USA aus, widmet sich in Kalifornien der Landwirtschaft und wird zum Besitzer unermeßlicher Ländereien. Mitten in dieser pastoralen Idylle zeigt nur ein Klavier der Marke »Pleyel«, das für enormes Geld aus Europa importiert werden mußte, zu welchem Reichtum er es gebracht hat. Als Gold auf seinem Land gefunden wird, ergießt sich ein Menschenstrom in sein »Reich«. Alle Vorkehrungen, die Sutter getroffen hat, nützen nichts: sein Besitz wird zur Beute der Goldsucher. Der sehr schöne Film endet mit einem bewegenden und dabei sehr bitteren Bild: Sutter, der einen aberwitzigen Prozeß begonnen und verloren hat, um seinen Besitz zurückzubekommen, sitzt verlassen, erschöpft und elend auf den Stufen des Kongreßgebäudes in Washington: ein Opfer der Bürokraten...
Um diese authentische Geschichte zu verfilmen, hat Trenker viel an Originalschauplätzen in den USA gedreht und einen dokumentarischen Stil gewählt. Eine kleine Szene unterstreicht den Spielfilmcharakter des »Kaisers von Kalifornien«: im gleichen Augenblick, da das kostbare Klavier ankommt, bringt einer von Sutters Leuten das erste kleine Goldstück, das auf den Ländereien gefunden worden ist. »Der Kaiser von Kalifornien« war einer der wenigen Nazi-Filme, die in Frankreich vor der Besetzung viel gezeigt wurden. Im Zweiten Deutschen Fernsehen wurde der Film 1965 zum erstenmal ausgestrahlt und später wiederholt.

WASSER FÜR CANITOGA

In Herbert Selpins »Wasser für Canitoga« (1939) spielt Hans Albers als Ingenieur im Norden Kanadas eine ähnliche Rolle wie in dem Film »Flüchtlinge«: Als Oliver Montstuart im Frühjahr des Jahres 1905 beschuldigt wird, den Bau der Wasserleitung für die kleine Stadt Canitoga sabotiert zu haben, tötet er den wahren Schuldigen mit zwei Revolverschüssen. Hals über Kopf muß er die Baustelle verlassen. Am gleichen Abend trifft er in Saint-Sylvestre ein. Montstuart vermutet ein Komplott der Alkoholschmuggler: »*Wasser ist nicht gut genug für Canitoga... Also trinkt man* Schnaps, Kognac, Whisky!« Er hat sich nicht geirrt. Die Besitzerin des »Canitoga City Club« erklärt Bauaufseher Trafford: »*Wenn die Wasserleitung steht, können wir einpacken!*« Montstuart nimmt die Sache in die Hand. Aber die Sabotageakte häufen sich. Der Einsturz einer Grundmauer fordert einen Toten. Ein alter Wächter wird ermordet, zwei Dynamitkapseln verschwinden. Man entdeckt, daß der Bauaufseher den Caisson, in dem sich Arbeiter befinden, mit Sprengkörpern präpariert hat. Trotz seiner vom Alkohol angegriffenen Gesundheit steigt Montstuart in die gefährdete Tauchkammer und löscht die schon brennenden Zündschnüre. In einer triumphalen Feier wird er vom Gouverneur rehabilitiert. Erschöpft und dem Tode nahe, verschwindet Montstuart indessen, während die versammelten Männer das Lied anstimmen, das ihn in Canitoga berühmt gemacht hat.

»Wasser für Canitoga« ist kein Film von hohem Kunstanspruch. Das Prädikat »künstlerisch besonders wertvoll« war ohne große Bedeutung, denn insgesamt stellt er lediglich ein gelungenes Beispiel für filmischen Kommerz in der Nazizeit dar. Selpin hatte seinen Film wie einen Western angelegt. Die Nebenfiguren fungieren als Typen, die Dekors sind sorgfältig gewählt, die Kamera ist außerordentlich beweglich (es gibt viele Travellings, die im Film der Nazizeit sonst selten sind). Alles dreht sich um den Helden des Films. Der ist zynisch (»Wer Geld hat, hat auch Freunde«), selbstsicher (»Ich schaffe alles, wenn ich will«) und umgibt sich mit dem Schleier des Geheimnisvollen. Außerdem nimmt er sich selbst nicht ernst (»Ich bin der Maharadschau von Whiskypur«), macht sich ständig über irgendetwas lustig, kurz, er besitzt einen Humor, der im Film der damaligen Zeit nicht üblich war. Jemand gibt ihm den Rat: »Sie müssen ein regelmäßiges Leben beginnen!«, und er antwortet: »Jeden Tag besoffen, ist das kein regelmäßiges Leben?« Die Rolle scheint Hans Albers auf den Leib geschrieben. Dauernd Hand an ein Mädchen gelegt, saufend wie ein Loch und gelegentlich singend (»Das Lied von Johnny«, eine hervorragende Nummer) liefert er wirklich eine große Show ab. Auch dieser hervorragend gemachte, ausgezeichnet gespielte, packende und außerordentlich demagogische Film behandelt die gleichen Themen wie »Togger«, »Sonnenaufgang« und »Ohm Krüger«: den individuellen Heldenmut zum besten der Gemeinschaft, den Opfersinn, das moralische Verantwortungsgefühl und nicht zuletzt die Läuterung, die der Tod mit sich bringt. Klar, daß die Saboteure ihre Strafe bekommen. Was zählt denn auch der Tod: »Um eine Brücke zu bauen, ist mindestens ein Toter notwendig... Dann steht die Brücke fest!« Die Moral des Films bringt der Held und Retter auf einen Nenner: »Wir brauchen Männer!« Fünf Monate später begann Deutschland den 2. Weltkrieg.

FEINDE

Kurz nach dem Einmarsch deutscher Truppen in Polen drehte Regisseur Viktor Tourjansky den Film »Feinde«, der in seiner Handlung »Heimkehr« ähnelt. Es ist die Geschichte einer Gruppe von Deutschen im Ausland, die unzählige Schwierigkeiten überwinden, um schließlich in die Heimat ihrer Vorfahren zurückzukehren. Auch hier trifft der Abenteuerstoff genau die Absichten des Regimes. Die deutschen Bevölkerungsgruppen, die von den grausamen Polen unterdrückt werden, passen in die Propaganda Hitlers.

Der Einführungstext des Films lautet: »*Ewig unvergessen stehen im Gedächtnis aller Menschen die namenlosen Leiden der Volksdeutschen in Polen. Die gesamte Nachkriegszeit war für sie ein einziger Opfergang. Politische Entrechtung, wirtschaftliche Knechtung, Terror und Enteignung hießen seine Meilensteine. Im Jahre 1939 entfachte das englische Garantieversprechen die polnische Mordfurie. Zehntausende unschuldiger Volksdeutscher wurden unter furchtbaren Martern verschleppt. 60 000 wurden viehisch ermordet.*«
Das waren die deutschen Vorwände für den Kriegsbeginn gewesen.

Tourjansky, ein Allroundman, der sich jedem Stil und jeder Mode anzupassen verstand, war der richtige Mann, diesen Film entsprechend der politischen Situation zu drehen. Wie nicht anders zu erwarten, war das Ergebnis denn auch insgesamt mittelmäßig. (Abgesehen von einer Volkstanzszene mit mehreren Travellings und aus verschiedenen Kamerawinkeln gesehen.) »Feinde« verdient jedoch wegen seines politischen Gehalts Aufmerksamkeit. Für das breite Publikum und für den Verleih mag der Akzent auf der Liebesgeschichte zwischen Willy Birgel und Brigitte Horney gelegen haben. Die Horney führt hier ihre vertriebenen Volksgenossen an und macht ihnen Mut. Unbeugsam hält sie den Widrigkeiten stand, einzig und allein bestimmt von ihrer Liebe zum Vaterland (eine der vielen Führer-Inkarnationen des Nazi-Films). Der Feind wird nicht geschont. Jedes Mittel ist recht, um die Polen als gesetz- und glaubenslose Bösewichte zu zeichnen. Heimtückisch überfallen sie die Abgesandten der völkischen Minderheiten und machen sie gnadenlos nieder. Doch vergeblich versuchen diese heruntergekommenen und ständig betrunkenen Kerle, die Rückkehr der Deutschen in ihr Vaterland, und damit in die Freiheit, zu verhindern. »*Wir sind wehrlos, und die haben Waffen*«, sagt einer der Flüchtlinge. Doch alles geht gut. Nach einem an Ungewißheiten reichen Marsch durch die Sümpfe sind die Flüchtlinge schließlich an der Reichsgrenze angelangt: »*Das sind unsere Soldaten, ihr könnt ruhig sein!*«

Trotz seines politischen Charakters wurde der Film »Feinde« im Ausland, auch in Frankreich (mit Dialogen von Andy Jordan), ausgewertet, wo er ohne den einführenden Text wie ein Abenteuerfilm wirken mußte.

HEIMKEHR

Der Höhepunkt dieser Art von Filmen war freilich »Heimkehr«, den das Team Menzel-Ucicky in Wien drehte und der nichts mit »Heimkehr« zu tun hatte, den Joe May 1928 gemacht hatte. Der neue Film wirkte wie die Illustrierung einer Passage aus »Mein Kampf« über deutsche Minderheiten im Ausland: »*... ich wende mich an alle, die, losgelöst vom Mutterlande, selbst um das heilige Gut der Sprache zu kämpfen haben, die wegen ihrer Gesinnung der Treue dem Vaterlande gegenüber verfolgt und gepeinigt werden, und die nun in schmerzlicher Ergriffenheit die Stunde ersehnen, die sie wieder an das Herz der teuren Mutter zurückkehren läßt... Nur wer selber am eige-*

nen Leibe fühlt, was es heißt, Deutscher zu sein, ohne dem lieben Vaterlande
angehören zu dürfen, vermag die tiefe Sehnsucht zu ermessen, die zu allen
Zeiten im Herzen der vom Mutterlande getrennten Kinder brennt. Sie quält
die von ihr Erfaßten und verweigert ihnen Zufriedenheit und Glück so lange,
bis die Tore des Vaterlandes sich öffnen und im gemeinsamen Reiche das ge-
meinsame Blut Frieden und Ruhe wieder findet.«

Wie schon »Feinde«, so spielt auch »Heimkehr« im Polen zur Zeit des
Kriegsausbruchs und erzählt die Befreiung einer Gruppe zum Tode verur-
teilter Wolhynien-Deutscher durch die ersten »Stukas«. Daraus entwik-
kelte der Film stärker und einfallsreicher als der von Tourjansky, die zwei
Trenker-Filme oder als »Flüchtlinge« – die sich in ihrer Geschichte im
Grunde sämtlich gleichen – seine beiden Hauptthemen: das Elend der deut-
schen Minoritäten im Ausland und die Sehnsucht nach dem Vaterland, das
vielbeschworene romantische »Heimweh«. Wie die Engländer in »Ohm
Krüger«, die Russen aus »Flüchtlinge« oder »Friesennot«, so wurden die
Polen hier noch schlimmer als irgendjemand sonst als böse, gnadenlose
Henker und üble Folterknechte dargestellt. (Nach der Befreiung sollten die
Nazis in vielen Filmen auf diese Weise abgeschildert werden). Der Bürgermeister des Dorfes ist ein bestialischer Bursche. Er wird ständig von einem
riesigen Hund begleitet. Die Dorfbewohner verbrennen sämtliche Bücher
und die Einrichtungsgegenstände der deutschen Schule. Im Dorfkino werden Maria und ihre Begleiter als »*deutsche Hunde*« bezeichnet und mit der
Bemerkung bedacht: »*Man sollte sie ausrotten, diese Saubande von Deut-*
schen!« Der schwerverletzte Verlobte der jungen Frau wird trotz ihrer flehentlichen Bitten im Krankenhaus abgewiesen: »*Wir nehmen keine Deut-*
schen mehr auf!« Nicht viel später schießt ein Kind mit einem Gewehr auf
Marias Mutter, die das Augenlicht verliert. Einer jungen Deutschen wird
von einem kahlköpfigen »Untermenschen« das kleine Hakenkreuz vom
Hals gerissen, dann macht eine wütende Meute Jagd auf sie. Die Deutschen
werden allesamt auf einem Lastwagen ins Gefängnis abtransportiert. Während die Menge drohend die Fäuste hebt, wirft man ein Netz über sie. Die
Häftlinge, darunter Frauen, Kinder und Alte, werden wie Tiere in ihre Zellen gepfercht. Ein kleiner Junge weint: »*Papa, ich kann nicht mehr stehen.*«
Später werden sie mit der gleichen Brutalität, die die Deutschen in der
Realität bei ihren Häftlingen anwenden sollten, in einem Tunnel zusammen-
gedrängt. Durch einen Luftschacht beginnt ein Maschinengewehr zu feu-
ern...

Möglicherweise kam dieser Film ein bißchen zu spät, um den Angriff vom
1. September 1939 zu rechtfertigen, aber er half doch, den Haß gegen jene
Völker zu schüren, die angeblich die Ursache allen Übels waren. Der »Völkische Beobachter« (24. Oktober 1941) benutzte die Premiere des Films,
um seinen Standpunkt in dieser Angelegenheit klar zu machen: » *Vor dem*
Hintergrund der historischen Weltentscheidung führen die in diesem großen

und ergreifenden Filmwerk gezeigten Schicksale volksdeutscher Männer und Frauen aus dem Spätsommer des Jahres 1939 zu dem Grund des uns aufgezwungenen Schicksalkampfes. Deutschland ging es nicht um imperialistische Eroberungen; die Anerkennung des Lebensrechtes deutscher Menschen in der Welt stand am Beginn, die Sicherung ihres Daseins an Leib und Seele. Was in diesen Tagen und Wochen in den Stimmen der Regierenden über den Kanal und den Atlantik zu uns tönt, das nahm in den Dezennien vor dem 1. September 1939 in der Not der Volksdeutschen seinen Anfang: der brutale Wille der plutokratischen Demokratien, Deutschland und die Deutschen zu vernichten, zu ermorden, auszurotten. Die Schicksale des Filmwerkes ›Heimkehr‹ stehen für hunderttausende andere.«

Der entfesselten polnischen Meute steht die deutsche Minderheit gegenüber. Auf die Drohungen, die Faustschläge, auf die Schüsse der Maschinengewehre antwortet sie mit melancholischen Liedern und tiefgefühlten Monologen. Im zweiten Drittel des Films wird das Vaterland so suggestiv beschworen wie in den Reden des Führers, dessen Stil der eindringlichen Wiederholung auch benutzt wird. Die mahnende Rede von Maria an ihre Gefängnisgenossen ist der dramatische Höhepunkt und die Schlüsselszene des Films. Dann endlich sind sie frei. Der alte, blinde Arzt kehrt zu Maria, seiner Tochter, zurück, die vor den Lastwagen, die sie nach Hause gebracht haben, auf die Knie fällt: »*Da ist unser Land, so schön, so groß!...*« Merkwürdigerweise wird dieses oft in seiner Schönheit beschworene Land nicht anders gezeigt als mit Lastwagen, marschierenden Truppen und Formationen von Jagdfliegern. »Heimkehr« gehört zu den kriegshetzerischen Filmen. Das vorletzte Bild zeigt eine endlose Kolonne von Lastwagen, die durch eine Landschaft rollen, von Fahnen und Spruchbändern, die das »Deutsche Reich« feiern, flankiert. Über allem schwebt ein gigantisches Hitlerbild. Das freundliche Lächeln des Führers ist denn auch der letzte Eindruck aus »Heimkehr«.

Schon in »Morgenrot« und vor allem in »Flüchtlinge« hatte Ucicky bewiesen, daß er ein Gespür für filmische Wirkung hat, für Bilder, die die Handlung tragen. »Heimkehr« ist ein sorgfältig, gut ausgearbeiteter Film. Selbst heute fällt es schwer, sich von der Handlung nicht mitreißen zu lassen und nicht mitfühlend das harte Schicksal dieser verlorenen Schar in feindlicher Umgebung nachzuvollziehen. »Heimkehr« wurde als »staatspolitisch und künstlerisch besonders wertvoll« und als »jugendwert« empfohlen. Der Film erhielt in Venedig den Pokal des Ministers für Volkskultur und wurde schließlich, wie schon »Ohm Krüger«, zum »Film der Nation« erklärt.

DIE REISE NACH TILSIT

Wir halten es nicht für verfehlt, den beiden vorhergehenden Filmen noch »Die Reise nach Tilsit« anzufügen. Ein Film, zu dem Veit Harlan 1939 nach einer Geschichte von Hermann Sudermann (die schon 1927 den Vorwurf zu Murnaus »Sonnenaufgang« abgab) das Drehbuch verfaßte und bei dem er Regie führte: »*Ein junger Bauer, der unter dem unheilvollen Einfluß seiner Geliebten aus der Stadt steht, beschließt, seine Frau zu töten. Als er seine Tat ausführen will, begreift er, wie sehr er seine Frau trotz allem liebt. Er läßt von dem Mordplan ab und versucht, ihre Vergebung zu erlangen. In der Stadt, in der er eigentlich seine Geliebte treffen wollte, versöhnt er sich mit seiner Frau. Aber die Natur vollzieht während eines Sturms das Verbrechen, zu dem er den Mut nicht hatte. Doch am Ende wird die junge Frau von Bauern gerettet, die dem Paar zu Hilfe geeilt sind.*« (Jean Domarchi, »Murnau« – »Anthologie du cinéma«Juli 1965). Natürlich war Harlan weit davon entfernt, ein Murnau zu sein. »Sonnenaufgang« stellte die Konfrontation zweier verschiedener Welten, die des Landes und der Stadt, dar. »Reise nach Tilsit« handelt von zwei Frauen, zwei Lebensweisen, zwei Zivilisationen. Elske, die Ehefrau, wird selbstverständlich von Veit Harlans dritter Frau, Kristina Söderbaum, gespielt. Sie verkörpert jugendliche Anmut, ländliche Unverdorbenheit und häusliche Tugenden. Harlan zeigt rührende Augenblicke die Fülle, und Elske wird von Frau Harlan, das muß man zugeben, überzeugend gespielt. Die Rivalin dieser teutonischen Heroine heißt Madlyn und ist eine alte Kindheitsgespielin von Endrik, dem Ehemann. Er hat sich von ihrem Einfluß nie ganz freimachen können. In diesem hochmoralischen Drama verkörpert sie das Schicksalhafte. Was daran freilich neu und interessant ist, das ist die Tatsache, daß Madlyn, diese arrogante und verdorbene Person, als Polin vorgestellt wird. Sie, die Fremde, die Vertreterin eines Volks, das bekämpft werden muß, bringt Unruhe in die friedliche Ehe zweier deutscher Fischersleute. Im November 1939 hatte der Satz, den Elske zu Madlyn spricht: »*Ich habe Ihnen nichts zu sagen, Frau Supierska*« eine ganz bestimmte Tragweite. Und wenn der Vater von Elske der Polin ins Gesicht spuckt, so bedeutet dies natürlich mehr, als die aufgebrachte Handlung eines Mannes, der für sein Kind einsteht.

Auch wenn die »Reise nach Tilsit« nicht die Romantik und den Charme von »Sonnenaufgang« hat, ist der Film doch bemerkenswert. Zwar ist der Anfang ziemlich theatralisch, dabei aber gut gemacht: der Schnitt ist geschickt, die Dekors wechseln häufig zwischen Innen und Außen (die Aufnahmen wurden in Ostpreußen gemacht), die Kamera ist beweglich und die Schauspielerführung insgesamt sehr gut. Die Aufnahmen, seien es Tag- oder Nachtaufnahmen, sind durchweg schön zu nennen. Harlan fühlte sich bei Außenaufnahmen offenbar am wohlsten, und es sind ihm da einige Sequenzen gelungen, die durchaus Interesse verdienen, zumal jede von ihnen einen Höhepunkt des Dramas markiert: Endrik, der junge Leute vor dem Ertrinken rettet, die Fahrt über die Bucht nach Tilsit, die tragische Rückfahrt im Sturm, die Suchaktion im Lichte der Fackeln.

Harlan, stets bereit, Sachverhalte anekdotisch zu verändern, erzählt in seinen Memoiren, wie sehr Goebbels empört über diesen Film gewesen sei.

»Ich erfuhr aus dem Ministeramt den Grund der Empörung. Seine eigene Liebesgeschichte mit der Tschechin Lyda Baarova muß mit manchen Szenen des Films eine verflixte Ähnlichkeit gehabt haben, wovon wir, die Autoren des Films, natürlich keine Ahnung hatten. Die Ähnlichkeit war aber offenbar so stark, daß Magda Goebbels während der Vorführung dieses Films in Gegenwart zahlreicher prominenter Zuschauer, die in dem Privatvorführraum von Goebbels saßen, aufgesprungen war und wütend den Saal verlassen hatte. Der Skandal war da... Die Zulassung des Films wurde einige Wochen hinausgezögert, und dann erschien er ohne wesentliche Veränderung in Berlin zur Uraufführung... Der Film hatte einen großen Erfolg...« Hull gegenüber äußerte Harlan: »Ich war ein Freund Murnaus, solange dieser in Deutschland war. Später dann, als er Deutschland verlassen hatte, habe ich ›Sonnenaufgang‹ gesehen. Aber ich habe mir den Film, bevor ich ›Die Reise nach Tilsit‹ drehte, nicht einmal angesehen. Murnaus Film war ein einziges Dekorationsstück, ausschließlich im Studio produziert. Meine Version wurde an der Memel, wo die Handlung spielt, gedreht. ›Sonnenaufgang‹ von Murnau war ein poetisches Werk, aber, nehmen Sie es mir nicht übel, mein Film war wirklich ein Film.«

Freunde und Feinde

Das Hassen müssen wir Deutschen noch lernen.
(Goebbels, 6. September 1942)

Das Dritte Reich hatte nicht viele Freunde. Infolgedessen sah sich der Nazifilm nur selten in der Lage, die Solidarität der Deutschen mit einer anderen Nation filmisch zu demonstrieren. Auch die Co-Produktionen hielten sich in Grenzen: rund hundert waren es in zwölf Jahren. Bemerkenswerterweise kam die Mehrzahl dieser Co-Produktionen nicht etwa mit Italien zustande: mit der Tschechoslowakei und mit Österreich waren es von 1935 an 19, mit Italien nur 14. Die Jahre 1938 und 1939 brachten in dieser Hinsicht die Höchstzahlen. Neben sieben mit Italien co-produzierten Musikfilmen, von denen fünf mit Benjamino Gigli besetzt waren, gab es insgesamt nur einen erwähnenswerten Gemeinschaftsfilm: »Condottieri« (1937) von Luis Trenker. Daneben wurden mit Holland, Norwegen, Schweden und mit den USA (1933) je eine, mit Spanien und Polen zwei und im Jahre 1942 drei Co-Produktionen mit Japan abgewickelt.

DIE TOCHTER DES SAMURAI
Die wichtigste dieser drei deutsch-japanischen Co-Produktionen hieß »Die Tochter des Samurai« (1937) und wurde 1943 in »Die Liebe der Mitsu« umgetitelt. Arnold Fanck, der Veteran des Bergfilms und Ziehvater von Leni Riefenstahl, schrieb dazu das Drehbuch und war auf deutscher Seite sowohl für die Regie als auch für die Produktion verantwortlich.
»... ein besseres Verständnis zwischen den beiden großen Völkern zu wekken – dies ist der Zweck dieser deutsch-japanischen Co-Produktion.« So präsentierte sich dieses ebenso exotische wie hybride Erzeugnis, das in Japan zum Ruhme der Achsenmächte gedreht worden war. Das Interesse, das man heute für diesen Film aufbringen kann, ist allenfalls historischer Natur. In dem wirren Gemisch von Dokumentaraufnahmen des alten und neuen Japan spielt die Geschichte des jungen Japaners Tervo, der zwischen Deutschland, das er auf einer Reise kennenlernt, und Mitsuko wählen muß, die ihm seine Eltern als Braut ausgesucht haben. Orient oder Okzident? Am Ende kehrt der Held des Filmes, voll Vertrauen in die Zukunft und in die Freundschaft mit dem großen Bruder Deutschland, nach Hause zurück, um fortan die Felder seiner Vorfahren zu bestellen.
Um der Sache Lokalkolorit zu geben, hat man es nicht an Gärten mit blühenden Kirschbäumen, Schaukämpfen und japanischen Theaterdarbietungen fehlen lassen. Der überwiegende Teil der Dialoge ist japanisch mit deutschen Untertiteln. Einige Szenen zeigen das moderne, industrialisierte Japan, den würdigen Verbündeten Deutschlands.

»Die Tochter des Samurai« besingt japanische Tugenden, die auch die Tugenden jedes guten Deutschen zu sein hatten: die Liebe zum Vaterland (»*Ich bin Japaner und ich lebe für Japan*«), den Glauben an die Zukunft (»*Wir zerstören die alten Tempel und bauen sie mit neuem Holz wieder auf*«), die Liebe zu den Vorfahren (»*Ein guter Japaner vergißt nie seinen alten Lehrmeister*«), Familiensinn (»*Dein Vater, der Vater deines Vaters und alle deine Vorfahren haben auf diesem Land gelebt*«). Das ist ein Bild genau nach dem Goebbels-Text (21. Dezember 1941): »*Das japanische Beispiel hat wieder einmal gezeigt, welche ungeheure Kraft in der nationalen Dynamik eines Volkes liegt.*« Die Moral der Geschichte findet sich in den Sätzen, die ein alter Japaner an einen Deutschen richtet: »*Für Euch weht der Wind aus dem Osten. Für uns weht der Wind aus dem Westen. Ein Sturm wird über dieses Land kommen. Erzählt in eurem Land, daß ein ganzes Volk auf dieser felsigen Insel Wache stehen und der Sturm sich an ihm brechen wird.*« Man kann die Absichten von »Die Tochter des Samurai« nicht genauer und einfacher definieren als dies Sadoul 1954 getan hat. Er nannte ihn einen »*antikommunistischen Film*«.

Irland

Angesichts der politischen Umstände konnte sich die Solidarität Deutschlands mit anderen Ländern lediglich in Feindseligkeiten gegenüber gemeinsamen Feinden manifestieren. Der Regisseur Max W. Kimmich nahm die Filme über Männer wieder auf, die für die Freiheit ihres Volkes kämpften. Darunter sind zwei, die den Kampf Irlands gegen die englische Vorherrschaft herausstellen: »Der Fuchs von Glenarvon« (1940) und »Mein Leben für Irland« (1941).

Die Figuren im »Fuchs« sind sehr typisiert. Gloria Grandison (Olga Tschechowa), eine stolze und edle Irländerin, Mitglied der »geheimen Gesellschaft« und mit einem englischen Friedensrichter verheiratet, der sich als Irland-Freund ausgibt, erzählt ihrem Mann die Pläne ihrer Landsleute. Grandison, der »*der Fuchs von Glenarvon*« genannt wird, verschafft den Engländern die Möglichkeit, die Verschwörer während eines Geheimtreffens zu verhaften. Dem arisch-blonden Baron Ennis (Karl Ludwig Diehl), der noch schlauer ist als »der Fuchs«, gelingt es, den treuebrüchigen Richter zu täuschen, die Engländer zu verjagen und schließlich das Herz der schönen Gloria zu gewinnen. Typisch, daß Ferdinand Marian die Rolle des Richters spielte. Im gleichen Jahr übernahm er die Rolle des verabscheuungswürdigen Jud Süß. Der Film lebt vor allem von den Bildern Fritz Arno Wagners. Dank seiner Kameraarbeit erreichten zwei Nachtszenen eine Qualität wie aus der besten Zeit des deutschen Expressionismus: die

Beerdigung zweier Rebellen und das Femegericht unter freiem Himmel, bei dem das Todesurteil über den Verräter gefällt wird.

MEIN LEBEN FÜR IRLAND

Der Film »Mein Leben für Irland« (Prädikate »staatspolitisch und künstlerisch wertvoll« und »jugendwert«) spielt im Dublin des Jahres 1903. Die Polizei will, daß Maeve Fleming, die Freundin eines Aufständischen, ihr Haus verläßt. Ein Inspektor sagt drohend: »*Diese Rebellen werden immer frecher! Gott wird euch für all' das Unglück strafen, das ihr über uns gebracht habt!*« Die bewaffneten Verschwörer greifen ein. Mitten in der Nacht kommt es zu einer Schießerei. Maeve's Freund Michael O'Brien (Werner Hinz) wird festgenommen und des Mordes beschuldigt. Er gibt zur Antwort: »*Tausende von uns sind hungers gestorben, und ihr habt sie verhungern lassen! Das war Mord!*« Zum Tode verurteilt, heiratet Michael im Gefängnis Maeve: sie erwartet ein Kind von ihm.

Achtzehn Jahre später besucht Michael O'Brien jun. (Will Quadflieg) das englische Saint-Enda-College. Der Direktor hat angeordnet, daß alle irischen Schüler des Instituts strengstens überwacht werden. Michael hat zwei irische Freunde: den Schüler Patrick O'Connor und den alten Hausmeister Duffy (Eugen Klöpfer), einen ehemaligen Sergeanten. Michaels Mutter, die immer noch zu den Untergrundkämpfern hält, beherbergt einen verwundeten Rebellen. Patrick, der die Frau heimlich liebt, entdeckt dies und teilt die Entdeckung seinem Kameraden Henry mit. Der freilich ist der Neffe des englischen Polizeichefs. Die englische Polizei verhaftet Maeve. Patrick, der unfreiwillige Held, wird der Polizei vorgeführt. Man versucht, ihn zu »*aktiverer Kollaboration*« zu bringen. Die Rebellen unternehmen den Versuch, Maeve zu befreien, müssen jedoch im Maschinengewehrfeuer den Rückzug antreten. Patrick schließt sich ihnen an. Im College sind Michael und seine Getreuen inzwischen zu der Überzeugung gelangt, daß er der Verräter sei. Sie foltern ihn, um von ihm ein Geständnis zu erpressen. Patrick, der den Rebellen geschworen hat, künftighin niemandem mehr etwas zu erzählen, bleibt stumm.

Am letzten Tag des Schuljahres, gerade als die traditionelle Schlußfeier beginnt, treten die Rebellen draußen in Aktion. Gleichzeitig beginnen die Schüler zu revoltieren: sie weigern sich, die Nationalhymne zu singen, verbrennen die englische Fahne, plündern eine Waffenhandlung und schließen sich den Rebellen an. Maeve wird gerettet. Panik bricht aus, Polizeichef Baverly verbrennt seine Akten und bereitet seine Flucht vor. Aber sein ehemaliger Untergebener Duffy hindert ihn daran. Patrick trifft eine Kugel der Engländer. In den Armen von Maeve sterbend, rechtfertigt er sich gegen den Vorwurf, ein Verräter zu sein, und Michael, der inzwischen die Wahrheit erkannt hat, versichert ihm: »*Du hast mehr als dein Leben, du hast deine Ehre gegeben!*«

Kimmichs Film ist anti-britischer als »Morgenrot«, »Carl Peters« und »Der unendliche Weg«, mindestens so anti-englisch wie »Das Herz der Königin« und in seiner Haltung beinahe so konsequent wie »Ohm Krüger«. Er zeigt dies nicht nur auf indirekte Weise (beispielsweise dadurch, daß er von vornherein die Partei der Iren ergreift), sondern zielt mit seiner Ironie, seinen Sarkasmen und seinem hetzerischen Schlußappell direkt auf die Engländer. Dennoch: es ist ein gut gemachter Film, der mit viel Tempo beginnt (die Schießerei in der Nacht) und ausgezeichnet photographiert ist.

Als Chefkameramann Richard Angst 1963 von David Stewart Hull zu diesem Film interviewt wurde, erzählte er eine grauenvolle Anekdote: *»Von der Tobis war ein Sprengstoffspezialist verpflichtet worden, der die Minen für die Kampfszene am Schluß legen sollte. Noch während der Dreharbeiten wurde der Mann plötzlich an die Front befohlen und hinterließ einen unvollständigen Anweisungsplan für diese Szene. Bei den Dreharbeiten mit Hunderten von Statisten kamen mehrere von ihnen ums Leben, als sie sich nach diesem Plan vorwärtsbewegten. Die Kameraleute bemerkten nichts davon und drehten weiter. Schließlich wurde diese zu realistische Szene mit in den Film hineingenommen. Der Zwischenfall wurde totgeschwiegen. Kimmich behauptet, er habe von der Sache erst nach dem Krieg erfahren, weil die Szene vom zweiten Team gedreht worden und er an diesem Tag nicht anwesend gewesen sei.«*

Das Perfide Albion

Helmut Regel stellt (in »Filmkritik« 66) fest, bestimmte Filme ließen eine gewisse »*Sympathie für das ›germanische‹ Volk der Engländer*« erkennen, »*die an die traditionelle deutsche Anglophilie anknüpft*«. Wir konnten das für den Film »Der höhere Befehl« feststellen. Doch nach Regel beschworen die Filme »Die Reiter von Deutsch-Ostafrika«, »Ein Mann will nach Deutschland« und »Pour le Mérite« sämtlich »*die deutsch-englische Männerfreundschaft über die Fronten hinweg*«.

Der Film »Verräter« (1936) zeigt, wenn man so will, eine ähnliche Tendenz. Dieser ausgezeichnete Spionagefilm von Karl Ritter könnte fast eine »Fingerübung« zu Ritters späterem Film »GPU« sein. Er erzählt die Geschichte einer englischen Spionageorganisation in Deutschland und spielt in der Abteilung für Prototypen bei der Flugzeugfabrik Heinkel, in einer Waffenfabrik und bei einem Panzerbataillon. Dabei ging es darum, zu zeigen, daß der Feind überall lauerte, daß zwei von drei Spionen in Deutschland unfreiwillig oder aus Charakterschwäche tätig waren, daß, kurz gesagt, von jedem und zu jeder Zeit die nationale Sicherheit gefährdet werden konnte. Schultz, Mechaniker bei Heinkel und professioneller Spion, entführt einen Prototyp. Einem Schlosser gelingt es, den Dieb von geheimen Fabrikationsplänen zu entlarven. Ein Soldat, der unwissentlich in eine Spionageaffäre hineingezogen wurde, vertraut sich seinem Vorgesetzten an. Die drei Episoden gehen gut aus: der Flugzeug-Prototyp wird über dem Meer abgeschossen, der verräterische Ingenieur kommt bei einem Unfall ums Leben, der Panzersoldat wird von seinem Vorgesetzten vor der ganzen Kompanie belobigt. Währenddessen konnte auch der Chef der Spionageorganisation (Willy Birgel) verhaftet werden. Er wird zum Tode verurteilt und hingerichtet.

Sieht man vom Ende ab, dann ist »Verräter« kein reiner Propagandafilm. Nur gelegentlich fällt in ihm einmal ein deutlicher Satz, wie: »*Das ist Hochverrat*! *Kein Mitleid!*«. Am 1. September 1939 sollte es Hitler vor dem Reichstag so formulieren: »*So wie ich selber bereit bin, jederzeit mein Leben einzusetzen – jeder kann es mir nehmen – für mein Volk und für Deutschland, so verlange ich dasselbe auch von jedem anderen. Wer aber glaubt, sich diesem nationalen Gebot, sei es direkt oder indirekt, widersetzen zu können, der fällt! Verräter haben nichts zu erwarten als den Tod!*«

Dabei stellt der Film den Unterschied zwischen ausländischen Spionen, die für ihr Vaterland tätig sind und damit nur ihre Pflicht tun, und ihren deutschen Helfershelfern heraus, die sich ihres Vaterlandes nicht würdig erweisen. Willy Birgel, der elegante Verführer des deutschen Films, war auch schon gar nicht der Mann dazu, die Schändlichkeit des britischen Geheimdienstes zu verkörpern: dieser Grandseigneur von einem Spion bleibt bis zum Schluß Herr jeder Situation, ist schlagfertig, besitzt Charme und Ausstrahlung. Bei sorgfältiger Regie hat der Film von Beginn an Tempo: auf die Bilder eines dahinrasenden Sportwagens sind – und dergleichen Apartheiten gab es im Nazifilm selten – die Titel kopiert. Auch die Art der Koppelung von visuellen Effekten und Tonwirkungen ist bemerkenswert. Selbst die Nebenrollen sind gut besetzt.

Ritter hatte alle erdenklichen materiellen Mittel zur Verfügung. Er konnte über Panzer, Jagdflugzeuge, Wasserflugzeuge, Torpedoboote, Eisenbahnzüge, Polizeihunde etc. verfügen. Der Film (Prädikate: »staatspolitisch und künstlerisch besonders wertvoll«, »volksbildend«), der auf der Biennale von Venedig einen Preis erhielt, hatte am 9. September während des 8. Reichsparteitages in Nürnberg Premiere. Seinen Erfolg vermeldete am nächsten Tag der »Völkische Beobachter«, der eine Woche später, nach der Berliner Aufführung, schrieb: »*Der Film zeigt, wie es jedem von uns gehen kann, der in verantwortungsvoller oder wichtiger Stellung sitzt, wie er durch Leichtsinn und Unbedacht zum Verräter werden kann; er zeigt aber auch, wie ein Soldat seinen Schwur dem Vaterland gegenüber und um seiner Ehre willen hält, den Verdacht des Verrats auf sich nimmt und so zum Aufklären des wahren Sachverhalts beiträgt.*«

Arthur-Maria Rabenalt drehte 1940 nach einer Idee des späteren Regisseurs C. Klaren, einen kleinen Film fürs Vorprogramm, der »Feind hört mit!« hieß und ebenfalls in einem Rüstungsbetrieb das Spionagethema ab-handelte. Ihn annoncierte »Der deutsche Film« mit den Worten: »*Deutsch-land ist wachsam und innerlich so gefestigt, daß es allen Angriffen gewachsen ist.*«

Vor 1939 entstanden nur wenige dieser Filme. Die Anglophobie setzt vor allem ab dem Jahr 1940 ein. Sie war 1941/42 in vielen Artikeln und Reden Goebbels' das Leitmotiv:

. (den Engländern) »*sind Skrupel (dabei) völlig unbekannt*« (12. Oktober 1941.

. »*Von ihnen haben wir nur Böses und Schädliches zu erwarten*« (4. Januar 1942).

. »*... ein Volk, dem man... alles zumuten kann*« (18. Januar 1942).

GERMANIN

Kimmich, Goebbels' Schwager, beendete seine kurze Karriere 1943 mit einem dritten anti-britischen Film, mit »Germanin«. Diese »*Geschichte ko-lonialistischer Ausbeutung*« stand in der Nachfolge von »Robert Koch«, »Ohm Krüger« und »Carl Peters«, und wie diese handelte sie von einem heldenhaften Kämpfer einer vergangenen Zeit. Der Ausgangspunkt ist hi-storisch exakt: im Jahre 1911 arbeitete Wilhelm Rohel mit seinem Team fünf Jahre lang in der pharmazeutischen Abteilung der Bayerwerke Elber-feld an einem Mittel gegen die Schlafkrankheit. 1916 entdeckte er den Impfstoff. Noch 204 Änderungen in der Zusammensetzung wurden not-wendig, ehe das Medikament zunächst als »Bayer 205« und dann als »Ger-manin« freigegeben wurde. 1921 gelingt es Professor Mühlens am Ham-burger Tropeninstitut, den ersten Kranken mit diesem Mittel zuheilen. Aus den beiden Forschern Rohel und Mühlens wird im Film der imaginäre Pro-fessor Achenbach.

Die Handlung beginnt 1914 im Buschkrankenhaus von Professor Achenbach. Den Professor, seine Assistentin Anna Meinhardt und den tap-feren Großwildjäger und Arzt Hans Hofer (Luis Trenker) erreicht die Nachricht vom Kriegsausbruch. Wenig später überfallen Engländer aus ei-nem benachbarten Camp nachts das Krankenhaus und stecken es in Brand. Nun zeigt ein dokumentarischer Teil, wie die Arbeitsergebnisse Achen-bachs in Deutschland von den Chemikern ausgewertet und bis zur Herstel-lung des Medikaments »Bayer 205« weiterentwickelt werden. Es kommt zum »Schandfrieden« von Versailles. Der Kommentar führt aus: »*Die Si-tuation war von einer tragischen Ironie: Deutschland besaß das Mittel, um Afrika zu heilen, und Afrika gehörte den anderen.*« Der Direktor der Bayer-Werke läßt sich freilich nicht irre machen: »*Eines Tages wird Deutschland wieder Kolonien haben!*«

Nun zeigt eine Photomontage die verheerenden Folgen, die die Schlaf-krankheit anrichtet, und schließlich in einer raschen Szenenfolge die trium-

170

phale neue Expedition von Achenbach-Hofer nach Afrika. Zunächst versuchen die Afrikaner, vor dem deutschen Arzt zu fliehen und sogar, ihn festzunehmen: sie sind mißtrauisch geworden, nachdem sie schlimme Erfahrungen mit einem amerikanischen Experiment gemacht haben, das in seiner Nebenwirkung zu Erblindungen geführt hatte. Der Stammeshäuptling, der Jagd auf Achenbachs Team macht, hat ständig einen Engländer um sich. Eines Nachts aber läßt er die Deutschen zu sich rufen: »*Ich kann nicht offen sprechen... Vielleicht belauschen uns die Engländer! Die deutsche Medizin: sehr gut!... Wir kennen sie – sehr gut.*«

Die Deutschen haben das Spiel gewonnen. Ihnen zu Ehren wird ein Fest veranstaltet, das die wütenden Engländer auf Befehl von Colonel Crosby zerschlagen. Am folgenden Morgen erklärt der englische Colonel dem deutschen Professor: »*Sie haben für Deutschland Propaganda gemacht, nicht wahr?...Ihr Krankenhaus ist geschlossen... Ich befehle Ihnen, Afrika zu verlassen.*« Gleichzeitig gibt er seinen Soldaten den Befehl, die Kisten mit Germanin zu vernichten. Sie werden auf der Stelle verbrannt.

Da erkrankt der Colonel selbst: »*Mein Medikament ist das da – Whisky!*« Auch der Professor steckt sich an. Die Schlafkrankheit wütet schlimmer denn je. Crosby, der sich weigert, das amerikanische Medikament einzunehmen und fast am Ende ist, fleht Achenbach an: »*Germanin!*« Achenbach, der nur noch eine Ampulle des Medikaments besitzt, opfert sich auf: gegen die schriftliche Genehmigung, daß er seine Reise bis zu den Wasserfällen fortsetzen kann, an denen die sumpfigen Brutstätten der Tse-Tse-Fliege liegen, gibt er dem Colonel die rettende Spritze. Der Professor stirbt, der Leidensweg der edelmütigen Deutschen geht weiter. Bei sintflutartigem Regen beginnt die Expedition ihren Marsch ins Landesinnere. Der Höhepunkt des Films ist die Ankunft des Trupps bei den Wasserfällen: über die Wasserfälle kopiert erscheint das Gesicht von Professor Achenbach, der sein Leben zum höheren Ruhme Deutschlands geopfert hat...

»Germanin« entstand weit von Afrika entfernt, teils in den Ufa-Studios von Neubabelsberg, teils in denen von Cinecittà und in der Umgebung von Rom. Dort wurden die besten Szenen des Films gedreht: der Aufstand der Eingeborenen gegen die Deutschen. Für diese Aufnahmen versammelte man enorme Statistenmengen in einer Umgebung, die wirklich die afrikanische Szenerie glaubhaft machen konnte. Um Lokalkolorit zu erzeugen, scheute man sich jedoch ansonsten nicht, exotischen Schund aufzubieten. Teile aus alten Dokumentarfilmen wurden ebenfalls verwendet (der Tanz der Eingeborenen, mit dem sie die Rückkehr des Professors zu ihrem Stamm feiern). Die Geschichte selbst stimmt ebensowenig wie die Geographie des Films. Er ist ein Phantasieprodukt (das berühmte Bayer-Kreuz gab es zu der Zeit, als der Film spielt, noch gar nicht).

In diesem filmischen Monument eines primitiven, schwärmerischen Nationalismus von großer Naivität sind alle Engländer feige, hinterhältig oder einfach lächerlich, die Deutschen heldenhaft. Das geht so weit, daß der Löwenjäger (Luis Trenker) sich nach seiner Rückkehr nach Deutschland mit den Krankheitserregern der Schlafkrankheit infizieren läßt, damit der Professor sein Serum an ihm ausprobieren kann. Der Film, eine Auftragsarbeit, die von den Bayerwerken unterstützt wurde, und das Prädikat »staatspolitisch und künstlerisch wertvoll« erhielt, sollte – so Leiser – »*auch den einfältigsten Zuschauer davon überzeugen, wer wirklich dazu berufen ist, Kolonien zu besitzen.*«

Die anti-britische Filmserie brachte außerdem noch zwei weniger wichtige Arbeiten hervor:

. »Das Mädchen Johanna« von Gerhard Menzel und Gustav Ucicky (1935) ist ein Monumentalfilm über Jeanne d'Arc, der mit großer Besetzung gedreht wurde: mit Gustaf Gründgens (Charles VII.), Heinrich George (der Herzog von Bourgogne), René Deltgen (Maillezais), Erich Ponto (Lord Talbot), Willy Birgel (Le Trémouille), Theodor Loos (Dunois), Veit Harlan, Paul Bildt und Albert Florath. Walter Röhrig arbeitete an den Dekors mit, Eduard von Borsody machte den Schnitt. Der Film – so sieht dies Curt Ries voller Nachsicht – »*vermischt den Idealismus der Schiller'schen ›Jungfrau von Orleans‹ mit der Ironie und dem Realismus von Shaws ›Heiliger Johanna‹.*«

. Jeanne und Ford gehen in ihrem Urteil weiter und nennen den Film »*eine vehemente Anklage gegen England, den Feind der Johanna*«. Das war es wohl auch unzweifelhaft, was die Deutschen damals am Schicksal der Jungfrau von Orleans interessieren konnte, und es ist kein Zufall, daß der einzige Film, der über sie in Deutschland gedreht wurde, eben während der Naziherrschaft entstand. »Das Mädchen Johanna« wurde zwar als »staatspolitisch und künstlerisch besonders wertvoll« ausgezeichnet, verschwand jedoch wegen seines geringen Erfolges rasch wieder aus den Kinos.

. »Zu neuen Ufern« (1937), Regie Detlef Sierck, preisgekrönt bei den Filmfestspielen von Venedig: die Handlung spielt im Australien des Jahres 1840, als das Land von den Engländern noch als Strafkolonie benutzt wurde. Unter den Sträflingen, die nach Paramatta bei Sidney geschafft werden, befindet sich auch die Londoner Sängerin Gloria Vane (Zarah Leander). Sie hat, um den Mann zu retten, den sie liebt (Willy Birgel) gestanden, einen Scheck gefälscht zu haben. In Wirklichkeit hatte er die Tat begangen. Sie hofft, daß er ihr nachfahren und sie befreien wird. Aber er vergißt sie rasch. Sein Denken ist nur von seiner Karriere beherrscht. In der australischen Strafanstalt findet in jedem Monat einmal »die Parade der Bräute« statt. Da kommen die Farmer, die eine weibliche Hilfe nötig haben und dafür bereit sind, eine der inhaftierten Frauen zu heiraten. Gloria läßt sich auf diese Weise von einem jungen Siedler aus dem Gefängnis holen. Sie ist entschlossen, ihm bei der erstbesten Gelegenheit davonzulaufen. Als sich diese Gelegenheit bietet, entdeckt Gloria, daß sie ihren großmütigen Siedler liebt und die alte Liebe für sie gestorben ist. Sie bleibt bei dem jungen Mann.

Es war sehr geschickt, Zarah Leander für die Hauptrolle zu nehmen (dahinter steckte die gleiche Absicht wie drei Jahre später, als man sie die Maria Stuart spielen ließ: die Engländer ins Unrecht zu setzen). Sie hatte Gelegenheit, drei ihrer großen Erfolge zu singen: »*Yes, Sir*«, »*Ich hab' eine tiefe Sehnsucht in mir*« und »*Ich stehe im Regen*«. Wie sollte man nicht bei soviel Schönheit gerührt sein, die sich da aufzuopfern bereit war, wie sollte man nicht gleichzeitig tiefe Abscheu gegen soviel brutale Unmenschlichkeit empfinden, die ihr widerfuhr? Die schöne Zarah, die – wie man sieht – nicht nur in leichten Musikkomödien gespielt hat, widmete hier ihr ganzes Talent einem Film »*über die Kolonisationsmethoden der Engländer*« (Jeanne und Ford). Der Führer sollte am 30. Januar 1941 im Berliner Sportpalast feststellen: »*Dabei war Demokratie in England überall nur eine reine Maske; hinter ihr steht in Wirklichkeit die Völkerbeherrschung im großen, die Menschenunterdrückung und Knebelung im einzelnen.*«

Der Film, der bei seiner Premiere einen enormen Erfolg hatte, und in dem übrigens Curd Jürgens eine kleine Nebenrolle spielte, war der sechste Spielfilm des Journalisten, Schauspielers und Theaterregisseurs Detlef Sierck. Nach 1944 wurde er dann vor allem durch Filme bekannt, die er in Hollywood unter dem Namen Douglas Sirk drehte und die weniger bedeutend waren.

Der Kampf gegen den Bolschewismus

Der Antikommunismus stellt eine deutliche und wichtige Variante zu den zuvor beschriebenen Filmen dar. Die Engländer repräsentierten einen vom jüdischen Kapital korrumpierten Staat – ähnlich der von den Nazis entmachteten Weimarer Republik. In Bezug auf die Sowjetunion wurden Fremdenhaß und Mißtrauen gegenüber einem anderen politischen System zu rassischer Verachtung gegenüber dem Slawentum und Haß auf den Marxismus. Diese beiden Motive finden sich im Nationalsozialismus von seiner Geburtsstunde an bis zu seiner Niederlage in Stalingrad. Sämtliche Funktionäre des Regimes formulierten den Anti-Kommunismus auf jedem erdenklichem Niveau:

. Hitler: »*Ich wollte der Zerbrecher des Marxismus werden*« (Schlußwort vor dem Volksgericht, München, März 1924).

. »*... die Frage der Zukunft der deutschen Nation ist die Frage der Vernichtung des Marxismus... So wie es sich im Jahre 1918 blutig gerächt hat, daß man 1914 und 1915 nicht dazu überging, der marxistischen Schlange einmal für immer den Kopf zu zertreten...*« (»Mein Kampf«). »*... Wir haben den unerbittlichen Entschluß gefaßt, den Marxismus bis zur letzten Wurzel* *in Deutschland auszurotten«* (Hitler vor dem Industrie-Klub in Düsseldorf am 27. Januar 1932).

. Rosenberg: *»Der Staat kann und muß z. B. eine bolschewistische vaterlandslose Partei unterdrücken... Das 19. Jahrhundert gebar... den Bolschewismus, den verheerenden Pestzug orientalischen Geistes...«* (»Mythus«).

. Göring: *»... meine Herren Kommunisten... den Todeskampf, in dem ich euch die Faust in den Nacken setze, führe ich mit denen da unten, das sind die Braunhemden!«* (Aus einer Rede, gehalten am 3. März 1933 in Frankfurt am Main).

. von Ribbentrop, Außenminister: *»In Todfeindschaft steht der Bolschewismus dem Nationalsozialismus gegenüber... In dem kommenden Kampf ist sich das Volk bewußt, daß es nicht nur zum Schutz der Heimat antritt, sondern daß es dazu berufen ist, die gesamte Kulturwelt vor den tödlichen Gefahren des Bolschewismus zu retten und den Weg für einen wahren sozialen Aufstieg in Europa freizumachen...«* (21. Juni 1941).

. Goebbels: *»Die Völkerschaften der Sowjetunion leben auf einem Niveau, das wir uns in seiner stupiden Primitivität kaum vorstellen können... Sie sind stumpf und von einer wilden Animalität...«* (19. Juli 1942).

So hat das Nazikino zwischen 1933 und 1942 keine Gelegenheit ausgelassen, anti-kommunistische Filme herzustellen. Das fing schon 1933 mit »SA-Mann Brand«, mit »Hitlerjunge Quex«, »Hans Westmar« und »Flüchtlinge« an. Es folgten die Filme: »Um das Menschenrecht« (1934), »Friesennot« (1935), »Weiße Sklaven« (1936, von Karl Anton) und »G.P.U.« (1942, von Karl Ritter). Zwei dieser Filme, die sich stilistisch stark voneinander unterscheiden, lassen selbst die besser zu nennenden anti-kommunistischen Filme des US-Kinos hinter sich.

WEISSE SKLAVEN

Dieser Film konnte einen bemerkenswerten Erfolg verzeichnen und wurde in Frankreich unter dem Titel »Revolte« sogar als Romanfassung veröffentlicht.

Er war, wie es hieß, nach einer Reportage adaptiert worden. Karl Anton, der tschechische Regisseur, arbeitete auch am Drehbuch mit. »Weiße Sklaven« hatte, wie »G.P.U.« und »Germanin«, auch dokumentarische Absichten.

1917 geht ein Kreuzer an der Reede von Sewastopol vor Anker. An Land droht die Revolution unter der Führung von Boris Wolinsky (Werner Hinz) auszubrechen, dem früheren Kammerdiener des Gouverneurs (Theodor Loos). Die Mannschaft des Schiffs nutzt ein großes Bordfest des Kommandanten zu einer Meuterei. Zur gleichen Zeit bricht der Aufstand in der Stadt los. Maria, die Tocher des Gouverneurs (Camilla Horn), sucht mit ihrem Vater, der das Gedächtnis verloren hat, in einem Hafenbordell Zu-

174

flucht. Graf Kostja Wolkoff, Offizier der »Sewastopol« und Verlobter von Maria, macht sich auf die Suche nach ihr. Doch Boris, der sich in die junge Frau verliebt hat, stellt ihm eine Falle. Kostja entkommt. Weil sie glaubt, ihr Verlobter sei gefangengenommen worden, begibt sich Maria unvorsichtigerweise in den Gouverneurspalast, in dem der Aufständischenrat residiert. Daß sie am Leben bleibt, verdankt sie lediglich dem Eingreifen Kostjas, der an der Spitze von Konterrevolutionären den Palast nimmt. Nachdem diese ein entsetzliches Blutbad angerichtet haben, bei dem auch Boris den Tod findet, entkommen die beiden Liebenden.

»Weiße Sklaven« gibt ein endgültiges Bild jener »*marxistischen Vaterlandsverräter und Volksmörder*«, von denen Hitler in »Mein Kampf« spricht. Die Nacht des Revolutionsausbruchs ist die reinste Bartholomäus-Nacht: Heiligenbilder werden zerstört, Massenhysterie bricht aus, Frauen werden vergewaltigt, Leute bei lebendigem Leibe verbrannt. Ununterbrochen hört man Schreie. Die Revolution wird mit einem Fest gefeiert: die Kommunisten, mit Wolinsky an der Spitze, besaufen sich sinnlos (wie das die Slawen in allen Nazifilmen tun). Sie jagen die Gefangenen auf die Straße, um sie dort niederzumetzeln. Sie liefern die Frauen der Soldateska aus. Der Chef der Aufständischen verurteilt wahl- und gnadenlos Soldaten wie Zivilisten zum Tode. Den Anfang macht er mit der Frau des Gouverneurs. Im Grunde wünscht er nur eines: sich an seinem ehemaligen Herrn zu rächen und dessen Tochter zu besitzen. Eine Szene ist besonders kennzeichnend: die Gegenrevolutionäre verteilen Lebensmittelrationen an die Zivilbevölkerung. Ein alter Mann rührt sich nicht, als man ihm Brot anbietet. Da entdeckt man, daß ihm die Revolutionäre die Hände abgehackt haben... Kostjas Maxime erscheint daher nur zu verständlich: »*Alle Feinde der Zivilisation müssen ausgerottet werden... Wir kämpfen weiter!*«

Im großen und ganzen ließ Anton die Bilder für sich sprechen. Seine Einstellungen sind durchdacht, die Dialoge schmucklos, die Kamera gediegen. Selbst jene unwahrscheinliche Szene wird da verzeihlich, in der die Flüchtlinge der »Sewastopol« unter einer kleinen Brücke Zuflucht gefunden haben, über die ein mit Fackeln bewaffneter roter Suchtrupp marschiert. Das entzückende Dekolleté und das wunderschöne, tränenüberströmte Gesicht von Camilla Horn retten die Szene. Durch sehr schöne Großaufnahmen, bewundernswert ins Bild gebracht, ist sie – ob wütend, erschöpft oder in Tränen aufgelöst – jedesmal hervorragend. Da er die ideologische Botschaft des Films geschickt drapiert hatte, konnte Anton sich eines Erfolges sicher sein.

Es sei in Erinnerung gerufen, daß drei Jahre vor »Jud Süß« und im gleichen Jahr wie »Der Herrscher« der Regisseur Veit Harlan mit »Mein Sohn, der Herr Minister« bereits eine weit weniger harmlose Komödie gedreht hatte, als es der Titel vermuten ließe. Die Adaption der Komödie »Fiston« von André Birabeau, in der Paul Dahlke und Françoise Rosay die Hauptrollen spielten, wurde vom Nazifilm wohl nicht zufällig während der Regierungszeit der französischen Volksfront aufgegriffen. Einen Kommunisten zu zeigen, der die Fäden in einer parlamentarischen Demokratie zieht, das bedeutete sowohl eine Abrechnung mit dem Kommunismus als auch mit der verhaßten Weimarer Republik. Hier ein Auszug aus einer Szene, in der der neue Minister das Amt seines Vorgängers übernimmt:

— »Es tut mir leid, Herr Minister, daß Sie gehen.

— Tja, Sie meinen, weil Sie mich sozusagen hier verdrängen. Ha, mein Bester, das ist doch das Schicksal jeden Ministers, der auf den Wogen des parlamentarischen Systems schwimmt.

— Der Parlamentarismus ist die erhabenste Einrichtung, die die Demokratie hervorgebracht hat.

— Bravo, bravo, das klingt reizend, das habe ich selbst in jeder Wahlrede mindestens dreimal gesagt, aber offen gestanden, glauben tun wir's ja alle beide nicht!

— ... Sie sind sehr ironisch!

— Im Gegenteil, ich bin bloß ehrlich. Jetzt, wo ich nicht mehr Minister bin, kann ich's mir nämlich leisten, ehrlich zu sein.

— Meine wesentlichste Aufgabe sehe ich darin, die Arbeitslosigkeit herabzusetzen. Denn, offen gestanden, in dieser Beziehung ist bisher wirklich nicht genügend geschehen.

— Erlauben Sie mal, die Kammer beschäftigt sich doch in Permanenz mit der Frage der Arbeitslosigkeit. Wir haben sieben Ausschüsse gebildet und sechs Komitees gegründet. Ich selbst habe mindestens 30 Reden über die Arbeitslosigkeit gehalten. Mehr kann man doch beim besten Willen wahrhaftig nicht tun? Wenn die Arbeitslosenziffer trotzdem gestiegen ist, ja, mein Gott, was soll man denn machen? Sie werden da auch nicht viel dran ändern, junger Mann. Na, also jetzt, frisch ans Werk! Ich wünsche Ihnen mehr Glück, als ich es hatte, und nicht überarbeiten!

— Ich fühle mich dem Parlament, meinen Wählern und vor allen Dingen dem Volk gegenüber verantwortlich!

— Verantwortlich! Das ist ja Koketterie. Was kann uns schon passieren? Mit einem Ruhegehalt von 50 000 Francs dem Nichts gegenüberzustehen, na hören Sie mal, das ist doch wohl noch auszuhalten! Aber Sie haben zu arbeiten. Ich wünsche Ihnen von Herzen alles Gute!«

Es sei nebenbei darauf hingewiesen, daß es den Nazis gelungen war, innerhalb von zwei Jahren die Zahl der Arbeitslosen auf die Hälfte zu reduzieren. Lapierre sagt beispielhaft, wie wenig subtil und zimperlich Harlan da vorging: »Symbolisch gesehen wurde (da) die Demokratie von einer Dampfwalze überrollt«! Harlan selbst ist viel bescheidener und erzählt in seinen Memoiren, dieser Film habe ihm zum erstenmal allgemeine Anerkennung eingebracht.

Im gleichen Jahr drehte Herbert Maisch den Film »Starke Herzen«. Günther Rittau stand hinter der Kamera, Herbert Windt schrieb die Musik dazu. Der Film zeigt einen kommunistischen Aufstand im Ungarn des Jahres 1918. Obgleich er tatsächliche Ereignisse jener Zeit zum Vorwurf nahm, wurde der Film zu rein antikommunistischer Propaganda. Da die Zensur freilich befürchten mußte, er könne auch anti-faschistisch ausgelegt werden, verbot man ihn kurzerhand. Regisseur Heinz Paul schließlich versuchte im Jahre 1938 mit seinem Film »Kameraden auf See« zu zeigen, daß der spanische Bürgerkrieg nichts weiter war als ein bolschewistischer Aufstand gegen die rechtmäßige Regierung: *»Ein deutsches Passagierschiff wird in spanischen Gewässern von finsteren Kommunisten beschlagnahmt, die sofort den Kapitän töten, und nur durch das Eingreifen der deutschen Kriegsmarine befreit«* (Leiser).

G.P.U.

Wenn »Weiße Sklaven« wie eine exotische Abenteurergeschichte wirkte, so hatte »G.P.U.« den Zuschnitt eines »Thrillers«. Er ist der einzige ganz direkt antikommunistische Propagandafilm, den die Nazis drehten, was verständlich macht, daß Karl Ritter als Experte mit der Regie betraut wurde, dem Goebbels ebenso wie Veit Harlan und Wolfgang Liebeneiner den Titel eines »Professors« verleihen sollte. Ritter hatte das Drehbuch mit seinem ständigen Mitarbeiter Felix Lützkendorf (»Patrioten«, »Urlaub auf Ehrenwort«, »Kadetten«) geschrieben, nachdem ihm einer seiner Hauptdarsteller, Andrews Engelmann, die Idee dazu geliefert hatte:

»In den Wirrungen der russischen Revolution werden von einem G.P.U.-Agenten im Baltenland die Mitglieder einer Familie erschossen, nur die junge Olga Feodorowna entkommt. Seit dieser Zeit sinnt sie nur auf Rache an dem Mörder ihrer Familie, dessen Namen sie als Wyschinsky behalten hat. So fährt sie im Auftrage einer Moskauer Agentengruppe, die sich als Frauenliga tarnt, auf Konzertreise durch die Städte. Auf Konzerten in Riga und Kowno trifft sie im Sommer 1939 Bokscha, in dem sie den Mörder ihrer Familie erkennt. Dieser hat gerade den jungen baltischen Studenten Peter Aßmus ein Attentat ausführen lassen, und so benutzt er diese Tatsache als Druckmittel gegen Aßmus und die Sekretärin des Ermordeten, Irina. Olga aber verhilft ihr mit ihren guten Beziehungen zu Moskau zur Flucht nach Rotterdam, wo sie in einer der G.P.U. unbekannten Wohnung Olgas auf Peter warten soll, da beide ihre gegenseitige Zuneigung erkannt haben. Olga hat inzwischen ihre Vermutungen über Bokscha bestätigt gefunden, und so läßt sie sich seine plumpen Huldigungen gefallen und folgt ihm sogar nach Frankreich, wo er ihr durch seine durch Agententätigkeit erworbenen Reichtümer und einen für ihn ausgestellten französischen Paß zeigt. Nun weiß Olga einen Weg für ihre Rache: Sie verrät sein Doppelspiel in Moskau und läßt ihn ›liquidieren‹. Auf die ihr zugedachte Ehrung verzichtet sie jedoch, und um nicht selbst in die Hände der G.P.U. zu fallen, verübt sie Selbstmord. In Rotterdam

hat inzwischen der G. P. U.-Kommissar Frunse Irina und Peter aufgespürt und sie in die Folterkammer der Sowjetischen Handelsvertretung gebracht. Im Mai 1940 beendet der Einmarsch der Deutschen ihre Qual, und sie gehen einem neuen Leben entgegen« (»Illustrierter Film-Kurier«).

In nahezu jeder Szene geraten die »Roten« hier zu Karikaturen. Paradox, daß gerade die klassischen sowjetischen Filme mit den gleichen Mustern arbeiteten, wenn sie die Dekadenz der Bourgeoisie und der kapitalistischen Bürokratie darstellen wollten.

Heute dagegen würden diese G. P. U-Agenten in ihren Ledermänteln und mit ihren weichen Hüten eher an die Gestapo erinnern... Auch ihre Methoden sind die gleichen: in Rotterdam wird eine junge Frau gnadenlos im grellen Licht eines starken Scheinwerfers verhört. Die Dienststelle firmiert als »Russische Handelsvertretung«. In den Kellern dieser Handelsvertretung werden Gefangene gefoltert und mit Pistolen exekutiert, als die deutschen Truppen in Holland eindringen.

Die kommunistischen Agenten sind in diesem Film Mongolen mit glattrasierten Schädeln, wüsten Gesichtern und einem sardonischen Grinsen auf den Gangster-Visagen. Die sowjetische Spionageorganisation mit ihrem weit verbreiteten Netz an Anlaufstellen wird von Ritter mit einer Bösartigkeit beschrieben, die die späteren antikommunistischen Filme aus Hollywood aufweisen.

Zu einer bedrohlichen Musik führt der Film zunächst in das Kellerlabyrinth des Moskauer Kremls. Da warten Gefangene hinter Gittern. In den Gängen halten Bewaffnete Leute in Schach, die mit den Gesichtern zur Wand aufgereiht stehen. Später äußert der Chef der Organisation: »*Wir haben bei uns Idealisten, die aus freiem Willen für uns arbeiten, und Leute, die keine andere Möglichkeit haben, als für uns zu arbeiten.*« Als Olga verlangt, man möge sie aus der Organisation entlassen, sagt ihr ein uniformierter Funktionär unter einem Stalinporträt, dies komme überhaupt nicht in Frage, sie gehöre nun einmal dazu und das werde bis zu ihrem Tode so bleiben. Dies entspricht genau dem, was Goebbels am 19. Juli 1942 über den sowjetischen Polit-Kommissar sagte: »*Ihm steht dafür eine stumpfe Masse zur Verfügung, die dazu erzogen ist, entweder willenlos alles mit sich geschehen zu lassen oder aber zwischen Zuchthaus in milderen oder Tod mit bestialischen Quälereien in schwereren Fällen zu wählen.*« Olgas Gegenfigur Bokscha, der skrupellose, zu jedem Verbrechen bereite Karrieremacher, den die erste Szene des Films als Ausrotter einer ganzen Familie zeigt, erscheint 1939 beim Besuch eines Konzerts im Smoking. Er ist eine wichtige Persönlichkeit geworden... In der sowjetischen Botschaft von Helsinki äußert er sich anläßlich eines mondänen Empfangs Olga gegenüber: »*Ah ja! Das war die proletarische Revolution! Eine dunkle Zeit! Glücklicherweise vergißt man!*«

Peter, der zunächst sowohl Opfer als auch unfreiwilliger Komplize der

Kommunisten ist, wird rasch zum Anhänger der Nationalsozialisten. In Rotterdam bringt er in einem Anfall wütender Rachsucht seinen Wärter um... Kochenrath bezeichnet ihn als »*Leitbild des germanischen Menschen nationalsozialistischer Vorstellung: strahlend, idealistisch, begeisterungsfähig, ohne größere intellektuelle Fähigkeit (obwohl er Student ist), ganz aus seinem Gefühl heraus lebend ... (Gib diesem jungen Mann ein Ziel, begeistere ihn für eine Idee, und er wird dir bedingungslos folgen!).*« So hatte es Hitler in seiner Rede vom 1. September 1939 gefordert: »*Die deutsche Jugend... wird strahlenden Herzens ohnehin erfüllen, was die Nation, der nationalsozialistische Staat von ihr erwartet und fordert.*«

Die Ankündigung des Films durch die Ufa wirkt geradezu komisch. Da heißt es: »*Ein Dokumentarfilm, der sich streng an die Tatsachen hält*«. Selten freilich sind die Gegner der Nazis, einer wie der andere, vertierter und undifferenzierter dargestellt worden als in diesem Film. Ritter verstand sich sehr gut auf wütende, hemmungslose Attacken und deren dramaturgische Wiederholung. Dabei vergaß der Regisseur auch nicht, so nebenbei daran zu erinnern, daß man »*für etwas sterben können muß*« (Olga sagt dies vor ihrem Selbstmord), daß die Deutschen in Holland niemals überlebt hätten, wären die Nationalsozialisten nicht auf Befehl des Führers einmarschiert (ein Beispiel für das »politische Happy End«, das der Nazifilm so kultivierte) und daß die Juden lediglich Untermenschen seien.

Neben »Urlaub auf Ehrenwort« ist »G.P.U.« zweifellos Ritters bester Film. Er zeigt jedoch auch die Grenzen des Regisseurs auf, der sehr unterschiedlich arbeitete. Zwar gelingen ihm Aktionsszenen im Stil amerikanischen Kinos, dann wieder versteht er es nicht, Seichtigkeit und Langeweile aus seinen Arbeiten herauszuhalten. Sobald er psychologische oder ganz einfach dramatische Szenen zu drehen hat, gerät er ins Schwimmen. Aber in mehr als nur einer Szenenfolge ist »G.P.U.« großen Kriminalfilmen aus Hollywood ebenbürtig: die Verhaftung Peters durch die Sowjets und der Bombenanschlag werden mit rasanter Kameraarbeit und schnellem Schnitt spannungsvoll hochgetrieben. Musik, Licht und Schatten sowie Großaufnahmen von Gesichtern schaffen eine packende Atmosphäre. Und wie zufällig erzeugt das relative Handlungsdurcheinander im letzten Drittel des Films – in dem die Vielzahl der Spielorte völlig unnötigerweise durch Zwischentitel erklärt wird – eine bestimmte irreale Stimmung, wie sie damals auch in den ersten Filmen der amerikanischen »schwarzen Serie« feststellbar ist. Realismus und das Ungewöhnliche liegen hier dicht beisammen und durchdringen sich. Die Dekors sind voller Zweideutigkeit. Ein großer Teil der Außenaufnahmen wurde in Paris und in der Bretagne abgedreht. Mit geschicktem Wechsel zwischen filmischen Ortsbeschreibungen und Aktionsszenen hielt Ritter, was er mit »Urlaub auf Ehrenwort« versprochen hatte. Man muß ihn zweifellos neben Steinhoff zu den begabtesten Filmemachern des Dritten Reichs zählen.

Ebenfalls im Jahre 1942 drehte Fritz Kirchhoff den berühmten Film »Anschlag auf Baku« mit Willy Fritsch, René Deltgen, Fritz Kampers und Erich Ponto. Zum Teil fanden die Außenaufnahmen auf rumänischen Ölfeldern statt. Der Film, der die Terrortätigkeit des britischen Geheimdienstes entlarven sollte, wurde 1940/41 begonnen. Als er zu Ende gedreht ist, »kommt« – so Curt Riess – »*die Nachricht, daß Hitler einen Pakt mit Stalin geschlossen hat. Nun geht es natürlich nicht mehr, daß die Bolschewisten in einem deutschen Film schlecht wegkommen. Der Film muß umgeschrieben und zum größten Teil noch einmal gedreht werden. Als das geschehen ist, sind zwei Jahre vergangen – und Hitler hat der Sowjetunion längst den Krieg erklärt. Infolgedessen stellt sich heraus, daß die Bolschewisten in dem Film zu gut wegkommen. Der Film wird deshalb umgeschrieben und abermals neu gedreht.*« Im gleichen Jahr wurde in Berlin eine Wanderausstellung eröffnet, die den Titel »Das Sowjetparadies« trug. So hieß schließlich auch ein Dokumentarfilm über diese Ausstellung, in dem man Bilder von zerfallenen Häusern, ärmlichen Wohnungen und Großaufnahmen von verschlagenen Gesichtern sehen konnte. All' dies gehörte zum Propaganda-Arsenal des Regimes und diente der Illustrierung dessen, was Goebbels am 19. Juli 1942 über die Sowjets gesagt hatte.

Tod den Juden!

Sowohl in der Politik als auch im Film stellte der Antisemitismus den absoluten Höhepunkt der fremdenfeindlichen, rassistischen Haltung der Nazis dar. Der Satz aus »Mein Kampf«: »*Was nicht gute Rasse ist auf dieser Welt, ist Spreu*« zielte nicht mehr allein auf die Slawen, sondern bereits auf die Juden. Die ersten antisemitischen Filme entstanden schon vor dem Hitlerregime. Zum Beispiel »Zwei Welten« von E. A. Dupont (1930), welcher Film in der Zeit des Ersten Weltkriegs »*im Offiziers-Milieu und in einem galizischen Ghetto*«, spielte und »*die rassischen und religiösen Konflikte eines preußischen Offiziers, der sich in eine junge Jüdin verliebt hatte,*« behandelte. (Herbert G. Luft, »E. A. Dupont« – Anthologie du cinéma«, VI). Die bösartigen Anspielungen nahmen zu, als in den Versammlungssälen der Nazis Spruchbänder mit Sätzen wie »*Die Juden sind unser Unglück*« und »*Frauen und Mädchen, die Juden sind euer Verderben*« auftauchten.

Bezeichnend sind die Schwierigkeiten, die einigen Stars damals gemacht wurden. Beispielsweise Henny Porten, die mit einem Juden verheiratet war, oder Hans Albers, der mit einer Jüdin zusammenlebte. Henny Portens Karriere war mit Hitlers Machtübernahme jäh zu Ende. Zwei Jahre war sie völlig ohne Engagement, danach arbeitete sie nur selten. Keine Drangsal blieb ihr erspart: als Pabst sie für die Rolle der Caroline Neuber in »Komödianten« haben wollte, mußte sie diese Käthe Dorsch überlassen und sich mit einer Nebenrolle bescheiden. Nach der Zerstörung ihres Hauses durch einen Bombenangriff begann für sie eine Flucht durch ganz Norddeutschland.

Inzwischen hatten die Thesen Rosenbergs, die von der Partei rasch und mit schrecklicher Eindringlichkeit verbreitet und praktiziert wurden, ganz Deutschland überschwemmt. Öffentlich war es nicht mehr möglich, die Juden anders zu sehen als ein »*stets feindliches Parasitenvolk*« und als »*Schmarotzer*«. 1938 wurde zum entscheidenden Jahr. Das Hetzblatt »Der Stürmer«, das der verbitterte Schullehrer Julius Streicher, Verfasser einer Reihe antisemitischer Broschüren, herausgab und das in mehreren hunderttausend Exemplaren erschien, vergleicht im Oktober die Juden mit gefährlichen Mikroben: »*Bazillen, Ungeziefer und Schädlinge können nicht geduldet werden. Sie müssen aus Sauberkeits- und aus hygienischen Gründen unschädlich gemacht werden durch Abtötung.*«

Das geschah. Am 10. November wurden während der sogenannten »Kristallnacht« Hunderte von Synagogen in Brand gesteckt und Tausende von jüdischen Läden geplündert. 20 000 Juden wurden in Konzentrationslager verschleppt. Das war der Beginn der »*Endlösung der Judenfrage*«, wie Hitler sich auf seiner Reichtagsrede vom 30. Jan. 1939 offiziell ausgedrückt hatte.

1939 entstanden auch zwei Filme, die man zwar als nicht sehr wichtig ansehen kann, die jedoch die ersten wirklich antisemitischen Filme des Dritten Reichs sind. Der Film »Robert und Bertram« von Hans Heinz Zerlett gibt sich als eine Musikkomödie aus dem Berlin des Jahres 1839: »*Zwei leichtsinnige Gesellen versuchen, sich ohne Geld durchzuschlagen. Um einer blondbezopften und blauäugigen deutschen Maid (aus reinem Mitgefühl) helfen z können, sind sie gezwungen, Geld aufzutreiben. Im Hause des jüdischen Bankiers Ipelmeyer stehlen sie, was ihnen unter die Hände kommt... Mit dem gestohlenen Geld wird das deutsche Mädchen beglückt. Dessen Liebhaber, früher ein schüchterner Tolpatsch, wurde inzwischen durch seine militärische Erziehung zum strammen germanischen Recken herangebildet. Robert und Bertram aber dürfen für ihre gute Tat in den Himmel schweben, wo sie ihr neckisches Spiel mit pausbäckigen Biedermeierengeln in alle Ewigkeit weiterspielen können*« (Holba und Blobner, 1962). Als es 1942 notwendig erschien, der Moral des Publikums um jeden Preis auf die Beine zu helfen, änderte man den Schluß des Films: lächelnd verpflichteten sich die beiden Komplizen nun zum Militärdienst, und zwar unter dem Kommando des jungen Bräutigams. Der Kern aber blieb erhalten: die Figur des neureichen jüdischen Bankiers und seiner Braut, beide hinreichend lächerlich gemacht, um die Diebereien in ihrem Hause zu rechtfertigen. Während eines Maskenballs bei Ipelmeyer bemerkt ein Gast, dessen Haus müsse ja wohl ein Vermögen gekostet haben. Als Antwort erhält er: »*Es hat sogar noch mehr gekostet: nicht Herrn M. Ipelmeyer, aber die Leute, die er betrogen hat.*«

»Leinen aus Irland« scheint der einzige bedeutende Film von Heinz Helbig gewesen zu sein. Auf jeden Fall wurde ihm das Prädikat »staatspolitisch und künstlerisch wertvoll« zuteil. Der Film, der nicht unmittelbar mit Irland zu tun hat, spielt 1910 unter böhmischen Stoffwebern und Prager Textilindustriellen. Doktor Kuhn (vormals Kohn), Generalsekretär einer großen Textilfabrik, versucht, den Markt in Mittel- und Osteuropa in die Hand zu bekommen, um auf diese Weise auch den Weltmarkt entscheidend beeinflussen zu können. Zur gleichen Zeit bemüht er sich heftig um die Tochter des Präsidenten der Firma, um die blonde Lilly. Sein Plan ist raffiniert: er will vom Handelsminister die Vollmacht zum zollfreien Import irischer Stoffe erwirken. Damit könnte er die Stoffhändler aus dem Sudetenland mit einem Schlag ruinieren. Doch der heimtückische Anschlag scheitert, und zwar an einem unbestechlichen Ministerialrat, der schließlich auch die Hand der schönen Lilly erhält.

Für Leiser stellen sich die Absichten des Regisseurs folgendermaßen dar: »*In diesem Film ist der Jude lediglich gefährlich, weil die vertrottelten Bürokraten in Wien ihn nicht durchschauen. Im ›Illustrierten Film-Kurier‹ wird auch darauf hingewiesen, daß die Handlung sich in der alten Monarchie der Habsburger abspielt, diese ›trägt schon deutliche Spuren des Verfalls an sich, nationale und soziale Probleme drängen nach Lösungen‹. Damit ist nebenbei auch die Notwendigkeit des Anschlusses Österreichs ans Reich begründet worden. In einem von Nationalsozialisten gelenkten Staat ist der einheimische Stand der Weber gegen internationale Machenschaften dunkler Mächte, wie sie ein Dr. Kuhn verkörpert, geschützt. Kuhn tritt als eleganter Intrigant auf, den sein Onkel Sigi jedoch immer wieder an seine Herkunft erinnert. Das Paar Kuhn – Sigi soll das Publikum davon überzeugen, daß die äußere Eleganz eines Juden nur Fassade ist, hinter der die feige, brutale Hinterlist von wachen Antisemiten sofort entdeckt wird.*«

Am 12. Oktober 1939, als Konsequenz von Reinhard Heydrichs Brief vom 21. September an alle Dienststellen des Reichssicherheitsdienstes, begannen die großen Deportationen von österreichischen und tschechischen Juden nach Polen. Am 23. November wurde für Juden das öffentliche Tragen des gelben Sterns zur Pflicht gemacht, und ab dem 10. Februar 1940 wurden zum erstenmal deutsche Juden nach Osten deportiert. Im gleichen Jahr versuchen drei Filme diese Verschleppungen zu erklären und zu rechtfertigen: »Die Rothschilds« von Erich Waschneck, »Jud Süß« von Veit Harlan und »Der Ewige Jude« von Fritz Hippler.

DIE ROTHSCHILDS

Frankfurt am Main im Jahre 1806, London, Paris im Jahre 1811, Brüssel 1815, Ostende… Die Juden sind überall, und mit allen Mitteln versuchen sie, immer größere Profite zu machen. Während Napoleon die europäische Staatenordnung zerstört, bauen die Rothschilds ihr Finanzimperium auf. »*Während die Völker auf den Schlachtfeldern verbluten, spekuliert der*

Jude an der Börse«, verkündet ein Zwischentitel. Ein weiterer warnt »*Die jüdische Internationale macht sich ans Werk*«. Darauf folgen in rascher Montage grinsende, lüsterne Gesichter und Hände, die gierig Goldstücke zusammenraffen.

Diese kurze Szene gibt bereits das Klima des einzigen wichtigen Films von Regisseur Waschneck wieder – (zuvor Kameramann, ab 1926 Regisseur). Zur gleichen Zeit, als sein Film in die Kinos kam, begann in den Konzentrationslagern die Ausrottung von Juden und Zigeunern. Der Film ist, ebenso wie »Jud Süß« und »Der ewige Jude«, von einem bösartigen, aggressiven Antisemitismus bestimmt, der keine Nuancen kennt, ein Aufruf zu Haß und Mord. Nachweislich historische Tatsachen werden vereinfacht, zur Karikatur verfälscht, um eine, wie man es zu formulieren pflegte, unwerte und übelwollende Rasse zu stigmatisieren. »*Den Landgrafen von Hessen zwingen die unruhigen Zeiten, englische Staatspapiere im Werte von 600 000 Pfund bei dem jüdischen Bankier Mayer Anselm Rothschild in Frankfurt zu deponieren. Rothschild schickt diese Papiere seinem Sohn Nathan, der seit drei Jahren als Bankier in London lebt. Mit diesem Geld erwirbt dieser auf einer Auktion eine Goldladung der Ostindischen Kompanie und dringt hierdurch in den Geschäftsbereich der Londoner Hochfinanz ein. Es gelingt ihm trotz des Widerstandes der englischen Großbankiers, mit dem britischen Schatzamt in Geschäftsverbindung zu treten, für das er u. a. Geldtransporte zu den in Spanien gegen Frankreich kämpfenden Truppen übernimmt. Das Geld läuft illegal über Paris, wo sich sein Bruder James inzwischen etabliert hat, I alien, Nordafrika nach Spanien durch viele jüdische Hände, wobei sich die ursprüngliche Summe von 10 000 Pfund auf 5500 verringert. Durch mehrere derartiger erfolgreicher Geschäfte arbeitet sich Nathan Rotschild in London hoch; selbst Wellington gerät in seine finanzielle Abhängigkeit. Der Zugang zur Londoner Gesellschaft jedoch bleibt Nathan verschlossen. In Bankier Turner steht ihm ein energischer, standesbewußter Widersacher gegenüber. Endlich gelingt ihm der größte Coup: Durch seine jüdischen Spitzel erfährt er als erster in London von dem Sieg über Napoleon bei Waterloo. Er streut das Gerücht von einer englischen Niederlage aus und benutzt die Panik an der Börse, die zu riesigen Kursstürzen der englischen Staatspapiere führt, um diese aufzukaufen. Als die offizielle Siegesnachricht in London eintrifft, sind die englischen Bankiers bankrott, Nathan Rothschild hingegen ist in wenigen Stunden zum Multimillionär aufgestiegen. Kurze Zeit später gibt Mayer Anselm in Frankfurt die so genutzten englischen Staatspapiere an den Landgrafen von Hessen zurück und gewährt ihm feilschend 5 % Zinsen*« (Kochenrath).

Die Londoner Rothschilds benehmen sich wie Verschwörer (sie lauschen an Türen), haben begehrliche Augen und auf ihren dicken, vollgefressenen Körpern sitzen füchsisch-schlaue Köpfe. Aus Gier und Liebe zum Geld sind sie zu jedem Opfer, jeder Gemeinheit, jedem Verbrechen fähig. Der alte

Rothschild lebt in Frankfurt in einer finsteren Höhle, in der es von Ungeziefer wimmelt. Gestenreich lamentiert er über seine Armut, währenddessen er um Zinsen schachert.

Welches Niveau dieser Karikatur von einer Figur im Film zugestanden wird, beweisen einige Dialogzeilen: *Viel Geld können wir nur machen mit viel Blut«; »Neuigkeiten gibt es nur, was Geld betrifft!«; »Wir sind allmächtig wie Gott«.* Die Zwischentitel hämmern überdies noch ein, was eventuell nicht ganz klar sein könnte: *»Alles um des Geldes willen«.* In dieser Monster-Galerie, wo die unschuldigen Opfer der *»jüdischen Internationale«* keine Gnade erwarten können, ist für die englischen Finanziers ein spezieller Platz reserviert. Deutschland befand sich am Anfang des Krieges, die Engländer galten als der Feind Nummer eins, also war jede Gelegenheit recht, um in diesem Film die Engländer als die Komplizen der Rothschilds anzuprangern (*»Du sagst Rothschild, ich sage England«*, äußert die Tochter eines englischen Bankiers ihrem Vater gegenüber. Dieser antwortet: *»Aber das ist das Gleiche. Wir sind eine Filiale von Jerusalem«).* Im Kommentar wird sodann eine Art *»Happy End«* angekündigt: *»Als die Arbeit an diesem Filmwerk beendet war, verließen die letzten Nachkommen der Rothschilds Europa als Flüchtlinge. Der Kampf gegen ihre Helfershelfer, die britische Plutokratie, geht weiter.«*

»Die Rothschilds« kamen 1940, als der Krieg schon mehrere Monate dauerte, zur Vorführung und hatten, wenn man der *»Morgenpost«* glauben darf, großen Erfolg in Deutschland: *»Das Publikum... bekennt sich mit demonstrativem Beifall zu einem Film, der aus dem Rückblick auf das Europa von gestern die Ordnung aufleuchten läßt, für die Deutschland heute kämpft.«* Der *»Berliner Lokal-Anzeiger«* vom 18. Juli 1940 war der Meinung, es müsse *»vor allem auf die absolute historische Treue hingewiesen werden, die fern von billiger Tendenzwirkung die grauenvolle Epidemie zeichnet, die ›Rothschilds‹ hieß...«*

Rein von der Machart her, gibt es nichts, was den Erfolg dieses Films verständlich machen könnte. Er wurde ausschließlich im Studio gedreht, ist theatralisch und geschwätzig und kommt über die Mittelmäßigkeit einer großen Zahl historischer Nazifilme nicht hinaus. Die idyllische Schilderung der Beziehungen zwischen George und Phyllis, einem jungen Paar aus der feinen englischen Gesellschaft und den einzigen sympathischen Figuren des Films, ist platt und geziert.

Bleibt der politische Inhalt des Films, der gut und gerne aus dem *»Stürmer«* hätte genommen sein können und der offenbar im Jahre 1940 dem Krieg gegen England und seine Alliierten die Dimensionen eines Kreuzzugs geben sollte.

JUD SÜSS
»Jud Süß« ist unter allen Nazifilmen der bekannteste. Ohne Zweifel steht

184

er für den Rassismus des Regimes und dessen Kunst. Er bedeutet Mordhetze um der ethnischen Reinheit willen. Mit 6,2 Millionen Mark Einspielergebnis war er in Deutschland und den besetzten Ländern auch einer der größten kommerziellen Erfolge während des Krieges.

Am 21. Februar 1941 schrieb »Le Parisien« über »Jud Süß«: »*Dieser Film ist kein Phantasieprodukt, sondern entspricht vollkommen den historischen Tatsachen, die bisweilen noch dramatischer sind als alles, was man sich ersinnen könnte.*« Und Robert de Beauplan, der Kritiker vom Dienst bei »Illustration«, rechtfertigte das Machwerk: »*Man kann natürlich nicht sagen, dieser Film verfolge keinen propagandistischen Zweck: indem man uns an einem historischen Beispiel vor Augen führt, welches Unglück die Machenschaften Israels über ein Volk bringen können, behandelt man ein Thema von brennender Aktualität und dies mit der Absicht, einmal die heutige Generation vor einer Gefahr zu warnen, die ihre Vorfahren nicht erkannten, zum anderen um die Maßnahmen zu rechtfertigen, die der deutsche Nationalsozialismus gegen die Juden getroffen hat. Aber die Propaganda beeinträchtigt nicht das Kunstwerk: ›Jud Süß‹ ist in Bezug auf seine dramatische Machart, die Qualität seiner Bilder und die guten schauspielerischen Leistungen ein erstklassiger Film. Zudem respektiert er äußerst gewissenhaft die historische Wahrheit. Selbst noch die kleinsten Details des Drehbuchs und der Inszenierung stützen sich auf sichere Quellen*« (1. März 1941).

Die beiden Argumente, mit denen die Verteidiger dieses Films arbeiteten, sind hier bereits genannt: das Drehbuch respektiert angeblich die historische Wahrheit, und als Kunstwerk muß der Film selbst jene zufriedenstellen, die von der Propaganda verschreckt werden könnten.

Joseph Süß Oppenheimer war als leiblicher Sohn des Freiherrn von Heydersdorff und der Tochter eines jüdischen Kantors aus Frankfurt lediglich Halbjude. Er wurde Finanzrat beim Herzog von Württemberg und hatte von 1733 bis 1737 bei seiner Tätigkeit viel Erfolg. Freilich machte er sich dabei die Landstände zu Feinden, die in erster Linie darauf bedacht waren, ihre Privilegien zu sichern. Nach dem Tod des Herzogs wurde Süß vor Gericht gestellt und zum Tode verurteilt. Während des Prozesses war keine Rede von Süß' intimen Beziehungen zu hochgestellten Damen der Gesellschaft, die sonst nämlich nach dem Gesetz als mitschuldig hätten gelten müssen.

1827 schrieb Wilhelm Hauff eine Novelle über dieses Thema, und 1925 erschien Lion Feuchtwangers Roman »Jud Süß«, den Lothar Mendes neun Jahre später in England als Vorlage für einen prosemitischen Film verwandte.

Goebbels und Veit Harlan haben ganz offensichtlich etwas anderes beabsichtigt. »Jud Süß« sollte das »*Judentum, wie es ist*« präsentieren. Den Zeitungen wurde deswegen die Auflage gemacht, das Wort »Propaganda« in diesem Zusammenhang zu vermeiden, der Zuschauer sollte selbst seine

Schlüsse ziehen. Damit diese denn auch richtig ausfielen, zeigte man Süß und seine Glaubensgenossen möglichst schmutzig und schmierig.

Höhepunkt des Zynismus ist es, daß man für die jüdische Statisterie eigens Ghettobewohner von Warschau vor die Kamera holte.

Karl-Alexander, Herzog von Württemberg (Heinrich George), ist ein schwacher Mensch, der gute Küche und die Vergnügungen allzu sehr liebt. Davon profitiert Süß (Ferdinand Marian). Er weitet seinen Einfluß aus, und Stuttgarts Tore öffnen sich für die Juden. Die rechtschaffenen deutschen Tugenden werden von der Familie des Staatsrats Sturm (Eugen Klöpfer), seiner Tochter Dorothea (Kristina Söderbaum) und deren Verlobtem, dem Kanzleischreiber Faber (Malte Jäger), verkörpert. Süß setzt alles daran, um Dorothea zur Frau zu bekommen. Nachdem er nicht zu seinem Ziel gelangt, erpreßt er sie und macht sie sich gefügig. Nun überstürzen sich die Ereignisse: der Herzog stirbt an einem Blutsturz; man entdeckt, daß Dorothea aus Scham und Ekel ins Wasser gegangen ist. Die wütende Menge nimmt Süß gefangen, er wird zum Tode verurteilt. Eingesperrt in einen Käfig, wird er zu einem hohen Galgen hinaufgezogen und dann trotz seiner Unschuldsbeteuerungen aufgehängt. Ein Richter verliest dazu einen Erlaß vom 7. Februar 1738, nach welchem alle Juden Württemberg zu verlassen hatten. Sie wurden samt ihren Kindern und Kindeskindern mit dem »Judenbann« belegt.

In »Mein Kampf« befaßt sich Hitler bereits mit der Stellung des Juden im zerstückelten Deutschland des 18. Jahrhunderts: »*Seine Wucherzinsen erregen endlich Widerstand, seine zunehmende sonstige Frechheit aber Empörung, sein Reichtum Neid... Seine blutsaugerische Tyrannei wird so groß, daß es zu Ausschreitungen gegen ihn kommt... In Zeiten bitterster Not bricht endlich die Wut gegen ihn aus, und die ausgeplünderten und zugrunde gerichteten Massen greifen zur Selbsthilfe, um sich der Gottesgeißel zu erwehren. Sie haben ihn im Laufe einiger Jahrhunderte kennengelernt und empfinden schon sein bloßes Dasein als gleiche Not wie die Pest... In dem Maße, in dem die Macht der Fürsten zu steigen beginnt, drängt er sich immer näher an diese heran. Er bettelt um ›Freibriefe‹ und ›Privilegien‹, die er von den stets in Finanznöten befindlichen Herren gegen entsprechende Bezahlung gerne erhält... So führt seine Umgarnung der Fürsten zu deren Verderben... Der Jude weiß ihr Ende genau und sucht es nach Möglichkeit zu beschleunigen. Er selber fördert ihre ewige Finanznot, indem er sie den wahren Aufgaben immer mehr entfremdet, in übelster Schmeichelei umkriecht, zu Lastern anleitet und sich dadurch immer unentbehrlicher macht. Seine Gewandtheit, besser Skrupellosigkeit in allen Geldangelegenheiten versteht es, immer neue Mittel aus den ausgeplünderten Untertanen herauszupressen, ja herauszuschinden... So hat jeder Hof seinen ›Hofjuden‹ – wie die Scheusale heißen, die das liebe Volk bis zur Verzweiflung quälen...*«

Die Juden werden in »Jud Süß« als schmutzige, korrupte Wesen beschrieben, vor denen ein Arier nur physischen Ekel und Abscheu empfinden kann. »*Meine Tochter wird keine jüdischen Kinder in die Welt setzen*«, verkündet Sturm und sagt, nachdem er Süß abgewiesen hat und das Fenster öffnet: »*Endlich, frische Luft!*« Werner Krauß spielt gleich mehrere bösartige Figuren: einen senilen Alten mit groteskem jüdischen Akzent, den Rabbi Loew, der auf der Suche nach einem neuen Heiligen Land ist, das sehr wohl in Württemberg liegen könnte, und schließlich Levy, den Sekretär von Süß. Gewiß, für sich betrachtet, sind das nur Schauspielerleistungen, unverzeihlich jedoch in einer Epoche, da Juden verfolgt und systematisch ausgerottet wurden.

Nach dem Krieg versuchte Veit Harlan, sich zu rechtfertigen und die Bedeutung seines Films herunterzuspielen. Erklärungen allerdings, die er am 20. Januar 1940 in »Der Film« erscheinen ließ, lassen keinen Zweifel an seinen damaligen Absichten: »*Es soll gezeigt werden, wie alle diese verschiedenartigen Temperamente und Charaktere, der gläubige Patriarch, der gerissene Betrüger, der schachernde Kaufmann usw. letzten Endes aus einer Wurzel kommen... Hier zeige ich das Urjudentum, wie es damals war und wie es sich heute noch ganz rein in dem einstigen Polen erhalten hat. Im Gegensatz zu diesem Urjudentum steht nun der Jud Süß, der elegante Finanzberater des Hofes, der schlaue Politiker, kurz: der getarnte Jude.*«

Das entsprach exakt den Propagandaabsichten des Regimes. Der Film erhielt denn auch das Prädikat »staatspolitisch und künstlerisch besonders wertvoll« und »jugendwert«. Die Werbung beseitigte die allerletzten Zweifel an den Zielen des Streifens. In einer Broschüre der »Terra« heißt es unter anderem »*Pfoten weg, Jude, von der deutschen Frau!*«. Wulf teilt mit: »*Der Film ›Jud Süß‹ wurde im Osten immer dann, wenn eine ›Aussiedlung‹ oder Liquidation im Ghetto bevorstand, der ›arischen‹ Bevölkerung gezeigt. Wahrscheinlich erachtete man es für ein gutes Mittel, jeder Hilfe seitens der nichtjüdischen Bevölkerung vorzubeugen.*« Ein Himmler-Befehl vom 30. September 1940 ordnete an, alle Maßnahmen zu ergreifen, damit die gesamte SS und die Polizei während des Winters den Film »Jud Süß« sehen konnte. Auch dem Wachpersonal der Konzentrationslager wurde der Film vorgeführt. Während des Auschwitz-Prozesses in Frankfurt am Main, gab SS-Rottenführer Stefan Baretzki zu, daß die Lagerinsassen nach der Filmvorführung mißhandelt worden seien. In Berlin kam es nach Kinobesuchen zu Demonstrationen, in denen gefordert wurde: »*Jagt die Juden vom Kurfürstendamm!*« und »*Vertreibt die letzten Juden aus Deutschland!*« Blobner und Holba berichten in »Films and Filming« (Dezember 1962), daß in Wien ein alter Jude von einer Horde Hitlerjungen, die aus dem Film kam, beinahe zu Tode gesteinigt worden sei.

In einem offiziellen, an Rabbi Prinz adressierten Brief vom 24. Juli 1948 verteidigte sich Veit Harlan folgendermaßen: »*... Angeklagt wird der Film ›Jud Süß‹. Der Vorwurf bedeutet: Ein Hetzfilm, der das Judentum verleum-*

det und damit zum Progrom aufrief. *Die Antwort meiner Verteidiger wird lauten: Keine Hetze, sondern Darstellung des jüdischen Problems mit künstlerischen Mitteln, kein verzerrtes Bild, sondern Aussprache des Wesentlichen, des Menschlichen. Von dem Zwang, der auf sämtliche Künstler ausgeübt wurde, will ich in diesem Brief nicht sprechen. Ich versichere Sie jedoch, daß ich mit der Partei, mit dem Antisemitismus und mit der ganzen nationalsozialistischen Ideologie nicht das geringste zu tun hatte...«* In seiner 1966 erschienenen Autobiographie versucht der Regisseur, mit dem Dämon fertig zu werden, der *»mein und meiner Familie Leben so entsetzlich verdunkelt hat«*. Allein elf Kapitel, rund 40 Seiten, befassen sich ausschließlich mit »Jud Süß«. Hier einige bemerkenswerte Auszüge. *»Ein Drehbuchautor namens Metzger hatte bereits vor 1933 ein Drehbuch ›Jud Süß‹ verfaßt... Goebbels hatte... sämtlichen Filmfirmen die Auflage gemacht, antisemitische Filme zu drehen. Davon las Metzger. Er schrieb ein neues, anscheinend recht abscheuliches Drehbuch und reichte es bei dem Dramaturgen der Terra, Alf Teichs, ein... Der Produktionschef Dr. Brauer ernannte sich sofort selbst zum Regisseur des Films... Es wurde bald bemerkt, daß dieses Drehbuch von Metzger miserabel war. Der Staatssekretär Gutterer zog darum einen neuen Autor hinzu, und zwar Eberhard Wolfgang Möller, der ein erfolgreicher Autor und Leiter irgendeiner Abteilung des Propagandaministeriums war... Das Drehbuch, das Eberhard Wolfgang Möller aus der Vorlage von Metzger verfertigte, hatte die bekannte Novelle von Wilhelm Hauff zur Vorlage. Die Herren sind auch nach Stuttgart hinuntergefahren, in die Stadt, in der Süß Oppenheimer gehenkt worden war. Sie haben in den Archiven die Dokumente über den Prozeß von Süß gefunden und durchstudiert, um möglichst dokumentarisch sein zu können... Aber weder die Rolle des ›Herzogs‹ noch die Rolle des ›Rabbi Löw‹ waren besetzt. Sowohl Heinrich George als auch Werner Krauß hatten sie rundweg abgelehnt. Gustaf Gründgens hatte ihnen was gehustet... Es waren Probeaufnahmen von Ferdinand Marian gemacht worden. Bei diesen Probeaufnahmen hatte sich Marian wie der ›alte Dessauer‹ gekleidet und so talentlos wie nur möglich angestellt, um die Rolle loszuwerden. Zu seinem Schaden hatte er aber seine Talentlosigkeit so stark übertrieben, daß die offensichtliche Obstruktion Goebbels, als er die Aufnahmen sah, nicht entging... Er setzte den Produktionschef Brauer, der sich selbst zum Regisseur dieses Films erwählt hatte, ab und gab ihm den Befehl, mich anzurufen und mir die Regie dieses Films zu übertragen... Nachdem ich ungefähr 20 Seiten des Buches gelesen hatte, rief ich Brauer an und sagte ihm, es sei völlig ausgeschlossen für mich, dieses Drehbuch zu inszenieren, und er solle sich einen anderen suchen... Brauer gab zur Antwort: ›Es ist ein Befehl des Ministers, daß Sie dieses Buch inszenieren.‹«*

Reichsfilmintendant Hippler, an den Harlan sich nun wandte, vermittelte für den nächsten Tag eine Unterredung mit Goebbels. Der Minister verlangte, Harlan solle ihm einen Drehbuchvorschlag machen, der seiner Kritik an dem Drehbuch entspreche, und er solle sich beeilen, »*da er diesen Film vorrangig brauche.*« Goebbels fügte hinzu: »*Und die weibliche Hauptrolle spielt Kristina Söderbaum.*« Harlan wandte ein, »*Daß seine Frau gerade erst entbunden habe, daß sie unseren Sohn nähre und daß sie außerdem nierenkrank sei – also im Augenblick gar nicht imstande, in einem Film aufzutreten.*« Daraufhin ließ Goebbels die erste »Jud Süß«-Version mit Conrad Veidt vorführen. Im Gegensatz zur allgemeinen Meinung war Harlan der Auffassung, daß dieser Film von Lothar Mendes »*eine deutlich antisemitische Wirkung*« hinterließ. Von diesem Zeitpunkt an versuchte er, sich zu drücken: »*Um dem Goebbels-Befehl doch noch zu entgehen, meldete ich mich mit Billigung meiner Frau kriegsfreiwillig... (Der Minister) forderte mich auf, die Freiwilligenmeldung zurückzuziehen und unverzüglich mit der Bearbeitung des Drehbuches zu beginnen, Besetzungsvorschläge zu machen... In den nächsten Tagen wurden Anschläge an den schwarzen Tafeln im Propagandaministerium und in den Filmateliers gemacht, auf welchen zu lesen stand, daß jede Freiwilligenmeldung an die Front mit Desertion bezeichnet und entsprechend geahndet würde...*«

Dennoch kommt die Besetzung zustande. Von nun an beginnt das »Martyrium« des Regisseurs als »unfreiwilligem« Komplizen der Nazis. »*Ich war also von der Elite der größten deutschen Schauspieler umgeben. Auf diese Weise konnte ich hoffen, das bösartige Thema wenigstens auf eine künstlerische Basis zu heben und seine Bösartigkeit zu mildern... Daß Süß am Schluß gehenkt wurde, war eine geschichtliche Tatsache, der ich versuchte, das Zeichen eines großen Unrechts beizugeben, und das, obwohl er geschichtlich zu recht gehenkt wurde... Ich mußte immer neue Änderungen machen, und die Änderungen wurden wieder verändert. Streckenweise war der beängstigende ›grüne Ministerstift‹, mit dem Goebbels ›selbst‹ schrieb, in den korrigierten Drehbuchseiten zu sehen... Schließlich verlangte er von mir, daß ich ›Schächt-Szenen‹, die er im Warschauer Ghetto hatte aufnehmen lassen, ... in den Film hineinnehmen sollte... Goebbels hatte befohlen, daß ich mir diese etwa 1500 Meter langen Szenen in der Filmvorführung des Propagandaministeriums ansehen sollte. Ich mußte mir eine Flasche Kognak bringen lassen, um die Vorführung überhaupt überstehen zu können. Die meiste Zeit über schloß ich die Augen ... Er brachte übrigens später diese Schächt-Szenen in dem Film ›Der ewige Jude‹ unter ...*«

In dem von mir inszenierten Film wird also ein Jude gezeigt, der seine eigenen Millionen opfert, um seine Stammesgenossen nach Stuttgart zurückführen zu können, über welcher Stadt dem Gesetz nach ›der Judenbann‹ lag. Dieser Jude betreibt mit dem Rabbinat zusammen systematisch die Bekämpfung des Antisemitismus. Er entfesselt schließlich eine Revolution gegen die Antisemiten... Selbstverständlich begeht Oppenheimer in dem Film auch Untaten. Der historische Dieb jedoch, der Betrüger, der Ämterverkäufer und Geldfälscher, der sich auf gemeine Weise bereichert – ist er in meinem Film nicht.

Selbstverständlich hat der Film in den antisemitischen Rollen einen starken antisemitischen Ausdruck, der natürlich, da das ja ein nationalsozialistisches Thema war, ebensowenig weggelassen werden konnte wie in einem kommunistischen Propagandafilm die Verurteilung des Kapitalismus. In diesem Sinne spiegelte der Film die Zeit wider, in der er gemacht wurde. Der von mir inszenierte Film war aber nicht angelegt, daß er die Menschen auf die Seite der Antisemiten rief. Die große und unentschuldbare Sünde des Jud Süß in dem von mir inszenierten Film ist die Tatsache, daß er sich die Frau, die er liebt und die er heiraten will, die ihm aber nicht gegeben wird, weil er Jude ist, mit Gewalt nimmt. Es ist die einzige Sünde des Juden. Sie ist keinesfalls mit den niedrigen Untaten zu vergleichen, die der geschichtliche Jud Süß in zahllosen Fällen durch seine Sexualverbrechen begangen hat... Es muß betont werden, daß in dem Film Süß Oppenheimer den Vater Dorotheas um die Hand seiner Tochter bittet. Statt einer Antwort reißt der Vater die Fenster auf, damit die Luft des Zimmers nicht von dem Juden verpestet werde. Diese Szene ließ es später begreiflich erscheinen, warum Süß Oppenheimer sich für die ihm damit angetane Schmach so tierisch rächt. Aus seiner Liebe wurde Haß – und dieser Haß antwortet dem antisemitischen Haß – ... Wir hatten ausgemacht, weil wir ja im Atelier beobachtet wurden, daß das von mir leise gesprochene Wort ›Stürmer‹ für Marian und Krauß das Stichwort sein sollte, das die Schauspieler dämpft, wenn sie in ihrer komödiantischen Freude am Spiel zu stark ›mauschelten‹ oder Bewegungen machten, die in ihrer Akzentuierung antisemitische Wirkungen hervorrufen konnten. So hielten wir es während der Probeaufnahmen und auch später den ganzen Film hindurch. Wir hatten beschlossen, den Antisemitismus von den Antisemiten spielen zu lassen, also von den Nazis, und ihn nicht in die jüdischen Gestalten zu legen.

In den Synagogenszenen griff ich in die Darstellung als Regisseur nicht ein einziges Mal ein. Ein Rabbiner unterwies Werner Krauß in allem, was dem Ritus entspricht. Krauß selbst war sehr darauf bedacht, seinen Rabbiner ganz echt zu gestalten... Ich verstand davon gar nichts, und darum ließ ich diesen Ritus allein von den Juden gestalten... Ehe wir bei der Ufa in Berlin ins Atelier gingen, wurden uns vom Propagandaministerium mehrere Filme gezeigt, die von der ›Habima‹ hergestellt worden waren. Die ›Habima‹ ist ein altes jüdisches Theater, das einstmals in Moskau von dem Regisseur Wachtangoff gegründet wurde, der ein Schüler des größten russischen Regisseurs Stanislawski war... Da wir uns die Filme mehrmals ansahen – namentlich Krauß war ganz besessen von der Darstellung und hat sie später auf seine Rollen sehr deutlich übertragen – erging ein Verbot der Reichskanzlei, diese Vorführungen fortzusetzen... ›Das Schwein‹ war der Herzog. Und die Antisemiten vertraten eben die Ansichten des Nationalsozialismus. Jeder Zuschauer konnte selbst entscheiden, wer in diesem Film unrecht tat und wer nicht...

Während der Herstellung mußten laufend die gedrehten Szenen, die ›Muster‹, täglich ins Propagandaministerium geschickt werden. Es gab selten Be-

anstandungen. Muster, die mir zu gefährlich erschienen, wurden nicht mitge-
schickt... Schließlich kam der erste Einwand von Goebbels. Es gefiel ihm
nicht, daß Krauß sich in keiner seiner Rollen eine gebogene jüdische Nase mit
Nasenkitt geklebt hatte ... Als der Film fertig war und dem Propagandamini-
sterium zur Abnahme vorgelegt wurde, waren der Regisseur und die Schau-
spieler nicht dabei ... Viele hundert Personen saßen in dem großen Vorführ-
raum ... Nach der Vorführung wurde ich in meiner Wohnung angerufen. Ich
bekam den Befehl, sofort ins Propagandaministerium zu kommen ... Goeb-
bels hatte sich in den sogenannten ›Thronsaal‹ begeben. Etwa hundert Zu-
schauer (oder mehr) waren ihm gefolgt. Es waren meist uniformierte SS-
Leute oder Soldaten ... Er war maßlos empört. Er betonte von vornherein,
daß ich ›ein gewisses Pardon‹ genösse, weil ich unfähig sei, ›politisch zu den-
ken‹ ... Er übertrieb maßlos und behauptete, ich hätte aus dem ›Scheusal‹ Süß
einen ›Romeo‹ gemacht. Natürlich griff er den Schluß des Films ganz beson-
ders an ... Die Szenen des ›säuselnden Romeo Marian‹, die vom Lächeln Kri-
stina Söderbaums ›zurückgesäuselt‹ würden, müßten selbstverständlich aus
dem Film verschwinden ... Dann entwarf er einen neuen Schluß ...

Goebbels ließ sich auch von seinen Mitarbeitern anhand des Drehbuchs
Vorschläge machen, an welchen Stellen man dem Text nachträglich eine anti-
semitische Wirkung aufsynchronisieren könnte. Dann ließ er den gesamten
Text des Fluches wegnehmen. (Der von Süß am Schluß ausgestoßen wird).
Marian mußte in einem Synchronisationsraum irgend etwas Erbärmliches
winseln und um Gnade bitten, während er in seinem Käfig hochgezogen wur-
de. Einige der Großaufnahmen, in denen er den Fluch deutlich sichtbar
sprach, wurden herausgeschnitten und dafür Aufnahmen eingeschnitten, in
denen Süß in seinem Käfig nur aus der Ferne zu sehen war. Die ganze Szene
wurde auch wesentlich gekürzt ... Der Film bekam durch diese Veränderung
wohl einen hetzerischen Charakter, den er vorher – trotz des in ihm vertrete-
nen Antisemitismus – nicht hatte. Und gewiß habe ich die von Goebbels ge-
änderte Form – die später in den Kinos lief – überhaupt nicht zu verantworten
... Die Vorreklame, die für den Film ›Jud Süß‹ gemacht wurde, hatte damals
unter den Juden und auch unter anderen Feinden des Nationalsozialismus
mehr Angst erzeugt, als später die Wirkung des Films. Diese Vorreklame
hatte mein Freund, der Pressechef der Terra, Dr. Knauff, gemacht bzw. ma-
chen lassen. Das Gesicht des Süß – also Marians Gesicht – erschien grün ge-
malt mit gelben Augen auf riesenhaften Plakaten. Die Schrift war hebrä-
ischen Schriftzeichen angeähnelt. Es erschien auch eine Fülle von Zeichnun-
gen und Fotografien mit hetzerischen, antisemitischen Unterschriften ... Der
Film ›Jud Süß‹ hatte in der Presse einen Monstererfolg ... Fraglos kam der
Antisemitismus in zahllosen Kritiken viel stärker zum Ausdruck als im
Film ...«
Dies freilich bestätigt auch Joseph Wulf (1964): »*Sie sind sämtlich im*
gleichen antisemitischen ›Stürmer‹-Stil geschrieben und unterscheiden sich

kaum voneinander«. Und er zitiert einige Sätze aus der »Frankfurter Zeitung« vom 26. September 1940: »*Spitz und konsequent ruft der Film die Erbitterung hervor – nicht nur gegen die Schlechtigkeit, die in der Welt vorkommt, sondern vor allem gegen den Exponenten solcher Schlechtigkeit. Der aber vollführt seine bösen Taten nicht, weil sie ihm Nutzen bringen. Vielmehr: er hat Lust daran und erscheint hierzu vorbestimmt durch seine Rasse.*«

Es fragt sich, ob »Jud Süß« wenigstens künstlerisch zu rechtfertigen ist, wenn man einmal vom Thema und der üblen Tendenz absieht. Die Regie ist zumeist geschickt. Die Dekors stammen von Karl Vollbrecht, einem Mitarbeiter von Fritz Lang (»Die Nibelungen«, »Metropolis«). Indem er die »Bösen« karikiert und die »Guten« idealisiert, wird der Interpretationsstil dem Drehbuch vollauf gerecht. Harlan versteht es, wann immer nötig, spektakulär und dramatisch zu werden (vor allem bei Massenszenen. Beispielsweise die Nachtaufnahmen, als man Dorotheas Leiche aus dem Wasser holt). Die schauspielerischen Leistungen sind insgesamt hervorragend. Dennoch weist »Jud Süß« jenen prinzipiellen Mangel auf, den man allen Nazifilmen, vor allem aber denen Veit Harlans, ankreiden muß: sie sind perfekt gemachte Arbeiten ohne jegliche Originalität. Die technische Qualität ist tadellos, der Aufwand kolossal, der künstlerische Genius aber fehlt.

Die Weltpremiere des Films fand in Anwesenheit des Regisseurs und seiner beiden Hauptdarsteller, Kristina Söderbaum und Ferdinand Marian, im September 1940 in Venedig statt. Im Februar 1941 lief der Film in Paris an. Der »Film-Kurier« berichtet über den Erfolg: »*Nach acht Wochen Laufzeit im Pariser ›Colisée‹ wechselte der Film auf die Zweitspieltheater über und hat heute, sowohl in der französischen Hauptstadt wie in der Provinz, die meisten Hausrekorde gebrochen.*« Von den Bomben, die hier und da in Kinos explodierten, die den Film zeigten, sprach die deutsche Presse weniger: Sadoul berichtet von einer Bombenexplosion im XV. Pariser Arrondissement, und die Verfasser erinnern sich genau, welche Aufregung damals ein Attentat auf das Kino »Varieté« in Toulose verursachte.

Mehreren Mitwirkenden brachte der Film Unglück. Veit Harlan wurde nach 1945 des Verbrechens gegen die Menschlichkeit angeklagt. Werner Krauß blieb jahrelang beschäftigungslos. (Hull berichtet, sein Versuch, in der Schweiz wieder Theater zu spielen, habe zu Straßendemonstrationen geführt). Der Sohn von Krauß beging Selbstmord. Eugen Klöpfer, ebenfalls mit Berufsverbot belegt, endete elendiglich, und Heinrich George starb 1946 in einem russischen Straflager bei Sachsenhausen. Ferdinand Marian beging Selbstmord, noch ehe die Amerikaner das Berufsverbot gegen ihn aufhoben, indem er mit seinem Auto gegen einen Baum fuhr. Seine Frau wurde wenig später in Hamburg ertrunken aufgefunden.

Doch der übel beleumundete Film war noch nicht ein – für allemal aus dem Verkehr gezogen. »Cinéma 61« berichtet in seiner Aprilausgabe, »Jud

Süß« sei in der Vereinigten Arabischen Republik als anti-israelischer Propagandafilm wieder aufgeführt worden. David Stewart Hull weiß dies genauer: »*Obgleich Harlan im April 1954 das Negativ vernichtete, von dem er bis dahin behauptet hatte, daß es verloren gegangen sei, stellte sich wenig später heraus, daß je eine Kopie in Beirut und in Kairo verkauft worden war. Die Terra (...) erhob daraufhin Anspruch auf einen Teil der Erlöse. Daraufhin kam es zu einer langwierigen Untersuchung, und die peinlich berührte Regierung in Bonn behauptete, der Film sei mit Hilfe der Firma Sovexport über Ostdeutschland offen in den arabischen Staaten vertrieben worden. In Ostberlin nämlich, das wußte man, existierte ein zweites Filmegativ. Bei einem Filmkaufmann in Lübeck wurde 1959 ein weiteres Negativ sichergestellt. Dieser plante, es für 100 000 Dollar an den Bruder von König Ibn-Saud zu verkaufen. Und noch im Mai 1968 wußte ›Variety‹ von einer neuen Kopie zu berichten, die von einem Produzenten von Basel nach Karlsruhe geschmuggelt worden sei. Der Produzent sei verhaftet und zu einer Geldstrafe verurteilt worden.*«

DER EWIGE JUDE

Dem Leiter der Filmabteilung im Goebbelsministerium, dem Reichsfilmintendanten Fritz Hippler, blieb es persönlich vorbehalten, den niederträchtigsten der antisemitischen Nazifilme zu drehen: »Der ewige Jude«. Hippler war, was möglicherweise nicht ohne Interesse ist, auch SS-Hauptsturmführer und ließ sich stets in Uniform sehen. Das Drehbuch stammt von Dr. Eberhard Taubert, Parteimitglied seit 1931, einflußreiche Persönlichkeit im Propagandaministerium und spezialisiert auf antikommunistische Tätigkeiten (diesen Aktivitäten widmete er sich auch später noch in der Bundesrepublik). Tatsächlich bot sich das Thema zu diesem Film für die Nazis geradezu an: am 8. November 1937, ein Tag vor der 14. Wiederkehr des Münchener Putschversuchs, war im Bibliothekssaal des »Deutschen Museums« eine Ausstellung eröffnet worden, die bereits den Titel »Der ewige Jude« trug. Zur gleichen Zeit war ein Buch von Dr. Hans Diebow mit diesem Titel auf den Markt gekommen. Und von 1939 an wurden in allen Ländern Europas, die Hitler im Griff hielt, Ausstellungen zu diesem Thema organisiert.

Eine Passage des Films, in der davon die Rede ist, daß überall dort, wo die Ratten auftauchen, sie den Ruin des Landes bedeuten, indem sie Hab und Gut der Menschen und deren Nahrung zerstören, zeigt bereits den Geist der Mordhetze auf, der dem Streifen zugrunde liegt. Die Ratten, so heißt es weiter, »*verursachen Krankheiten wie die Pest, Lepra, Typhus, Cholera etc... Sie sind hinterlistig, feige und grausam und treten meist in großen Scharen auf. Sie stellen unter den Tieren das Element der heimtückischen, unterirdischen Zerstörung dar. Nicht anders als die Juden unter den Menschen.*« Das

Bild stammt aus »Mein Kampf«: »... *verhält es sich auch beim Juden. Sein Aufopferungssinn ist nur ein scheinbarer. Er besteht nur so lange, als die Existenz jedes einzelnen dies unbedingt erforderlich macht. Sobald jedoch der gemeinsame Feind besiegt, die allen drohende Gefahr beseitigt, der Raub geborgen ist, hört die scheinbare Harmonie der Juden untereinander auf, um den ursächlich vorhandenen Anlagen wieder Platz zu geben. Der Jude ist nur einig, wenn eine gemeinsame Gefahr ihn dazu zwingt oder eine gemeinsame Beute lockt; fallen beide Gründe weg, so treten die Eigenschaften eines krassesten Egoismus in ihre Rechte, und aus dem einigen Volk wird im Handumdrehen eine sich blutig bekämpfende Rotte von Ratten. Wären die Juden auf dieser Welt allein, so würden sie ebensosehr in Schmutz und Unrat ersticken...«* Hippler selbst bezeichnete sein Werk als eine »*Symphonie des Ekels und Entsetzens*«.

Die Autoren des Films begnügen sich im Grunde damit, die gängigen kleinbürgerlichen Vorurteile (wie sie auch heute noch bestehen, ob nun gegen Schwarze, Araber usw.) mit Beispielen zu belegen. Zunächst wird das hervorgehoben, was anders ist. Dann werden Mängel dazuerfunden: physische Aspekte (der Jude ist klein und dunkelhaarig), Lebensformen (Schmutz, Faulheit), religiöser Fanatismus. Nebenbei benutzt der Film die Gelegenheit zu Angriffen auf die USA (»*New York ist heute das Zentrum der jüdischen Macht*«), auf den Kapitalismus (Wall Street), auf das parlamentarische Regierungssystem (Weimar), auf den Kommunismus und auf die moderne Kunst ... Zitate, Photographien, dokumentarische Filmaufnahmen und Statistiken sollen dem Ganzen den Anstrich von Objektivität geben. Die Presse wurde verpflichtet, mit allen Mitteln die Authentizität des Materials herauszustreichen, und so kann man anläßlich der Erstaufführung des Films in Litzmannstadt am 20. Januar 1941 im »Film-Kurier« lesen: »... *hier in Litzmannstadt, dem früheren polnischen Lodz, wurde ja ein großer Teil dieses Bildstreifens gedreht. Hier im Ghetto fing die Kamera jene Typen des Judentums ein, die das Weltjudentum am sichtbarsten zu verkörpern vermögen. In den Winkeln, Gassen und Höhlen der jüdischen Viertel, aber auch in überladen-pompösen Palästen, die heute allerdings anderen und wertvolleren Zwecken dienen, hausten jene Gestalten und wurden jene wüsten Gesichter entdeckt, die das Filmwerk uns zeigt. Durch das Ghetto von Litzmannstadt wanderte damals, noch ehe die ordnende Hand der deutschen Verwaltung eingriff und diesen Augiasstall ausmistete, die Filmkamera, um ein tatsächliches, ein unverfälschtes Bild jenes stinkenden Pfuhles zu erhalten, von dem aus das Weltjudentum seinen ständig fließenden Zustrom erhielt.*«

Aber der Film sagt natürlich nichts darüber, daß die Nazis sofort nach der Besetzung Polens neue Ghettos einrichteten. Beispielsweise in Warschau, wo Hunderttausende von Juden auf einer Fläche von zehn Quadratkilometern zusammengepfercht wurden: sechs und später 13 Personen in einem Zimmer. Solche Verhältnisse waren es, die den »Rattenmenschen« schufen, von dem die Nazis schamlos behaupteten, sie zeigten ihn in seinem natürlichen Zustand. Die letzten Bilder, die in ihrem Zynismus nicht mehr zu übertreffen sind, wurden beifällig begrüßt: »*In leuchtendem Gegensatz dazu schließt der Film nach diesen furchtbaren Szenen mit Bildern deutscher Menschen und deutscher Ordnung, die den Besucher mit dem Gefühl tiefster Dankbarkeit erfüllen, diesem Volke angehören zu dürfen, dessen Führer das Judenproblem grundlegend löst*« (»Illustrierter Film-Kurier«). – »*Wenn der Film ausklingt ... dann atmet der Betrachter auf. Aus tiefsten Niederungen kommt er wieder ans Licht. Und er empfindet die Abstände zwischen dem Einst und dem Jetzt nirgends so tief, die ungeheure Wandlung seit dem Umbruch kaum irgendwo so eindeutig wie angesichts dieser Bilder, die ohne viele Worte für sich sprechen*« (»Deutsche Allgemeine Zeitung« vom 29. November 1940).

Es seien hier noch Auszüge aus dem Bericht hinzugefügt, den Robert de Beauplan anläßlich der antisemitischen Ausstellung in Frankreich am 20. September 1941 in der Zeitschrift »L'Illustration« veröffentlichte: »*Boulevard des Italiens. Eine Menschenmenge drängt sich auf dem Gehsteig vor dem Eingang zum Palais Berlitz, den eine große allegorische Komposition schmückt: die Darstellung einer Art von langbärtigem Vampir mit wulstigen Lippen, einer Hakennase, knöchernen Fingern, die wie Raubvogel-Krallen aussehen und eine Erdkugel umklammern. Die Ausstellung ›Der Jude und Frankreich‹ öffnet ihre Pforten. Straßenverkäufer bieten Zeitungen und Broschüren feil. Vor dem einzigen Schalter bilden die Besucher eine lange Schlange. In fünf Tagen sind bereits 18 000 von ihnen gekommen ... Sie begnügen sich nicht damit, an den Schautafeln und Bildern vorbeizugehen. Aufmerksam lesen sie die zahlreichen erläuternden Texte, die groß auf den Hinweistafeln stehen, und die Statistiken. Einige machen sich sogar Notizen ... Hier gibt es Ausschnitte einer morphologischen Studie über den Juden ... Man erfährt, daß der Jude kein echter Weißer, sondern Mestize ist, bei dem drei menschliche Urtypen Pate gestanden haben: Mongolen, Neger und Arier. In dieser Blutsmischung macht das Arische nur ein Viertel, das Mongolenblut die Hälfte und das schwarze Blut das restliche Viertel aus. Als Illustration zu dieser anthropologischen Lektion dienen zahlreiche Fotos, die die verschiedensten Typen des Juden darstellen. Um den Gegensatz zu zeigen, hat man diesen Bilder des arischen Typus gegenübergestellt, dem die berühmtesten französischen Persönlichkeiten angehören (...), dazuhin Bilder anonymer französischer Bauern aus allen Provinzen, Männer und Frauen des Volkes, junge, schöne, athletisch gebaute Menschen, die alle rein arisches Blut haben ...*«

Allein im Großraum Berlin wurde »Der ewige Jude« in 66 Kinos gleichzeitig gestartet. Der »Ufa-Palast am Zoo« zeigte zwei verschiedene Versionen des Films: »*Da in der Vorstellung um 18.30 Uhr zusätzlich Originalaufnahmen von jüdischen Tierschächtungen gezeigt werden, wird empfindsamen*

Gemütern die gekürzte Fassung in der Vorstellung um 16 Uhr empfohlen. Frauen ist der Zutritt ebenfalls nur zu der Vorstellung um 16 Uhr gestattet.« In den beiden Eröffnungsveranstaltungen (am 28. November) spielte das Orchester von Radio Berlin vor Beginn der Filmvorführung die »Egmont«-Ouvertüre. Für das Ausland wurde der Kommentartext (von Eberhard Taubert) abgeändert, weil demagogische Exzesse die Glaubwürdigkeit des Dokumentarfilms hätten gefährden können. Im ganzen Großdeutschen Reich wurde der Film massiv ausgewertet: mit Spezialbefehl wurden die holländischen Kinobesitzer gezwungen, den Film zwischen dem 29. August 1941 und dem 30. April 1942 zu zeigen. Am 6. September 1940 brachte die »Filmwelt« interessante Äußerungen Hipplers: Veit Harlan und Werner Krauß hätten seinen Film genau studiert, ehe sie mit den Dreharbeiten zu »Jud Süß« begannen.

Knapp ein Jahr nach der Premiere von »Der ewige Jude« ging der Schauspieler Joachim Gottschalk (»Aufruhr in Damaskus«, »Ein Leben lang«, »Du und ich« in der Regie von Liebeneiner) mit seiner Frau und seinem achtjährigen Sohn in den Tod. Ihm, der mit einer Jüdin verheiratet war, war mehrmals nahegelegt worden, sich scheiden zu lassen. Seit Kriegsbeginn war er kaltgestellt.

Am 16. November 1941, zehn Tage nach Gottschalks Selbstmord, verteufelte Goebbels die ohnehin schon dezimierten Juden mit besonderer Aggressivität: »*... ist jeder Jude unser Feind, gleichgültig, ob er in einem polnischen Ghetto vegetiert oder in Berlin oder in Hamburg ... oder in New York oder Washington in die Kriegstrompete bläst. Alle Juden gehören aufgrund ihrer Geburt und Rasse einer internationalen Verschwörung gegen das nationalsozialistische Deutschland an. Sie wünschen seine Niederlage und Vernichtung und tun, was in ihren Kräften steht, um daran mitzuhelfen ... Die Juden sind eine parasitäre Rasse ... Dagegen gibt es nur ein wirksames Mittel: einen Schnitt machen und abstoßen ... Die Juden sind unser Verderb ... Jeder Jude ist ein geschworener Feind des deutschen Volkes.*«

Im Kino häuften sich nun die antisemitischen Filme: »Ohm Krüger«, »Carl Peters«, »Reitet für Deutschland«, »Heimkehr« (1941), und »G.P.U.« (1942).

Bis zum Ende des Regimes verfolgten die Nazis ihre unglücklichen Opfer mit ihrem Haß. 1945, als schon vier Millionen Juden ausgerottet worden waren, scheute man sich nicht, Vertretern des Internationalen Roten Kreuzes bei einem Besuch des tschechoslowakischen Konzentrationslagers Theresienstadt Ausschnitte aus einem »Dokumentarfilm« zu zeigen, den der Lagerinsasse und ehemalige Schauspieler Kurt Gerron, der nach seiner Flucht im Jahre 1933 von der Gestapo in Holland verhaftet worden war, im Sommer 1944 gedreht hatte: »Der Führer schenkt den Juden eine Stadt«. Dieser Film zeigt eigens für die Aufnahmen gebaute und eingerichtete Läden, eine Kabarettdarbietung unter freiem Himmel, ein Fußballspiel, wohlgenährte Männer unter der Dusche, Mädchen, die sich schön machen, und Kinder, die wenige Zeit nach den Dreharbeiten exekutiert wurden (nach Leiser). Die Lagerstraßen sind gepflastert, hinter den Fenstern gibt es Vorhänge, Blumen säumen den Straßenrand, auf den Tischen steht reichlich zu essen. Doch all' das verschwand, sobald der Film abgedreht war. Das war »wahrscheinlich das schrecklichste und abstoßendste Beispiel dafür, welche Verirrungen im Film möglich sind« (Wollenberg). Was Gerron betrifft, so wurde dieser nach den Dreharbeiten nach Polen deportiert und dort vergast ...

Der Haß blieb bestehen. Im letzten Absatz von Hitlers Testament vom 29. April 1945 heißt es: »Vor allem verpflichte ich die Führung der Nation und die Gefolgschaft zur peinlichen Einhaltung der Rassengesetze und zum unbarmherzigen Widerstand gegen den Weltvergifter aller Völker, das internationale Judentum.«

Der Krieg

Der fröhliche Krieg

Auf lange Sicht gesehen, ist die Kriegspropaganda die beste, die ausschließlich der Wahrheit dient.
(Goebbels in »Das Reich« 1941, Nr. 27)

Schon in »Mein Kampf« hatte der Führer formuliert: »*Was das deutsche Volk dem Heere verdankt, läßt sich kurz zusammenfassen in ein einziges Wort, nämlich: Alles.*« Mehrere Jahre später erinnert er sich in seiner Hamburger Rede vom 17. August 1934 der schrecklichen Eindrücke, die »*der Krieg, die größte aller Erfahrungen*« in ihm hinterlassen habe. Der Nationalsozialismus, diese militaristische und para-militaristische Bewegung, die sich aus den Trümmern des Ersten Weltkriegs entwickelt hatte und schon frühzeitig auf bewaffnete Revanche sann, mußte den Krieg und die Armee glorifizieren, diesen »*Männerbund als Keimzelle des Staates und Rückgrat eines Lebensstils...*« (»Mythus«).

Um die Bürger ideale Tugenden zu lehren, zelebrierten die Kriegsfilme Opfergeist und Heldenmut, wobei die Piloten der Luftwaffe und Unterseeboot-Mannschaften die Favoriten des Nazi-Films waren.

Die Luftwaffe

In seinen Erinnerungen (»The last attempt«, London 1947) berichtet Birger Dahlerus, Hitler habe ihm am 26. August 1939 erklärt: »*Ich werde Flugzeuge bauen, Flugzeuge bauen, Flugzeuge, Flugzeuge, und ich werde meine Feinde vernichten.*« Tatsächlich wurde die Luftwaffe mit Abstand der vom Nazifilm bevorzugte Waffenteil. Triumphale Formationsflüge von Bombern und Jagdflugzeugen waren ebenso zahlreich wie Aufnahmen von Wolken oder flatternden Fahnen.
Ein Jahr nach »Kameraden auf See« nahm Ritter in »Legion Condor« 1939 das Thema des spanischen Bürgerkrieges wieder auf. Regie führte er zusammen mit dem Luftwaffengeneral Wilberg. Paul Hartmann, Fritz Kampers und Wolfgang Staudte spielten die Hauptrollen. Doch die Dreharbeiten, die in Dekors von Walter Röhrig am 9. August 1939 in Berlin begannen, wurden am 1. September wegen des Kriegsbeginns unterbrochen. Dieser dritte Film zum Ruhm der Flieger-Freiwilligen, die in Spanien unter dem Namen »Legion Condor« ihre Bomber flogen, wurde nie fertiggestellt. Sadoul berichtet (1954), Fragmente des Films seien bei der Luftwaffe als Informationsfilme verwendet worden. Ritters Film ist nicht zu verwechseln

mit dem gleichnamigen Montagefilm, den Fritz Hippler später herausbrachte.

KAMPFGESCHWADER LÜTZOW

Hans Bertram, der schon 1939 an »D III 88« mitarbeitete, drehte zwei Jahre später eine Fortsetzung zu diesem Film: »Kampfgeschwader Lützow«; dabei schrieb er auch am Drehbuch mit. Er war der richtige Mann am richtigen Platz: nachdem er zwischen 1927 - 1933 Berater des chinesischen Luftverkehrswesens gewesen war, hatte er mehrere Flüge um die Welt absolviert. Sein Buch »Flug in die Hölle«, das von seinem Flug nach Australien (1932-33) berichtete, war in sieben Millionen Exemplaren verkauft worden.

In »Kampfgeschwader Lützow« findet man die beiden Kameraden aus »D III 88« wieder und selbstversändlich auch das Thema der Männerfreundschaft. Der Film spielt 1939 während des Krieges gegen Polen und befaßt sich mit den soldatischen Tugenden wie Disziplin, Tapferkeit und Edelmut. Dabei wird der Gegner lächerlich gemacht. Folkloristische und sentimentale Einlagen dienen als verbindendes Element. Die erste Szene, die die angetretene Staffel, kurz vor dem Einsatz am frühen Morgen zeigt, gibt die Einstimmung in den Film: der Hauptmann ist hart, aber verständnisvoll, die Antworten, die er verlangt, werden gebellt, Motoren heulen auf ... alle Gesichter wirken entschlossen. Während sich die Musik steigert, gehen die Soldaten zärtlich mit ihren Waffen um. Im Großen und Ganzen wiederholt Bertram das gleiche Thema, das Ritter fünf Monate zuvor bereits in »Stukas« abgehandelt hatte. Da ist dieselbe exzessive Art von Enthusiasmus in Gesten und Mimik der Piloten, in der Verherrlichung der Bomber und der neuen deutschen Jagdflugzeuge. Auch die Musik ist wie bei Ritter fröhlich und mitreißend. Wieder finden Luft-Ballette statt und vergnügliche Bombardements, bei denen die Kriegshelden, den Finger am Abzug, mit ihren Maschinen die Wolkendecke durchstoßen, und unter ihnen, geradezu lächerlich klein, Gebäude in Flammen aufgehen und wie Kartenhäuser in sich zusammenstürzen. Aber diese blonden, adretten, muskelbepackten Flieger, die man ganz familiär bei peinlich genauer Körperpflege vorführt, sind auch Helden. Da wird ein Flugzeug von den Polen abgeschossen, doch der verletzte Pilot, den ein Wasserflugzeug aufnehmen will, riskiert sein Leben und steigt nicht zu den Rettern ein, ehe nicht die wertvolle Ausrüstung seiner Maschine geborgen ist. Da hat ein Bomber einen Motorenausfall, und der tödlich verletzte Pilot schafft es dennoch, die Maschine sicher zur Einsatzbasis zurückzubringen, bevor er sein Leben aushaucht: »...*noch der Sterbende beweist, welcher Geist in der Luftwaffe lebendig ist... Sein Geist lebt weiter in Hunderten, in Tausenden. Und sein Opfer wird niemals vergessen werden*« (»Illustrierter Film-Kurier«). Die Familien der Soldaten tragen es mit Fassung, wenn sie der Brief mit

Trauerrand und der Mitteilung:»*Gefallen für Großdeutschland*« erreicht. Währenddessen sind die Zuschauer bereit, in die Schlußhymne»*Denn wir fahren gegen Engeland*« einzustimmen, und auf der Leinwand verschwimmen die letzten Abendwolken. Der Krieg hindert diese Flieger nicht daran, gerecht und edel zu sein. Einer, der eine polnische Marschkolonne mit dem Maschinengewehr beschießen soll, spart die Zivilisten aus. Als ein feindlicher Soldat eine vor Erschöpfung am Wegrand niedergesunkene Frau mit der Pistole niederknallt, da dreht das deutsche Flugzeug bei, jagt den Verbrecher und tötet ihn. Ein deutscher Soldat läßt auch niemals einen herrenlosen Hund alleine zurück, und sei es gleichwohl ein polnischer... Es versteht sich von selbst, daß die Polen gegen solche Soldaten wenig ausrichten können. Während die Deutschen unaufhaltsam vordringen, herrscht auf der anderen Seite das Chaos: Kavallerie, Infanterie, Tanks, Flugzeuge befinden sich ohne Order in völliger Konfusion auf dem Rückzug.

Vielleicht hätte es Karl Ritter verstanden, daraus etwas zu machen. Bertram gelang es kaum, trotz der aufwendigen Hilfe von Luftwaffe, Wehrmacht und Kriegsmarine, die Fadenscheinigkeit des Drehbuchs zu kaschieren.»*Stukas, Kampfgeschwader, Tankformationen oder Truppenteile standen ebenso zur Verfügung... wie echtes polnisches und englisches Kriegsmaterial. Vier Monate Außenaufnahmen im Generalgouvernement und an zahlreichen Schauplätzen Norddeutschlands zu Lande, zu Wasser und vor allem in der Luft...*« so stand es in einer Anzeige in»Der deutsche Film«zu lesen. Bleiben einige Szenen, die unzweifelhaft rhythmisch strukturiert sind, und eine erstaunliche Naivität – wie kalkuliert diese auch immer gewesen sein sollte.»Kampfgeschwader Lützow«wurde mit den Prädikaten»staatspolitisch und künstlerisch besonders wertvoll«,»jugendwert«und»volkstümlich«ausgezeichnet. Dennoch fand seine Vorführung in halbleeren Kinos statt.

STUKAS

»Stukas« (1941) von Karl Ritter war der Film der Luftwaffe: mehr als ein Jagdflieger-Porträt, mehr als eine erneute Beschwörung der Waffenbrüderschaft und die Darstellung atemberaubender Luftkämpfe stellt»Stukas« die Illustration der Liebe zum Krieg dar. Für den Film, der vornehmlich für die»Soldatenkinos«bestimmt war und dafür, die Jugend zu fanatisieren und deren Kriegsbereitschaft zu fördern, scheute Ritter keinen Aufwand und keine Mühe.

»Stukas« beginnt mit einem Bomberangriff im Sturzflug, bei dem die blonden Flieger ihre Begeisterung nicht verhehlen. Es folgt eine zweite Sturzflugattacke. Da es so gut wie keine Verteidigung gibt, trifft jede Bombe ihr Ziel. Rückkehr zur Heimatbase: zwischen zwei Flugeinsätzen spielt Hauptmann Bork (Carl Raddatz) zusammen mit dem Arzt der Staffel

200

(O.E. Hasse) auf einem Bechsteinflügel (Bechstein war einer der ersten Förderer Hitlers) vierhändig Wagner. Man singt »Bel ami«, organisiert nächtliche Konzerte im Kerzenschein, und so hat »Stukas« etwas von einer Kriegs-Operette, in der Motorengeheul und Bombenexplosionen den Refrain ersetzen. Im letzten Bild beginnt ein Flieger über das Bordmikrophon zu singen, während die Flugzeuge am Himmel Kunstflüge vollführen. Sein Gesang wird von der ganzen Staffel aufgenommen:

»Wir sind die schwarzen Husaren der Luft,
Die Stukas, die Stukas, die Stukas.
Immer bereit, wenn der Einsatz ruft,
Die Stukas, die Stukas, die Stukas.
Wir stürzen vom Himmel und schlagen zu.
Wir fürchten die Hölle nicht und geben nicht Ruh',
Bis endlich der Feind am Boden liegt,
Bis England, bis England, bis England besiegt,
Die Stukas, die Stukas, die Stukas!«
Worte von Geno Ohlischläger
Musik von Herbert Windt

Die Dramaturgie des Films ist ohne jede Überraschung. Der größte Teil des Streifens wird durch Flüge ausgefüllt, bei denen sich irgendetwas Spektakuläres ereignet – meistens eine knapp geglückte Landung (mit oder ohne Bruch und Feuer), die alle wunderbarerweise unverletzt überstehen. Der Rest des Films spielt auf dem Erdboden, in der Unterkunft oder ausnahmsweise auch einmal hinter der Front. Wagnerisch klingt »Stukas« aus: ein Verwundeter, der deprimiert in einem Bayreuther Krankenhaus liegt, gesundet an Wagners »Siegfried« und kehrt eilends zu seiner Staffel zurück...

An dieser Stelle sei noch einmal darauf hingewiesen, welche außerordentlich wichtige Rolle die Musik im Nazi-Film spielte. Man weiß, daß die Deutschen von jeher ein hochmusikalisches Volk gewesen sind, und die Vorstellung von SS-Leuten, die vor, während oder nach einer vorgenommenen Folterung Mozart, Beethoven oder Wagner hören, ist inzwischen zu einem Klischee geworden. Doch niemals vor 1933 und nach 1945 entwickelte der Film in Deutschland einen solch' gezielten Einsatz der Musik. Das mag drei Gründe haben:

. Wie Hollywood seinen Max Steiner, Alfred Newman, Dimitri Tiomkin und andere hatte, so besaß das Berlin von Goebbels seinen Hans-Otto Borgmann (»Hitlerjunge Quex«, »Der große König«), Wolfgang Zeller (»Ewiger Wald«, »Zwei Könige«, »Jud Süß«), Norbert Schultze (»Bismarck«, »Ich klage an«, »Kolberg«) und vor allem Herbert Windt (»Olympia«, »Paracelsus«, »Morgenrot«, »Unternehmen Michael«, »Kadetten«, »Flüchtlinge«, »G.P.U.«, »Stukas«, »Feldzug in Polen«, »Sieg im Westen«). Dadurch, daß immer wieder die gleichen Komponisten mit ihren speziellen Themen, Kunstkniffen und Eigenheiten beauftragt wurden, erhielt ein guter Teil der Produktionen eine gewisse Einheitlichkeit.

. In Filmen, in denen ständig Fahnen flatterten, war der Rückgriff auf Militärmusik oder auf paramilitärische Musik geradezu eine Notwendigkeit: beim geringsten Anlaß ertönten preußische Märsche, Fanfaren, Kriegslieder oder die Nationalhymne. (»Denn wir fahren gegen Engeland«, »Lied der Hitlerjugend«, »Horst-Wessel-Lied«, »Deutschland über alles«). Der Film wurde in dieser Hinsicht so sehr Bestandteil des täglichen Lebens, daß häufig vor Filmvorführungen Orchester feierlich Themen aus dem Film spielten und das Publikum die offiziellen Lieder mitsang.

. Der Enthusiasmus war sicherlich umso größer, je mehr das Gefühl angesprochen wurde: das war die Aufgabe der heroischen oder melancholischen Chöre, des großen symphonischen Aufwands. Man hielt diese für unverzichtbar, wenn es um große Gefühle oder um ein hohes Ziel ging. Ob sie kriegerisch, unterhaltend oder sentimental war – die Musik der Nazi-Filme sollte vor allem emotionelle Wirkungen zeitigen.

Ritter läßt es sich selbstverständlich nicht entgehen, in seinem Film die Franzosen ins Visier zu nehmen. Etliche Aufnahmen zeigen bärtchentragende Soldaten, die in Panik davonstürzen und rasch erledigt sind. Das genügt, um zu zeigen, wie erbärmlich dieser Gegner war. Darüberhinaus war dieser grausam (so zwingen Franzosen ihre deutschen Gefangenen, vor Panzern herzulaufen) und undiszipliniert. Die einfachen Soldaten schimpfen auf ihren Hauptmann, auf ihre Regierung, auf die Engländer und kommen zu dem Schluß: »*Wir wollen nur eins, nach Hause und das so rasch wie möglich!*« Da führen die Deutschen andere Reden: »*Der Tod hat plötzlich kein Gewicht mehr*«, sie denken nicht mehr daran, »*daß die Kameraden gefallen sind, sondern nur noch, wofür sie gefallen sind.*«

Die Unterseeboote

In seinem Gespräch (August 1939) mit Dahlerus hat Hitler den U-Booten die Priorität eingeräumt: »*Gibt es Krieg, dann werde ich U-Boote bauen, U-Boote, U-Boote.*« Vom Film wurde die Waffengattung freilich eher vernachlässigt. Zwischen 1933 (»Morgenrot«) und 1942 (»Geheimakte WB I« über den U-Boot-Erfinder Bauer) wurde nur ein Unterwasserfilm gedreht: »U-Boote westwärts!« von Günther Rittau (1941).

U-BOOTE WESTWÄRTS!

Der Anfang ist eindrucksvoll: nach stimmungsvoller Vorspann-Musik fährt die Kamera langsam auf ein U-Boot der Kriegsmarine zu, das im Licht der untergehenden Sonne aus dem Wasser auftaucht. Es folgt eine Sequenz, die verschiedene Mitglieder der U-Boot-Besatzung in den knapp bemessenen Landurlaub begleitet. Daraus ergibt sich eine Reihe von anekdotischen und sentimentalen Szenen – ganz im Stile von »Wunschkonzert«: die vier

202

Buben des Bootskommandanten marschieren bei der Heimkehr des Vaters im Gleichschritt auf und stehen vor ihm stramm, während der Älteste salutiert. Der Kommandant richtet die Reihe der Angetretenen erst einmal aus, befiehlt »*Rührt euch!*« und küßt erst dann seine Kinder. Am Abend bringt er die Buben ins Bett: »*Auf Tauchstation!*« Wie vorhersehbar, muß der Urlaub noch am gleichen Abend abgebrochen werden. Bis dahin aber hat Ilse Werner noch Gelegenheit, festzustellen, daß jeder auf dem Platz bleiben müsse, der ihm zugewiesen sei.

An Bord feiert man eine jener Ferntrauungen, wie sie später auch in »Besatzung Dora« wieder vorkommen wird: der Kommandant traut einen seiner Matrosen mit dessen Braut, die alleine im Bürgermeisteramt ihres Heimatortes die Zeremonie absolviert. Danach folgt das erste Tauchmanöver mit dem unverzichtbaren Blick durch das Periskop. Das Boot verfängt sich ausgerechnet in gefährlichen Gewässern in einem Fischernetz und ist gezwungen, aufzusteigen, obgleich gerade feindliche Bomber angreifen. Der Mechaniker, der hinausgestiegen ist, um eine dringende Reparatur zu erledigen, schafft die Rückkehr durch den bereits halbüberfluteten Turm nicht mehr. Mit Verspätung beginnt das Tauchmanöver, während es Bomben regnet. Im Boot notiert ein Matrose jede Detonation mit einem Kreidestrich auf einer Tafel. Ein anderer zieht ein Photo von sich und seiner Frau aus der Tasche und zerreißt es in Erwartung des Todes. Das Abenteuer geht jedoch gut aus. Auch ein späterer Alarm erweist sich als falsch. Im Radio spielt man schließlich die Lieblingsmelodien der Soldaten und ihrer Angehörigen (»Wunschkonzert«). Zu Musikklängen kommt das Boot wieder an die Oberfläche. In diesem Moment wird über Radio mitgeteilt, daß die Frau des Ferngetrauten Zwillingen das Leben geschenkt habe... Zu einer romantischen Melodie gleitet das Boot nun im Abendlicht dahin.

Dann lassen die Einfälle des Films erheblich nach. Wie in »Morgenrot« dient der Angriff eines getarnten englischen Schiffes dazu, die nach den Worten Hitlers »*spezifisch britische Perfidie*« aufzuzeigen. Das U-Boot versenkt ein englisches Schiff, das Propeller transportiert, statt, wie angegeben, Nähmaschinen. Ein feindlicher Zerstörer taucht auf. Vier U-Boot-Leuten gelingt es nicht mehr, ins Boot zurückzukehren. Der Kapitän befiehlt nach einigem Zögern, den Zerstörer zu torpedieren, der inzwischen die vier deutschen Seeleute aufgefischt hat. Der junge Ehemann kommt in Erfüllung seiner Pflicht ums Leben. Noch einmal Sonnenuntergang, Fahnen... im Triumph kehrt das Boot zurück. Ein Offizier verteilt Auszeichnungen an die Mannschaft, und zum Klang des »England-Lieds« fährt das U-Boot wieder aufs Meer hinaus. Über diese Szene ist eine Hakenkreuzfahne kopiert.

Leider gibt es zu dem Filmprojekt »Narvik«, das 1941 über die Kämpfe zwischen deutschen und englischen Truppen während des deutschen Einfalls in Norwegen gedreht werden sollte, nur die Aussage von Veit Harlan.

In seinem Buch »Im Schatten meiner Filme« schreibt er, ein Führerbefehl habe am Beginn dieses Projektes gestanden. »Narvik« war ein Vorhaben, das in den Köpfen der Nazi-Funktionäre entstand, nachdem Harlan mit »Jud Süß« soviel Erfolg gehabt hatte.

Die Infanterie war das Stiefkind des Nazi-Films. Sie spielte in nur wenigen Filmen die Hauptrolle. So in »Drei Unteroffiziere« (1939) von Werner Hochbaum, welcher Streifen in Garnisonsstädten und während eines Manövers spielt und die Prädikate »staatspolitisch wertvoll« und »volksbildend« erhielt; in »Spähtrupp Hallgarten« (1941), den Herbert B. Fredersdorf über die Besetzung Norwegens mit René Deltgen und einem Trupp bayerischer Gebirgsjäger drehte. In diesem Film gibt es eine hübsche Leichenrede: »*Unser Kamerad Hallgarten hat draußen bleiben müssen. Sein Schicksal als guter Soldat hat sich erfüllt. Sein Soldatentum wurde durch die Hingabe seines Lebens gekrönt. Er ist gestorben, damit unser Volk leben kann. Seine militärische Tat wird eingehen die Tradition der Gebirgsjäger. Sie war ein Beispiel wirklicher und opferbereiter Kameradschaft.*« Schließlich zeigte »Der 5. Juni« (oder: »Einer unter Millionen«) von Fritz Kirchhoff und mit Carl Raddatz den Kampf deutscher Infanterie gegen die Truppen des französischen Generals Weygand. Der Film wurde verboten, denn im November 1942 »*zu Beginn des Winterfeldzugs in Rußland (...) erinnerte nichts mehr an die Landschaften Frankreichs*« (Jeanne und Ford).

ÜBER ALLES IN DER WELT

»Über alles in der Welt«, ein Film, der im gleichen Jahr gedreht wurde wie »Spähtrupp Hallgarten«, will mit den verschiedenen Waffengattungen vertraut und zugleich den Soldaten an der Front und in der Etappe Mut machen. Darüber hinaus ist er ein Dokument der Heimatliebe und des stillen Heldenmutes. Regisseur Karl Ritter, inzwischen schon Spezialist für solche großmäuligen und patriotischen Themen, hat hier Gelegenheit, wieder einmal die Luftwaffe vorzuführen und gleichzeitig über den »*verjudeten Westen*« herzuziehen.

Die Handlung beginnt am 3. September 1939 in Paris, als die französische Polizei den Siemens-Vertreter Moebius in seiner Wohnung verhaftet. Zur gleichen Zeit wird auch Carl Wiegand, Auslandskorrespondent einer deutschen Zeitung, beim Versuch festgenommen, zusammen mit seiner französischen Freundin die belgische Grenze zu erreichen. In London trifft dieses Schicksal die dort gastierende Tiroler Bauernkapelle Rainthaler. Auf deutscher Seite hat der Krieg bereits seine fröhliche Seite entwickelt: begeistert starten die Piloten der Bombergeschwader zum Feindflug, mit Gesang und Freudenrufen werden junge Soldaten auf den Bahnhöfen verabschiedet, voll Enthusiasmus steuern die Stuka-Piloten ihre Maschinen auf die Angriffsziele. Demgegenüber hat die Feinseite nur Schlechtigkeiten (ein Internierungslager in Frankreich) und Gemeinheiten (ein deutsches Rettungsboot wird von einem englischen Flieger mit dem Maschinengewehr beschossen) zu bieten – dazuhin Lächerlichkeit. Ein englisches Schiff wird von einem U-Boot genau in dem Augenblick gestoppt, in dem ein britischer Matrose den Gefangenen die neuesten Nachrichten vorliest, nach denen England wieder Herrscherin aller Weltmeere sei. Zur Karikatur verzerrt wirkt eine Gruppe elsässischer Dörfler (einer von ihnen äußert: »*Der Staat läßt uns fast hungers sterben*«).

Dazwischen feiert der Film Deutschlands Alliierte: Spanien (Spanier empfangen ihre deutschen Freunde und trinken mit ihnen auf die Zukunft der beiden Länder) und Italien (Italiener nehmen deutsche Flüchtlinge aus Frankreich auf). Um diesen Szenen Lokalkolorit zu geben, unterlegt Ritter einmal eine Mandolinenmelodie, das andere Mal läßt er eine andalusische Tänzerin auftreten.

Das Ende des Films besteht aus kurzen gestellten Szenen, die den unaufhaltsamen Vormasch der Nazis in Europa dokumentieren sollen. Die Gebrüder Wiegand sehen sich in Tirol wieder. Am Himmel vollbringen die Stukas neue Heldentaten, als auf der Erde bereits die bevorstehende Schlacht um England angekündigt wird (»*Jetzt ist England dran*«). Die letzte Einstellung zeigt das ruhmreiche Eiserne Kreuz. Der Film ist ein einziger wüster, barbarischer Siegesschrei ohne jegliche Subtilität. Man will alles auf einmal zeigen und häuft Unwahrscheinlichkeit auf Unwahrscheinlichkeit. Was soll's! Im Jahre 1941 hatte Deutschland Grund zu glauben, es beherrsche die Welt.

Die Urlauber

1937 hatte »Urlaub auf Ehrenwort« die Serie der Urlauber-Filme eröffnet. Dieses Thema sollte in der Kriegspropaganda der Nazi-Filme eine wichtige Rolle spielen, Beispiele dafür sind die Urlaubs-Episoden in den Filmen »U-Boote westwärts« und »Besatzung Dora«. Urlauber als Zentralfiguren findet man in unbedeutenderen Filmen wie »Sechs Tage Heimaturlaub« von Jürgen von Alten (»Togger«), »Zwei in einer großen Stadt« (beide 1941) und in »Eine kleine Sommermelodie« (1944), die sämtlich von Volker von Collande gedreht wurden, wobei »Sommermelodie« (mit Irene von Meyendorff und Curd Jürgens) wegen »*der veränderten militärischen Lage*« verboten wurde.

»Zwei in einer großen Stadt« unterscheidet sich im Handlungsablauf nur unwesentlich von »Sechs Tage Heimaturlaub« und »Eine kleine Sommermelodie«: Ein Urlauberzug aus dem Westen kommt in Berlin-Friedrichstraße an, wo der Flieger Bernd Birckhoff zufällig die Krankenschwester Gisela trifft, der er dann ebenso zufällig am Strand des Wannsee wieder begegnet. Es kommt zu sentimentalen Mißverständnissen, aber zum Schluß geht doch alles gut aus. Zu musikalischer Untermalung trennt man sich lächelnd und voller Vertrauen in die Zukunft. Bernd: »...*wenn wir Frieden haben... Dafür kämpfe ich!*« Gisela:»*Ich auch, ein wenig...*« Wie bei vielen Filmen dieser Art, interessiert auch hier die Frage, zu welchem Zweck dieser Streifen gedreht wurde. Er gibt sich als eine amüsante Komödie für Frontsoldaten und gleichzeitig als Ratgeber für deutsche Mädchen, was den Umgang mit Soldaten betrifft: denkt immer an unsere tapferen Kämpfer (Gisela zu Bernd:» *Wir haben Angst um euch!*«), seid freundlich zu den Fronturlaubern (eine Freundin ärgerlich zu Gisela: »*Du verdirbst einem Soldaten den Urlaub!*«), seid stolz auf sie (Gisela zu Bernd, der zufällig im Radio hört, daß ihm das Ritterkreuz verliehen worden ist:»*Ich bin stolz auf dich!*«).

Die Montage-Filme

Zum Arsenal der Kriegspropaganda gehörten auch Montage-Filme. Sie hatten die Aufgabe, das zu belegen, was Goebbels am 19. Januar 1940 folgendermaßen formulierte: »*Der Krieg ist bei uns bis in die letzte Pore vorbereitet und durchorganisiert.*«

FELDZUG IN POLEN

Der erste dieser abendfüllenden dokumentarischen Montage-Filme war der deutschen Invasion in Polen gewidmet: »Feldzug in Polen« oder »Die Feuertaufe«. Die Herstellung wurde Fritz Hippler übertragen, der ebenfalls im Jahr 1940 den Streifen »Der ewige Jude« drehte. Die Zusammenstellung des Films erfolgte mit Material, das von Filmteams der »Propaganda-Kompanien« unter Hans Bertram gedreht worden war, und aus erbeuteten Filmen: »*Nach einer Einleitung, die einen Zusammenschnitt aus Wochenschauen darstellt und die zeigen soll, wie unmöglich die Polen sind und daß das Reich bei aller Geduld, allen Bemühungen und Zugeständnissen keine Verständigung erreichen konnte, bringt der Film die Luftwaffe im Einsatz, die Zerstörung von Flugzeugstützpunkten, die Flucht der Bevölkerung, Panzerkolonnen, die Bombardierung Warschaus und den Einzug der deutschen Truppen in die Stadt*« (Jeanne und Ford).

Wollenberg, der »Feldzug in Polen« und »Die Feuertaufe« als zwei verschiedene Filme behandelt, ist der Meinung, der Film habe die Aufgabe gehabt, »*die Kriegsgründe aus deutscher Sicht darzustellen... das heißt, glauben zu machen, britische Demagogie habe Polen in einen aberwitzigen Krieg getrieben... Inmitten der schrecklichsten Szenen ertönt eine Stimme, die verkündet: ›Das ist Ihr Werk, Mr. Chamberlain!‹*« Der Film wurde in Berlin in 55 Kinos zur gleichen Zeit herausgebracht. Sowohl Lapierre als auch Sadoul (1954) sowie »Knaurs Buch vom Film« von Rune Waldekranz und Werner Arpe (1956) notieren, daß der Film den deutschen Stabchefs vor der Invasion am 9. April 1940 in Dänemark und Norwegen gezeigt wurde, ebenso jenen, die den Einfall in Holland und Belgien am 10. Mai mitzuverantworten hatten.

SIEG IM WESTEN

Stark tendenziös gefärbt, ist »Sieg im Westen« doch eine geschickt gemachte Wochenschau-Montage. Der Kommentar dazu ist pathetisch, aber nur selten diskriminiert er den besiegten Gegner (das Gespräch von Montoire zwischen Pétain und Hitler hatte am 22. Oktober 1940, wenige Wochen vor dem Start des Films stattgefunden). Nach einem so eindeutigen Sieg konnte es sich Deutschland leisten, gegenüber Belgien und Frankreich Mitleid zu zeigen. Lediglich England bekommt einige Seitenhiebe ab. Der Krieg wird in diesem Film im wesentlichen strategisch abgehandelt. Deswegen gibt es darin auch keine einzige brutale und kaum realistische Szenen. Die deutschen Soldaten werden als nahezu unverwundbar gezeigt. Wenn sie dennoch fallen, dann heldenhaft. Ihre Feinde sind eher dumm als bösartig. Bisweilen spricht der Film ihnen Verdienste zu, dies jedoch nur, um den deutschen Triumph zu vergrößern.

Der Vorspann enthüllt bereits die Absichten des Films. Er wurde im Auftrag des Oberkommandos des Heeres unter der Regie von Svend Nolden und Fritz Brunsch gedreht. Er besteht aus zwei Teilen. Die Einleitung rekapituliert die politische Situation zwischen den beiden Weltkriegen. Der Hauptteil schildert mit großem Aufwand die Ereignisse an der Front.

Die ersten Bilder zeigen Soldaten, die auf die Fahne und auf den Führer schwören. Doch, trotz der militärischen Siege an allen Fronten, belastet der Schandvertrag von Versailles Deutschland noch immer. Am Niedergang des Landes sind einerseits die Kommunisten, andererseits die Politiker der Weimarer Republik schuld. Erst mit Hitler fängt der Wiederaufstieg der Nation an. Wochenschau-Montagen verdeutlichen diesen Beginn einer »Neuen Zeit«: stolz paradieren die Truppen vor dem Führer. Fabriken bauen Panzer, Flugzeuge und Waffen. Die westlichen Länder machen aus der Tschechoslowakei eine strategische Base gegen das Reich. Die Polen hinwiederum mißhandeln die deutschen Minderheiten auf ihrem Gebiet und lösen so die Feindseligkeiten des Jahres 1939 aus. Kein Wort fällt über den deutsch-sowjetischen Nichtangriffspakt, stattdessen sieht man die deutschen Truppen beim Vormarsch im Osten (Polen) und im Norden (Dänemark und Norwegen). Dies alles zeigt man einem Volk, das geeint hinter seinem Führer steht, der entschlossen ist, nun auch im Westen anzugreifen. Themen und Thesen, die in diesem Film entwickelt werden, sind hinreichend bekannt. Das beginnt mit der »Dolchstoßlegende« des Jahres 1918 und reicht bis zu den angeblichen polnischen Provokationen des Jahres 1939.

Den wesentlichen Teil des Films jedoch machen die Szenen von der Westfront aus. Sie zeigen den unaufhaltsamen Vormarsch der Deutschen bis zum Eintritt des Waffenstillstandes. Der Kommentar dazu wirkt im Ton objektiv, aber die Musik, mal heroisch und triumphal, mal ironisch, belegt hinreichend die eigentlichen Absichten der Filmemacher. Bei dieser Gelegenheit muß man anerkennen, daß die Kameraleute der »Heeresfilmstelle« wirklich gute Arbeit geleistet haben. »Sieg im Westen« endet mit dem Besuch Hitlers im »befreiten« Straßburg. Dazu ertönt die »Wacht am Rhein«.

Den Filmen »Feldzug in Polen« und »Sieg im Westen« folgte ein dritter Film, »*der ohne jede Phantasie nach dem gleichen Modell entstand... und zwar in der Zeit, als Deutschland Rußland angriff... Er hieß ›Sieg im Osten‹ oder auch ›Krebs‹. Wieder war Walter Ruttmann der Regisseur, aber er fiel an der russischen Front, ehe die Dreharbeiten beendet waren (1941)*« (Jeanne und Ford). Diese Filme wurden auch in den besetzten Gebieten gezeigt.

Ein etwas mysteriöser Dokumentarfilm befaßte sich mit den deutschen »Freiwilligen« in Spanien. Er hieß »Im Kampf gegen die Welt«. Der Kommentar wurde von Paul Hartmann, dem Hauptdarsteller aus »Legion Condor«, gesprochen. Nach dem »Illustrierten Film-Kurier« bestand dieser Film aus drei Teilen:

. der Geschichte des spanischen Bürgerkriegs vom Juli 1936 bis zur Vernichtung der Roten Armee und deren Flucht zur französischen Grenze. Ferner wurden die Ereignisse in Tetuam, Sevilla, Toledo, Madrid, Bilbao, Santander und in Asturien geschildert, sowie die Kämpfe am Ebro und in Katalanien;

. dem Eingreifen der »Legion Condor«, vor allem der entscheidenden Offensive von Toledo:

1. die Vorbereitung der Offensive: mit Aufklärern, der militärische Stab wird gezeigt, der Spähtrupp, Panzer, die Flugabwehr, die leichte und schwere Artillerie;

2. die Planung der Offensive;

3. der Tag der Offensive: die Vorbereitungen der Artillerie, das Eingreifen der Jagdflieger, die Angriffe der Stukas, der von Infanterie unterstützte Panzerangriff und die Bomberflüge gegen das Hinterland;

. der Befreiung: die Begeisterung in den befreiten Städten, die Siegesparade in Madrid, die Verabschiedung der »Legion Condor« durch den Caudillo in Leon, ihre Ankunft in Hamburg und ihr Empfang durch Marschall Göring in Berlin.

Die Komödien

»Wunschkonzert« (1940) von Felix Lützkendorf und Eduard von Borsody nimmt einen besonderen Platz unter den Nazi-Filmen ein. Eine musikalische Komödie über den Krieg im Jahre 1940 zu machen – das mußte einem erst einmal einfallen! Mittelpunkt der Handlung ist eine Rundfunksendung, in der jeden Sonntag um 15 Uhr die Lieblingsmelodien von Soldaten und deren Familien gespielt wurden. Willi Roth hat den Inhalt des Films hervorragend zusammengefaßt: »*Dieser ›harmlos-volkstümliche‹ Film enthält in gefälliger Form so ungefähr alles, was dem Regime wert und teuer war, mit Ausnahme des Antisemitismus.*

Inge, ein junges Mädchen, lernt auf der Olympiade 1936 in Berlin den glänzend aussehenden Fliegerleutnant Koch kennen. Schon nach drei Tagen sind sich beide einig, zu heiraten. Dieser erste Abschnitt dient zu Bildern brausenden Jubels bei der Olympiade im Riefenstahl-Stil und zur Darstellung herzig-romantischer Liebe im Gartenlaubenstil.

Dann wird Leutnant Koch geheim zur Legion Condor abkommandiert. Er darf nicht einmal schreiben. Inge ist verzweifelt, aber sie vergißt ihn nicht. Hier werden männliche Pflichterfüllung und unmittelbares menschliches Gefühl miteinander konfrontiert.

Der 2. Weltkrieg beginnt. Männlich gefaßt, beinahe heiter gehen alle in den Krieg. Unter ihnen auch der junge Offizier Winkler, der Inge liebt, von ihr aber nur als Freund betrachtet wird. Ihre Liebe gehört immer noch Koch. Unter den Männern, die ins Feld ziehen, ist auch ein junger Musiker. Zum Abschied spielt er für die Hausgemeinschaft noch einmal Beethoven am Flügel. Verzückt, in ›echter deutscher‹ Gefühlsinnigkeit, lauschen alle den Klängen. Im gleichen Hause rückt ein junger Lehrer ein, dessen Frau mit selig verklärtem Lächeln ein Kind erwartet. Die Geburt eines Sohnes wird er später über das Wunschkonzert erfahren. Ein Kinderchor wird dabei singen: ›Schlafe, mein Prinzchen, schlaf ein!‹

Der letzte Teil des Filmes spielt im Krieg. Das Wunschkonzert bildet die Brücke zwischen Heimat und Front, schließt alle zu einer riesigen ›Volksgemeinschaft‹ zusammen. Jeder, von der Heimat oder der Front, konnte sich etwas wünschen, meist unter Beifügung einer Spende.

Durch das Wunschkonzert findet Inge ihren Helden Koch wieder: er hatte sich zur Erinnerung an die schönen Tage in Berlin die Olympiafanfare gewünscht. Winkler ist inzwischen bei Koch in der gleichen Staffel. Sie wissen zunächst nicht, daß sie beide das gleiche Mädchen lieben. Dann aber glaubt Koch, sie sei mit Winkler verlobt, er will verzichten. Zwischen beiden entwikkelt sich ein Wettstreit des Edelmuts: jeder will verzichten. Inge aber entscheidet sich für Koch. Vorher hatte sie aber noch einmal vergeblich auf ihn warten müssen: ein plötzlicher Aufklärungsflug hinderte ihn, zu kommen. Pflichterfüllung geht immer vor.

Der Film endet auch nicht mit dem individuellen Glück des Paares, sondern mit Flugzeuggeschwadern und Hakenkreuzfahnen. Die Gemeinschaft steht über den einzelnen.

Eingestreut zwischen die Liebesgeschichte finden sich einige heitere, heroische und gefühlige Episoden. Bei einer Unternehmung im Nebel rettet der junge Musiker seine Kameraden, indem er in der Kirche, die als Treffpunkt vereinbart ist, auf der Orgel spielt, so daß die Soldaten die Kirche finden. Er selbst aber wird, an der Orgel sitzend, von einer Granate tödlich getroffen. Seine Mutter wünscht sich dann im Wunschkonzert ein sentimentales Lied, das ihr Sohn geliebt haben soll. Das verblüfft im ersten Augenblick, da er doch vorher Beethoven spielte. Wenn man aber daran denkt, in welch gefühliger Stimmung er Beethoven genossen hatte, so wird es doch glaubwürdig.

Heiter geht es zu, wenn zwei herzig-doofe Soldaten erbeutete Schweine zum Wunschkonzert nach Berlin bringen, und wenn Weiß-Ferdl dort singt: ›Ich bin kein Intellektueller‹ (was das Regime sicher sehr schön findet). Alle sollen angesprochen werden: Eugen Jochum dirigiert die Ouvertüre zu ›Figaros Hochzeit‹, und Marika Rökk singt einen Schlager.

Der Film ist eine geschickt auf Massenwirkung abgestellte Mischung. Und gerade die kitschig-sentimentalen Stellen, die sogar der ›Völkische Beobachter‹ gerügt hatte (›Die Wirklichkeit wird allerdings von vielen kleinen Momenten durchbrochen, in denen dieser ursprüngliche, frische und lebensfrohe Geist zugunsten einer oft billigen Rührung durchbrochen wird.‹), trugen zu dem riesigen Publikumserfolg bei.«

»Wunschkonzert« beginnt mit einer Überblendung: die olympische Glocke und die olympischen Ringe auf einem Wolkenhintergrund. »*Wie schön!*« ruft Inge. Der Führer kommt. Die Menge hebt die Hand zum Hitlergruß. Ein kleines Mädchen überreicht Blumen. Die Mannschaften marschieren ein: »*Da kommt Deutschland!*«, bricht Inge in Begeisterung aus und springt von ihrem Sitz auf. Die Zeremonie der Entzündung der olympischen Flamme beendet den ersten Teil. Auf diskrete Weise und wohldosiert schildert der Film sodann die Ereignisse des spanischen Bürgerkriegs: Soldaten bei der Parade oder bei der Abfahrt an die Front, eine Lobpreisung der Luftwaffe, U-Boote und Infanterie. Die mystische Vereinigung des deutschen Volkes findet ihre Fortsetzung auf den Ätherwellen des »Norddeutschen Rundfunks«. Höhepunkt ist der Tod des Orgelspielers. Auf der Orgelbank bricht er zusammen: »*Das flammenlodernde gotische Gotteshaus, dessen Wände um den Toten niederstürzen, wird zum Scheiterhaufen, wie ihn heroische Kriegergemeinschaften für ihre toten Helden errichteten. So gingen die Nibelungen in Etzels brennender Halle unter*« (Regel).

Der Mangel an Originalität in der Beziehung zwischen Inge, Koch und Winkler ist augenfällig. Dabei ist es gar nicht so sehr Ilse Werner, vielmehr sind es ihre Partner, die nicht in der Lage sind, diese Beziehung lebendig zu machen. Das Trio Heinz Rühmann - Hans Brausewetter - Josef Sieber (der Star aus »Paradies der Junggesellen«, 1939) wirkt mit »*Das kann doch einen Seemann nicht erschüttern*« nicht weniger deplaziert als Marika Rökk mit ihrem Lied »*In einer Nacht im Mai*«.

»Wunschkonzert« sollte ein unterhaltsamer, nationalistischer und militaristischer Film (Carl Raddatz ist das Sinnbild des großartigen Soldaten) sein. Mit ihm wurde auch das Motiv der Trennung, der wartenden Frau, treu und unerschrocken, eingeführt, das dann von »Auf Wiedersehen, Franziska« (1941) und »Die große Liebe« (1942) wieder aufgenommen wurde. Der Film sollte die Moral in der Heimat stärken, vor allem bei den Frauen. Er wurde mit den Prädikaten »staatspolitisch wertvoll«, »künstlerisch wertvoll«, »jugendwert«, »volkstümlich« ausgezeichnet und brachte insgesamt 7,6 Millionen Mark ein, was ihn in der Kinosaison 1940-42 an die zweite Stelle der Erfolgsfilme brachte. Bis Kriegsende sahen ihn insgesamt 23 Millionen Zuschauer. Aus den Berichten des Sicherheitsdienstes über die Aufnahme des Films beim Publikum ergibt sich folgendes Bild: »*... Der anhaltende Rekordbesuch dieses Filmes stelle einen überzeugenden Beweis dafür dar, daß die filmische Gestaltung eines zeitnahen Stoffes und der Versuch, gegenwärtiges Geschehen, das jeder aus eigenem Erlebnis kennt, mit einer Spielhandlung zu verbinden, von vornherein einer überdurchschnittlichen Anteilnahme in allen Kreisen der Bevölkerung sicher sei (Aachen, Kassel, Hannover, Kiel, Innsbruck, Weimar, Breslau, Karlsruhe, Gießen, Bielefeld, Bremen, Salzburg, Neustadt/Weinstraße, Nürnberg, Oppeln, Frankfurt/Main, Schwerin, Neustettin). Dieser Versuch und besonders die Tatsache, daß aus der Wochenschau bekannte Originalaufnahmen (Olympiade, Einsatz der Luftwaffe im Polenfeldzug) unmittelbar in den Film eingebaut wurden, wird als neuartig bezeichnet und steigert die Lebendigkeit und Glaubwürdigkeit der Handlung in besonderer Weise.*«

Neben diesen Filmen über Heimaturlauber brachte der Nazifilm eine Reihe von Militärkomödien hervor, die nichts anderes wollten, als unterhalten. Beispielsweise der Film »Der Etappenhase« (1937) von Joe Stökkel, der im folgenden Jahr das Thema mit »Musketier Meier III«, eine Komödie über den Ersten Weltkrieg, noch einmal anging. Etwas ambitionierter war »Das Gewehr über« (1939) von Jürgen von Alten mit Wolfgang Staudte und vielen anderen.

Einer der wenigen bedeutenden Filme dieser Serie wurde von Kurt Hoffmann gedreht: »Quax, der Bruchpilot«. Das Drehbuch stammte von Robert A. Stemmle, die Hauptrolle spielte Heinz Rühmann. Der Film bekam seine Empfehlungen: »künstlerisch wertvoll«, »volkstümlich«, »jugendwert« und spielte insgesamt fünf Millionen Mark ein, d. h. mehr als »Heimkehr«, ebensoviel wie »... reitet für Deutschland« und beinahe soviel wie »Ich klage an« oder »Ohm Krüger«. Das war kein Kriegsfilm. Die einzigen Flieger, die man sah, waren Zivilisten. Aber der Geist diese Films diente ebenfalls der Kriegsvorbereitung. Außerdem war jedem damals klar, daß »*derjenige junge Mann, der den Flugsport liebte und ein kleines Flugzeug zu steuern wünschte, Mitglied eines Klubs sein mußte, und dieser hinwiederum war der Sportorganisation der Nationalsozialisten angeschlossen*« (Badia).

Kochenrath schreibt hierzu: »*In dieser ›harmlosen‹ Unterhaltung, die ge-*

legentlich sogar etwas witzig ist, werden u. a. zwei Tendenzen sichtbar: 1.
Verherrlichung von Tugenden: Ausgehend von der Notwendigkeit der Dis-
ziplin beim Flugunterricht und Flugbetrieb wird dieser Wert immer mehr von
dem konkreten Bezug gelöst und steht schließlich als selbständiger Wert da,
der seine Berechtigung als Tugend in sich selbst trägt. 2. Die Irrationalisie-
rung und Mythologisierung realer Ereignisse: Die (Sport-) Flieger in diesem
Film fliegen nicht, weil es ihnen Spaß macht oder weil es sie ›gepackt‹ hat (das
scheint für einen deutschen Flieger zu trivial zu sein), sondern um der ›Idee
des Fliegens‹ zu dienen.«

Das gleiche gilt für den Film »Wunder des Fliegens« von Heinz Paul
(1935), in dem der wagemutige Ernst Udet seine fliegerischen Kunststücke
zeigte. Doch »Quax, der Bruchpilot« enthielt schon eine hinreichende
Menge an präziser Information über das Fliegen und dessen Zielsetzung im
Deutschland von damals: der zunächst kopflose und widerborstige Quax
wird bald zu jemandem, der die Autorität schätzt und preist... Am Schluß
bringt der Film ein Lied, das heute noch gesungen wird: »*Heimat, deine*
Sterne« Fortsetzung dazu war »Quax in Fahrt«, in der Heinz Rühmann und
Hertha Feiler spielten.

Was immer diese Filme zeigten: Luftwaffe, U-Boote oder Infanterie –
man setzte auf die Jugend Deutschlands und deren unerschütterlichen Mut.
»*Die Welt ist nicht da für feige Völker*«, hatte Hitler in »Mein Kampf« verkündet. »*Das nennt man Korpsgeist, und Korpsgeist haben wir heute als*
Volk nötig«, führte Goebbels in seiner Rede vom 12. Oktober 1941 aus,
»*darum laßt uns im Kampfe der Geister wie Soldaten handeln! Verteidigen*
wir auf diesem Felde unser nationales Leben mit derselben Tapferkeit, aber
auch mit derselben Disziplin, mit der der Soldat das auf dem Schlachtfelde
tut.«

Nach dem großen Jahr 1941 gab es nicht mehr viele Kriegsfilme in
Deutschland. »Der 5. Juni« und »Besatzung Dora« sollten die letzten sein.
Nicht nur an der Front, auch in den Studios drehte sich der Wind.

Front und Heimat

Das Gebot der Wehrgesinnung gehört heute unverlierbar zu unserem
Wirklichkeitsbild und ihren Menschen, wobei wir nicht einmal lediglich an
den Krieg zu denken brauchen, weil dazu der Dienst nicht allein in der
Wehrmacht, sondern auch im Arbeitsdienst und in der Hitler-Jugend zählt
und darüber hinaus der nationale Dienst der Frau.
(Paul von Werder)

Sobald es die ersten militärischen Schwierigkeiten an der Ostfront gab
und klar wurde, daß der Krieg möglicherweise lange dauern würde, änderte
sich auch der Ton der Filme der Nazi-Produktion. Ein neues Thema wurde

wichtig: die Heimat, von der man nun ebenfalls den Beweis für Mut und Durchhaltevermögen erwartete. Auch die Frauen hatten in dieser großen militärischen Anstrengung Deutschlands ihren festen Platz einzunehmen...

Über die NS-Frauenschaft hatte Carl Froelich bereits 1934 seinen Film »Ich für dich – du für mich« gedreht, bei dem schon der Titel für sich sprach: »*Der Film gewährt Einblick in das Leben und Treiben eines Frauenarbeitsdienstlagers, zeigt, wie sie alle zusammenkommen, die Ärztin, die Hausangestellte, die Stenotypistin, die Filmkomparsin – aus allen Schichten und Ständen, die eine frisch und fröhlich, die andere noch erfüllt von den Sorgen des Alltags oder gar belastet mit Vorurteilen – bis schließlich das Hohelied der Kameradschaft aufklingt in gegenseitigem Verstehen. Und dabei wird jeder einzelne in seinem Denken und Fühlen gezeigt – so, wie er als Mensch ist*« (Kalbus). Hull führt aus: »*Eines der Mädchen hat einen Verehrer, der aus der Stadt kommt, um sie zu besuchen. Er wird als ein glühender Idealist und stockkonservativer Mensch gezeigt. Als sie ihn nicht erhört, verläßt er Hals über Kopf das Lager und gerät in Treibsand. Schließlich wird er von einigen Angehörigen eines Lagers des Arbeitsdienstes, das in der Nähe liegt, gerettet.*«

Der von der Propagandaabteilung der Partei offiziell vertriebene Film wurde mit dem Prädikat »staatspolitisch besonders wertvoll« ausgezeichnet.

AUF WIEDERSEHEN, FRANZISKA!

Sieben Jahre später sollte Helmut Käutner den wichtigsten Film dieser Serie drehen: »Auf Wiedersehen, Franziska!«.

Michael (Hans Söhnker) ist Reporter und von seinem Beruf besessen. Er jagt von Kontinent zu Kontinent und berichtet über die neuesten Ereignisse. Gefahren fürchtet er nicht. Mehr als einmal riskiert er sein Leben, um im Kampfgetümmel mit seiner Kamera dabei zu sein. »*Wozu soll das gut sein?*« fragt ihn sein Kamerad Buck, den, als er von einer Granate tödlich verletzt wird, Zweifel am Sinn des Lebens überkommen. In einer kleinen deutschen Stadt wartet Franziska (Marianne Hoppe) auf ihren Mann Michael. Sie sähe es gern, wenn er bei ihr und ihren beiden Kindern bliebe, aber jeder Besuch Michaels endet mit einem herzzerreißenden Abschied. Als Michael endlich beschließt, bei seiner Familie zu bleiben, bekommt er den Gestellungsbefehl. Es ist Krieg. Wieder eine Abschiedsszene am Zug, doch dieses Mal ist Franziska nicht mehr die einzige, die wartend zurückbleibt. »*Zum ersten Mal*«, so sagt sie, »*hat der Abschied einen Sinn.*«

Das Thema allein macht »Auf Wiedersehen, Franziska!« zu einem zeitgebundenen Film. Er soll die zahllosen deutschen Frauen trösten, die der Krieg einsam gemacht hat. Wie Franziska, so sollen diese Frauen ihre persönlichen Gefühle so lange zurückstellen, wie das Wohl der Nation auf dem

Spiele steht. Dies hatte Hitler bereits in seiner Reichstagsrede vom 1. September 1939 gefordert: »*Ich erwarte von der deutschen Frau, daß sie sich in eiserner Disziplin vorbildlich in diese große Kampfgemeinschaft einfügt.*«

Genau genommen ist »Auf Wiedersehen, Franziska!« nicht besser als die gängigen Foto-Romane, in denen abenteuerlustige Typen ihre Frauen wartend zurücklassen. Dazwischen gibt es ein paar Anklänge an den Heimatfilm: das Lob auf den Klein-Handwerker (Franziska fabriziert zum Zeitvertreib Holz-Spielzeug), das Fernweh und natürlich – unvermeidbar – auch das Heimweh. Helmut Käutner verstand es, selbst den banalsten Szenen ein bißchen Charme zu verleihen, so auch dem ersten Wiedersehen zwischen Franziska und Michael. Fünfzehn Jahre später sollte Wolfgang Liebeneiner mit Ruth Leuwerik und Carlos Thompson ein Remake dieses Films machen, in dem von Krieg nicht die Rede war und das in dauerhaftem Glück endete.

1944 begann Regisseur Gerhard Lamprecht mit den Dreharbeiten zu »Kamerad Hedwig«, einem Film, der zum größten Teil im Würzburg vor der Zerstörung gedreht und der nie fertiggestellt wurde. Er sollte dem Zuschauer einen Einblick in das harte und verantwortungsvolle Leben des Eisenbahners vermitteln und ein Bild geben von dem Engagement der deutschen Frau bei dieser lebenswichtigen Aufgabe.

BESATZUNG DORA

»Besatzung Dora« (1943) war Karl Ritters letzter Fliegerfilm. Er schildert das Alltagsleben eines Aufklärungsgeschwaders in Frankreich. Eine »Junkers 88« ist gerade zurückgekommen: »Dora« hat eine wichtige Mission gegen England hervorragend erfüllt. Alle freuen sich darüber, daß die Luftaufnahmen so gut ausgefallen sind, und versammeln sich, um die Ferntrauung des Adjudanten und Bordfunkers Roggenkamp zu feiern. Doch mitten in die Zeremonie platzt die Nachricht, daß die Braut Mathilde, eine Berliner Modistin, die ihr landwirtschaftliches Pflichtjahr absolviert, die Zustimmung zur Ehe nicht mehr geben will.- »Dora« wird nach Berlin geflogen, um dort einen neuentwickelten Flugzeugmotor eingebaut zu bekommen, dann startet das Flugzeug an die Ostfront. »Dora« entkommt den sowjetischen Jägern und bringt wertvolle Luftaufnahmen mit zurück. Wenig später feiert die Besatzung ihren 1000. Feindflug. Eifersuchtsszenen zwischen den beiden in Mathilde verliebten Leutnants und den beiden in die Berliner Krankenschwester Marianne verliebten Unteroffizieren. Da wird das Geschwader nach Afrika abkommandiert. Die Männer erleben nach einer geglückten Notlandung harte Tage in der Wüste, ehe sie von einem italienischen Flugzeug gerettet werden. In der Zwischenzeit hat Marianne den Hauptmann der Staffel geheiratet. Mathilde läßt sich mit dem MG-Schützen ferntrauen.

Das illustrierte Bulletin der Ufa berichtet, Ritter habe zunächst sechs

Wochen lang mit einer Aufklärer-Staffel gelebt, ehe er das Drehbuch geschrieben habe, keine Aufnahme sei im Studio gemacht worden und der Regisseur habe sogar vor Leningrad gedreht.

Der vorformulierte Optimismus war umsonst. »Besatzung Dora« wurde im November 1943 verboten, nachdem der Film mehrfach der Zensurbehörde vorgeführt worden war, weil sich die »militärische Situation« geändert hatte. Im Film hatte einer der Urlauber versucht, seine Freundin davon zu überzeugen, daß sie sich nach Kriegsende im Osten ansiedeln müßten. Wer sollte dergleichen im Jahre 1943 in Deutschland noch ernstnehmen!

Mit »Besatzung Dora« enden die großen militaristischen Filme Karl Ritters. Insgesamt drehte er von »Verräter« bis »Besatzung Dora« acht Filme. Die wichtigsten davon handelten von den Heldentaten der deutschen Luftwaffe.

Außer Ritter drehte lediglich Walter Jerven im Jahre 1941 unter dem Titel »Himmelsstürmer« einen Film über die deutsche Luftwaffe, einen Dokumentarfilm, der Wochenschaumaterial von 1900 bis 1940 zusammenfaßte. An dieser Stelle sei doch noch einmal darauf hingewiesen, daß Ritters patriotische Filme schätzungsweise von sechs Millionen Jungen gesehen wurden – von den späteren Soldaten Hitlers.

In der Defensive

Ich erwarte von jedem Deutschen, daß er deshalb seine Pflicht bis zum Äußersten erfüllt, daß er jedes Opfer, das von ihm gefordert wird und werden muß, auf sich nimmt, ich erwarte von jedem Gesunden, daß er sich mit Leib und Leben einsetzt im Kampf, ich erwarte von jedem Kranken und Gebrechlichen oder sonst Unentbehrlichen, daß er bis zum Aufgebot seiner letzten Kraft arbeitet; ich erwarte von den Bewohnern der Städte, daß sie die Waffen schmieden für diesen Kampf, und ich erwarte vom Bauern, daß er unter höchstmöglicher eigener Einschränkung das Brot gibt für die Soldaten und Arbeiter dieses Kampfes. Ich erwarte von allen Frauen und Mädchen, daß sie diesen Kampf – so wie bisher – mit äußerstem Fanatismus unterstützen. Ich wende mich mit besonderem Vertrauen dabei an die deutsche Jugend. Indem wir eine so verschworene Gemeinschaft bilden, können wir mit Recht vor den Allmächtigen treten und ihn um seine Gnade und seinen Segen bitten. Denn mehr kann ein Volk nicht tun, als daß jeder, der kämpfen kann, kämpft, und jeder, der arbeiten kann, arbeitet, und alle gemeinsam opfern, nur von dem einen Gedanken erfüllt, die Freiheit, die nationale Ehre und damit die Zukunft des Lebens sicherzustellen.

Wie schwer auch die Krise im Augenblick sein mag, sie wird durch unseren unabänderlichen Willen, durch unsere Opferbereitschaft und durch unsere Fähigkeiten am Ende trotzdem gemeistert werden. Wir werden auch diese

*Not überstehen. Es wird auch in diesem Kampf nicht Innerasien siegen, son-
dern Europa, – und an der Spitze jene Nation, die seit eineinhalbtausend Jahren Europa als Vormacht gegen den Osten vertreten hat und in alle Zukunft
vertreten wird: Unser Großdeutsches Reich, die deutsche Nation!*
    (Hitler, 30. Januar 1945)

Das Produktionsjahr 1945, in dem nur Unterhaltungsfilme hergestellt
werden sollten, verrät auch eine gerechtfertigte Panik. Ein Brief vom 9. Januar von Dr. Müller-Goerne (damals Abteilungsleiter in der Reichsfilmkammer) spiegelt diese Situation wider: »*Ich bitte, in einer der nächsten
Filmnachrichten folgendes bekanntgeben zu lassen:*

1. *Es mehren sich in letzter Zeit Fälle, in denen Filmschauspieler oder
   -schauspielerinnen die Übernahme von Rollen ablehnen mit der Begründung, daß sie krank seien. Es wird darauf hingewiesen, daß auf
   Grund der ausgesprochenen Dienstverpflichtung die Schauspieler zur
   Übernahme aller ihnen angetragenen filmischen Aufgaben verpflichtet
   sind und daß Krankheitsfälle nur in dringenden Fällen und auf Grund
   amtsärztlicher Untersuchung entschuldigt werden können. Die Schauspieler müssen damit rechnen, daß bei Fällen langandauernder Krankheit eine Streichung von der Filmliste vorgenommen wird oder von den
   Monatsbezügen Abstriche vorgenommen werden, falls ausreichende
   Ablehnungsgründe nicht vorliegen.*

2. *Es sind Fälle vorgekommen, in denen Filmschaffende abgelehnt haben,
   in auswärtigen Filmateliers zu arbeiten, weil sie keine Bettkarte erhalten
   haben. Es muß unter den heutigen Umständen von jedem Volksgenossen verlangt werden, daß er Reisen antritt, auch wenn Bettkarten nicht
   zur Verfügung stehen. Sollte festgestellt werden, daß Filmschaffende
   hiervon ihre Zusage oder ihre Abreise abhängig machen, werde ich ver-
   anlassen, daß in schärfster Weise gegen ein solches Verhalten vorge-
   gangen wird und daß die betreffenden Filmschaffenden hieraus die
   notwendigen Konsequenzen zu erwarten haben.*«

DAS LEBEN GEHT WEITER

Wie »Kamerad Hedwig« so blieb auch »Das Leben geht weiter« von
Wolfgang Liebeneiner unvollendet: zwei Drittel des Films waren abge-
dreht, als der Einmarsch der Russen die Dreharbeiten unterbrach. Der
Film, an dessen Drehbuch Karl Ritter mitgearbeitet hatte, sollte am Bei-
spiel Berlins und einiger seiner Bewohner zeigen, daß der Lebens- und
Kampfeswillen der Deutschen trotz der Bombenangriffe ungebrochen sei.
Trotz menschlicher Tragödien, unersetzlicher Verluste und Ruinen: das
Leben geht weiter… Die Darstellerliste wies Namen wie Hilde Krahl, Ma-
rianne Hoppe, Heinrich George und Willy Fritsch aus.

Am 1. Juni 1943 schrieb Goebbels an Veit Harlan und beauftragte ihn, den Farbfilm »Kolberg« zu realisieren. Aufgabe dieses Filmes sollte es sein, *»am Beispiel der Stadt, die dem Film den Titel gibt, zu zeigen, daß ein in Heimat und Front geeintes Volk jeden Gegner überwindet.«* Es war selbstverständlich, daß für ein so wichtiges Unternehmen jede Unterstützung von Seiten der Wehrmacht und des Staates gewährt wurde. Die Dreharbeiten dauerten beinahe zwei Jahre (1943-44) – zwei Jahre, in denen sich die deutsche Niederlage immer deutlicher abzeichnete. Am 30. Januar 1945, zwölf Jahre nach der Machtergreifung Hitlers, fand die Premiere von »Kolberg« im französischen La Rochelle statt, wo die deutschen Truppen schon seit Monaten eingeschlossen waren, und einen Tag später in Berlin. Nach dem Mißerfolg der Ardennen-Offensive, als die Alliierten Deutschland bereits in der Umklammerung hielten, war »Kolberg« nicht mehr als ein Strohfeuer des Nazi-Films – ein nutzloser Durchhalteappell.

Der Vorspann des Films führt aus, die Handlung basiere auf historischen Ereignissen. In Wirklichkeit wurden die Fakten aus propagandistischen Gründen erheblich frisiert. Der Widerstand der kleinen Hafenstadt Kolberg (bei Danzig) gegen die napoleonischen Truppen ist eine bekannte Episode des französisch-preußischen Krieges (1806-1807). Die Siege von Jena und Auerstedt hatten es den Franzosen ermöglicht, in Berlin einzumarschieren (27. Oktober 1806). Dennoch weigerte sich der preußische König, einen Waffenstillstand zu unterzeichnen, und verschiedene Städte, unter ihnen Kolberg, leisteten weiter Widerstand. Zur gleichen Zeit kämpfte Napoleon gegen Rußland, mit dem er am 7. Juli 1807 ein Abkommen schloß.

Der Widerstand einzelner preußischer Städte brachte nichts ein, auch wenn das in Harlans Film ganz anders geschildert wird. Die Franzosen drangen in Kolberg ein, und die Kämpfe wurden durch einen Waffenstillstand beendet. Im Film wird auch kein Wort darüber verloren, daß die Engländer der belagerten Stadt zu Hilfe kamen. Was die historischen Gestalten betraf, so wurden diese in dramaturgische Klischees gezwängt. Die Auseinandersetzungen zwischen dem Standortkommandanten Oberst Loucadou und dem Bürgermeister Nettelbeck (Heinrich George) wirken aufgesetzt, der schöne Gneisenau (Horst Caspar), die Inkarnation preußischen Kampfgeistes, war in Wirklichkeit bereits 47 Jahre alt, als er das Kommando der Truppen in Kolberg übernahm. Schließlich ist die Liebesgeschichte zwischen Maria (Kristina Söderbaum) und dem Leutnant Schill (Gustav Diessl) eine reine Erfindung.

1945 sollte diese geschickte Geschichtsklitterung die Gutgläubigen noch einmal zusammenzwingen und ihnen als Exempel dienen. *»Ich will dem Publikum von heute das Heldentum seiner Vorfahren vor Augen führen,«* erklärte Veit Harlan auf einer Pressekonferenz (23. Dezember 1943), *»will ihm sagen: Aus diesem Kern seid Ihr geboren, und mit dieser Kraft, die Ihr*

von Euren Ahnen ererbt habt, werdet Ihr auch den Sieg erringen.« Der Film
solle *»zwar auch ein Denkmal für Gneisenau und Nettelbeck sein und ein
Denkmal für die Bürger von Kolberg, doch vor allem soll er ein Denkmal dafür werden, wie die Deutschen heute sind.«* Der »Völkische Beobachter«
schrieb dazu am 1. Februar 1945 unter dem Titel *»›Kohlberg‹ – ein Film?
Ein Beispiel!«:*

*»Diesen Film im Frieden sehen, hieße, die Stadt Kolberg und ihre Bürger
als Vorbild bewundern. Ihn in diesem Kriege zu sehen, bedeutet ein Gleich-
nis, ein Beispiel für uns selber. Wir betrachten nicht mehr nur, was 1806 geschah, sondern erleben es 1945, als sei es ein Stück von uns... Man mag sagen, daß die kleinen Leiden einer kleinen Stadt nie parallel zu den großen Gefahren gezogen werden dürfen, die das ganze große Reich heute bestürmen.
Gewiß: die Kanonenkugeln der Achtpfünder sind ein Kinderspiel gegen die
Tonnenbomben moderner Luftgeschwader, und die Knechtschaft unter dem
Korsen könnte der Ehrlosigkeit als ein Paradies angesichts des Schicksals erscheinen, daß uns unter dem Boschewismus erwartete...«*
Der Vergleich zwischen damals und der herrschenden Situation drängte
sich zwangsläufig auf. Die Texte des Films strotzen nur so vor Appellen an
die deutsche Bevölkerung: *»Das Volk steht auf, der Sturm bricht los!«*
(Sturmlied der Einwohner von Breslau); *»... das ganze Volk wehrhaft machen«* (Schill); *»Es wird viel von uns verlangt. Immer härter müssen wir werden, immer noch härter... Lieber unter den Trümmern begraben, als kapitu-
lieren«* (Nettelbeck). Unschwer ist die Person von Nettelbeck, der bisweilen
selbst gegen die Militärs als Wortführer der Bevölkerung auftritt und diese
ermutigt, als das Sprachrohr von Goebbels zu erkennen. Es gibt aber, wie
Erwin Leiser feststellt, einige Passagen in dem Film, die in seltsamem Widerspruch zu dessen Intentionen stehen. Versonnen fragt sich Napoleon vor
dem Grab Friedrichs II.: *»Stünde ich hier, wenn du noch lebtest?«* Die Premiere des Films fand, wie erwähnt, in La Rochelle statt (die Kopie war per
Fallschirm über der eingekreisten Festung abgeworfen worden), und die
Eingeschlossenen durften sich von diesem Lobpreis auf die Freiheit der
Völker, die Liebe zur Nation und des Kampfes gegen die Unterdrücker angesprochen fühlen (Gneisenau: *»Nichts ist schöner als die Vaterlandsliebe!
Nichts ist süßer als die Freiheit!«*). Auch in Breslau, Danzig und in anderen
bedrohten Städten, sowie vor Kriegseinheiten wurde »Kolberg« vorge-
führt.
Mit der Niederlage der Nazis, einige Monate später, war es auch mit
»Kolberg« abrupt zu Ende. Wer hätte den Film schon in einem Land sehen
mögen, das in Trümmern lag. Zwanzig Jahre lang blieben die Kopien unter
Verschluß. Dann versuchte die Atlas-Film, die Rechte an mehreren Nazi-
Produktionen erworben hatte, den Film im November 1965 neu auszuwer-
ten. Unter dem Titel »Der 30. Januar 1945« kam »Kolberg« ohne Kürzun-
gen in die Kinos. Die Einführung stammte von Erwin Leiser, Lothar Kom-

patzky und Raimond Ruehl. Es war Wochenschaumaterial aus der Nazizeit dazwischengeschnitten worden (insgesamt 25 Minuten) – vor allem Goebbels-Reden. Enno Patalas meinte in diesem Zusammenhang (Filmkritik 1965, Nr. 12): »... der Kommentar von 1965 unterscheidet sich sprachlich kaum von dem der ›Deutschen Wochenschau‹ aus jenen Tagen!«

Der auf diese Weise zerstückelte Film »*vom Überleben und Sieg*«, der zudem letzter »Film der Nation« war, weckte zumindest einige Nostalgie. Glücklicherweise in Bezug auf seine künstlerischen, nicht auf seine politischen Ambitionen. Er wurde von der Linken und den jüdischen Gemeinden boykottiert und bald wieder aus dem Verkehr gezogen.

Außerhalb Deutschlands hatte man schon früher die Originalversion sehen können: in Argentinien unter dem Titel »Brennende Herzen«, in der Schweiz unter dem Titel »Die Entsagung«.

Bei den Dreharbeiten zu dem Spektakel »Kolberg« wurde nicht gespart: mit 8,5 Millionen Mark Herstellungskosten (das ist ungefähr achtmal soviel als eine normale Produktion kostete) ist er der teuerste Film der gesamten deutschen Filmgeschichte. Veit Harlan ließ mehr Soldaten aufmarschieren, als in Wirklichkeit um Kolberg standen (man spricht von 187 000). Zehntausend Uniformen wurden eigens geschneidert, sechstausend Pferde für die Dreharbeiten abgestellt. Harlan erzählte David Hull, er habe »*Schlachtenszenen drehen müssen, noch ehe die Uniformen eingetroffen waren, so daß die Soldaten gezwungen waren, nachts ihre Uniformen einzufärben und nur provisorische Gürtel aus Klo-Papier tragen konnten. Es herrschte damals im Osten Munitionsmangel, aber die Fabriken machten Überstunden, um Kartuschen herzustellen, wie sie für den Film benötigt wurden.*« Um die Illusion von Schnee zu geben, wurde tonnenweise Salz auf Hausdächer und auf Wiesen gestreut. Trotz einer anfänglichen Weigerung der Admiralität, nahmen schließlich 4000 Matrosen an dem Sturm über überschwemmte Wiesen teil. Insgesamt wurden 90 Stunden Film aufgenommen.

Doch das Ergebnis ist eher spektakulär als überzeugend. Wie schon in »Der große König« tragen auch hier der große Aufwand und die enorme Statisterie, die dem Regisseur zur Verfügung standen, dazu bei, den Film eher schwerfällig zu machen. Die Höhepunkte allerdings folgen in eindrucksvollem Rhythmus aufeinander: die Menschenmenge (Soldaten und Zivilisten) in den Straßen des Breslau des Jahres 1813, ein Fest auf dem Marktplatz von Kolberg, der erste Angriff der Franzosen, die Verteidigungsarbeiten der Kolberger Bevölkerung, die Beschießung der Stadt und die Attacke der französischen Infanterie... Daneben gibt es vor allem Sentimentales. Maria verkörpert, selbstredend, alle Tugenden. Sie ist eine rechte Preußin: patriotisch, mutig und selbstlos. Für die Freiheit ihrer Heimatstadt und ihres Landes opfert sie alles. Doch Nettelbeck weiß dieses Opfer zu würdigen: »*Ja, du hast alles hergegeben, Maria, was du hattest. Aber es war nicht umsonst... Das Größte wird immer nur in Schmerzen geboren.*

Und wenn einer die Schmerzen für uns alle auf sich nimmt, dann ist er groß. Du bist groß, Maria, hast deine Pflicht getan, dich nicht gefürchtet vorm Sterben. Du hast auch mitgesiegt, Maria, du auch!«

Eine andere Szene bringt Maria, die eine königliche Botschaft zu überbringen hat, und Königin Louise zusammen, die in Napoleon *»ein Monstrum... einen Auswurf der Hölle«* sieht. Luise ist sehr schön, sehr unnahbar und empfängt das staunende Bauernmädchen wie eine Figur aus einem Traum. Sie läßt wissen, sie sei sehr besorgt um das Schicksal Kolbergs und stolz auf die Hingabe seiner Verteidiger. Während der ganzen Unterhaltung sorgt eine sphärische Musik dafür, daß die kurze Erscheinung von Irene von Meyendorff feenhaft wirkt und zu den harten Schlachtenszenen kontrastiert.

Einige dieser Schlachtenszenen wurden übrigens beim Feinschnitt des Films weggelassen. Goebbels hatte sie zu brutal und zu realistisch gefunden. Auch die Rolle von Marias Bruder Claus wurde stark gekürzt: Claus, ein Kosmopolit, ist bereit, mit den Franzosen auf das Wohl des Kaisers zu trinken. Er wird von einer Granate getroffen, als er seine Geige zu retten versucht. Die gerechte Strafe für jemanden, der sich seines Vaterlands und seiner Rasse als unwürdig erwiesen hat.

Obgleich schon die unermüdliche Thea von Harbou, Mitarbeiterin am Drehbuch, eine Reihe von Änderungen vorgenommen hatte, wurde die Endfassung schließlich von Wolfgang Liebeneiner, offenbar auf Befehl von Goebbels (siehe Riess) noch einmal überarbeitet. Harlan spricht in seinen Memoiren von seinen Auseinandersetzungen mit dem Reichspropagandaminister: *»Als der Film ›Kolberg‹ abgeliefert wurde – das war Ende November 1944 – brach zum letztenmal ein Bombardement von Flüchen und Beleidigungen über mich herein... (Goebbels) verurteilte die Greuelszenen, die vielen Leichen und die Flucht der Einwohner vor dem Feuer der brennenden Stadt Kolberg. Das alles sei sadistisch dargestellt. Er befahl, diese Szenen herauszuschneiden. Daß eine Frau ein Kind gebäre, während das Haus über ihr brennt und im Zusammenstürzen die Mutter und das Neugeborene unter sich begräbt, bezeichnete er als geschmacklose Übertreibung. Ebenso hatte ich herauszuschneiden, daß die Menschen die Türen aus den Häusern brachen, um Särge für die zahllosen Toten anzufertigen, da in Kolberg keine Bretter mehr aufzutreiben waren, und auch daß die Brunnen und Wasserleitungen in Kolberg durch die Leichen der vielen Toten vergiftet waren, so daß es niemand mehr zu trinken wagte; sogar eine der drei großen Schlachten mußte fallen. Das andauernde Töten und Getötetwerden falle den Zuschauern auf die Nerven. Das würde für einen pazifistischen Film passen, aber nicht für ›das Heldenlied von Kolberg‹... Der Film führe in die Resignation, aber nicht in die ›Entschlossenheit zum Siege – koste er, was er wolle!‹*

Ich kann nicht sagen, wie es zu einem ›ausdrücklichen Befehl des Führers‹ kam und wann Hitler den Film gesehen hat. Jedenfalls mußte ich der ›Anord-

nung‹ Hitlers, ›die Kaders‹, in denen die französische Armee auf die Preußen zumarschierten, herauszuschneiden, Folge leisten... Schnipp-schnapp – schnipp-schnapp – so wurden nach und nach für zwei Millionen Mark Szenen aus dem Film herausgeschnitten und fortgeworfen. Es war für zwei Millionen Mark das Grauen eines totalen Krieges... Es wurde Tag und Nacht gearbeitet. Immer wieder sah er (Goebbels) sich den Film an...«

Damit der Widerstand Kolbergs nicht als Einzelaktion verstanden wurde und damit unverbindlich blieb, begann und beendete Harlan seinen Film mit Szenen aus dem Jahre 1813 und dem allgemeinen, siegreichen Aufstand der Deutschen gegen Napoleon. Soldaten und Zivilisten marschieren singend durch die Straßen Breslaus. Während in der Überblendung das energische Gesicht Gneisenaus auf der preußischen Fahne erscheint, spricht eine Stimme: »*Aus Asche und Trümmern ersteht wie ein Phönix ein neues Volk, ein neues Reich.*«

Im Frühjahr 1945 war Hitlers »Neues Reich« indessen zu einem Nichts geschrumpft.

Die Unterhaltungsfilme

... in einer Zeit, in der der gesamten Nation so schwere Lasten und Sorgen aufgebürdet werden, ist auch die Unterhaltung staatspolitisch von besonderem Wert. Sie steht deshalb auch nicht am Rande des öffentlichen Geschehens und kann sich nicht den Aufgabenstellungen der politischen Führung entziehen. (Goebbels, 12. Oktober 1941)

... Auch die gute Laune ist kriegswichtig. Sie zu erhalten, und zwar gerade dann, wenn wir besonders schwere Belastungen zu ertragen haben, ist ein dringendes Erfordernis einer erfolgreichen Kriegführung an der Front und in der Heimat.

Id., 1. März 1942

In seiner kleinen Selbstverteidigungsschrift »Film im Zwielicht/Über den unpolitischen Film des Dritten Reiches und die Begrenzung des totalitären Anspruches« zählt der virtuose Arthur-Maria Rabenalt die fünf Gründe auf, aus denen – seiner Meinung nach – ein Fortexistieren eines freien, unbeeinflußten Filmschaffens, am Rande der offiziellen Filmindustrie, möglich gewesen sei.

» 1. *Es gab bis zur Verstaatlichung der Filmindustrie eine private Filmwirtschaft. Diese produzierte – allerdings nach den Richtlinien des Propagandaministeriums und unter dessen Zensur – Filme, die völlig unpolitischen Inhalts waren.*

  2. *Es gab darüber hinaus deutsche Filme, die vollständig mit deutschem Geld oder mit deutscher Finanzbeteiligung mit deutschem Stab und deutschen Filmschaffenden, z. B. in Österreich, das damals noch nicht angeschlossen war, oder in Italien nach den deutschen Filmgesetzen hergestellt waren. Sie hatten keinerlei politische Merkmale.*

  3. *Es gab auch im Verleihungsprogramm der bereits verstaatlichten Industrie einen beachtlich großen Prozentsatz reiner Unterhaltungsfilme, die fern jeglicher politischer und propagandistischer Tendenz waren.*

  4. *Schließlich wurden während des Krieges (als die Großreichspolitik mit ihrer kontinent umspannenden Militärgrenze und ihrer noch weiter reichenden politischen Einflußsphäre ihre größte Expansion erreicht hatte) bewußt Filme für den europäischen Markt produziert, deren Absicht nicht darin bestand, eine eroberte Welt mit NS-Gedankengut vertraut zu machen. Ihre Aufgabe bestand im Gegenteil darin, durch unpolitische Haltung, weltanschauliche Harmlosigkeit und Neutralität um Vertrauen zu werben.*

  5. *Später, als der Kriegsverlauf seine negative Wendung zu nehmen begann, wurden Filme hergestellt. Ablenkungsfilme, die allein der Zerstreuung dienen sollten.«*

Er hat nicht unrecht. Bleibt nur die Frage, ob diese rund 1200 Filme – der Hauptanteil an einer Gesamtproduktion von rund 1350 Filmen – wirklich so »anders« waren. Das Regime hatte schließlich die Produktion der Unterhaltungsfilme ebenso fest in der Hand, wie die der Filme mit politischem Inhalt. Das läßt sich mühelos anhand filmischer Situationen und Szenen, anhand von Personen und Dialogen nachweisen. Es ist durchaus möglich, daß viele dieser Filme zunächst nichts erkennen ließen. Darin aber scheint, zumal sie sämtlich von bestimmten Moralvorstellungen ausgingen, eine gewisse Systematik zu liegen. Aus qualitativen Gründen sind es nur etwa hundert überhaupt wert, genannt zu werden. Rabenalt definiert die verschiedenen Sparten des beliebten Genres im Nazifilm wie folgt:

. »*Die romantische Filmkomödie entflieht vor dem politischen Alltag in eine märchenhafte Spielwelt.*«

. »*Der unverbindlich gewordene Gesellschaftsfilm begibt sich in eine Wunschtraumwelt.*«

. »*Der Musikfilm, die zweite Gattung spezifisch untendenziöser Filme, unterlag bereits gewissen Beschränkungen. Jazzmusik war Negermusik... Die parteichinesische Terminologie schwankte zwischen ›primitiven Urlauten dschungelhafter Untermenschen‹ und ›entarteter Großstadtmusik, degenerierter Asphaltkakophonie‹.*«

. »*Die Artistenwelt war das bevorzugte ›Fluchtgebiet‹ des unpolitischen Filmes... In der Gegenwart handelnde Zirkusfilme haben keine Berührungspunkte mit dem politischen Zeitgeschehen... Der ›historische‹ Zirkusfilm... emigriert in die Vergangenheit...*«

. »*Wollte sich* (der ländliche Film)... *in seinem Bestreben, unpolitisch zu bleiben, dieser riskanten politischen Interessensphäre entziehen,.... so gab es eigentlich nur einen Weg: Festklammerung des Filmes an ein – anerkanntes – Schrifttum aus vornazistischer Zeit.*«

Die Komödien (ob zeitgenössisch oder historisch), der Musikfilm (deutsch oder wienerisch), der Künstlerfilm, die Litaraturverfilmungen (im allgemeinen nach Autoren des 19. Jahrhunderts), die Heimatfilme, angesiedelt in Bayern oder dem Rheinland, sind zunächst die für uns interessantesten. Dazu kommen noch exotische oder phantastische Filme und das große Kontingent der Krimis, der Spionage-, Abenteurer- und Bergfilme.

Die Komödien

Der ehemalige Kabarettist, Schauspieler, Theaterregisseur, Filmschauspieler und Drehbuchautor Helmut Käutner ist der einzige interessante Regisseur auf dem Gebiet des Unterhaltungsfilms des Dritten Reiches. Mit »Kitty und die Weltkonferenz« drehte Käutner 1939 nach einer Komödie von Stefan Donat, die er selbst zu einem Drehbuch umgearbeitet hatte, seinen ersten Film.

Curt Riess gibt die Handlung folgendermaßen wieder: »*In Lugano findet die Weltwirtschaftskonferenz statt. Alle bedeutenden Politiker und Wirtschaftler sind erschienen und natürlich auch alle prominenten Journalisten. Da ist auch ein holländischer Reporter namens Piet Enthousen, der es noch nicht sehr weit gebracht hat. Könnte er den englischen Wirtschaftsminister Sir Horace Ashlin interviewen, wäre seine Karriere gemacht. Aber wie kommt man an den heran? Durch Kitty natürlich. Kitty ist eine kleine Schweizer Manicure, die im Edenhotel arbeitet. Sie ist verliebt in Piet. Und da sie sehr hübsch, sehr geschickt und sehr gescheit ist, sind bald viele Teilnehmer der Konferenz in sie verliebt, und das Interview kommt natürlich zustande. Denn der englische Wirtschaftsminister ist gar kein so schwieriger Mann, wie es den Anschein hat...*«

Der Film erinnert ein bißchen an Lubitsch und René Clair, wobei das Oeuvre des letzteren Käutner offenbar sehr viel bedeutet. Dennoch stieß der für das deutsche Kino der damaligen Zeit sehr originelle Film auf eine Reihe von Widerständen. Die Premiere fand am 25. August 1939, nur wenige Tage vor Kriegsbeginn, in Stuttgart statt und wurde hier, wie einen Monat später in Berlin, zu einem großen Erfolg. Die Presse freilich reagierte kaum. Käutner hatte einige Fehler gemacht: alle Diplomaten der internationalen Konferenz (sie findet ausgerechnet in einem neutralen Land statt!) sind mehr oder weniger sympathisch gezeichnet. Die Hauptperson, der Engländer, ist sogar noch gewinnender als seine Kollegen. Dazuhin wird die Rolle gut gespielt. Der deutsche Außenminister von Ribbentrop protestierte bei Goebbels, und kurz nach der Berliner Premiere wurde »Kitty und die Weltkonferenz« wegen »*Ausbruch der Feindseligkeiten*« abgesetzt.

Käutners Film »Große Freiheit Nr. 7«, der fünf Jahr später entstand, war kaum mehr vom Glück begünstigt. Und dies, obgleich mit Hans Albers und Ilse Werner zwei Publikumslieblinge mitspielten und der Film als Erfolgsfilm konzipiert war. Die Grundidee (ein Film über beliebte deutsche Lieder) wurde der Produktionsfirma »Terra« vom Propagandaministerium angetragen. Er spielt in Sankt Pauli, dem Hamburger Paradies für Matrosen auf Landurlaub, der »Großen Freiheit«. Hans Albers singt hierin zwei seiner berühmtesten Lieder (»La Paloma« und »Auf der Reeperbahn nachts um halb eins«). Der Film wurde in Farbe gedreht.

Doch Käutner hatte schon während der Dreharbeiten enorme Schwierigkeiten. Das Hamburger Hafenviertel war 1944 nur noch ein Trümmerhaufen. Die »Große Freiheit« mußte Haus für Haus auf einer Länge von 60 Metern in den Ufa-Studios Tempelhof rekonstruiert werden. Bei einem Bombenangriff wurde dann das Studio mit den Dekorationen vernichtet, woraufhin die Reeperbahn, diesmal in Prag, wiederaufgebaut wurde. Ein dressierter Esel, dem eine wichtige Rolle zukam, wurde per Eisenbahn in die Tschechoslowakei geschickt. Er starb unterwegs. Dann stieß sich Goebbels an dem Titel »Große Freiheit«. Darüberhinaus erschienen ihm einige der in dem Film vorkommenden Personen unpassend: so sollte man keine deutschen Prostituierten sehen, Bürgerinnen des Dritten Reichs hatten über den Verdacht, eine solche Betätigung auszuüben, erhaben zu sein (der Vorwurf, unmoralisch zu sein, wurde dem Film nach 1946 dann von kirchlicher Seite gemacht). Admiral Dönitz wiederum wollte nicht, daß man sah, daß deutsche Matrosen auf Landurlaub tranken. Unterstützt von Hamburgs Gauleiter Kaufmann beschwerte er sich, Käutners Film schade dem Ansehen der Kriegsmarine. Schließlich wurde »Große Freiheit Nr. 7« am 12. Dezember 1944 verboten und nur für das Ausland und Protektorat Böhmen-Mähren freigegeben. Erst nach dem Fall des Dritten Reichs wurde der Film in den Kinos sowohl der Bundesrepublik als auch der DDR gezeigt.

Der Wert der Filme »Kitty und die Weltkonferenz« und »Große Freiheit Nr. 7« ist relativ: daß es Käutner in jener Zeit unternahm, eine gewisse Leichtigkeit und eine sorgfältige Filmarbeit miteinander zu verbinden und einen eigenen Komödienstil zu finden, der sich an den der frühen dreißiger Jahre anlehnte, jedoch in der Folgezeit in Vergessenheit geraten war.

Die Durchschnittsprodukte dieser Zeit stammten dabei beileibe nicht nur von Unbekannten. Gustaf Gründgens zum Beispiel hätte wohl besser daran getan, seinen Namen nicht für die Komödien herzugeben, die er zwischen 1934 und 1940 drehte. Schließlich hatten ihm sein Regie- und Schauspielertalent am Theater (sein Mephisto in der »Faust«-Inszenierung der Saison 1931/32 war eine Sensation) 1934 die Intendanz am Berliner »Staatstheater« und 1936 den Titel eines »Staatsrats« eingebracht. Nachdem er in der Rolle des Unterweltchefs in »M« auf der Leinwand debütiert hatte, spielte er in der Folge eine Reihe bemerkenswerter Figuren: den Baron in »Liebelei«, den Professor Higgins in »Pygmalion«, Regie Erich Engel 1935, König Charles VII. in »Das Mädchen Johanna«. Doch die beiden Filme »Die Finanzen des Großherzogs« (mit Heinz Rühmann) und »Zwei Welten« lagen dann unter diesem Niveau. Das gilt auch für den 1937 von Willi Forst geschriebenen und produzierten Film »Capriolen«. Der Film erzählt die Geschichte eines ungleichen Paares: der Fliegerin Mabel Atkinson und eines Journalisten, der zugleich Gelegenheits-Pianist und Sänger, sowie Elegant und Frauenkenner ist. Gründgens spielt die Rolle dieses jungen Beaus offenbar als eine Art Erholung von der Theaterarbeit, und zwar mit der bei ihm gewohnten Brillanz. Es ist schon sehr komisch, ihn vor einem Schwarm hysterischer Gänse davonlaufen zu sehen und wettern zu hören: »*Das war zum Kotzen!*« Diese erste Szene ist jedoch das einzige amüsante Moment des Films, in dem das Happy End lange auf sich warten läßt. Marianne Hoppe hat einen geschwätzigen Dialog zu bewältigen und entbehrt jeglicher Originalität. Insgesamt gesehen ist »Capriolen« ein beklagenswert alberner Film. Man muß indessen feststellen, daß viele Ehekomödien, die der

Nazi-Film seinen Zuschauern zumutete, von noch minderer Qualität waren. Das reicht von »Ich heirate meine Frau« (1934, mit Lil Dagover und Paul Hörbiger) über »Wer küßt Madeleine?« (mit Magda Schneider) bis »Die Gattin« (1943, nach einem Drehbuch von Thea von Harbou).

Doch nicht alle Komödien waren so unbedeutend. Ehe er sich brisanteren Themen zuwandte, drehte Wolfgang Liebeneiner 1937 den Film »Der Mustergatte«, der dem Hauptdarsteller Heinz Rühmann eine Auszeichnung in Venedig einbrachte. 1941 machte er dann zwischen den Filmen »Ich klage an« und »Die Entlassung« die Komödie »Das andere Ich«. Die Handlung: das Mädchen Magdalena Menzel (Hilde Krahl) sucht in Berlin Arbeit und läßt sich in einer Lokomotivfabrik gleichzeitig als Nachtsekretärin und tagsüber als Zeichnerin in der Entwicklungsabteilung engagieren. Martin (Mathias Wieman), der Sohn des Direktors, arbeitet, um seine praktische Lehre zu absolvieren, inkognito ebenfalls in dieser Entwicklungsabteilung. Natürlich verliebt er sich in Magdalena. Die erfindet, um ihre Doppelstellung zu behalten, eine Zwillingsschwester Lena. Martin kommt hinter die Geschichte: Magdalena fällt ihm in die Arme, und er hilft ihr, aus dieser Zwickmühle gegenüber dem Arbeitsamt herauszukommen.

Zwei gute gefühlvolle Komödienszenen zwischen Hilde Krahl und Mathias Wieman und einige interessante Nebenrollen (eine Zimmervermieterin, eine Redaktionssekretärin) reichen nicht aus, um diesem völlig unglaubwürdigen Drehbuch auf die Beine zu helfen. Die Inszenierung ist platt und von entwaffnender Naivität: um eine banale Einstellung wie einen Büroschluß zu filmen, sieht sich Liebeneiner veranlaßt, mit Zeitraffer zu arbeiten.

Die Musik-Komödien

In den Musik-Komödien hatte der Humor Vorrang, ob sie nun modern oder in einer früheren Epoche angesiedelt waren. Zu Beginn der Tonfilmzeit waren Lilian Harvey und Willy Fritsch als Paar die Stars dieses Genres: unvergeßlich ihre Filme »Die drei von der Tankstelle« (1930, von Wilhelm Thiele) oder »Der Kongreß tanzt« (1931, von Eric Charell), deren Lieder von einem Tag auf den anderen Schlager wurden. Lilian Harvey und Willy Fritsch spielten auch in »Glückskinder« (1936), einer Reportergeschichte, die New York zum Hintergrund hatte und von R.A. Stemmle zusammen mit Curt Goetz und dem Regisseur Paul Martin geschrieben worden war, und in den »Sieben Ohrfeigen«. Doch damit war ihr Triumphzug zu Ende. Von nun an trennten sich ihre Wege.

Der vielleicht typischste und für die Zeit interessanteste Film, den Lilian Harvey nach 1933 drehte, war »Capriccio«. Das Drehbuch stammte von dem bewährten Paar Felix Lützkendorf und Karl Ritter – der auch Regie führte –, die Musik von Alois Melichar. Paul Dahlke und Friedrich Gnass waren die Partner der Harvey. Diese Operette, diese filmische Opera buffa, suchte u.a. »Don Giovanni« und »Carmen« in der Musik von Hafenspelunken zu parodieren. Lilian Harvey singt und tanzt die Rolle der armen Waise Madelone, die von ihrem Großvater militärisch streng erzogen worden ist und häufig in Männerkleidern auftritt. Der Beginn des Vorspanns ist sehenswert: ein großes Ballett stellt die Hauptfiguren vor, dabei ist die Kameraarbeit außerordentlich agil. In der Folge jedoch überwiegen übertriebene Gags und groteske Interpretation. Die Kriegspropaganda lag Ritter anscheinend besser als eine Musikparodie.

Willy Fritsch übernahm später vor allem dramatische Rollen in Filmen ohne Musik. Ohne Lilian Harvey hatte er schon in »Des jungen Dessauers große Liebe« (von Arthur Robinson, 1933) vor der Kamera gestanden.

DAS SCHLOSS IN FLANDERN

Die blonde Wienerin Martha Eggerth spielte in Geza von Bolvarys Film »Das Schloß in Flandern« (1936) die Hauptrolle. Vorher war die Eggerth vor allem ein Operettenstar gewesen. Doch weder ihr Willi-Forst-Film über Franz Schubert »Leise flehen meine Lieder« (1933), noch der »Zarewitsch« (1933), noch »Die Czardasfürstin« (1934, von Georg Jacoby) oder »Das Hofkonzert« (1936, von Detlef Sierck) waren sonderlich bemerkenswert.

Das gleiche gilt für die Filme »Mein Herz ruft nach dir« (1934, von Ernst Marischka und Carmine Gallone) und »La Bohème« (1937, bearbeitet von Marischka und Bolvary), die sie zusammen mit ihrem polnischen Ehemann, dem Sänger Jan Kipura, drehte.

»Das Schloß in Flandern« beginnt wie ein Kriegsfilm: mit einem deutschen Gasangriff auf englische Truppen im November 1918 an der Westfront. *»Das kleine Schloß des Herzogs von Meżeray ist seit vier Jahren von seinen Bewohnern verlassen. Der Kampf, der um das nahe Ypern tobt, hat auch das Schlößchen gezeichnet: in die Ostwand des Hauses hat eine Granate eine große Einschußstelle gerissen... Trotzdem hat das Haus Gäste. Sechs englische Offiziere haben hier ihr Ruhequartier. Sie haben ein altes Trichtergrammophon aufgetrieben und eine einzige Schallplatte, und nun hören sie immer nur dieses eine Lied: ›Man muß vergessen, was war...‹, gesungen von der Pariser Revuesängerin Gloria Delamare. Fünf Jahre später – die Toten ruhen unter der Erde, und aus den Ruinen wachsen neue Städte empor – ist Gloria Delamare eine berühmte Frau. Sie tritt eine plötzlich perfekt gewordene Tournee nach Belgien an. Nicht nur in die Hauptstadt, auch nach Ypern. Auf einem größeren gesellschaftlichen Abend hatte ihr kürzlich ein früherer Offizier, der den Ruf hatte, ein Hellseher zu sein, den Namen Ypern genannt, als ob dort sich ihr Schicksal erfüllen sollte. So hatte sie es fast gereizt, auch nach Ypern zu gehen.*

Das neue Ypern schien dicht bevölkert und von Fremden besucht zu sein, denn kaum hatte sie in dem einzigen Hotel, das man ihr zumuten konnte, ein scheußliches Zimmer bekommen, mußte sie es räumen und sich in einem Wagen hinausfahren lassen – in das Schloß des Herzogs von Mézeray, das, wie man ihr sagte, schon oft Gäste aufgenommen hätte, zumal der Eigentümer sehr selten gegenwärtig sei.

Der Empfang durch den alten Kastellan ist seltsam genug. Gloria stellt mit Erstaunen fest, daß nicht nur ihre Lieblingsspeise angerichtet ist, sondern daß auch ihre Zigarettensorte für sie bereit liegt. Und dann sitzt sie Fred Winsbury gegenüber, einem jener sechs Offiziere. Aber er stellt sich ihr nicht vor, ein Geheimnis ist um diesen Mann, der ihr erzählt, wie sie damals hier saßen, sechs Mann, von denen zwei gefallen sind, und ihrer, Glorias Stimme, lauschten.

Ergriffen von dieser Erzählung singt Gloria ihr Lied. Die beiden Gäste in dem einsamen Schloß fassen sich dann zum Tanz – wie im Märchen hat ein Wunsch genügt, nebenan Musik erklingen zu lassen – als aber der Mann die Frau an sich zieht und sie küßt, glaubt sie an eine raffinierte Absicht und läßt den verblüfften Fred Winsbury stehen. Wie aus einem Traum erwachend geht sie auf ihr Zimmer. Doch hier erwartet sie eine neue Überraschung: auf dem Tisch steht eine Vase mit ihren Lieblingsblumen. Sie tritt wieder in die Halle, aber der Fremde ist schon gegangen, und auch am Morgen bleibt er verschwunden, sein Zimmer ist leer. Nur einen alten englischen Waffenrock findet sie – mit seinem eingenähten Namen, und in der Tasche entdeckt sie einen Brief, an sie adressiert, aber aus dem Jahre 1918, einen Brief Fred Winsburys an Gloria Delamare, an die unbekannte Frau mit der so inniggeliebten Stimme. Erschüttert nimmt sich Gloria vor, ihr schroffes Benehmen wieder gut zu machen.

Aber Fred ist wie vom Erdboden verschluckt, nachdem er sich noch einmal in ihrem Konzert am nächsten Tag kurz gezeigt hatte. Gloria gibt die Hoffnung, ihn wiederzusehen, nicht auf. Als sie nach London kommt, inseriert sie in den Zeitungen und stellt auch sonst Nachforschungen nach Fred an. Das Resultat ist überraschend und befremdlich. Gloria erfährt, daß ein Fred Winsbury vor dem Kriege eine Wechselfälschung begangen habe und dann verschwunden sein soll. Und dann kommt eine Frau Margret Beverley zu ihr, um sie aufgeregt zu fragen, weshalb sie ›an einen Toten inseriere‹? Dieser Fred Winsbury sei im Oktober 1918 bei Ypern gefallen...«

Wenn der Film an dieser Stelle enden würde, wäre er ein Meisterwerk. Aber so wird im Schlußteil zu erklären versucht, was in den Jahren vorher vorgefallen ist: Winsbury hatte sich mit seiner Familie überworfen, war fälschlicherweise des Betrugs beschuldigt worden, hatte deswegen die Papiere eines gefallenen Kameraden an sich genommen und als Zivilist unter falschem Namen in Australien eine neue Existenz gegründet... Die Liebe triumphiert natürlich in dieser Geschichte. Interessant ist vielleicht noch die

Männerfreundschaft, die die überlebenden Offiziere verbindet. Fünf Jahre nach dem Waffenstillstand treffen sie sich wieder auf dem flandrischen Schlößchen. Doch, was »Das Schloß in Flandern« zu einer Rarität der gesamten Produktion des Nazi-Films macht, das ist seine sehr schöne Liebesgeschichte.

Zarah Leander

Weit mehr als Lilian Harvey, die schon am Ende ihrer Karriere stand, und als Martha Eggerth in ihren sentimentalen Rollen, wurden die rothaarige Schwedin Zarah Leander und die blonde Ungarin Marika Rökk zu Stars der Musikfilme des Dritten Reiches.

Zarah Leander, die schönste Frau des Nazifilms, wurde von Ernst Rolf entdeckt, den man auch gelegentlich den skandinavischen »Ziegfeld« nannte. Ihre tiefe Stimme nutzte sie zunächst in Operettenrollen und Revue-Auftritten. Nach ihrem jahrelang anhaltenden Erfolg in der »Lustigen Witwe« in Stockholm und der Provinz ging sie nach Wien, feierte dort Triumphe im »Theater an der Wien« und drehte ihren ersten Film »Premiere« (1937, Regie Geza von Bolvary), in dem sie das Lied »Ich hab' vielleicht noch nie geliebt...!« u.a. sang. Die Ufa, bestrebt, den Weggang von Marlene Dietrich vergessen zu machen, holte sie nach Berlin. Sie erhielt die Hauptrolle in Detlef Siercks Film »Zu neuen Ufern«. Mit dieser Rolle, die sie als eine englische Sängerin zeigte, die nach Australien verschlagen wird, wurde Zarah Leander auf exotische Rollen festgelegt, wobei ihr ihr leichter Akzent zustatten kam. Ehe sie 1940 die Maria Stuart spielte, stellte sie nacheinander eine vom tropischen Süden faszinierte Schwedin dar, war mit einem Stierkämpfer aus Porto-Rico verheiratet (»La Habanera«, 1937, Regie Detlef Sierck), spielte eine schöne Ungarin (»Der Blaufuchs«, 1938, Regie Viktor Tourjansky), eine Frau aus der Sahara (»Das Lied der Wüste«, 1939, Regie Paul Martin), eine Italienerin (»Der Weg ins Freie«, 1941, Regie Rolf Hansen) und eine in Südamerika lebende Emigrantin (»Damals«, 1943, von Rolf Hansen).

Im Gegensatz zu Marika Rökk spielte Zarah Leander fast immer tragische Rollen. Ständig hatte sie dem Publikum, vor allem den Frauen, vorzuführen, wie man, stolz erhobenen Hauptes und ohne an Charme einzubüßen, den Widrigkeiten des Lebens zu trotzen vermag. In »La Habanera« schafft es die in ihrer Ehe unglückliche Astree, zusammen mit ihrem kleinen Jungen und einem Jugendfreund in ihre schwedische Heimat zurückzukehren. In »Heimat« (1938, Regie Carl Froelich) kehrt die Titelheldin Magda ebenfalls mit ihrem Kind aus Amerika in den Schoß der Familie zurück und überwindet alle Schwierigkeiten, die sich ihr entgegenstellen. Als Opfer einer britischen Bankiers-Gruppe, die versucht, die Mine ihres Geliebten in die Hand zu bekommen, setzt die Sängerin in »Das Lied der Wüste« schließlich gar das Leben aufs Spiel. Zweimal muß der Hochzeitstermin von

Hanna Holberg in »Die große Liebe« (1942, Regie Rolf Hansen) abgesagt werden, dennoch scheut die Heldin des Films nicht davor zurück, die entsagungsvolle Ehe mit einem Luftwaffenoffizier einzugehen. Und die geschiedene, gedemütigte, aus wirtschaftlicher Not zur Diebin gwordene Ärztin aus »Damals« vertraut auf »*die ausgleichende Gerechtigkeit und ein Schicksal, das es dennoch gut mit ihr meint*« (A.C.E.-Ufa-Programm, 1943/44).

Das Drehbuch von »Heimat« verdient inhaltlich resümiert zu werden, weil es typisch für die Leander-Filme ist. (Nach Marcel Colin-Reval in der Zeitschrift »Alliance-magazine« vom März 1939):

»*Die Handlung beginnt in einer kleinen süddeutschen Garnisonsstadt vor dem Ersten Weltkrieg. Hier bereitet man gerade ein Musikfest vor, dessen Höhepunkt das Auftreten eines Ehrengastes, der amerikanischen Sängerin Maddalena Dall'Orte, sein soll. Mit großem Pomp wird die schöne Künstlerin von den Honorationen des Ortes empfangen. Dabei bemerkt einer der Geladenen, daß es sich bei der Sängerin um ein aus dem Ort stammendes Mädchen handelt, das nach einem Streit mit seinem Vater, einem hohen Offizier (Heinrich George), ins Ausland gegangen war. Eines Abends klopft Maddalena schüchtern an die Tür ihres Vaterhauses: sie möchte die Ihren wiedersehen. Ihr Vater ist überglücklich und verzeiht ihr. Maddalena kehrt zu ihrer Familie zurück. Da begegnet sie eines Tages dem reichsten Bankier der Stadt, einem kalten, hochmütigen, puritanischen aber allseits geschätzten Manne namens Keller. Und damit sind ihre glücklichen Tage zu Ende. Sie haßt diesen zynischen Mann, der ihre Jugend zerstörte, indem er sie, als sie schwanger war, sitzen ließ. Magda mußte hart darum kämpfen, ihr Kind groß zu ziehen. Glückliche Umstände haben sie reich, berühmt und unabhängig gemacht. Nun begehrt Keller sie und ihr Vermögen, möchte aber das Kind nicht akzeptieren. Magda weist dieses infame Angebot zurück. Eines Tages entdeckt ihr Vater jedoch, daß sie ein Kind hat. Inständig bittet er die Tochter, keine Schande über die Familie zu bringen und Keller zu heiraten. In einer pathetischen Szene, in der der alte Hauptmann sogar mit Selbstmord droht, widersetzt sie sich dem Willen ihres Vaters – ein Beispiel für die revoltierende junge Generation, die sich gegen die sinnlose Eigenliebe der Alten zur Wehr setzt, um sich ihr Lebensglück nicht zerstören zu lassen. Ihr Mut wird belohnt. Bankier Keller, bis dahin in der Öffentlichkeit der Exponent von Moral und Wohlanständigkeit, begeht Selbstmord, ehe Betrügereien von ihm aufgedeckt werden. Der Film endet mit Klängen aus der Matthäus-Passion, die die Kirche von Ilmingen erbeben lassen. Die strahlende Stimme von Magda erhebt sich über den Chor, während der alte Hauptmann, Tränen der Freude weinend, Magdas Tochter in den Armen hält. Nun schämt er sich ihrer nicht mehr.*«

Dieses leicht musikalisch untermalte Melodram wurde in Frankreich publizistisch groß herausgestellt. Zarah Leander wurde mit Sarah Bernhardt verglichen, die vordem in solch' tragischen Rollen triumphiert habe. Der

Film brachte dem Regisseur Carl Froelich bei den Filmfestspielen in Venedig den Preis für die beste Regie, gestiftet vom italienischen Erziehungsminister, ein. Außerdem erhielt er das Prädikat »staatspolitisch und künstlerisch wertvoll« und wurde mit dem »Nationalpreis« ausgezeichnet. Nicht nur, daß die Autoren des Films hier den erwünschten »volkstümlichen Ton« gefunden hatten, auch die Moral ihres Films konnte als exemplarisch angesehen werden: er verdammte die Bourgeoisie der Weimarer Republik und feierte die neue Familie, in der die Jugend alles galt. Hinter dem Markenzeichen »Zarah Leander« versteckte das Nazi-Kino nicht selten tendenziöse Absichten. So bei den Filmen »Das Herz der Königin«, »Zu neuen Ufern«, »Das Lied der Wüste« und dem gemäßigt anti-britischen Film »Der Weg ins Freie«.

Zarah Leanders Karriere freilich verlief nicht immer glatt. Auf den Erfolg von »La Habanera« (in dem sie »Der Wind hat mir ein Lied erzählt« singt) folgten 1938/39 einige Mißerfolge: »Der Blaufuchs«, »Heimat« (nach einem Theaterstück von Sudermann) und »Das Lied der Wüste«. In dem Film »Der Blaufuchs«, einer unbedeutenden, seicht-mondänen Geschichte, geht es darum, daß ein Ehemann zur Wiederkehr des Hochzeitstages vergißt, den versprochenen Blaufuchs zu kaufen. Das liest sich dann so: »*Stephan Paulus (Paul Hörbiger) ist ein hervorragender Wissenschaftler, der so mit seinem Studium der Fische befaßt ist, daß er darüber seine Ehefrau, Ilona, vernachlässigt. Diese lernt den berühmten Flieger Tibor Vary (Willy Birgel) kennen, der sie sehr verehrt. Doch bald muß Tibor erkennen, daß er der Frau seines besten Freundes den Hof macht. Er zieht sich aus Loyalität dem Freund gegenüber zurück. Ilona, wütend darüber, daß zwei Männer nichts von ihr wissen wollen, bringt nun einen Dritten ins Spiel. Es handelt sich um einen auf seinen Vorteil bedachten, eitlen Tenor. Ihr Ehemann bemerkt nichts davon, daß sie sich mit ihm in die kompromittierendsten Situationen begibt. Stattdessen wird der Flieger eifersüchtig. Der schreit es ihr schließlich ins Gesicht: sie sei die Geliebte des Tenors. So erreicht sie die Trennung von ihrem Mann und flieht nun mit Tibor, dem Mann, den sie schon von der ersten Sekunde an geliebt hat...*« (»Alliance-magazine«, Sonderausgabe 1939/40). Zarah Leander ist als flatterhafte, zornige und dann wieder kokette Frau ganz ohne Zweifel hinreißend. Aber die langen, geschwätzigen Szenen beim Golf, am Swimmingpool, auf einem Privatboot auf der Donau oder im großen Mercedes-Sportwagen sind schlechterdings unerträglich.

DIE GROSSE LIEBE

Im Gegensatz zu »Blaufuchs« wurde »Die große Liebe« ein enormer Publikumserfolg. Daß diese eher sentimentale Komödie mit Musik mit den Prädikaten »staatspolitisch und künstlerisch wertvoll« und »volkstümlich« ausgezeichnet wurde, spricht für sich. Doch der Film kam schließlich im

Jahre 1942 heraus, als Deutschland in einem Krieg lebte, dessen Ende nicht vorauszusehen war. In dieser Situation fiel dem Film die Aufgabe zu, die Moral in der Heimat zu stärken; vor allem die der Frauen, deren Männer und Söhne an der Front standen.

Wohlausgewählte Lieder (»Davon geht die Welt nicht unter«, »Mein Leben für die Liebe«, »Ich weiß, es wird einmal ein Wunder geschehn«) bringen einige Höhepunkte in die konventionelle Handlung, die sich von den Komödien der dreißiger Jahre lediglich durch die Appelle an das Pflichtbewußtsein unterscheidet:

Der schöne Luftwaffen-Pilot Paul Wendlandt (Viktor Staal) lernt die beliebte Sängerin Hanna Holberg (Zarah Leander) kennen. Liebe, Trennung, Wiedersehen, erneute Trennung, erneute große Liebe. Das geht so durch das ganze besetzte Europa. Erst trifft man sich in Paris, dann in Rom und schließlich in Berlin... Der Krieg ist immer präsent. Eine der besten Szenen des Films, vor allem eine seiner realistischsten, zeigt die Bewohner eines Berliner Hauses, die im Keller während eines Bombenangriffs Kaffee kochen.

Mit der Schlußszene der Revue »Mein Leben für die Liebe« in der Berliner »Scala« fängt Rolf Hansen noch einmal ein bißchen von der Magie ein, welche die großen Vorkriegs-Musikrevuen besaßen.

So nebenbei stellt der Film auch eine Huldigung an die Männer der Luftwaffe dar. Er beginnt mit einer geglückten Notlandung in der Wüste, während die letzte Einstellung die beiden Liebenden zeigt, wie sie voller Zuversicht den Kampfflugzeugen über sich nachsehen. Es ist amüsant, zu erfahren, daß das OKW (Oberkommando der Wehrmacht) mit dem Film nicht einverstanden war. Goebbels notierte am 23. Mai 1942 in seinem Tagebuch: »*In diesem Film wird ein Fliegeroffizier gezeigt, der eine Nacht mit einer berühmten Sängerin verbringt. Das OKW fühlt sich dadurch moralisch gestoßen und erklärt, ein Fliegerleutnant handle nicht so. Demgegenüber steht die richtige Meinung Görings, daß, wenn ein Fliegerleutnant eine solche Gelegenheit nicht ausnütze, er kein Fliegerleutnant sei.*«

»Die große Liebe« spielte allein in der Spielzeit 1942/43 acht Millionen Mark ein und stand damit an der Spitze. Dieser Erfolg hielt auch bei der Wiederaufführung nach dem Krieg an, wobei sowohl die Szene im Luftschutzkeller als auch der Zarah-Leander-Auftritt vor deutschen Soldaten in Paris herausgeschnitten worden waren.

Das Ende der langen Tätigkeit von Zarah Leander bei der Ufa fiel genau auf das Jubiläum des Konzerns am 3. März 1943 und ging nicht ohne Eklat ab. Die Sängerin erschien ebensowenig wie Emil Jannings auf der Jubiläumsfeier, denn ihre Beziehungen zu Goebbels waren einigermaßen schwierig geworden, da dieser sie mit seinen Anträgen verfolgte. Offiziell freilich hieß es, die Ufa sei nicht mehr mit der Klausel in Zarah Leanders Vertrag einverstanden, demzufolge die mit einem Schweden verheiratete

Künstlerin, deren Kinder nicht in Deutschland lebten, einen Teil ihrer Gage in Kronen ausbezahlt bekam. Möglicherweise hat der Leander die Zerstörung ihrer Grunewald-Villa durch einen Bombenangriff die Entscheidung erleichtert. Mit zwei Perserteppichen im Gepäck – das war alles, was ihr geblieben war – nahm sie das Flugzeug nach Schweden.

Marika Rökk
Die pummelige, rothaarige Marika Rökk war weder eine »femme fatale« wie Zarah Leander, noch hatte sie die pikante erotische Ausstrahlung der La Jana. Dennoch war die Ungarin damals einer der großen Revuestars. Zumeist spielte sie unter der Regie ihres Mannes Georg Jacoby. Die beiden von ihr bevorzugten Filmgenres waren die Operette und der Revuefilm. Über die Operettenfilme der Rökk ist nicht viel zu sagen: »Der Bettelstudent« (1936) und »Tanz mit dem Kaiser« (1941) sind zwei Beispiele aus einer großen Zahl ähnlicher Filme. Von der Musik und von der Inszenierung her sind ihre Revuefilme ungleich interessanter, auch wenn die zugrundeliegenden Drehbücher schwach sind:

. »Und du mein Schatz fährst mit« (1936): »*Das ist nicht die herkömmliche Geschichte einer Karriere, sondern die Geschichte einer Familie, einer aufregenden Erbschaftsangelegenheit und der Triumph einer Liebe*« (Ufa-Katalog 1936/37).
. »Hallo Janine« (1939, von Carl Boese) ist eine unprätentiöse, unterhaltsame Komödie vom Montmartre. Marika spielt in ihr ein kleines Revue-Girl, das aufgrund seines Talents, seines Charmes und nach einigen Verwechslungen zum Star wird. Sie singt darin eines ihrer größten Erfolgslieder: »Musik, Musik!«
. »*Inge ist eine ziemlich freche Autofahrerin, die bereits des öfteren mit den Verkehrsvorschriften in Konflikt gekommen ist. Nunmehr sind ihr 30 Tage Haft angedroht worden, nachdem sie wieder einmal in unglaublichem Tempo den Kurfürstendamm hinuntergerast war. Prompt tritt am nächsten Tag ein neuer Zwischenfall ein. Sie hat einen Autozusammenstoß mit einem jungen Mann, namens Jonny Becker, und will nach Paris flüchten. Aber sie verpaßt den Zug. Dafür lernt sie aber Willy Prinz kennen. Dennoch glaubt sie sich von allen Seiten verfolgt und flüchtet in einen Omnibus. Ausgerechnet aber in den Wagen, der eine »Mondschein-Sonderfahrt« unternimmt. Aber gerade dabei entspinnen sich die verzwicktesten Situationen. Jonny Becker ist nämlich der beste Freund von Willy Prinz. Während sich die anderen auf dem Sommerfest vergnügen, lebt Inge in ständiger Angst, erkannt und verhaftet zu werden. Schließlich flüchtet sie nach einem aufregenden Zwischenfall in ein anscheinend leerstehendes Wochenendhaus, das – wie sie zu ihrem Entsetzen feststellen muß – Jonny Becker gehört. – Am Morgen trennt ein Mißgeschick Inge und Willy. Sie fährt nach Berlin zurück – und bleibt! Selbst auf die Gefahr hin, doch noch*

ihre 30 Tage absitzen zu müssen. Auf einem Fest in dem Hotel ihres Vaters findet sie Willy Prinz in einer etwas eigenartigen Situation wieder...«
(»Eine Nacht im Mai«, Ufa-Prospekt 1941/42).

KORA TERRY

»Kora Terry« darf man wohl mit Recht als den typischsten der Rökk'-schen Revuefilme bezeichnen. In ihm spielt die Rökk die Doppelrolle der beiden »Terry-Schwestern«. Die ältere, Kora, kann vulgär sein, feurig, von zerstörerischer Ausgelassenheit und dabei völlig sorglos. Mara, die Jüngere, dagegen verkörpert das Gute: sie ist immer bereit zu leiden ohne zu klagen, anderen zu helfen und, wenn's Scherben gibt, diese zu kitten. Die Gegensätzlichkeit der beiden wird den ganzen Film hindurch bis zum Exzeß ausgespielt. Wenn Kora in Schwierigkeiten gerät, nimmt die gute Mara sich der kleinen Tochter ihrer Schwester an. Edle Gefühle, ein bißchen Spionage, Verbrechen und Abenteuer in fernen Ländern – all' dies wird großzügig über das Drehbuch hingestreut. Aber es gibt auch Gelegenheit zu einigen guten Revue-Nummern: Inmitten von Sarkophagen zeigt Marika Rökk einen Bauchtanz, dessen entfesselter Rhythmus auch den besten amerikanischen Musicals gut anstehen würde. Dennoch bleibt alles ein wenig schwer, so ein bißchen mehr Berlin, denn Hollywood.

Ähnlich im Stil ist auch der Film »Hab' mich lieb« (1942, von Harald Braun), der freilich mehr fürs Auge bietet. Offenbar stand ihm ein größeres Budget zur Verfügung.

Zum gleichen Genre gehört der von Hull zitierte Film »Es leuchten die Sterne« (1938, von Hans Zerlett, ohne Marika Rökk): »*Das war ein närrischer Versuch, einen Musikfilm im Stile von Busby Berkeley zu drehen, der in einem Filmstudio spielt. Auf Einladung der Tobis erscheinen dort 36 Filmstars, Bühnenschauspieler und Prominente des Sports. Die letzte Nummer zeigt die Revue-Mädchen, die Tierkreiszeichen bilden – eine Szene wie in einem der verrücktesten Warner-Filme...«*

Zusammen mit Willy Fritsch war Marika Rökk auch die Hauptdarstellerin des ersten Agfacolor-Films »Frauen sind doch bessere Diplomaten« (1941, von Georg Jacoby). »*Im Jahre 1848 soll die berühmte Homburger Spielbank geschlossen werden – die Frankfurter Nationalversammlung hat den Beschluß gefaßt... Etwaigen Widersetzlichkeiten soll mit militärischen Mitteln begegnet werden... Da finden die verzweifelten Betroffenen eine Verbündete in der jungen und schönen Tänzerin Marie-Luise. Sie konspiriert geschickt gegen den Rittmeister, der die Exekutionstruppe zur Besetzung des Spielsaales befehligt, und bringt es fertig, diesen so zu bezaubern, daß Unerwartetes geschieht...«* (Nach A.C.E.-Ufa-Katalog 1939/40).

Veit Harlan, der ein Spezialist für Agfacolor wurde, berichtet, Goebbels habe verhindern wollen, daß der Film in die Kinos käme, »*weil er ihm farb-*

234

lich nicht gut genug war... Goebbels fand seine Farben ›abscheulich bunt und unnatürlich.‹ Er sagte, das Gras sei braun, die Menschen sähen aus wie Puppen und die amerikanischen Farbfilme, die mit gekaperten Schiffen ›erobert‹ wurden, seien tausendmal besser. Unter anderen Farbfilmen hatte er uns den Film ›Vom Winde verweht‹ gezeigt. Goebbels hatte nach der Vorführung an die Zuschauer eine Rede gehalten, in der er behauptete, daß der deutsche Farbfilm im Gegensatz zum amerikanischen Technicolor-Film ›eine Schande‹ sei.« Nach Hull soll sich Goebbels, nachdem er sich den Film angesehen hatte, einem Schlaganfall nahe befunden und geschrien haben: »*Bringt diese Scheiße raus hier und verbrennt sie!*« Veit Harlan kümmerte sich von nun an mit um die Weiterentwicklung von Agfacolor. Das hatte er Goebbels versprochen.

DIE FRAU MEINER TRÄUME
Auch »Die Frau meiner Träume« (1944) wurde in Farbe gedreht. Die unglückliche Julia Köster (Marika Rökk) verirrt sich in einer verschneiten Gebirgslandschaft in Kärnten. Sie entkommt gerade noch einer Lawine und wird von einem verführerisch-schönen Ingenieur gerettet, den sie schließlich heiratet. Julia Köster ist, wie es sich so fügt, ein berühmter Star. So bringt der Film zwei exzellente Revueszenen. Die erste ist betitelt »Die Frau ohne Herz«. Darin singt Marika Rökk mit Rosen in der schwarzen Perücke, einer roten Boa um die Schultern geschlungen und einem Blumenkorb am Arm in einem Hafen-Dekor ihr Lied »In der Nacht ist der Mensch nicht gern alleine«.

In Bezug auf die Regie ist die Schlußszene noch beeindruckender. Diese Revue trägt auch den Titel des Films: »Die Frau meiner Träume«. Zu Beginn tritt Marika Rökk in einem langen, durchsichtigen, rosa Kleid auf. Die Revue endet mit der Hochzeit: vor riesigen Harfen tanzen die Rökk und ihr Partner, beide ganz in Weiß, inmitten engelhaft wirkender Girls einen Walzer. Das Dekor dieser Szene ist duftig – entrückt. Die Farben sind sehr hell, beinahe überschwenglich: zartes Grün, leicht mauvenfarbenes Weiß, Hellrosa...).

Diese beiden Ballettnummern, hervorragend in Agfacolor dargeboten, stellen sicherlich den Höhepunkt der deutschen Musikkomödie während der Zeit des Nazi-Films dar. Georg Jacoby, der sonst oft platt und schlampig arbeitete, entwickelte Ideen und Talent, sobald es um Tanznummern ging. Was die Rökk betrifft, so schafft sie es immer wieder, ihr Publikum in die Tasche zu stecken.

In dem Film »Es war eine rauschende Ballnacht« (1939, von Carl Froelich, der ihn auch produzierte) spielten die Rökk und Zarah Leander einmal zusammen. Das Drehbuch stammte von Geza von Cziffra und war Tschaikowskij und seiner Musik gewidmet, Paul Dahlke und Fritz Rasp gehörten zu den Hauptdarstellern. Der Film erhielt die Prädikate »künstlerisch besonders wertvoll« und »kulturell wertvoll« und wurde bei den Filmfestspielen von Venedig ausgezeichnet.

Die Wiener Komödie

»Es war eine rauschende Ballnacht«, ein Film, in dem unter anderem Tschaikowskij eine frei erfundene Liebesgeschichte angedichtet wird, ist einer jener leichten, mehr oder minder überzuckerten, Frou-Frou-durchraschelten Tanz- und Musikfilme, in denen Abendkleider und Uniformen dominieren, Herzen gebrochen, verschenkt und gestohlen werden – und die Geigen schluchzen dazu. Die Wiener Musikkomödie hatte es bereits vor 1933 gegeben. Mit »Der Walzerkrieg« (1933, von Ludwig Berger) wurde dieses Genre auch unter den Nazis weiter gepflegt.

DER WALZERKRIEG
Zur gleichen Zeit kommt in Wien und Berlin »Der Walzerkrieg« in die Kinos, ein Film, der die Rivalität zwischen dem wohletablierten Wiener Komponisten Lanner und dem jungen, unbekannten Johann Strauß zum Thema hat. In einem wirtschaftlich und politisch zerrissenen Deutschland hatte Hitler gerade die Macht übernommen, und in wenigen Monaten würde es ihm gelingen, die politische Opposition auszuschalten. Zu diesem Zeitpunkt kam ein solcher Unterhaltungsfilm gerade recht, um die Marschtritte auf den Straßen vergessen zu machen. Außerdem: in Wien geht alles gut aus!
Nach »Walzerkrieg« bot man dem Publikum, das es gar nicht anders wollte, weiterhin *die am Fließband hergestellten Traumbilder eines idyllischen Alt-Wien an... einträgliche Spekulationen auf romantische Vergangenheitssehnsüchte...«* (Kracauer). Dazu gehört beispielsweise auch »Der junge Baron Neuhaus« (1934, von Gustav Ucicky). »*Der Streifen spielt im Wien des Jahres 1753 unter der Herrschaft der jungen Kaiserin Maria-Theresia*« und beschwört »*die Atmosphäre des kaiserlichen Hofes, der Kneipen und hochherrschaftlichen Palais herauf, vor welchem Hintergrund sich eine romantische Intrige voll Humor und Poesie abspielt*« (A.C.E-Ufa 1934/35).
1939 drehte Geza von Bolvary nach einem Drehbuch von Ernst Marischka »Opernball«, die klassische Geschichte eines Maskenballs in der Wiener Oper, mit galanten Rendezvous, mit Verwechslungen und den obligaten Versöhnungen. Willi Forst gab dieser Filmgattung etwas Glanz mit seiner 1940 gedrehten »Operette« und mit »Wiener Blut« (1942, Adaption von Axel Eggebrecht und Ernst Marischka nach der Operette von Johann Strauß mit Willy Fritsch), ein Film, der als »künstlerisch und kulturell wertvoll« eingestuft und schließlich in Venedig ausgezeichnet wurde.

236

Operette
Willi Forst war bei »Operette« Produzent, Regisseur, Hauptdarsteller sowie Co-Autor des Drehbuches (zusammen mit Axel Eggebrecht). Wie in »Bel ami«, so ist er auch in diesem Film allgegenwärtig. Beide Filme sind Unterhaltungsfilme und nichts weiter. »Operette« spielt im Wien der zweiten Hälfte des 19. Jahrhunderts. Durch und mit der Figur des kleinen Pianisten und Sängers Franz Jauner, der aus der Provinz nach Wien kommt und dort zum ›Erfinder‹ der Operette wird, soll vor allem Wien und seine Walzermusik vorgeführt werden. Dazu gehören auch die Rivalitäten zwischen dem »Karls-Theater« und dem »Wiener Theater«, die Launen der renommierten Sängerin Geistinger (Maria Holst), in die Jauner verliebt ist, und bald vergißt man, wie wirr das Drehbuch konzipiert ist. Stattdessen bleiben einige hervorragende Tanz- und Gesangsszenen im Gedächtnis, in denen Willi Forst brilliert. »Operette« wurde als »künstlerisch und kulturell wertvoll« empfohlen und hatte großen Erfolg beim Publikum.

Drei Ausnahmen

Bleiben drei Filme, die über das Mittelmaß der bereits aufgezählten hinausragen, dabei sehr unterschiedlich und kaum miteinander zu vergleichen sind. Jeder dieser drei ist eine Rarität für sich, auch wenn sie sämtlich leicht in die Kategorie des musikalischen Unterhaltungsfilms eingeordnet werden können: »Napoleon ist an allem schuld« (1938, von Curt Goetz), »Symphonie eines Lebens« (1942, von Hans Bertram) und »Tiefland« (1940 begonnen erst 1953 vollendet,von Leni Riefenstahl).

NAPOLEON IST AN ALLEM SCHULD
»Napoleon ist an allem schuld« ist der wohl bekannteste Film von Curt Goetz, der etliche seiner Stücke selbst verfilmte. In diesem Fall schrieb Goetz ein Originaldrehbuch (es erschien 1970 als Taschenbuch). Zusammen mit seiner Frau Valerie von Martens spielte er und führte Regie, wobei er die Rolle des extravaganten Sir Arthur Cavershoot übernahm, eines in Napoleon vernarrten Historikers, der beschlossen hat, genauso zu leben wie Napoleon, um in die geheimsten Tiefen der napoleonischen Persönlichkeit vorzudringen. Die erste Szene zeigt ihn auf einem Feldbett, neben dem eine Trommel als Nachttisch steht. Geweckt von einem Pistolenschuß seines dunkelhäutigen Leibwächters, schreckt der Gelehrte auf: es ist der 12. Juni, der Jahrestag der Schlacht bei Waterloo. Während eines beruflich bedingten Aufenthalts in Paris lernt Cavershoot eine Tänzerin kennen, die ihn von seinem Tick heilt. Dazwischen gibt es viel Ballett. Die Dialoge geben des öfteren Gelegenheit, über allzu Deutsches zu lachen. Der unterhaltsame Film wurde 1940 von Goebbels verboten, weil er dem Ernst der Stunde wohl nicht angemessen genug war. Darüberhinaus kamen in ihm Engländer und

Franzosen allzu gut weg. Außerdem war Goetz mit seiner Frau inzwischen nach den USA emigriert.

SYMPHONIE DES LEBENS

Die Symphonie von Stephan Melchior wird gespielt. Der Komponist (Harry Baur) erscheint, als das Konzert schon begonnen hat. Und während der weißhaarige alte Herr den Gang des Saales entlangschreitet, erlebt er in einer langen Rückblende – nur unterbrochen von kurzen Kameraeinstellungen auf das Orchester oder das Gesicht des Komponisten – sein Leben noch einmal.

Erster Teil: eine Art erträglicher »Heimatfilm« zieht vorüber. Im Pferdewagen durchstreift der Komponist Berge und Wälder, läßt sich von Flöte blasenden Hirten inspirieren, hat eine überraschende Begegnung mit der Tochter einer Gräfin, welches Ereignis ihm die Motive seiner Symphonie eingibt. Zweiter Teil: Melchior heiratet die junge Gräfin. Das Hochzeitsfest erfolgt im Stile einer Zigeunerhochzeit auf dem Schloß der Braulteltern. Die Stimmung des ausgelassenen Festes schlägt jäh um, als Melchior, der auf Martin, den Vetter und Verehrer Ilkas, eifersüchtig ist, am Abend zur Gitarre greift und den beiden zu einem düsteren Tanz aufspielt. Nachdem er sein Spiel brutal unterbrochen hat, tanzt er selbst – allein, furchteinflößend, ungelenk wie ein Tier und beginnt, Martin zu jagen, um ihn, weil er Ilka entführen wollte, mit einem eisernen Lüster zu erschlagen. Dritter Teil: Melchior ist zu zwölf Jahren Gefängnis (1895-1906) verurteilt worden. In einer schönen Szene wird vorgeführt, wie nur die musikalischen Motive der Symphonie der Eintönigkeit dieser Tage ihren Rhythmus geben. Der vierte Teil bringt den Komponisten zu seiner Famlie zurück. Zeit, sich an die Worte einer früheren Gefährtin zu erinnern: »Das Leben, wenn es schön sein soll, kennt Freude und Leid.« Der Film endet mit einem Insert: »Und Stephan komponierte Tag und Nacht an der Symphonie seines Lebens, um seine Schuld abzubüßen.«

»Symphonie eines Lebens« birgt zwar keine großen Überraschungen, ist jedoch zweifellos ein guter Film. Es war Hans Bertrams letzter bis zum Jahre 1949. Harry Baur, der einen lukrativen Vertrag unterschrieben hatte, sollte nicht mehr lange filmen. »Mitte November 1942 passierte der Film die Zensur. Nun entdeckte man, daß Baurs Papiere in Bezug auf seine rassische Abstammung nicht in Ordnung waren. Man hatte einem Juden die Hauptrolle in einem Film gegeben, der von den Nazis finanziert worden war. Der unglückselige Schauspieler kam in ein Konzentrationslager und wurde später umgebracht. Wenn man Daten miteinander vergleicht, ist man versucht, anzunehmen, daß es eine von Goebbels zynischen Entscheidungen war, den Film genau einen Tag nach Baurs Tod in den Kinos anlaufen zu lassen, nämlich am 21. April 1943. Aber Geschäft ist schließlich Geschäft, und der Film hatte zuviel gekostet, um unausgewertet herumzuliegen« (Hull).

238

Mit »Tiefland« wollte Leni Riefenstahl eine Film-Oper schaffen. Sie selbst bearbeitete Eugen d'Alberts gleichnamige Oper (1903), welche hinwiederum nach einem Gedicht von Angel Guimeras entstanden war. »Der deutsche Film« faßt die Handlung auf lyrische Weise zusammen: »*Wie eine quälende Dissonanz schrillt der Befehl des Herrn Sebastiano über Dorf und Menschen von Roccabruna hin: Das Wasser der vom Hochland behende sprudelnden Quelle ist allein für seine Pferde da!*

Woche um Woche dorrte die sengende Sonne die Felder ringsum, das Mühlrad drüben auf der Halde steht träge Tag um Tag, der Müller geht müßig durch die Stunden, in denen er sonst in rüstiger Arbeit den Bauern das Brot bereitete. Flimmernde Hitze zehrt die Fluren aus, es ist ein unseliger Sommer über den Landflächen der Pyrenäen – und Don Sebastiano leitet die einzige Quelle auf die Koppel seiner Pferde!

Die Leute von Roccabruna jagen manch harten Fluch zum Kastell hinüber, in dem Herr Sebastiano mit der ganzen Brutalität seines herrschsüchtigen Wesens den großen Besitz regiert. Aber das verschwenderische Leben hat ihn seit langem in Schulden gestürzt, nun muß er seine Pferde pflegen, die er züchtet und zu Wucherpreisen im Lande verkauft. Sollen die Bauern zusehen, wie sie ohne Wasser fertigwerden… Wehe dem, der da die Zuleitung der Quelle zur Koppel stört!

Martha, das schöne, scheue Tanzmädchen, das wie ein unerreichbarer Schimmer des Glücks plötzlich in die drohende Stille des Dorfes kommt, vermag sich nicht lange dem bedenkenlosen Zugriff des gierigen Herrn Sebastiano zu entziehen. Wie über die rechtlosen Menschen von Roccabruna will er auch über sie gebieten und ihre Schönheit seiner lüsternen Laune opfern. Martha, das kleine zarte Tanzmädchen jedoch, ist in seiner Unberührtheit stärker – fast scheint es, als wolle Don Sebastiano sich besinnen und die Gegenwart dieses Mädchens als letzten Ruf des Schicksals begreifen.

Martha aber hat den Hirten Pedro gesehen, der aus der ätherklaren Ungebundenheit des Hochlands für einen schnellen Augenblick in den spannungsschweren Bereich des Tieflands kam und einen Hauch von dem naturhaften Glück der Erdenferne zurückließ. Pedro, der Hirt, der mit der ganzen Urtümlichkeit seines freien Herzens in das befangene Leben der Tieflandmenschen tritt, ist ihr der Inbegriff der Sehnsucht, an der auch die glänzendsten Lockungen Don Sebastianos abprallen.

Es ist wie ein lebendiges Sinnbild schicksalhaften Waltens, wenn dieser Hirte Pedro, der mühelos den in die Herde brechenden Wolf zerriß, in gerechtem Zorn die Hand auch gegen Don Sebastiano erhebt und ihn erwürgt, da er von neuem nach Martha greift, die nun Pedro gehört, und da die Willkür seiner Ansprüche die geknechteten Bauern zu vernichten droht.«

Bei diesem Film war Leni Riefenstahl nicht nur Produzentin, Drehbuch-Autorin, und Regisseurin, sie spielte auch die Rolle der »*zerbrechli-*

chen kleinen« Martha. Die Statisten wurden unter dolomitischen Bergbauern und aus der Gegend von Mittenwald ausgewählt. Für den Film wurde kein Aufwand gescheut. Sadoul berichtet (1949), Lagergefangene hätten das Wasser für einen künstlichen See auf dem Rücken herbeitragen müssen. Die Geschichte der Verfilmung klingt selbst wie ein Roman: Leni Riefenstahl wollte den Film bereits Ende 1933 drehen. Sie hatte schon sechs Monate an dem Projekt gearbeitet und war drauf und dran, in Spanien mit den Dreharbeiten zu beginnen, als man sie bat, »Triumph des Willens« und den Olympiade-Film zu machen. Danach kam der Krieg. Da in Spanien nicht mehr gedreht werden konnte, mußten neue Motive in Deutschland gefunden werden. Am 1. August 1940 wurden die ersten Szenen gedreht, doch der Winter des Jahres 1940/41 kam in Bayern zu früh, eine verschneite Gebirgslandschaft war für den Film nicht geeignet. Andere Schwierigkeiten ergaben sich aus der inneren Struktur des deutschen Films: entweder Goebbels gab kein Studio frei oder aber die Schauspieler, die benötigt wurden, waren anderweitig engagiert. Schließlich erkrankte Leni Riefenstahl schwer. Sie konnte die Dreharbeiten nur noch von einer Bahre aus leiten. Im Sommer 1941 war gerade die Hälfte des Films abgedreht. Wieder kam der Winter zu früh, wieder wurden die Arbeiten auf den nächsten Sommer verschoben. 1942 wäre es endlich möglich gewesen, in Spanien zu drehen, doch Goebbels verweigerte die notwendigen Devisenbeträge. In seinem Tagebuch schreibt er unter dem 16. Dezember: »*Im ganzen sind für diesen Film schon über fünf Millionen verpulvert worden... Frau Riefenstahl ist unter der Arbeit und unter der Last der Verantwortung sehr krank geworden, und ich rate ihr dringend, zuerst einmal in Erholung zu fahren, ehe sie die weitere Arbeit auf sich nimmt. Ich bin froh, mit diesem unliebsamen Fall nichts zu tun zu haben und damit auch keine Verantwortung dafür zu tragen.*«

Leni Riefenstahl hat es weder an Zeit, Mühe, noch Geld fehlen lassen. Ein Regisseur, dessen Name nicht genannt wird, erzählte Hull folgende bezeichnende Anekdote: »*Während mein Team im Studio bei ›Tiefland‹ mitarbeitete, gehörte es zu unseren bevorzugten Vergnügungen, den Dreharbeiten von Frau Riefenstahl zuzusehen. Sie konnte plötzlich verlangen, der Architekt solle einen ganzen Wald, Baum für Baum, im Stil von Fritz Lang nachbauen. Sobald dieser fertig war, erging sie sich in Komplimenten. Am nächsten Morgen sah sie sich von einem Kran aus die Aufnahmewinkel an, die sie sich vorgestellt hatte. Als sie bei ihrem künstlichen Wald angelangt war, rief sie den Untenstehenden zu: ›Oh! Das ist einfach wunderbar, aber was sagt ihr dazu, wenn wir diesen Baum um ein paar Zentimeter versetzen?‹ Das Team gehorchte, was nicht ohne Schwierigkeiten ging, weil jeder Baum groß und ebenso schwer wie normale Bäume war. Kurz, wir gingen an unsere eigene Arbeit zurück, und als wir an diesem Tag fertig waren, da stand sie immer noch auf ihrem Kran und ließ Bäume umsetzen. Auf irgendeine Weise*

waren schließlich alle Bäume um ein paar Zentimeter versetzt worden.«
Es dauert bis 1943, ehe das Team nach Spanien reisen kann. Die Reise wird mehrfach unterbrochen, weil keine Devisen vorhanden sind. Die Spanier haben sich zwar großzügig bereit erklärt, sich an der Finanzierung des Films zu beteiligen – doch erst, wenn er abgedreht ist... Von neuem beginnt die Jagd nach Studioterminen, um dort Szenen aus Spanien nachzubauen. Ende 1944 werden die letzten Aufnahmen in Prag gedreht. Leni Riefenstahl gibt Anordnung, das belichtete Material in ihr Haus im österreichischen Tirol zu schaffen, wo sie mit der Synchronisation beginnt. Dort beschlagnahmen schließlich französische Truppen das Filmnegativ. 1952 nimmt Leni Riefenstahl, nunmehr entnazifiziert und damit in der Lage, den Film »Tiefland« fertigzustellen, mit den damaligen Schauspielern die Arbeit wieder auf und führt diese nach vielen Mühen zu Ende. Zweiundzwanzig Jahre nach Drehbeginn kommt der Film schließlich bei einem der größten deutschen Verleiher, der »Allianz«, heraus und hat einigen Erfolg: *»Dennoch betrachtet Leni Riefenstahl das Ergebnis als einen Mißerfolg und zieht den Film zurück, nachdem er eine gewisse Summe eingespielt hat. Für die französische Fassung schreibt Jean Cocteau die Untertitel, eine der bizarrsten Unternehmungen, auf die er sich je eingelassen hat. Da die Regisseurin alle Rechte am Film hat, ist es unwahrscheinlich, daß er vor ihrem Tod noch einmal in die Kinos kommt«* (Hull).

Bis zum Schluß brachte das Nazi-Kino Musik-Filme hervor. Zwei von ihnen blieben unvollendet: »Das seltsame Fräulein Sylvia« von Paul Martin mit Ilse Werner und Paul Hubschmid, der zum Teil in Prag gedreht worden war, und »Glück muß man haben«, den Theo Lingen und der Komponist Alois Melichar, der die Musik schrieb, dem österreichischen Operettenkomponisten Carl Millöcker (Paul Hörbiger) gewidmet hatten; nach der musikalischen Synchronisation wurden die Arbeiten an diesem Film eingestellt. Zwei andere Filme dagegen erreichten sozusagen noch in letzter Minute die Kinos: »Solistin Anna Alt« von Werner Klingler und Herbert Windt, der die Musik schrieb, mit Will Quadflieg und Eugen Klöpfer in den Hauptrollen. Der Film kam am 22. Januar 1945 heraus und wurde 1950 unter dem Titel »Wenn die Musik nicht wär'« wiederaufgeführt. Der zweite Film war »Ein Mann wie Maximilian« (Drehbuch: Axel Eggebrecht) von Hans Deppe, der am 13. März 1945 aufgeführt wurde und in dem Paul Dahlke die Hauptrolle spielte. Höhepunkt dieses Films war die Premiere einer großen Revue. Schließlich kamen zwei Filme aus der Nazi-Produktion nach dem Krieg heraus: »Liebe nach Noten« von Geza von Cziffra, der in Österreich ohne Schwierigkeiten aufgeführt werden konnte, und »Die Fledermaus« von Ernst Marischka und Geza von Bolvary, nach Johann Strauß (Musik von Alois Melichar, in der Hauptrolle Willy Fritsch), ein Farbfilm, der nach dem Krieg von der Ost-Berliner Defa erworben und ab 1946 in Ostblockländern gezeigt wurde.

Zirkusfilme

Neben den Berg- und Heimatfilmen blieben die Zirkusfilme ein bevorzugtes Genre der Filmregisseure der Nazizeit. Selbst diejenigen, die keinen seiner Filme gesehen haben, kennen wenigstens den Namen von E. A. Dupont, der 1925 mit »Varieté« eine Artistengeschichte auf die Leinwand brachte. Der Nazifilm sollte dieser Filmgattung treu bleiben. Harry Piel, einst Stummfilmstar (er spielte bereits 1911 in Filmen mit) und Stuntman, dreht 1938 den Film »Menschen, Tiere, Sensationen«. Piel ist darin ebenso gut, wie schon 1926 in »Panik«, in welchem Film sich ein Tiger aus fünf Metern Höhe in eine Hotelhalle stürzt… »Menschen, Tiere, Sensationen« enthält eine ausgezeichnete Trapeznummer: während ein Artist unter der Zirkuskuppel balanciert, schießt ein anderer auf ihn. Der scheinbar Getroffene fällt vor den Augen der entsetzten Zuschauer mit einem Aufschrei in die Tiefe, ergreift jedoch im letzten Augenblick ein zweites Trapez.

An dieser Stelle sei an Jacques Feyders deutsche Version von »Gens du voyage« (»Fahrendes Volk«) erinnert, die er ebenfalls 1938 mit Hans Albers, Camilla Horn und Friedrich Gnass als Partner von Françoise Rosay drehte. Drei Jahre früher hatte Feyder in Paris gleichzeitig mit »Kermesse Héroique« eine deutsche Version unter dem Titel »Kluge Frauen« hergestellt, zu der Arthur Maria Rabenalt die deutschen Dialoge schrieb und in der Françoise Rosay, Paul Hartmann und Albert Lieven die Hauptrollen spielten.

Wolfgang Staudtes 1943 gedrehter erster Film »Akrobat Schöön« war Charlie Rivel gewidmet, der in diesem Film mit seinen Kindern und Fritz Kampers spielte. Rabenalt spezialisierte sich schließlich auf diese Art von Film. Er drehte 1940 »Die drei Codonas« mit René Deltgen, ein Film, der vielleicht die schönsten gefilmten Nummern am fliegenden Trapez enthält, »Männer müssen so sein« (1939), ein Eifersuchtsdrama, in dem Hertha Feiler im zweiteiligen Kostüm im Tigerkäfig agiert, und schließlich »Zirkus Renz« (1943), in dem neben René Deltgen die Stars von Busch und Sarrasani auftreten.

Künstlerleben

Neben reinen Zirkus- und Musikfilmen gab es eine Reihe anderer Produktionen, die sich mit Künstlern, Sängern, Musikern, Malern, Bildhauern oder Schauspielern befaßten. Einige von ihnen seien hier erwähnt.

In »Mazurka« (1935) schildert Willi Forst das Schicksal einer alternden Kabarett-Künstlerin (Pola Negri, die damit zum deutschen Film zurückkehrte). In dem Mann, der ihre Tochter verführen will, erkennt sie Gregori wieder, der einst – ihre Ehe mit Boris (Paul Hartmann) zum Scheitern brachte. Sie schießt ihn nieder. Der Schlußtitel verrät, daß sich die Geschichte auf die Akten eines Prozesses bezieht, der um 1930 in einer deutschen Kleinstadt Sensation gemacht hatte. Der Film selbst ist ein unglaubliches Melodram. Nichts wurde ausgelassen. Der gewissenlose Verführer (Pianist, versteht sich), die treue Braut, die betrunken gemacht und vergewaltigt wird, verschmähte Liebe, eine Sängerin, die zum Schmierenstar absinkt, usw. Die Übertreibungen des Drehbuchs werden umso deutlicher, als die Darsteller wie Stummfilmschauspieler agieren. Neben einem gewissen retrospektiven Interesse, das der Film verdient, weil Pola Negri in ihm eine ihrer letzten Rollen gespielt hat, fällt »Mazurka« durch zwei oder drei spektakuläre Kamerafahrten, einige gewagte filmische Konstruktionen (eine Rückblende im zweiten Teil, die das Rätselhafte des ersten Filmteils aufhebt) und in einigen Einstellungen durch eine versuchsweise subjektive Kamera auf. Der Film wurde nach dem Krieg neu bearbeitet und im Fernsehen gezeigt.

Georg Wilhelm Pabst drehte 1944 in Prag (die Studios in Berlin waren zerstört) den Film »Der Fall Molander«, dessen Schnitt 1945 noch nicht beendet war. Darin muß der junge Geiger Fritz Molander seine Stradivari-Geige heimlich verkaufen, um mit dem Erlös die Schulden aus seinem ersten Konzert zu bezahlen. Aber die Stradivari war nicht echt, und es stellt sich die Frage, ob ein junger Künstler, der kurz davor steht, berühmt zu werden, auf Verständnis rechnen kann. Nach Hull wurde der Film »*wahrscheinlich bei einem Bombenangriff in den Schneideräumen vernichtet. Pabst selbst lehnt ihn innerhalb seines Werkes als inkonsequent ab.*«

MASKERADE
Maskerade« (1935), ein weiterer Film von Willi Forst, spielt während des Wiener Karnevals im Jahre 1905. Ein Modemaler (Adolf Wohlbrück) gerät zwischen zwei Fraun (Paula Wessely und Olga Tschechowa) und wird von der einen aus Eifersucht niedergeschossen. Der berühmteste Chirurg Wiens rettet ihm das Leben. Forst entwickelte den Stoff – wieder einmal – aus einem der großen Skandale, die das Wien der Jahrhundertwende erschüttert hatten. Der Erfolg des Films war bemerkeswert. »Maskerade« erhielt auf der Biennale von Venedig eine Auszeichnung der faschistischen Freischaffenden für das beste Thema.

»Versprich mir nichts« von Wolfgang Liebeneiner und Thea von Harbou mit Luise Ullrich, Viktor de Kowa und Heinrich George gehört zum gleichen Kaliber wie »Maskerade« und wurde 1938 ebenfalls in Venedig prämiert. Riess schreibt, es habe sich »*um ein reizendes Lustspiel*« gehandelt, das den Aufstieg eines Malerpaars zur Berühmtheit schilderte. Goebbels muß der Film sehr gefallen haben, denn er zeichnete ihn mit dem Prädikat »künstlerisch wertvoll« aus. Liebeneiner, dessen erster Regieversuch das war, brachte er einen Direktorenposten bei der »Terra« ein.

Das Thema von »Befreite Hände« (Regie: Hans Schweikart, 1939) mit

Brigitte Horney, Olga Tschechowa, Carl Raddatz und Paul Dahlke handelte von einer Bildhauerin und war hinreichend konstruktiv im Sinne der damaligen Nazi-Politik: »*Auf karger Weide hütet die Hirtin Dürthen (Brigitte Horney) ihre Schafe und schnitzt dabei aus Wurzeln Figuren von Menschen und Tieren. Offensichtlich hat sie eine erstaunliche bildhauerische Begabung. Scheu und abweisend verbirgt sie eine hoffnungslose Liebe zu dem jungen, schönen Schloßherrn Joachim (Carl Raddatz) in ihrem Herzen. Da machen es die Umstände möglich, daß sie nach Berlin gehen kann und schließlich auch Joachim auffällt. Er nimmt sie mit nach Italien. Einige Monate lang sind die beiden glücklich. Aber bald spürt Dürthen, daß sie zwischen der Liebe und ihrer Kunst wählen muß. Um alles in ihrer Arbeit vollbringen zu können, muß sie die Hände frei haben. Und sie ist bereit, dieses Opfer zu bringen*« (»L'Illustration« vom 18. Januar 1941). Der Film, untermalt von der »Fünften« Beethovens und von Carl Hoffmann photographiert, erhielt die Prädikate »künstlerisch besonders wertvoll« und »kulturell besonders wertvoll«.

In »Venus vor Gericht« (von Hans H. Zerlett, 1941) gab wiederum ein Bildhauer die Hauptfigur ab. Der in der Weimarer Republik seiner nationalsozialistischen Einstellung, seiner Verachtung der »entarteten Kunst« und der verjudeten Kritik wegen verfemte Künstler erhält den Besuch des Gerichtsvollziehers. Doch als dieser die Hakenkreuzfahne im Atelier entdeckt, zieht er sich wieder zurück, ohne die Pfändung vorgenommen zu haben. Lächelnd entbietet er den Hitler-Gruß... Der antisemitische Film machte sich vor allem über die dem Regime mißliebige abstrakte Kunst lustig.

Paul Verhoeven drehte mit »Der große Schatten« (1942) einen bemerkenswerten Film. Heinrich George spielt darin einen berühmten Schauspieler und Theaterchef namens Schröder, der in eine Herzensangelegenheit verstrickt ist (eine junge Schauspielerin – Heidemarie Hatheyer – ist seine Geliebte) und zugleich Sorgen mit seiner Tochter hat, die einen jungen Schauspieler liebt. Der Schauspieler verführt die Tochter, heiratet aber die junge Schauspielerin. Die Verschmähte begeht Selbstmord. Schröder, dem Tochter und Geliebte genommen wurden, packt eines Abends seinen Rollenpartner (Will Quadflieg) auf offener Bühne, und versucht, ihn zu erwürgen. Er wird in eine Anstalt gebracht. Nach Jahren begegnet er dem Schauspielerehepaar, das sich auf einer Gastspielreise befindet, wieder. Er ist Souffleur eines Provinztheaters geworden. George liefert seinen Part mit Bravour ab. Überhaupt können Regie- und schauspielerische Leistung dieses im übrigen theatralischen Streifens außergewöhnlich genannt werden. Er erhielt die Prädikate »künstlerisch besonders wertvoll«, und »kulturell wertvoll«, auf der Biennale in Venedig wurde er ebenfalls ausgezeichnet.

Die dramatische Komödie

Einige dramatische Komödien, die, wie beispielsweise »Das Mädchen Irene« (1936, von Reinhold Schünzel), eine Mischform darstellen, sollten ebenfalls erwähnt werden. Das Abenteuer, sagen wir vielmehr: der Traum beginnt in Monte Carlo. Der rätselhafte Sir John, jener mondäne Verführertyp der dreißiger Jahre – untadelig vom Scheitel bis zur Sohle, drahtig, mit silbergrauen Schläfen – macht die Bekanntschaft seines weiblichen Pendants, der eleganten und sensiblen Geneviève Laurent (Lil Dagover). Sie fährt mit dem Zug nach Paris. Er erwartet sie dort am Bahnsteig: »*Sie sind abgefahren, ohne mir Adieu zu sagen*«. Beim Walzer im Hotel »Majéstic« offenbart sie sich ihm: »*Ich bin schon seit zehn Jahren Witwe, seitdem lebe ich für meine beiden Töchter*«. Der psychologische Konflikt ist gegeben. »*Gehört eine Mutter nur ihren Kindern, oder hat sie auch ein Recht auf eigenes Glück?*« (Ufa-Katalog 1936/37). Irene überrascht ihre Mutter dabei, wie sie Sir John küßt. Die Folge ist eine Gewissenskrise bei der Mutter und ein Selbstmordversuch bei der Tochter. Aber alles kommt zu einem glücklichen Ende, und es ist Irenes kleiner Freund, der die versöhnlichen Worte zu sprechen hat: »*Selbst wenn Mama sich wiederverheiratet, bleibt sie doch unsere Mama*«.

Das wird alles leicht, oberflächlich serviert. Doch wohl gerade wegen einer gewissen Frische und Delikatesse, mit der hier ein schwieriges Thema abgehandelt wird, hatte der Film einen großen Erfolg.

Zwei Jahre später dreht Veit Harlan nach einem Drehbuch von Thea von Harbou den keineswegs schlecht zu nennenden Film »Jugend« (eine Adaption des Theaterstückes von Max Halbe). Er spielt im Westpreußen des Jahres 1890 in dem Dorf Rosenau (Zwischentitel) und beginnt mit einer langsamen zärtlichen Kamerafahrt auf die schlafende Kristina Söderbaum. Annchen ist die Nichte eines bejahrten Priesters (Eugen Klöpfer), der sie nach dem Tode ihrer Mutter in seinem Haus aufgenommen hat. Mit ihnen unter einem Dach wohnt auch ein junger Vikar (Werner Hinz). Der alte Onkel ist verständnisvoll und liberal, der Vikar puritanisch-streng – ein Eiferer. Annchen, die ihren Vater nicht kennt, ist für den jungen Geistlichen die Inkarnation der Sünde. Annchen verliebt sich in ihren Cousin Hans, der aus der Stadt zu Besuch gekommen ist, und verschwindet vor dessen Abreise in seinem Zimmer. Das Drama nimmt seinen Lauf: vom Vikar verdammt, vom Onkel im Stich gelassen, von den Bediensteten und Nachbarn verachtet, stürzt sich Annchen in den naheliegenden See. Voller Schmerz und Zorn beschuldigt der alte Priester seinen Vikar der »*Unerfahrenheit und Dummheit*«. Klöpfer, der hier das explosive Temperament eines Jannings oder George entwickelt, wird der Satz in den Mund gelegt: »*Ich bin ein Freund der Menschen (...) wir sind hier um der Menschen und nicht um der Dogmen willen!*« Eine sympathische Einstellung. Die Verdammung von

245

Puritanismus und die Verteidigung der Jugend und deren Vorstellungen von Liebe waren ja bevorzugte Themen des Nazifilms, der sich keine Gelegenheit entgehen ließ, eine Attacke gegen das bourgeoise Deutschland zu reiten. »Jugend« (1938) machte Kristina Söderbaum auf Anhieb bekannt und sicherte ihr einen langfristigen Vertrag bei der Tobis. Doch, wenn man Veit Harlan glauben darf, dann wollte der Reichspropagandaminister »Jugend« verbieten: » *Ich wurde zu Goebbels bestellt und erfuhr folgendes: Rudolf Heß hatte den Film gesehen und ihn dem Führer vorgeführt. Nach dieser Vorführung war aus der Reichskanzlei die Weisung gekommen, daß am Schluß des Films eine Änderung durchgeführt werden müsse. Der jetzige Schluß habe ›eine empörende katholische Werbewirkung‹. Das sei nicht im Sinne des Nationalsozialismus... (Goebbels) hatte bereits im Propagandaministerium eine Zusatzszene schreiben lassen. Ich bin fest davon überzeugt, daß Goebbels diese Szene selbst geschrieben hat. Ich hatte sie aufzunehmen und einzuschneiden... Der neue Vorschlag, den Goebbels mir in einer fertig geschriebenen Szene übergab, die ich in je zwei Großaufnahmen von Eugen Klöpfer und Werner Hinz nachaufzunehmen hatte, war folgender: In einer Szene an der Leiche Annchens (!) mußten sich die zwei Geistlichen über die ›Unfehlbarkeit des Papstes‹ streiten. Es ging um die Auslegung, ob Annchen überhaupt in dem Bewußtsein gehandelt habe, durch den Selbstmord eine Todsünde zu begehen, oder ob es nicht eine Kurzschlußhandlung gewesen sei, für die man sie nicht verdammen dürfe... Der mir überreichte Text war völliger Unsinn... Ich veränderte daher den Text, soweit das möglich war, und schnitt ihn in die Szene ein... Ich habe noch von niemandem gehört, daß ihm der hinzugefügte Unsinn aufgefallen wäre.«*

1944 drehte Harlan (dieses Mal in Farbe) den Film »Opfergang«, der in Stil und Atmosphäre sehr an »Immensee« erinnert. Tatsächlich wurden die beiden Filme zur gleichen Zeit im selben Studio gedreht: » *Wir drehten an einem Tag ›Opfergang‹, am nächsten Tag ›Immensee‹«* (Harlan). Zwei Filme, die nichts davon ahnen ließen, wie nahe Deutschlands Katastrophe schon gerückt war. Wieder ließ Harlan seinem etwas puerilen Romantizismus, seiner Freude an schönen Bildern und seiner Naturliebe freien Lauf.

Die Handlung ist in einem privilegierten Milieu angesiedelt, in jenem eines reichen Hamburger Reeders nämlich, wo man materielle Sorgen oder ähnliche gewöhnliche Kümmernisse nicht kennt. Nach einer Reise in den Fernen Osten heiratet Albrecht (Carl Raddatz) Octavia (Irene von Meyendorff), trifft sich jedoch weiter mit Aels (Kristina Söderbaum), die aus erster Ehe eine kleine Tochter hat. Albrecht ist unfähig, sich zwischen Aels und Octavia zu entscheiden. Täglich unternimmt er mit Aels einen Ausritt. Als sie krank wird, grüßt er jeden Morgen mit der Reitgerte zu ihrem Fenster hinauf, um ihr so Lebensmut zu geben. Da erkrankt er selbst. In seinen Fieberphantasien sorgt er sich um Aels, die nun seines Grußes entbehren muß. Da faßt Octavia einen großmütigen Entschluß: als Albrecht verkleidet, grüßt sie Tag für Tag die Kranke. Durch einen Brief der nichtsahnenden Aels erfährt Albrecht von dieser selbstlosen Tat. Er nimmt innerlich Abschied von der Geliebten. Aels stirbt. Albrecht findet zu Octavia, deren hingebungsvolle Liebe alle Zweifel in seinem unsteten Herzen gelöscht hat. Ihr Opfergang war nicht umsonst.

Harlan erläutert in seinem Buch, mit welchen Argumenten Goebbels die Änderung des ursprünglichen Drehbuches (nach der Novelle von Binding) durchsetzte: »*Sterben müsse die an dem Ehebruch schuldige Frau und nicht der Ehemann. Die Ehe müsse vielmehr erhalten bleiben. Das wäre übrigens nicht nur für die Front, sondern auch für die Heimat im volkserzieherischen Sinne besser.*«

Es ist erstaunlich, daß ein solches Werk mitten im Krieg entstand, noch dazu, wo sein Schöpfer dem Regime so eng verbunden war. Denn in diesem Film ist der Tod ja stets gegenwärtig und über dem Glück der Liebenden liegt von Anbeginn an eine sichtbare Drohung. Dennoch, das Ganze mündet schließlich in eine der Nazi-Ideologie konforme Sinngebung ein, in einen heidnischen Pantheismus (nichts ist eine Frage der Religion oder der Moral), in eine Minimierung der persönlichen Leiden: jeder ist zu ersetzen, und, einem verlorenen Glück auf ewig nachzuweinen, führt zu nichts. »Opfergang« erhielt das Prädikat »künstlerisch besonders wertvoll«.

Familie und Mutterschaft hatten zwei Filme zum Thema: »Mutter und Kind« und »Mutterliebe«. Sie wären nicht weiter erwähnenswert, wäre der erste nicht von Regisseur Hans Steinhoff (im gleichen Jahr wie »Hitlerjunge Quex«) gedreht worden und der zweite von Gustav Ucicky, einem meisterlichen Beschwörer chauvinistischer Emotionen und einem der wichtigsten Regisseure des Dritten Reiches. Der erste (nach Motiven eines dramatischen Gedichtes von Friedrich Hebbel. Drehbuch: Robert A. Stemmle) mit Henny Porten war das Remake eines Stummfilmes aus dem Jahre 1924 (Regie führte damals Carl Froelich, in der Hauptrolle spielte ebenfalls Henny Porten zusammen mit Willy Fritsch und Wilhelm Dieterle), von dem Oskar Kalbus schrieb, daß es sich um einen »*der stärksten Porten-Filme der damaligen Zeit*« gehandelt habe. Er fügte hinzu, daß bei der Neuverfilmung von 1934 die Motive die gleichen geblieben seien: »*Triumph des Frauentums und der Mütterlichkeit, die die Krone des Lebens ist, denn sie ist das Leben... ein Thema, das heute mehr denn je in die Reihe der wichtigsten kulturellen Probleme des Dritten Reichs gerückt ist.*« Der Film erhielt das Prädikat »politisch wertvoll«.

Dieser Film, dessen Thema so gelegen kam, sollte vor Kriegsausbruch seine Ergänzung in Ucickys »Mutterliebe« finden. Ein Film, der als »politisch und künstlerisch besonders wertvoll« ausgezeichnet wurde. Die Hauptrollen spielten Käthe Dorsch und Paul Hörbiger.

Literaturverfilmungen

Eine der berühmtesten Literaturverfilmungen blieb Gustav Ucickys »Zerbrochener Krug« (1937). Das Drehbuch schrieb Thea von Harbou nach dem Kleist'schen Theaterstück. Emil Jannings spielte neben Paul Dahlke die Hauptrolle. Fritz Arno Wagner hatte die Kameraführung.

Es ist die Geschichte des Dorfrichters Adam, der das schöne Evchen verführen möchte, sich eines Nachts in dessen Zimmer schleicht und dabei von Evchens Verlobtem überrascht wird. Adam gelingt es jedoch, unerkannt zu entfliehen, wenngleich er bei seinem Sprung aus dem Fenster den Majolika-Krug von Evchens Mutter, Frau Marthe Rull, vom Gesims reißt. Frau Marthe erhebt Klage wegen ihres zerbrochenen Kruges, und ausgerechnet Adam hat nun die Sache zu entscheiden. Der Zufall will es, daß zu dieser Verhandlung ein Gerichtsrat zur Inspektion erscheint. Adam muß nun eine Fülle von Schlichen anwenden und zahlreiche Ausreden erfinden, um den Verdacht von sich abzulenken. Als er jedoch den Verlobten Evchens ins Gefängnis bringen will, bricht die Dorfschöne ihr Schweigen (Adam hatte ihr versprochen, für ihren Verlobten, der eingezogen werden sollte, ein Dispens-Schreiben auszustellen). Der Film lebt ganz von dem Spiel Jannings'. Verdienstvoll ist, daß man hier den Versuch unternahm, einen literarischen, noch dazu in Versen gefaßten Text aus dem Jahre 1806/7 unretuschiert und ungekürzt zu verfilmen. Kalbus (1964) berichtet, daß dies Hitlers liebster Film mit Jannings gewesen sei und er ihn sich wiederholt in der Reichskanzlei habe vorführen lassen. Der Film erhielt das Prädikat »staatspolitisch und künstlerisch wertvoll«. Mit seinem Urteil über den »Zerbrochenen Krug« blieb Hitler nicht allein: neben »Napoleon ist an allem schuld« ist er einer der immer wieder aufgeführten Nazi-Filme. Selbst im deutschen Kulturzentrum von Paris wird er ab und an gezeigt.

Nach dem Kleist'schen Lustspiel »Amphitryon« gestaltete Regisseur Reinhold Schünzel 1934 den gleichnamigen Film »Aus den Wolken kommt das Glück«. Kleist hatte einst die gleichnamige Komödie von Molière als Vorlage gedient. Dieser hinwiederum hatte den Stoff von dem römischen Lustspieldichter Plautus übernommen. Willy Fritsch und Paul Kemp spielen in dem Film jeweils Doppelrollen: der eine Jupiter und den siegreichen Thebaner-Feldherrn Amphitryon, der andere Merkur und den Diener Sosias. Jupiter erscheint bei einem seiner göttlichen Seitensprünge der Frau des abwesenden Amphitryon, Alkmene, in der Gestalt ihres Gatten, was zu einer Reihe von Mißverständnissen und Verwirrungen führt, bis der Göttliche seine wahre Identität enthüllt. Diese operettenhafte Parodie ist weitestgehend uninteressant. Vielleicht wäre die Eingangsszene zu erwähnen, in der die Frauen das Los ihrer Männer im Krieg beklagen und ihre baldige Rückkehr herbeisehnen.

Das klingt im Jahre 1935 immerhin wie eine Warnung... Im übrigen handelt es sich um eine reichlich schwache Kabarett-Revue. Merkur zieht Rollschuhe an. Jupiter, der vom Götterhimmel aus mit der Lupe auf der Erde nach Theben sucht, belehrt er:»*Nein, das ist Amerika. Das wird erst in 4000 Jahren entdeckt*«. Juno, die zänkische Jupiter-Gattin, fragt ihr Ehegespons: »*Jupi, ist mein neues Kleid nicht göttlich?*« Jupiter und Merkur lassen sich an einer Art Fallschirm auf die Erde hinab. Die Frauen von Theben tragen unwahrscheinliche Hüte, mit denen offensichtlich die Mode von 1935 parodiert werden sollte. Ungeniert wird gekalauert *(»arme Alkmene – sie hat Migräne«)*. All' dies zusammengenommen ergibt, wie gesagt, eine schlechte Musikrevue, deren Finale an das von »Capriccio« erinnert. Schünzel hatte für seinen Film bemerkenswerte Mittel zur Verfügung. Unter anderem baute er aus Gips einen Olymp und ein Theben im typischen Nazistil. Wenn Amphitryon heimkehrt, dann wirkt der Empfang zu seinen Ehren wie ein Aufmarsch beim Reichsparteitag. Der Film, der nach dem Krieg weiter aufgeführt wurde, hatte die naiven Kritiker auf seiner Seite. Von Schünzels »Amphitryon« existiert auch eine französische Fassung (»Les Dieux s'amusent«).

Von Theodor Storm diente nicht nur der »Schimmelreiter« als Vorlage für einen Film. 1943 verfilmte Veit Harlan »Immensee«. Der Regisseur berichtet:»*Als ich den Film ›Immensee‹ abgeliefert hatte, wurde er von Goebbels als ›deutsches Volkslied‹ mit superlativistischen Worten gelobt. Es wurde kein einziger Schnitt und keine einzige Veränderung befohlen. Er war unter sämtlichen Filmen, die ich im Kriege zu drehen hatte, der einzige, der sowohl in Besetzung als auch im Drehbuch genau so blieb, wie ich ihn geplant und durchgeführt hatte.*«

Ein renommierter Komponist und eine hübsche Witwe erinnern sich. Sie haben sich einst geliebt, aber Mißverständnisse und Zufälle führten dazu, daß sie sich trennten. Reinhard Torsten widmete sich ausschließlich der Musik. Elisabeth hat einen reichen Verehrer geheiratet, der kurz nach der Hochzeit gestorben ist. Die Erinnerungen an die noch nicht lange zurückliegende gemeinsame Zeit erwachen, an das Landhaus am See, die Holzbank am Wasser, den Dompfaff, der ihre Liebe symbolisierte, die Seerose, die Reinhard unter Lebensgefahr pflücken wollte, die langen Ausritte... Danach die dunklen Stunden der Trennung, der Tod des Vogels, die beiläufige Untreue des Musikers, die Hochzeit von Elisabeth, die jedoch ihre erste Liebe nicht vergessen kann. Trotz der Versuchung, mit Reinhard zu fliehen, bleibt sie ihrem Mann treu. Als Witwe hat sie nun Reinhard wieder getroffen. Und vielleicht kehrt das Glück vergangener Tage zurück.

Von Anfang bis Ende liegt über »Immensee« eine wunderbare romantische Atmosphäre, die weit von der allzu harten Wirklichkeit wegführt. Glück und Traurigkeit lösen einander gleichsam in Wellenbewegungen ab, verschwenderisch von Musik untermalt. Vor allem ist dies ein hervorragender Farbfilm (einer der ersten im Agfacolor-Verfahren), in dem die Landschaft liebevoll abphotographiert wurde. Keine Rede von Krieg, von Nationalsozialismus oder Rassismus. Mit Ausnahme einer kleinen Szene in Rumänien spielt der ganze Film in Deutschland. Alle Personen sind, mit gewissen Abstufungen, positiv, moralisch, kurz: exemplarisch. Jeder bleibt seiner Aufgabe treu: die romantische junge Frau wird eine vorbildliche Ehefrau, der hingebungsvolle Ehemann ist bereit, sein Glück dem seiner Frau zu opfern. Ferner ist da der geniale Künstler, den sein schöpferischer Genius außerhalb der Allgemeinheit stellt.

Diesmal sind Kristina Söderbaum und Carl Raddatz in ihren Rollen perfekt. Veit Harlan, zwar seiner geradezu infantilen Vorliebe für den großen lyrischen und melodramatischen Stil die Zügel schießen lassend, beweist indes Inspiration, ihm scheinen bei »Immensee« Flügel gewachsen zu sein.

Im Jahre 1943 war eine Wirklichkeitsflucht, wie sie der Film vorführt, notwendiger denn je, denn schon zeichnete sich der Fall des Dritten Reichs ab. Gab es noch so etwas wie Glück? Die letzten Bilder suggerieren Hoffnung. Reinhard muß zum Flugzeug, das ihn nach Amsterdam bringt. Elisabeth begleitet ihn. Während das Flugzeug im Nebel verschwindet, bleibt sie auf dem schneebedeckten Flughafen zurück. Die Sphärenklänge eines Chores ertönen. Elisabeth muß nur warten, so wie sie es zuvor schon getan hat und wie mit ihr viele deutsche Frauen warten.

Gottfried Kellers »Kleider machen Leute« wurde 1940 von Helmut Käutner auf die Leinwand gebracht. Der Film »*zeigt Käutners Vorliebe für die Posse und Mystifikation: ein kleiner Schneider, den Heinz Rühmann hervorragend spielt, wird für einen geheimen Abgesandten des Zaren gehalten. Eine charmante bayerische Kleinstadt, in der noch die gemütlichen heimischen Traditionen gepflegt werden, macht das Spiel mit, bis der Betrug während eines seltsamen Maskenballs in einem ländlichen Schloß auffliegt. Käutner führt seine Darsteller virtuos, zeigt Raffinesse bei der Wahl der Spielorte und der Kostüme und spielt voller Vergnügen mit den Doppelfunktionen der Figuren. In einer merkwürdigen, geradezu cocteauhaften Anfangsszene werden die Kleiderpuppen in dem kleinen Laden, in dem der Schneider arbeitet, plötzlich lebendig und bilden Spalier für ein charmantes braunhaariges Mädchen, das majestätisch heranschreitet. Nach einigen Schritten sehen wir sie (aus der Perspektive des Schneiders) wie sie nackt einhergeht. Dieser leichte, beinahe skizzenhafte Film hat ebensoviel Zeitatmosphäre wie die besten Arbeiten von Minnelli«* (Louis Marcorelles, »Cahiers du cinéma«, No. 73).

Unter dem Titel »Der Schritt vom Wege« drehte Gustaf Gründgens 1939 eine Adaption von Theodor Fontanes Roman »Effi Briest«. Wie schon bei »Symphonie eines Lebens« spielt die Handlung in die Vergangenheit zurück. Das alte Ehepaar Briest erinnert sich am Grab seiner Tochter (Marianne Hoppe) an deren Leben. Die Rückblenden beginnen mit dem Heiratsantrag, dem Verlobungsessen und Effis Ankunft bei ihrem

Ehemann, Baron von Instetten. Es folgen das erste öffentliche Auftreten der Jungvermählten, das erste Kind, Vergnügungen am Silvesterabend, Amateurtheater und Quadrille-Tanz. Aber Effi ist in ihrer Ehe mit dem ernsten, um vieles älteren Mann nicht glücklich. Sie zögert keinen Augenblick, sich von dem ehemaligen Hauptmann und nunmehrigen Pferdezüchter von Crampas (Paul Hartmann) verführen zu lassen. Wenig später wird von Instetten zum Geheimrat ernannt und nach Berlin berufen. Im Schreibtisch seiner Frau entdeckt er Briefe von Crampas. Er tötet den Verführer im Duell und reicht die Scheidung ein. Effi erkrankt und stirbt »*mit Gott und den Menschen versöhnt*«. In seinem Roman beschrieb Fontane minutiös die Zerstörung einer jungen, ins Leben verliebten Frau durch die gnadenlosen Mechanismen einer dekadenten, von menschlichen Konventionen beherrschten Gesellschaft. Gründgens machte daraus eine luxuriös ausgestattete (Dekorationen: Traugott Müller) Komödie der Bismarck-Zeit, die in einem mondänen Drama endet. Vom Originalstoff blieben nur die dünne Handlung und einige spektakuläre Episoden (ein nicht-enden-wollender musikalischer Abend). In diesem mißlungenen Versuch eines filmischen Romans ist nichts mehr von der »deutschen Bovary« erkennbar, die Fontane schuf. Mit Ausnahme vielleicht der kurzen Szenen am Anfang des Films, in der Effi als Jungvermählte in ihrem neuen, nahe dem Meer gelegenen, sturmumtosten Heim einen Abend alleine verbringen muß. Im Gedächtnis bleibt auch die Szene von Effis Ankunft in Berlin, wo sie den Veilchenstrauß ihres Geliebten ins Wasser fallen läßt und die Strömung die Blumen langsam auseinandertreibt. Die Geste ist hübsch, der Augenblick bewegend, ganz im Gegensatz zu der dem Film unterlegten holprigen Erzählweise, die nicht recht vom Fleck kommt und nichts von der psychologischen und gefühlsmäßigen Wandlung der Heldin transportiert. Und wenn es darum geht, den Beginn von Effis schuldhafter Leidenschaft zu schildern, greift Gründgens zu reichlich starken Symbolismen wie Meereswellen oder einem Gewittersturm, der das Getreide auf den Halmen biegt und die Pferde erschauern läßt. 1956 wurde der gleiche Stoff unter dem Titel »Rosen im Herbst« von dem DDR-Regisseur Rudolf Jugert (»Nachts auf den Straßen«) verfilmt, und im Jahre 1974 fand Rainer Werner Fassbinders Filmfassung dieses Fontane-Romans große Aufmerksamkeit bei der Kritik, die zum Teil der Meinung war, es handle sich hierbei um den Musterfall einer gelungenen Literaturverfilmung.

Im November 1940 wurde der »Postmeister« (von Gustav Ucicky) in Paris zum erstenmal gezeigt. Damit begannen deutsche Filme, bisweilen guter, mehr jedoch schlechter Qualität, die französische Filmleinwand zu überschwemmen. Vor Heinrich George hatte bereits Harry Baur die Rolle dieses Puschkin'schen Helden gespielt, jenes braven Mannes, der stolz ist auf seine schöne Tochter Dunja (Hilde Krahl), die nach Petersburg gegangen ist. Dort führt sie das Leben einer Kurtisane. Beruhigt erlebt der Vater, wie

Dunja den Mann, der sie verführt hat, heiratet (in Wirklichkeit spielen Lebemänner und Kokotten dem Vater die Hochzeitsfeierlichkeiten nur vor). Das Mädchen erträgt jedoch das Leben in Lüge nicht mehr und begeht Selbstmord.

Es ist klar, daß eine solche Rolle Heinrich George die Gelegenheit gab, alle Nuancen seines Talents auszuspielen. Georges unbestreitbarer Begabung ist es zu verdanken, daß der Film niemals ins Lächerliche abrutscht, sondern, im Gegenteil, oft sehr bewegend ist (so etwa, wenn der Postmeister seinen Pferden den Brief vorliest, den er gerade von seiner Tochter erhalten hat). Hilde Krahl, in diesem Film sehr schön anzusehen, spielt mit einer Sinnlichkeit, die der Leidenschaftlichkeit der Dunja des Romans entspricht.

Die sorgfältige Regie von Gustav Ucicky bedient sich geschickt der Aufnahmen weiter verschneiter Ebenen und eines gewissen slawischen Exotismus. »Der Postmeister« ist ein vortrefflicher romantischer Film, und es ist verständlich, daß er auch außerhalb Deutschlands viel Erfolg hatte.

Von Tolstoi lieh sich Veit Harlan den Stoff für seinen Film »Die Kreutzersonate« (1937). Er schreibt dazu, daß er damit schließlich seinen ersten großen künstlerischen Erfolg gehabt habe. Auf der Suche nach einer »neuartigen Weise« der Inszenierung veranlaßte Harlan seine Schauspieler, »so leise zu sprechen, daß man sie nur in ihrer nächsten Nähe hören konnte... Dadurch entstand eine außerordentliche Lebendigkeit und außerdem eine ›fotografische Sprache‹, die viel schneller gesprochen werden konnte... Es kam eine geheimnisvolle Wirklichkeit in die Szenen, die deshalb so überraschend war, weil die Stimmen genauso laut aus dem Lautsprecher kamen, wie bei anderen Filmen. Auch die Intimität wurde gesteigert. Der Erfolg dieses Films war dann auch außergewöhnlich groß.«

Zwölf Jahre nach dem französischen Regisseur René Clair verfilmte Wolfgang Liebeneiner 1939 das Theaterstück »Der Florentiner Hut« von Labiche. Wie bei Clair spielt auch bei ihm Olga Tschechowa die Hauptrolle. Der Beginn hat Tempo, und der Film wird erst dann schwächer, wenn Heinz Rühmann die Rückblenden seiner Begegnung mit Hélène in einem direkt zum Publikum gesprochenen Kommentar erläutert. Aber die Rückblenden selbst sind so gut, daß sie dieses altmodische, damals in Deutschland so beliebte Stilmittel wieder erträglicher machen. Gegen die Mitte hin verliert der Film, trotz einiger wiederholter rascher Kamerafahrten, seinen Rhythmus und wird zäh. Liebeneiner plagiiert außerdem ohne jede Skrupel die Dekors von Lazare Meerson aus dem Clair-Film (den Wald beispielsweise und die Fassaden des Hauses, in dem der Verlobte wohnt).

Maupassant

Guy de Maupassants Werke hatten Filmemacher seit 1908 inspiriert.
Nun, zwischen 1938 und 1943, wurden drei deutsche Filme nach Vorlagen
des französischen Erzählers gedreht. »Yvette« – bereits 1916 in Rußland
und 1927 in Frankreich (von Albert Cavalcanti mit Katherine Hessling) auf
die Leinwand gebracht – wurde 1938 unter der Regie Wolfgang Liebeneiners verfilmt (der Film kam unter verschiedenen Titeln in die Kinos: »Yvette« und »Die Tochter der Kurtisane«). Der Vorspann weist darauf hin, daß
die Geschichte »*im Paris des Jahres 1883*« spielt, aber die Kulisse beschwört eher das Berlin der »Belle Epoque« herauf. Yvette (Ruth Hellberg), ein junges Mädchen, kommt aus der Klosterschule nach Paris und in
die demi-mondäne Welt ihrer Mutter. Sie muß erkennen, daß diese (Käthe
Dorsch) eine Kokotte ist. Sie will daraufhin in den Tod gehen, wird aber gerettet, und alles geht gut aus. (*»Ich muß meine Mutter retten. Ich werde
meine Mutter retten«*). Der Film gefiel den Funktionären nicht, und der
»Völkische Beobachter« fragte, warum die Filmemacher ausgerechnet jenes »*risikolose Zeitalter, so reich an Dekadenz, Mattigkeit und Seelen-
schmerz*« bevorzugten. Goebbels läßt den Film sofort nach dessen Berliner
Premiere verbieten. Doch Käthe Dorsch erreicht durch ihre langjährige
Freundschaft mit Hermann Göring, daß das Verbot aufgehoben wird (nach
Riess).

Willi Forsts »Bel ami« (1939) beschreibt nach dem Roman von Guy de
Maupassant den sozialen Aufstieg des ehrgeizigen und skrupellosen Beaus
Georges Duroy. Dank seiner Beziehungen zu Frauen wird der einstige Ko-
lonialoffizier zu einem bekannten Pariser Journalisten, heiratet aber nach
vielen Verwicklungen die Frau seines Herzens und zieht sich aus dem gesellschaftlichen und politischen Leben zurück. An einem Einzelschicksal
wollte Maupassant und auch Willi Forst mit seinem Film die korrupte Welt
der »Belle Epoque« darstellen mit bestechlichen Politikern, opportunisti-
schen Journalisten und den ewig Betrogenen.

Selbst in Frankreich hatte der Film zu Beginn der Okkupation viel Erfolg.
Und dies trotz einer Kritik, die sich – wie die von Robert de Beauplan in
»L'Illustration« (12. 4. 1941) – darauf beschränkte, die Unterschiede zwi-
schen dem wirklichen und dem in Wien nachgestellten Paris abzuschildern.

Sicherlich ist »Bel ami« kein Meisterwerk, und wenn auch seine Feyde-
au'sche Seite (die sentimentalen Verwicklungen) ganz hübsch ist, so wirkt
das, was von Courteline stammen könnte, (die soziale Satire) doch recht-
schaffen langweilig. Indes, dank dem Schauspieler und Regisseur Willi
Forst bleiben einige Szenen und Bilder im Gedächtnis haften: der Wettbewerb für Amateur-Sänger im »Cabaret du chat blanc«, die Show im »Taba-
rin« und die Szene, in der Georges Duroy und seine Tänzerin sich von einem Ball in ein Turm-Boudoir zurückziehen, das durch eine Zugbrücke von

der Außenwelt getrennt ist. Bemerkenswert sind auch die luxuriöse, raffinierte Ausstattung und die darin agierenden großzügig dekolletierten Damen.

»Romanze in Moll« (1943) nach Maupassants Novelle »Les Bijoux« ist wahrscheinlich der beste Film, den Käutner gedreht hat. Wie in »Yvette« spielt die Handlung im Paris des ausgehenden 19. Jahrhunderts. Sie schildert die Geschichte einer Frau, das Drama einer Kleinbürgerin aus der Provinz zwischen zwei Männern. Madeleine (Marianne Hoppe) versucht, ihrem braven, phantasielosen Ehemann (Paul Dahlke) eine gute Ehefrau zu sein, und liebt doch den eleganten jungen Komponisten Michael (Ferdinand Marian). Ein Mann, der ihr Geheimnis entdeckt, versucht, sie zu erpressen. Madeleine begeht Selbstmord und hinterläßt einen gebrochenen Ehemann, der die Welt nicht mehr versteht.

Käutner hatte hier einen Stoff (bereits 1924 von Paul Czinner verfilmt) nach seinem Geschmack gefunden, der es ihm erlaubte, sein »kalligraphisches Talent« zur Geltung zu bringen. Mehr als auf irgendeinen anderen paßt auf diesen Film Louis Marcorelles Wort vom »*Dandyismus*« bei Käutner, worunter »*moralische Eleganz, das heißt die Vorliebe für das Unwesentliche und zugleich die Ernsthaftigkeit der Absichten*« zu verstehen seien, wobei »*ein subtiles Parfüm von Tod und Dekadenz*« mitwehe (Cahiers du cinéma, Nr. 73). »Romanze in Moll« ist eine gelungene Stilübung, eine Spitzenleistung des filmischen »Kammerspiels« (welche Note noch durch die düstere Photographie verstärkt wird). Nichts wird dem Zufall überlassen, alles wird unternommen, um auf geradezu greifbare Weise das »Fin de Siècle« von innen heraus sichtbar zu machen, jene erstickende Atmosphäre, in der eine Frau an ihrem Milieu zu Grunde geht. Szenen-Komposition, Einstellungen und Kamerafahrten, Schnitt und Ton sind stets perfekt. Die letzte Szene, in der der betrogene Ehemann den Abschiedsbrief seiner Frau findet, ist hervorragend gemacht.

Wie Claude Autant-Lara ist auch Käutner ein Fanatiker der stimmigen Details, und die Zeitschrift »Star-Revue« (22. November 1955) wußte zu berichten, daß er die Schlußszene fünfzehnmal habe drehen lassen, weil er das Bild herabrinnender Regentropfen, die wie »*Tränen das Fenster herunterrollen*« sollten, zusammen mit dem eindringlichen Ticken einer Pendeluhr und dem Knarren von Dahlkes Schuhen haben wollte. Die Schauspielerführung ist meisterhaft. Unter Käutners strenger Hand kommt Marianne Hoppes Begabung zum Tragen. Dahlke, der bis dahin mehr zweitrangige Rollen gehabt hatte, ist hier ganz erstaunlich. Es resultiert daraus – Dekors, Kostüme und Beleuchtung eingeschlossen – eine beispielhafte atmosphärische Rekonstruktion der Novelle Maupassants. Goebbels nannte den Film defaitistisch und überaus schockierend: gab sich die Heldin, nachdem sie sich hatte verführen lassen, nicht selbst den Tod? Er dachte sogar daran, den Film zu verbieten. Dafür aber war es zu spät: die Zensurstelle hatte dem Film bereits das Prädikat »künstlerisch besonders wertvoll« erteilt. »Romanze in Moll« hatte sowohl in Deutschland als auch im Ausland großen Erfolg. In Schweden wurde der Film mit dem Kritikerpreis ausgezeichnet. Ohne daß man soweit gehen muß wie Sadoul, der in seinem »Dictionnaire des films« schreibt, »Romanze in Moll« sei der einzige Film von Rang, der in Deutschland während des Krieges gedreht wurde, kann man jedenfalls sagen, er ist es wert, gesehen zu werden.

»Hochzeit auf Bärenhof« (1942, von Carl Froelich) war die Verfilmung der Novelle »Jolanthes Hochzeit« von Hermann Sudermann. Der Film beginnt mit der Szene eines todesmutigen Ulanenrittes, der 1870 bei Mars-La-Tour stattfand. Die Handlung setzt 25 Jahre später, 1895, ein. Seine Königliche Hoheit, Prinz Joachim-August von Preußen, ist der Schirmherr eines Festes zum 25. Jahrestag dieses Ulanen-Angriffs. Auf dem Fest bahnt sich zwischen dem Mädchen Roswitha (Ilse Werner) und dem Leutnant Lothar von Pütz (Ernst von Klipstein) eine »Romeo und Julia«-Romanze an. Ein alter Streit um Landrechte hat die Familien der beiden auseinandergebracht, und Roswithas Vater (Paul Wegener) sträubt sich entschieden, in eine Hochzeit seiner Tochter mit Lothar von Pütz, dem Neffen des Barons Maximilian Hanckel (Heinrich George) vom Bärenhof, der wie er ehemals Ulanen-Offizier gewesen ist, einzuwilligen. Bei einem Pferde-Rennen in Berlin kommt es zum Streit und zur Trennung zwischen den Liebenden. Baron von Hanckel greift ein. Es gelingt ihm, bei seinem alten Widersacher, Roswithas Vater, vorgelassen zu werden. Er will für seinen Neffen sprechen, verliebt sich aber seinerseits in das junge Mädchen. Aus Trotz und Enttäuschung willigt Roswitha in die Hochzeit mit von Hanckel ein. Am Vorabend der Hochzeit ist unter den Gästen auch Lothar. Beim Brauttanz findet sich Roswitha in den Armen Lothars. Baron von Hanckel erkennt, daß er einen Fehler begangen hat: »*Jugend gehört zu Jugend*«. Lothar bekommt seine Roswitha. Ilse Werner singt in dem Film: »*Ich kann heut nacht nicht schlafen gehn. Das Herz ist mir so schwer... Und doch: ich werd' dich wiedersehn! Ich lieb' dich viel zu sehr!*« Und man versteht die Rührung des alten Barons. Sie ist schön und rührend und hat in diesem luxuriös ausgestatteten Film den glänzenden Rahmen gefunden, den sie verdient.

TRAUMULUS

1936 dreht R. A. Stemmle nach einem Bühnenstück von Arno Holz seinen Film »Traumulus«. Die Handlung spielt Anfang des Jahrhunderts, am Vortag der Enthüllung eines Denkmals Kaiser Wilhelm II., in einer kleinen norddeutschen Garnisonsstadt. Zu den Feierlichkeiten wird Kaiser Wilhelm II. erwartet. Professor Niemeyer (Emil Jannings) ist Direktor des königlichen Gymnasiums am Orte. In langen Einstellungen und breiten Dialogen wird die drückende Atmosphäre einer abgelegenen Kleinstadt gezeichnet mit ihrem Knaben-Internat und dem darin herrschenden verstaubten Unterricht, dem provinziellen Milieu und der Stammtischmentalität seiner Honoratioren. Niemeyer lebt in einer Welt für sich. »Traumulus«, Träumer, nennen ihn seine Schüler und dies nicht einmal mit einem Unterton von Boshaftigkeit, denn der in Humanismus und Heldentum bewanderte Dichter (er schreibt an einem Theaterstück) hat den Kontakt zur Wirklichkeit – vor allem aber zur Jugend – verloren. Doch Niemeyers Weltbild – er glaubt an das Gute im Menschen und an dessen höhere Bestimmung – gerät in Unordnung, als ihm sein Lieblingsschüler Zedlitz, auf den er so stolz ist, Kummer bereitet. Die Internatszöglinge leben ihr eigenes Leben, Gipsbüsten berühmter Männer und die platonischen Weisheiten ihrer Lehrer haben darin keinen Platz. In der Backstube des Bäckers halten sie heimliche Zusammenkünfte ab und besuchen übelbeleumundete Häuser. Zu Hause findet Niemeyer ebenfalls kein Verständnis. Sein Sohn Fritz mokiert sich über den spießbürgerlichen Idealismus des Vaters und hört nicht auf, seiner Stiefmutter den Hof zu machen, der koketten Jadwiga, die ihrerseits dem eleganten Zedlitz den Vorzug gibt. Eines Tages wird Zedlitz beschuldigt, das Internat über eine Mauer verlassen und die Nacht mit der Schauspielerin Lydia Link verbracht zu haben. »*Ich bin schlecht*«, gesteht er seinem Lehrer ein. Dieser will wissen, was passiert ist. Er hat eine Unterredung mit Lydia. Danach stößt er ihn gnadenlos von sich (»*Lügen ist ein Verbrechen!*«). Seine Schüler wenden sich von ihm ab, seine Mitbürger machen sich über ihn lustig, seine Frau verläßt ihn, sein Sohn hat nur Verachtung für ihn: der Sturz von Niemeyer scheint unaufhaltsam, als draußen, Ironie des Augenblicks, die Fanfaren zum Beginn der Denkmalseinweihung ertönen. Es bleibt Niemeyer nicht erspart, den Kelch bis zur Neige zu leeren. Zedlitz hat Selbstmord begangen, auf einer Bahre bringt man seine Leiche. Niemeyer ist nahe daran, den Verstand zu verlieren. Aber nun endlich entdeckt er die Wahrheit, öffnen sich ihm die Augen für die Welt um ihn her. An der Bahre kniend, findet er zögernd die Worte, die seinen Schüler hätten retten können. Draußen ertönen wieder die Fanfaren. Die Parade beginnt, die Fahnen senken sich zum ·Gruß.

Für Marcel Lapierre, einen der wenigen Filmhistoriker, die »Traumulus« aufführen, stellt dieser Film »*die Geschichte eines Professors dar, dem der Realismus des neuen Deutschland bewußt wird*«. Der »Pressedienst der Reichsfilmkammer« konstatiert im März 1936: »*Die ausgesprochen jugendlichens Leben darstellenden Abschnitte des Films zeigen in allen Einzelheiten eine Jugend der Vergangenheit, die mit der heutigen Jugend nur noch die Zahl der Jahre gemeinsam hat... Man kann...ermessen, welche Beachtung ein Film fände, der einen Abschnitt aus dem Leben der Jugend der Gegenwart bringt*«.

Der Film erhielt das Prädikat »staatspolitisch und künstlerisch besonders wertvoll«. 1936 bekam Emil Jannings für seine Rolle den Nationalpreis. Froelich hatte sein Meisterwerk geliefert. Während er seine Figuren zu Beginn des Films wie mit einem leichten Schleier umgibt, läßt er sie im weiteren Verlauf immer deutlicher hervortreten, wobei er hier eine Silhouette, da ein Element des Dekors mit heraushollt. »Traumulus« wurde in Deutschland und im Ausland ein enormer Erfolg.

Weitere Kostümfilme

Einer der bekanntesten aus der Reihe der Kostümfilme war zweifellos »Tanz auf dem Vulkan«, den Hans Steinhoff 1938 dem Mimen Debureau widmete.

Bereits mit dem Anfangstitel wird versucht, den Film in der historischen Satire anzusiedeln: »*Paris, 1830 – Karl X. sitzt auf dem Thron – ihm fehlt jedes Verständnis für die Bedürfnisse seines Volkes – kein Wunder – dieser König wird gehaßt!*« Geliebt aber wird sein Vetter Louis Philippe. Und noch ein Mann steht im Brennpunkt des allgemeinen Interesses: Debureau. Er, der Schauspieler des Theaters Funambules, ist der Liebling der Pariser. Aber sonderbare Dinge ereignen sich in und um das Theater, in dem er auftritt. Handzettel mit Spottversen auf den König werden den Passanten zugesteckt oder vom Balkon des Theaters aus ins Publikum geworfen. Debureau läßt diese Zettel an geheimen Orten nach seinen Angaben drucken. Er ist, da Prinz Louis Philippe auf seine politischen Ratschläge hört, zum gefährlichen Gegenspieler des Königs geworden. Dazu kommt, daß König und Schauspieler dieselbe Frau lieben, die Gräfin Héloise, die Gattin eines Höflings. Eines Abends, als Héloise in Begleitung des Königs in einer Loge des Theaters Funambules erscheint, verläßt den Mimen jegliche Vorsicht. Offen von der Bühne herab singt er einen Spottvers nach dem anderen auf den ungeliebten Herrscher. Ein ungeheurer Skandal und ein Haftbefehl gegen Debureau sind die Folge. In der Verkleidung des Prinzen Louis Philippe entkommt Debureau. In den Straßen von Paris hält er als Louis Philippe aufrührerische Reden und eilt in später Nacht zu Héloise, um sie zur gemeinsamen Flucht zu überreden, was diese ablehnt. Im Hause von Héloise wird der Schauspieler verhaftet. Am Morgen, als er zur Guillotine gefahren wird, bricht die Julirevolution aus. Karl X. muß fliehen, Debureau ist gerettet.

Der Film bekam Schwierigkeiten mit der Zensur. Wie »Friedrich von Schiller« wandte er sich offen gegen Tyrannen und verherrlichte Revolutionäre. Daß er satirisch verpackt war, rettete ihn jedoch, zudem machte er sich über Frankreich lustig. Im ganzen gesehen war es ein uneinheitlicher, passagenweise sogar schwacher Film, der aus der Geschichte von Debureau und den Ereignissen der damaligen Epoche eine Kuriositätenschau machte.

Auch »Verwehte Spuren« (1938), eine Adaption von Thea von Harbou und Felix Lützkendorf in der Regie von Veit Harlan, spielt im Paris des 19. Jahrhunderts. Die Vorlage dazu hatte ein Hörspiel geliefert, welches sich hinwiederum auf wahre Begebenheiten stützte. Der Stoff wurde 1949 in England von Anthony Darnborough unter dem Titel »So long at the Fair« (»Paris um Mitternacht« mit Jean Simmons und Dirk Bogarde) ein zweites Mal verfilmt. *»Es ist die Geschichte der jungen Kanadierin Séraphine* (Kristina Söderbaum), *die mit ihrer Mutter zum Besuch der Weltausstellung von 1867 nach Paris gekommen ist. Die beiden Frauen sind gezwungen, in verschiedenen Hotels zu wohnen. Kurz nach der Ankunft verschwindet die Mutter spurlos. Bei der Suche nach ihr hilft Séraphine ein junger Mann, den sie kennengelernt hat. Sie muß entdecken, daß ihre Mutter an der Pest gestorben ist. Um eine Panik in der mit Besuchern der Weltausstellung überfüllten Stadt zu vermeiden, hat man ihren Leichnam beseitigt und sämtliche Spuren ihrer Existenz gelöscht«* (nach Hull). Veit Harlan notiert dazu: *»Der Film schlug wie eine Bombe ein, und Kristina festigte ihren Ruf als Schauspielerin, den sie im Film ›Jugend‹ begründet hatte.«* Harlan gibt seinem Erstaunen darüber Ausdruck, daß – ein seltener Fall – Hitler keine einzige Szene geändert haben wollte, und fügt hinzu: *»Hitler war so begeistert von dem Film, daß er Goebbels befahl, mir seine Anerkennung auszusprechen.«*

ANUSCHKA

Der Film »Anuschka«, der 1941 in den tschechoslowakischen Studios von Barrandow gedreht wurde, ist nichts weiter als ein »Postmeister« für verwirrte Ästheten. Einige Ähnlichkeiten in der Handlung und die Mitwirkung von Hilde Krahl laden zum Vergleich der beiden Filme ein. Halb ländliches Melodram, halb mondänes Drama, wird Helmut Käutners Film rasch zur ironischen Schönfilmerei. Die recht konfuse Handlung ist weit weniger interessant als das Fin-de-Siècle-Dekor und die Mischung aus Unmoral und Moralität, wie sie für das Wien von 1900 typisch war. Einige Szenen sind gelungen, beispielsweise die eines Opernballs und eines volkstümlichen Fests, die hintereinandergeschnitten sind. Freilich reicht das nicht aus, um über die vielen endlosen, platt abgefilmten Sequenzen hinwegzutragen.

Kostümfilme wurden massenhaft gedreht, wobei man sich mühelos an die Richtlinien hielt. Als Beispiele seien hier genannt: »So endete eine Liebe« (1934, von Karl Hartl mit Paula Wessely, Willi Forst und Gustaf Gründgens), ein Film über die Prinzessin Marie-Louise von Habsburg; »Das alte Lied« (1945, von Fritz Peter Buch) eine Geschichte auf dem Hintergrund des Berlins von 1880; »Die Hochzeitsreise« (1939, von Karl Ritter, mit Françoise Rosay und Mathias Wieman) spielt im Flandern des 19. Jahrhunderts und im Arztmilieu; »Das Bad auf der Tenne« (1943, von Volker von Collande) war ein Farbfilm, ebenfalls in Flandern um 1700 angesiedelt.

Exoten-Filme

Exotismus findet sich in Filmen wie »Ohm Krüger«, »Flüchtlinge«, »Die Tochter des Samurai«, sowie in etlichen Zarah-Leander-Filmen, um nur einige zu erwähnen. In einem guten Dutzend anderer Produktionen, die zwischen 1938 und 1939 entstanden, steht die Exotik so im Vordergrund, daß die politischen Absichten dahinter etwas zurücktreten.

»Mit versiegelter Order« ist eine Filmadaption von Georg C. Klaren nach einem Theaterstück des späteren Regisseurs Fritz Peter Buch in der Regie von Karl Anton, die den Zuschauer in die Berge Zentralasiens versetzt. Diese einigermaßen gelungene Spionagegeschichte kann als Vorläufer von »Das Lied der Wüste« gelten: ein junger deutscher Ingenieur kämpft um Rohstoffe, die für sein Volk von lebenswichtiger Bedeutung sind, und erringt dabei einen Sieg über eine internationale Finanzgruppe.

Ebenfalls 1938 schrieb und drehte Eduard von Borsody den Film »Kautschuk«, in dem es wieder um einen Rohstoff und den Kampf gegen ein Monopol ging. Borsody, der zu Ende des Ersten Weltkrieges Offizier der österreichischen Armee gewesen war, kam über seinen Bruder, einen Bühnenbildner, als Kameramann zur Ufa. Er wurde Cutter und arbeitete ab 1932 als Regieassistent. 1937 lieferte er mit dem Kriminalfilm »Brillanten« seine erste Regiearbeit ab. Seiner Vielseitigkeit hatte er es zu verdanken, daß ihm die Ufa ein Projekt anvertraute, an dem sich schon mehrere Regisseure die Zähne ausgebissen hatten. »*Zwei Brüder namens Eichhorn*«, so erzählt Hull, »*die beiden Söhne eines reichen Zigarrenfabrikanten, hatten beschlossen, sich dem Filmemachen zu verschreiben. Nachdem sie ihre Fabrik verkauft hatten, waren sie nach Brasilien gegangen, um dort einen Dokumentarfilm über den Amazonas zu drehen. Der Expedition blieb bis hin zum Tod des Kameramanns nichts erspart. 1936 kamen die Brüder krank und mittellos nach Deutschland zurück, doch in ihrem Gepäck befanden sich 1500 Meter spektakulären, unvertonten Filmmaterials und das Drehbuchfragment für einen Spielfilm. Dies alles verkauften sie an die Ufa, die nun ihrerseits nichts mit der Erwerbung anzufangen wußte, weil das Filmmaterial für einen Spielfilm nicht ausreichte und das Drehbuch zu schlecht war. Unter Assistenz des bekannten Schriftstellers Ernst von Salomon und einem der Eichhorn-Brüder verfaßte von Borsody ein Drehbuch, das zu dem vorhandenen Material paßte*« (Hull).

Dabei bediente er sich historischer Fakten: er schilderte die Geschichte des jungen Engländers Henry Wickham, der 1876 zum Oberen Amazonas aufbrach, um Samen der Hevea zu sammeln (auf deren Schmuggel die Todesstrafe stand) und so Brasiliens Gummi-Monopol für Großbritannien zu brechen. »Kautschuk«, ein ungemein England-freundlicher Film, feierte »*den Kampfgeist und Heldenmut im Dienste des Vaterlandes*« und zeigte »*die Notwendigkeit für ein Land, über Rohstoffe zu verfügen*« auf. (Marcel

Colin-Reval in »Alliance-Magazine«, März 1939). Aber die Handlung samt der Liebesgeschichte, die die Atmosphäre etwas auflockern sollte, bleibt nebensächlich. Wichtig waren die sensationellen Aufnahmen von Krokodilen, Piranhas, Boas, Riesenfliegen usw., wobei von den Gebrüdern Eichhorn nur drei Material-Komplexe Verwendung fanden: die von Krokodilen, Piranhas und einem Sturm. Der Rest wurde in Travemünde aufgenommen. Zum Teil drehte man auch in Babelsberg, beispielsweise jene Szene, in der Wickham mit einer Riesenschlange kämpft. Der Film, der als »staatspolitisch und künstlerisch wertvoll« bewertet wurde, hatte ziemlich großen Erfolg, unter anderem auch in Frankreich, wo ihn der Kritiker Georges Bateau im »Paris-Soir« als ein *»filmisches Meisterwerk«* feierte.

Im darauffolgenden Jahr versuchte das Team Borsody-Salomon den Erfolg von »Kautschuk« mit dem Film »Kongo-Express« zu wiederholen, in dem René Deltgen, Marianne Hoppe und Willy Birgel die Hauptrollen spielten. In ihm sorgte der Heldenmut eines deutschen Fliegers im letzten Augenblick dafür, daß im Kongo der Zusammenstoß zweier Schnellzüge vermieden wird. Dieses Mal wurden alle Szenen in Deutschland gedreht: *»Die Außenaufnahmen fanden auf einer kleinen Bahnstrecke zwischen Hannover und Celle statt, an der auf einer Länge von 200 Metern tropische Vegetation angepflanzt worden war; eine alte Lokomotive mit einem vorgebauten Räumgitter fuhr diese Strecke immer wieder ab, um die Zugfahrt zu simulieren, die den wichtigsten Teil der Handlung ausmacht«* (Hull).

»Goldsucher. Dreizehn Männer, nicht seelenverwandt, suchen Gefährtinnen zwecks Heirat.« Ein Treck wird zusammengestellt. Und nach einigem Hin und Her finden sich die Paare. Das Unglück will es, daß zwei Freunde, beide ehemalige Flieger, derselben Frau den Hof machen. Stan schießt im Rausch auf seinen Rivalen. Er wird gezwungen, das Lager zu verlassen: nun gehört Violette zu Doug. Monate später hat sich das Wüsten-Lager in einen Kinderhort verwandelt. Doch die Regenzeit bleibt aus. Die kleinen Häuser werden von einem Sandsturm verwüstet. Der Wassermangel wird akut, unter den Pionieren bricht eine Panik aus. Glücklicherweise kommt Stan mit seinem Flugzeug gerade noch zur rechten Zeit. Er bezahlt indes mit seinem Leben für den Fehler, den er begangen hat. Der Freund erweist ihm die militärischen Ehren.

Wie man unschwer feststellen kann, bietet das Drehbuch zu dem Film »Frauen für Golden Hill« (Regie: Erich Waschneck, 1938) eine schöne Mischung aus Abenteuer, Exotik, Heldentum und Spannung. Das Resultat ist jedoch nicht gerade brillant. Die Dekors sind aus Pappmaschee, viele Szenen sind einfach nur grotesk (die Ankunft der Frauen in Golden Hill, Violettes Bad), die Regieeinfälle sind bizarr (auf dem Boden liegende Männer und Frauen bilden das Wort »Wasser«), die Dialoge voller Klischees, die Musik steril. Dennoch finden sich darin einige Vorstellungen, die dem Nazi-Film teuer waren: die Vorliebe für jungfräuliche Territorien (die

Handlung spielt wie in »Zu neuen Ufern« in Australien), Abenteuerlust und Disziplin, Wagemut und gemeinsame Arbeit.

Im gleichen Jahr wie »Kautschuk« drehte Richard Eichberg seinen zweiteiligen Film »Der Tiger von Eschnapur«, der ohne Zweifel zum berühmtesten Abenteuerfilm der Filmproduktion im Dritten Reich wurde. Es war eine Adaption des Romans »Das indische Grabmal«, den Thea von Harbou nach dem auf Anregung von Fritz Lang entstandenen Szenario für einen zweiteiligen Stummfilm (1921, Regie Joe May) für die »Berliner Illustrirte« geschrieben hatte und der in großer Auflage auch als Buch erschienen war. Wie sein Vorgänger drehte Eichberg, ein Spezialist für Operetten- und aufwendige Show-Filme, einen problemlosen Streifen, der sich auf sensationelle Szenen verließ: auf Elefantenkämpfe, die hautnahe Begegnung mit einem Tiger, das Bad im Harem, den Brand des Kristall-Palasts. Das war großes Kino, wie es durchaus aus Amerika hätte kommen können. Dabei sparte man weder an den Bauten (der Palast des Maharadscha, der Brand der Konzerthalle, das Grab der Maharani), noch an den Kostümen. Die Außenaufnahmen fanden in Indien statt.

Eichberg nahm gleichzeitig eine deutsche und eine französische Version des Films auf. In letzterer agierten Alice Field, Claude May, Roger Duchesne, Roger Karl und Marc Valbel. Die Dialoge schrieb Jean Bommart, ein Autor von Spionage-Romanen. 1958 verfilmte Fritz Lang die dritte Adaption nach dem Szenario, das einst seine ehemalige Frau geschrieben hatte. Wieder entstanden zwei Teile unter demselben Titel, aber nun in Farbe.

In Asien spielt auch Werner Klinglers Film »Die barmherzige Lüge« (1939). In einem abgelegenen Steppendorf an der Grenze zwischen Sibirien und der Mandschurei dient das »Kostery Hotel« als Treff für Abenteurer und Gescheiterte jeder Art. Hier wartet Anja auf die Rückkehr ihres Geliebten, des Forschers Clausen, der nicht weiß, daß er Vater geworden ist. Aber der Geliebte für eine Nacht hat inzwischen geheiratet... Das Glück ist indes von kurzer Dauer. Die junge Frau kommt bei einem Unfall ums Leben. Der Forscher bleibt verschollen. Ist er ebenfalls tot? Die Russin Anja reist mit ihrem Kind und dem treuen Freund, dem alten Doktor Henrici, nach Hamburg und gibt sich dort bei den Eltern Clausens – um ihres Kindes willen – als die rechtmäßige Gattin aus. Sie gewinnt rasch die Herzen der Alten, leidet aber darunter, daß eines Tages die Wahrheit entdeckt werden könnte, zumal sie von einem zwielichtigen Mitwisser erpreßt wird. Doch alles wird gut, als der verschollene Geliebte zurückkehrt und Anja schließlich heiratet.

Es wäre leicht, die Unwahrscheinlichkeiten, das Schablonenmäßige und Lächerliche dieser Geschichte aufzuzeigen, die sich in einer Art Abrakadabra auflöst. Zwar haben die Deutschen weder das Melodrama noch den Groschenroman erfunden, aber wenn sie sich darüber hermachen, sind sie unschlagbar in einem gewissen Bazar-Exotismus und sentimentaler Tränenseligkeit. Dennoch: der Anfang des Films, die Schilderung des armseligen Hotels haben Stil und stellen eine Reminiszenz an längst vergangene Blütezeiten des Filmrealismus dar.

Kurz vor Kriegsbeginn erscheint Erotik nur noch im Zusammenhang mit Exotischem: das deutsche Kino hat seine moralische Revolution hinter sich. Es präsentiert lediglich Musterfamilien und reuige Sünder. Außer Lausbubenstreichen, ländlichen Handfestigkeiten und einigen wenigen Revue-Szenen, tut sich nicht mehr viel. In ansonsten uninteressanten Filmen entdeckt man hie und da einmal eine erotische Szene. Bleiben die Schauspielerinnen. Wie Hilde Krahl, die in »Die barmherzige Lüge« impulsiv und zurückhaltend, fragil und energisch zugleich den Schwachsinn des Drehbuches vergessen läßt.

Im gleichen Jahr dreht Veit Harlan »Pedro soll hängen«, eine sentimentale und satirische Komödie: »*Die Handlung spielt in einer kleinen zentral-amerikanischen Bananen-Republik, in der es zu politischen Schwierigkeiten kommt. Die Vereinigten Staaten haben die Gesetze des Landes als moralisch lasch kritisiert. Die Behörden der Hauptstadt beschließen, der Nächstbeste, der ankommt, solle für Amerika gehängt werden. Der, den es trifft, ist ein einfacher Caféhaus-Kellner, der Pedro heißt (Heinrich George) und trotz seines Hangs zur Flasche ein tiefgläubiger Christ ist. In einer eindrucksvollen Zeremonie, während der brennende Kerzen, eine nach der anderen, verlöschen, verurteilt man ihn zum Tode. Er aber erklärt dem Gericht, daß sein Glaube in die Unsterblichkeit durch die bevorstehende Geburt des Kindes seiner Geliebten bestärkt werde: ›Das ist meine Ewigkeit,‹ sagt er in einer bewegenden Rede. Eine Amerikanerin bietet, nachdem sie von Pedros Verhaftung und seinem Prozeß gehört hat, 90 000 Dollar für sein Leben. Daraus entwickelt sich eine bemerkenswert gut geschriebene Szene, in der diese neuerliche Krise, vor die sich die Stadt gestellt sieht, fast wortwörtlich in einem Sokrates-Dialog, den Platon überliefert hat, reflektiert wird. Das Dilemma wird schließlich durch einige ungewöhnliche Argumente, die auf dem klassischen Disput beruhen, beendet und der arme Pedro freigelassen*« (Hull).

Harlan erklärte gegenüber Hull, er betrachte »Pedro« als seinen »*großen traurigen Film*«, als sein Hauptwerk, und daß er es gern sähe, wenn man sich dieses Filmes wegen an ihn erinnerte. Goebbels teilte diese Meinung nicht. Er sah darin »*unverschämte Kirchenpropaganda*« und »*bewußte Verhöhnung der nationalsozialistischen Grundsatzerklärungen*«. Der Film, der im Herbst 1939 abgedreht war, erhielt erst am 26. Juni 1941 seine Freigabebescheinigung, nachdem von der Zensurkommission wesentliche Änderungen und zahlreiche Schnitte (vor allem bei den religiösen Szenen und bei der Szene einer Niederkunft) verlangt worden waren, die ihn auf eine Länge von 68 Minuten brachten.

DIE GOLDENE STADT

»Die Goldene Stadt« (1942) ist neben »Jud Süß« Harlans bekanntester
Film. Er spielt an den Ufern der Moldau und in Prag (wo er gedreht wurde)
und spekuliert stark mit der Exotik: für diesen zweiten Spielfilm in Agfacolor sollten sich Landschaften, Kostüme und die tschechische Hauptstadt
möglichst vorteilhaft präsentieren. Wieder einmal hatte Goebbels Einwände. Es paßte ihm nicht, daß es ein Farbfilm werden sollte, ebensowenig war
er mit dem Schauspieler Joachim Gottschalk einverstanden, der durch Paul
Klinger ersetzt werden mußte. Zudem mißfiel ihm das Drehbuch, weil es
ihm für den Regisseur von »Jud Süß« und »Der große König« nicht angemessen erschien. *»Er meinte«,* so berichtet Harlan, *»ich solle politische
Filme drehen und nicht Filme, die man im Frieden machen könne. Ich machte
ihm daraufhin klar, daß der Film ›Die goldene Stadt‹ insofern auch ein politischer Film sei, als er die ›Landflucht‹ behandele. Das Mädchen läuft ja vom
Dorfe weg und geht dann in der Stadt Prag zugrunde.«*

»Die Goldene Stadt« begnügte sich nicht damit, der heilen bäuerlichen
Welt die verwirrende Hetze der Großstadt gegenüberzustellen (ein bißchen
wie in »Der verlorene Sohn« und in »Die Reise nach Tilsit«, zwei Filme, die
Harlan drei Jahre vorher gedreht hatte); der Film feierte auch das »Groß-
deutsche Reich« (Böhmen = deutsche Erde) und war in seinem Geist
ebenso rassistisch wie »Flüchtlinge«, »Friesennot«, »Feinde« oder »Heimkehr«.

Ein deutscher Bauer (Eugen Klöpfer) heiratet in Prag eine Tschechin.
Aber die Ehe geht schief. Der Traum der Frau von der »Goldenen Stadt«
endet im Moor. Aus der Verbindung stammt eine Tochter namens Anna
(Kristina Söderbaum), die der Bauer mit seinem Großknecht verlobt. Da
macht das Mädchen die Bekanntschaft eines Prager Ingenieurs, der das
Moor trockenlegen soll. Eines Tages – der Vater ist nicht da – reist sie nach
Prag und fällt der Familie ihrer Mutter in die Hände. Ihr Cousin, ein ver-
kommener Kerl, verführt sie, um so in den Besitz des Bauernhofes zu kommen. Er läßt das Mädchen, das ein Kind von ihm bekommt, sitzen, als es von
seinem Vater enterbt wird. Wie schon ihre Mutter, so sucht Anna den Tod
im Moor. Der Vater heiratet die tschechische Haushälterin und überläßt
dem Großknecht seinen Hof.

Versteht sich, daß niemand anders am Unglück dieses braven deutschen
Bauern schuld ist, als das tschechische Volk. Haltlos (die Frau, die sich weder an ihren Mann noch an das Landleben gewöhnen kann), lüstern und
derart grausam, daß sie den Tod eines jungen Mädchens bewirken, fordern
diese gefährlichen Kreaturen den Fremdenhaß geradezu heraus. Das Theaterstück des Österreichers Richard Billinger, das dem Film zugrunde lag,
erfuhr einige einschneidende Veränderungen: ursprünglich war die ganze
Familie deutsch, im Film wurden die unwürdigen Familienmitglieder zu
Tschechen. Harlan schreibt außerdem, daß er das Drama ziemlich verän-

dert und den Tod von Anna nicht gewollt habe: »*Es schien mir ein höchst unmoderner und unreligiöser Gedanke zu sein, daß ein Mädchen, das ein Kind trägt, nur weil der Vater des Kindes sie verlassen hat, und weil ihr eigener Vater sie enterbt, sich das Leben nimmt.*« Als der Film abgedreht war, verlangte Goebbels, man möge den Selbstmord wieder einfügen, um klarzumachen, welche Sünde Anna mit ihrem Fehltritt am Blut ihrer Väter begangen habe. Mehr noch, »*er wollte eine politische Äußerung der Anuschka haben. Sie sollte sagen: ›Ich habe meine Heimat zu wenig geliebt und muß deshalb sterben.‹ Und diesen Satz schrieb er in meinen Veränderungsvorschlag hinein. Ich habe diesen fürchterlichen Satz etwas abgewandelt in die Schlußszene, in der Anuschka mit ihrer toten Mutter spricht, aufnehmen müssen... Diese Nachaufnahmen kosteten etwa einhundertachtzigtausend Mark*« (Harlan).

Dennoch sah das Publikum in diesem Film eher ein Schicksalsdrama. Manche bewunderten einfach nur die Farben, wie beispielsweise Carlo Rim in »D.I.« vom 4. September 1943, der von »*bewundernswerten Bildern, hinreißenden Aquarell- und delikaten Pastellfarben*« spricht. Tatsächlich hatte Harlan gerade an der Farbgebung des Films lange mit Eduard Schönicke, einem Fachmann der IG Farben, gearbeitet.

Der Erfolg des Films war überwältigend. Bei der 10. Biennale von Venedig erhielt Harlan für die beste Regieleistung den »Preis des Präsidenten der Internationalen Filmkammer«. Kristina Söderbaum erhielt den »Volpi-Pokal«, und im folgenden Jahr verlieh Goebbels Harlan im Namen des Führers (zur gleichen Zeit wie Wolfgang Liebeneiner) den Titel Professor.

Ludwig Klitzsch, der damalige Generaldirektor der Ufa, trug Harlan nach einer Absprache mit Hugenberg am 1. Januar den Posten des Produktionschefs an. Goebbels stellt sich dem entgegen. Er bevorzugte den umgänglicheren Liebeneiner. Nach 1943 kam der Film auch in Schweden heraus. Harlan und seine Frau wurden an die Universität von Uppsala eingeladen, wo man sie zu Ehrenmitgliedern ernannte. In Stockholm wurden sie vom »Internationalen Club«, einer Vereinigung der Honoratioren der Stadt, empfangen. Danach kabelte der deutsche Bevollmächtigte Thomson an Goebbels, Harlan habe sich in Schweden als »*guter Botschafter*« Deutschlands erwiesen. In Helsinki wurde die »Goldene Stadt« drei Jahre lang ununterbrochen im gleichen Kino gespielt. In Frankreich wurde für den Film eine aufwendige Werbekampagne betrieben. Die meisten der Vorführungen für Leute aus der Filmbranche wurden mit einer Plauderei des »A.C.E.«-Pressechefs eingeleitet, der vor allem Theaterbesitzern praktische Ratschläge gab, wie in den Kinos die Farbqualität des Films am besten zur Wirkung kommen könne. In Paris drängten im Verlauf von 20 Wochen 350 000 Zuschauer an die Kassen des Kinos »Normandie«. Damit wurde ein Besucherrekord erreicht.

Abenteuer, eine bestimmte Art von Exotik und das Flair der »großen, weiten Welt« finden sich in dem Film »Titanic«, den Herbert Selpin und Werner Klingler 1943 drehten und dessen Dreharbeiten allein schon zum sensationellsten Kapitel der Geschichte des Nazifilms gehören. Sensationell war dabei bereits das Sujet, das zuvor E. A. Dupont zu »Atlantik« inspiriert hatte. Später sollten sich daran noch Helmut Käutner mit »Epilog« (1953) und Jean Negulesco mit »Titanic« (1953) versuchen.

»16. April 1912. Die Welt ist ergriffen vom panischen Entsetzen über den Untergang des Riesendampfers ›Titanic‹, des größten Schiffbruchs der letzten Jahrzehnte. Über 1500 Menschen ertranken. Niemand ahnt die tragischen und verabscheuungswürdigen wahren Gründe dieser aus verbrecherischer Leichtfertigkeit und Gewinnsucht heraufbeschworenen Katastrophe. Wer ahnte damals, daß Börsenspekulationen und Aktientransaktionen ihre Ursache waren, daß ein geheimnisvoller Fluch dieses Luxusschiff überschattete?« (»Der deutsche Film«).

Kurz, der Film schilderte auf seine Weise, was in diesem Fall hieß: kaum auf pro-britische, den Untergang des berühmtesten Passagierschiffes der damaligen Zeit, das, unter englischer Flagge fahrend, bei seiner Jungfernfahrt nach New York mit einem Eisberg kollidierte und sank.

Besitzer der »Titanic« ist Sir Bruce Ismay, der Präsident der »White Star Line«, die der Bau des Schiffs ein Vermögen gekostet hat. Um Verluste zu vermeiden, mehr noch: um einen profitablen Gewinn zu erzielen, entscheidet Ismay, das Schiff solle versuchen, das »Blaue Band« über die Nordatlantikroute (der kürzeste Weg Europa – New York) zu gewinnen, obgleich gerade auf dieser das Packeis als besonders gefährlich gilt. An Bord befinden sich einige ausgefallene Exemplare der feinen europäischen Gesellschaft: die Geliebte Ismays, Lord und Lady Astor, Erzfeinde des Präsidenten Ismay, ein ruinierter Lord, der durch seine Frau versucht, aus den Astors Geld herauszuholen, und Sigrid, eine junge Dänin, von der alle fälschlicherweise annehmen, sie sei unermeßlich reich. Daneben noch einige Emigranten und ein deutscher Wissenschaftler (Theodor Loos). Die »Titanic« stößt mit einem Eisberg zusammen und beginnt, zu sinken. Panik bricht aus. Ismay denkt nur daran, sich zu retten. Der erste Offizier, der Deutsche Petersen, der von Beginn der Reise an versucht hat, den Sicherheitsvorschriften Genüge zu tun, rettet ihm das Leben. Die beiden Männer erscheinen vor einer Untersuchungskommission: während Ismay entlastet wird, wird Petersen verurteilt. Letztlich aber wird die Schuld an dem Unglück dem Kapitän zur Last gelegt, der mit seinem Schiff untergegangen ist. In einer leidenschaftlichen Anklagerede, die den Film beendet, entlarvt der aufrichtige Petersen die wirklichen Schuldigen.

Das Drehbuch spricht für sich. Die Zeitschrift »Film« (Juni 1965) hebt die karikaturenhafte Überzeichnung des »perfiden Albion« hervor: »*Ernst*

Fritz Fürbringer als Präsident der White-Star-Linie mit näselndem Gestiku-
lieren. Franz Schafheitlin als Geschäftsmann mit dümmlich-arrogantem
Monokelblick, Otto Wernicke als Kapitän mit skrupellos-kriecherischer De-
votheit...« Im selben Aufsatz wird das Ganze als *»schlecht verfilmtes The-*
ater« bezeichnet. Hull spricht von einem *»zusammenhanglosen Film«.* Der
enorme materielle Aufwand (die Innenaufnahmen wurden in Berlin gedreht, die Außenaufnahmen auf einem Schiff, das, zusammen mit einem
Teil der Nazi-Kriegsflotte, im Hafen von Gdingen lag) reichte, wie so oft
nicht aus, andere Mängel des Films wettzumachen. Lediglich einige Szenen
des Schiffbruchs sind interessant. Der englische Regisseur Roy Baker verwandte diese Szenen übrigens 1958 für seinen Film »A Night to Remember« (»Die letzte Nacht der Titanic«). Hull schätzte Sybille Schmitz in ihrer
»merkwürdigen schwarzen Vamp-Perücke« in der Rolle der rätselhaften
Sigrid: *»Ihr Auftritt auf der großen Treppe ist vielleicht der größte Auftritt im*
gesamten Kinofilm..., aber man muß die Szene gesehen haben, um das zu
glauben« (1961).

»Titanic« war ein Lieblingsprojekt von Goebbels. Es stellt sich die Frage,
warum er diesen Film, den er eigentlich von Wolfgang Liebeneiner drehen
lassen wollte, einem Regisseur anvertraute, den er ganz besonders haßte:
Herbert Selpin. Möglicherweise deswegen, weil die Figur des Petersen stark
den Filmhelden ähnelte, die Hans Albers in den fünf Filmen darstellte, welche Selpin zwischen 1938 und 1941 gemacht hatte: »Sergeant Barry«,
»Wasser für Canitoga«, »Ein Mann auf Abwegen«, »Trenck, der Pandur«
und »Carl Peters«. Vielleicht hatte der Minister dabei auch einen Hinterge-
danken. Wie dem auch sei, bei seiner Ankunft in Gdingen zeigte sich Selpin
höchst unzufrieden mit den Vorarbeiten seines Drehbuchautors und
Freundes Walter Zerlett-Olfenius. In Anwesenheit von Marineoffizieren
machte er ihm dies eines Abends auch heftig klar. Zerlett bat Selpin, sich in
Anbetracht der Zeugen zu mäßigen. Dieser brauste auf: *»Ach du, mit dei-*
nen Scheißsoldaten, du Scheißleutnant, überhaupt mit deiner Scheißwehr-
macht!« Am nächsten Tag berichtete Zerlett den Vorfall schriftlich der Tobis und setzte seinen Intimfreund, SS-Obergruppenführer Hinkel, münd-
lich davon in Kenntnis. Außerdem gab er den Vorfall dem Reichssicher-
heitshauptamt zu Protokoll. Selpin wurde zu einer Unterredung zu Goebbels befohlen, an der u. a. Reichs-Filmintendant Hippler, Wolfgang Liebe-
einer und zwei Gestapo-Agenten teilnahmen. Als der Regisseur sich weigerte, seine Äußerungen zurückzunehmen, ließ Goebbels ihn auf der Stelle
verhaften. Am Morgen des 1. August 1942 fand man ihn, an seinen Hosen-
trägern erhängt, in seiner Zelle auf. War es Selbstmord oder Mord? Die
Zeitschrift »Film« berichtet, am Hals des Toten seien Würgemale festgestellt worden. Das Reichspropagandaministerium wies in seinen »Kultur-
politischen Informationen« (am 31. Juli, 3. und 8. August 1942) darauf hin,
jegliche Erwähnung von Herbert Selpin sei verboten. Ebenso durfte dann

die Meldung seines Todes, die in der Filmpresse gebracht wurde, nicht für die übrige Presse übernommen werden. Am 7. August veröffentlichte der »Filmkurier« eine Erklärung des Reichsfilmintendanten: »*Der Filmregisseur Herbert Selpin hat sich durch niederträchtige Verleumdungen und Beleidigungen deutscher Frontoffiziere schwerstens gegen die Kriegsmoral vergangen. Er wurde deshalb in Haft genommen, um dem Gericht überstellt zu werden. Die Verfehlungen Selpins waren umso verächtlicher, als er weder am Weltkrieg noch an diesem Kriege teilgenommen hat, im Gegenteil zur Durchführung von wichtigen Aufgaben im deutschen Film u.k. gestellt war. Selpin hat in der gerichtlichen Untersuchungshaft zum 1. August seinem Leben durch Erhängen ein Ende gemacht.*« Mit der Fertigstellung des Films wurde Werner Klingler beauftragt.

Am 30. April 1943 wurde »Titanic« trotz seines Prädikats »staatspolitisch und künstlerisch wertvoll« verboten, weil Goebbels die Panikszenen des Films in einer Zeit für abträglich hielt, in der die Moral der Bevölkerung ohnehin schon durch die täglichen Bombenangriffe beeinträchtigt war. Lediglich für das Ausland gab er die Vorführerlaubnis. Als der Film im Dezember 1949 in Westdeutschland wieder freigegeben wurde, protestierte die britische Regierung dagegen und erreichte ein neuerliches Verbot. Zur gleichen Zeit wurde der Film in der DDR gezeigt und von Sovexport zur Auswertung übernommen.

Die Heimatfilme

Der gutverkäufliche Exotismus der »Heimatfilme« verschwand auch während des Dritten Reichs nicht von der Leinwand. Der Film »Wenn wir alle Engel wären« von Carl Froelich (1936) ist dafür ein – wenn auch nur mit Einschränkungen – geltendes Beispiel. Der Film wurde mit den Prädikaten »staatspolitisch und künstlerisch besonders wertvoll« ausgezeichnet und erhielt 1937 einen Preis in Venedig. Goebbels schätzte ihn außerordentlich. Dabei ist er nichts weiter, als eine von Situationskomik lebende Ehe- und Provinzkomödie: »*Auf der Reise nach Köln gerät der in einem kleinen Moselstädtchen beheimatete, jung verheiratete Kanzleivorsteher Christian Kempenich in weinseliger Stimmung in den Wirbel des großstädtischen Nachtlebens, mit dem Ergebnis, daß er am folgenden Morgen in einem fremden Hotelzimmer aufwacht, allerdings nicht allein. Entsetzt entflieht er dem Schauplatz seiner vermeintlichen Sünden, nicht dagegen den Folgen, denn die kleine Dame, die ihn nachts irgendwo aufgelesen hat, versucht sich schadlos zu halten, indem sie die gute Bettwäsche des Hotels mitgehen läßt.*

Ein bösartiges Aktenstück verfolgt seit diesem Vorfall den dieser Tat verdächtigen Kempenich in sein idyllisches Moselstädtchen und bedroht ihn als Bürger, Beamten und Ehemann... In seiner Bedrängnis wendet er sich schließlich an Maestro Falotti, den Gesangslehrer seiner Frau, um Rat und

Beistand. Aber auch der kann ihm nicht helfen, weil er selbst kein reines Ge-
wissen hat. Der temperamentvolle Italiener hat nämlich Kempenichs Abwe-
senheit zu einer kleinen Moselfahrt mit Kempenichs Frau ausgenutzt. An-
fangs hat die Sache Frau Kempenich Spaß gemacht. Als ihr Gesangslehrer
aber dann in Koblenz, dem Ziel dieser heimlichen Moselfahrt, unter dem
Vorwand, daß der letzte Zug bereits abgefahren sei, mit ihr in einem zweibet-
tigen Zimmer zu nächtigen vorschlug, hat sie es reumütig vorgezogen, die
Nacht lieber allein im Wartesaal des Koblenzer Bahnhofes zu verbringen...«
(»Illustrierter Filmkurier«). Lustig sind in diesem Film allenfalls die Ge-
sangsstunde, die Touristenfolklore und Heinz Rühmann als Ehemann.
Warum nur hat man diesem unwichtigen Film soviel Bedeutung beigemes-
sen? Möglicherweise deswegen, weil das – unverzichtbare – Happy-End
klarmacht, daß man Ausländern mißtrauen muß (selbst wenn es sich um
Angehörige der Achsenmächte handelt), und weil der Film zeigte, wie solide und unerschütterlich deutsche Ehen sind. Vielleicht ging es Froelich
und seinen Auftraggebern auch lediglich darum, ein heiteres und glückli-
ches Deutschland zu zeigen. Die »Licht-Bild-Bühne« vom 19. Oktober
1936 weiß darauf eine Antwort: »*Wo gibt es in der ganzen Welt noch eine*
Regierung, die den belohnt, der das Lachen lehrt und das Schmunzeln
schenkt? Wo gibt es noch Verwaltungen, Behörden, Staatsmänner und Par-
teimänner, die sich nicht scheuen, dies öffentlich zu bekunden? Damals, vor
drei Jahren, dachten viele in Deutschland,›daß es nun mit dem Lachen vorbei
sei‹. Ja, mit diesem Lachen war es auch vorbei! Mit dem schmierigen und wi-
derlichen Gegrinse, das aus Nacktrevuen geiferte, das aus den Zoten sprang,
die man in Buntbühnen hören konnte. Der Witz jener Tage war gekrampft,
der Humor war glitschig, die lustige Laune war Zweideutigkeit. Im neuen
Deutschland kann man wieder lachen!«.
Dem Film »Spaßvögel« (Regie: Fritz Peter Buch, 1938) liegt ziemlich
genau die Geschichte von »Der zerbrochene Krug« zu Grunde. Ein Dorf-
bürgermeister und Schürzenjäger übernimmt hier die Rolle des Kleist'-
schen Richters, eine Wirtin und ihr Mann die von Evchen und ihrem Bräuti-
gam. Auch die Flucht aus dem Fenster kommt darin vor, um einen Gag bereichert, der Laurel & Hardy würdig wäre: der Bürgermeister erhält, am
Mühlrad hängend, eine kräftige Dusche. Nachdem er sich mit einer Bett-
decke abgetrocknet hat, versucht er, wieder in die inzwischen zu kurz gewordenen Kleider zu steigen. Fritz Kampers spielt eine Rolle vom Kaliber
Oliver Hardys. Der Film weist im übrigen viel Ähnlichkeit mit »Wenn wir
alle Engel wären« auf. Die gleiche Art von Außenaufnahmen, die an der
Mosel gedreht wurden, dieselbe Bootsfahrt auf dem Fluß, dieselbe Moral:
man muß seiner Frau treu sein, diesen wachsamen deutschen Ehefrauen,
die ihrerseits nicht im Traum daran denken, ihre Ehemänner zu betrügen!
Barszenen und ständig wiederkehrende Lobpreisungen des Moselweins
(kaum eine Szene, in der nicht Gläser oder Flaschen geschwenkt würden)

geben diesem nicht uninteressanten Streifen seine Dimension. Zehn Jahre früher oder zehn oder noch mehr Jahre später gedreht – sein Publikum würde er immer finden.

DIE GEIERWALLY

Das Meisterwerk des »Heimatfilms« trägt den Titel »Die Geierwally« und wurde 1940 als neue Filmversion eines populären Romanes gedreht, den E. A. Dupont im Jahre 1921 mit Kameramann Karl Freund in Kulissen von Paul Leni und mit Henny Porten, Wilhelm Dieterle und Eugen Klöpfer in den Hauptrollen verfilmt hatte. Ein Bergbauernmädchen hat einen jungen Geier aus seinem Nest geholt, der sein treuer Gefährte geworden ist. Seitdem nennt man sie in der Gegend nur noch »die Geierwally«. Wally liebt Josef, den verschworenen Feind ihres Vaters. Der Vater aber will sie mit Vincent verheiraten. Wütend verprügelt sie der Vater, ein brutaler Haustyrann, und jagt sie aus dem Haus. Wenig später wird er krank. Als Wally zurückkommt, sieht sie, wie Vincent, der sich auf dem Hof eingenistet hat, ihre Mutter prügelt. Sie schlägt ihn nieder. Von ihrem Vater und den Knechten verfolgt, verteidigt sie sich mit brennenden Holzscheiten und setzt so den Hof in Brand. Von nun an lebt sie allein in einer abgeschiedenen Berggegend. Am Tag des »Schützenfests« aber steigt sie ins Dorf hinunter. Als Josef sie zu Beginn des Tanzfestes zum Gespött des Dorfes macht, verflucht sie das Kreuz, das über dem Dorf wacht, und kehrt mit ihrem Geier in den Schnee des Hochgebirges zurück. Doch nun ist sie erst recht entschlossen, Josef zum Mann zu bekommen, koste es, was es wolle.

Dieses Bergdrama hat seine Schwächen. Die in Dialekt gesprochenen Dialoge klingen bisweilen unecht, einige Szenen sind sehr theatralisch, die Darstellung des dörflichen Milieus ist ziemlich albern, und die Handlung zum Teil recht unglaubhaft: als Josef seine kleine Tochter abholt, um sie ins Dorf zu bringen, gleitet das Kind im Schnee genau dort aus, wo Wally einen Selbstmordversuch unternimmt. Josef rettet ihr das Leben… Aber die Leidenschaftlichkeit der Geschichte, ja selbst die Übertreibungen in einzelnen Szenen und die scheue Wildheit der Heldin retten den Film insgesamt.

Die Filmfunktionäre des Reichspropagandaministeriums mußten diesen Film lieben, der »*die patriarchalischen Bräuche dieser Bauern und Jäger*« zeigte, die »*ihren eigenen Ehrenkodex praktizieren und in so hohem Maße die väterliche Autorität respektieren*« (»L'Illustration«, 18. Januar 1941). Der Film endet mit einem symbolischen Bild: der Geier fliegt zurück in die Freiheit. Der Film von Hans Steinhoff wurde mit den Prädikaten »volkstümlich« und »künstlerisch wertvoll« ausgezeichnet. Die Handlung wurde in das Jahr 1840 verlegt. Um größtmögliche Authentizität zu erreichen, wurde der Landeskonservator von Innsbruck engagiert. Jedes Kostüm, jedes Schmuck- und Möbelstück sollte stimmen. Die Dreharbeiten selbst fanden ausschließlich in Tirol, und zwar im Oetztal, statt. Zum Hauptquartier wurde, wie Riess schreibt, »*der winzige Ort Soelden*« bestimmt, »*ziemlich abgeschnitten vom Rest der Welt, ein Ort, der im Winter verlassen ist, der auch bei gutem Wetter nur zwei Stunden Sonnenschein pro Tag bekommt*«. Die Dreharbeiten bereiteten viel Mühe: die Zimmer, in denen gefilmt werden mußte, waren niedrig und eng. Um die Stromversorgung zu sichern, mußte ein Spezialtransformator konstruiert werden; da die Scheinwerfer häufig zu nahe an den Schauspielern standen, bekamen viele von ihnen bald eine Bindehautentzündung, und die Hauptdarstellerin war gezwungen, deswegen fünf Tage in einem verdunkelten Zimmer zu verbringen; oft brachten Wetterumschwünge die Organisation der Arbeiten durcheinander, so daß sich Steinhoff beispielsweise gezwungen sah, im Winter eine Sommerszene zu drehen und deswegen einen Hügel vollkommen vom Schnee räumen zu lassen. Dann wiederum mußte er im April für eine Winterszene Schnee von einem Gletscher per Lastauto anfahren lassen. Insgesamt blieb das ganze Filmteam acht Monate in Soelden. Beim Schnitt des Films war Steinhoff ebenso präzis wie er mit seinen Schauspielern unerbittlich gewesen war: die Szene des Kampfes Wally mit dem Geier, die im Kino knapp zwei Minuten dauert, montierte er aus rund zweihundert Schnitten zusammen.

Als Geierwally spielte Heidemarie Hatheyer, die spätere Hauptdarstellerin von »Ich klage an«, ihre erste große Filmrolle. Die Schauspielerin der Münchner Kammerspiele hatte auf der Bühne unter anderem auch die Rolle gespielt, die dann Kristina Söderbaum in der Verfilmung der »Goldenen Stadt« übernahm. Die anderen Schauspieler stammten zum Teil von Bauernbühnen (beispielsweise der bekannten Tiroler Exl-Bühne). Hinzu genommen wurden Einheimische aus Soelden. Bemerkenswert ist vor allem auch die Kameraarbeit von Richardt Angst. Die effektvollen Wolkenaufnahmen, die neo-expressionistische Photographie der Interieurs (auf der Mauer einer dunklen Hütte sieht man ein Netzwerk merkwürdiger Linien) und der Schwenk auf einen Beerdigungszug sind von bemerkenswerter Schönheit. Steinhoff hat hier seine Meisterschaft bestätigt und ein Genre geadelt, das eigentlich zu keiner Hoffnung mehr berechtigte, wenngleich Sadoul diesen Film in seinem Lexikon als exemplarisch »*für die Mittelmäßigkeit des deutschen Films unter Hitler*« bezeichnete. Jedenfalls hatte der Film auch im Ausland großen Erfolg. Heidemarie Hatheyer wurde mit ihm über Nacht zum Star. Ihr Geier auch: noch Jahre nach dem Krieg zeigte ihn der Besitzer stolz auf Jahrmärkten als »*Den Geier aus der Geierwally*«.

Die Bergfilme

»Die Geierwally« war nicht nur ein Heimatfilm, sondern gehörte auch zum Genre der Bergfilme, das damals ebenfalls noch sehr beliebt war, wenn auch nicht mehr so wie gegen Ende der Stumm- und zu Beginn der Tonfilmzeit. Luis Trenker schrieb, produzierte und spielte 1937 in dem von ihm inszenierten Film »Der Berg ruft«, einer mit Heidemarie Hatheyer gedrehten neuen Version seines früheren Films »Der Kampf ums Matterhorn«. 1938 folgte »Liebesbriefe aus dem Engadin«, *»eine fröhliche, humorvolle und sportliche Geschichte«*. Sie endet *»mit einem Clou, den sich nur ein so virtuoser Skifahrer wie Luis Trenker erlauben konnte. Läßt er sich doch auf Skiern von einem in vollem Tempo fahrenden Zug abschleppen!«* (»Alliance-Magazine«, Juli 1939). Trenker verkörperte auch in diesem Film den *»Typus eines Mannes, mit dem ein auf Kriege bedachtes Regime zuverlässig rechnen konnte«* (Kracauer).

1939 spielte Paul Richter, der Siegfried aus Fritz Langs Film, unter der Regie von Paul Ostermayr in dem Film »Waldrausch«, bei dem es um den Bau einer gigantischen Talsperre ging. Die Musik von Herbert Windt unterstrich noch den monumentalen Charakter des Films, dessen Drehbuch von Ostermayr stammte, der ihn auch produzierte.

Die nazistische Version von John Knittels »Via Mala«, die unter dem Titel »Die Straße des Bösen« herauskam, ist wahrscheinlich der einzige interessante Bergfilm jener Epoche. Thea von Harbou schrieb dazu das Drehbuch, Josef von Baky führte Regie, Carl Hoffmann stand hinter der Kamera. *»Der fast völlig im Studio gedrehte Film ähnelt den gräßlich rohen Dramen, wie sie die Ufa während der Stummfilmzeit produzierte, und erinnert mit seinen bizarren, neoexpressionistischen Dekors, mit den schweren Schatten, den rauhen, drohenden Wassern an ›Nibelungen‹«* (Hull). Der Film wurde 1944 abgedreht, im Februar 1945 für Deutschland verboten, fürs Ausland aber freigegeben. Er kam 1947 in der DDR heraus. In der Bundesrepublik erschien er 1950 in den Kinos. Zwei Rollen des Films waren schon bei einem Bombenangriff vernichtet worden. *»Nach dem Krieg holte Baky seine Schauspieler in die ostdeutschen Defa-Studios und drehte die fehlenden Passagen nach... ›Via Mala‹ ist ein außerordentlich gelungener Film mit einigen der erschreckendsten Szenen, die ich je auf der Leinwand gesehen habe«* (Hull).

Die utopischen Filme

Vor allem während der ersten Jahre des Nazi-Regimes wurden einige wenige utopische Filme gedreht, die sich in der Hauptsache mit der Vorwegnahme künftiger wissenschaftlicher Entdeckungen und Erfindungen beschäftigten.

»Der Tunnel« (1937) von Kurt Bernhardt hatte den Bau eines Tunnels zum Thema, der 4000 Meter unter dem Atlantik Europa mit Amerika verbinden sollte. Die Handlung hatte ihre Höhepunkte in spektakulären Sabotageaktionen. Der Film wurde von Carl Hoffmann ausgezeichnet photographiert. Paul Hartmann, Gustaf Gründgens, Attila Hörbiger, Otto Wernicke und Ferdinand Marian spielten ihre Rollen vorzüglich. (In der französischen Fassung waren Jean Gabin und Madeleine Renaud die Hauptdarsteller). Im gleichen Jahr drehte Harry Piel »Ein Unsichtbarer geht durch die Stadt«. 1934 folgte sein »Der Herr der Welt«, der sich mit der Roboter-Thematik beschäftigte, und »Welt ohne Maske«, in der es, was durchaus aktuell war, um die Erfindung des Fernsehens ging. 1934 wurde vom Team des Films »I.F. 1 antwortet nicht mehr« (1932) der wirklich große Science-Fiction-Film »Gold« gedreht: Karl Hartl führte Regie, Otto Baecker und Günther Rittau waren für die Kamera verantwortlich, Hans Albers spielte die Hauptrolle. *Ein reicher britischer Alchimist ist davon überzeugt, man könne aus unedlen Metallen Gold gewinnen. Dieses Ziel will er mit Hilfe eines an der schottischen Küste unter Wasser installierten riesigen Atomreaktors erreichen. Ein braver deutscher Wissenschaftler arbeitet am gleichen Problem, doch er kommt auf rätselhafte Weise ums Leben, als sein Labor von einer Explosion zerstört wird. Sein Assistent (Hans Albers) wird von dem englischen Wissenschaftler gekidnapt und soll eine neue Versuchsanordnung bauen. Er hat zunächst Erfolg, aber als die Apparatur außer Kontrolle gerät, versucht der Engländer, die unterirdische Anlage mit allen, die in ihr arbeiten, zu vernichten. In letzter Minute gelingt es Albers, die dicht verschlossenen Türen des Labors zu sprengen und mit der Tochter des Engländers (Brigitte Helm) zu entkommen, bevor alles im Meer versinkt*« (Hull). Wie in »Titanic« wird auch hier ein guter Deutscher zum Werkzeug eines skrupellosen Engländers. Großbritannien symbolisierte für die Nazis den Hort des faulenden Kapitalismus, den es unaufhörlich zu attackieren galt.

»Gold« war für die Ufa die Großproduktion des Jahres. An nichts wurde gespart. Die Dreharbeiten zogen sich auf eine Gesamtdauer von fünfzehn Monaten hin. Mit Brigitte Helm, Pierre Blanchar und Roger Karl wurde auch hier eine französische Version hergestellt. Die Ausmaße des eigens für den Film gebauten Laboratoriums waren derart, daß die Alliierten nach dem Krieg zunächst annahmen, die Deutschen hätten tatsächlich schon 1934 einen Atomreaktor besessen, und alle Kopien des Films beschlagnahmen ließen... »Gold« war der letzte in der Zukunft spielende Film des Dritten Reichs.

In der Folge wandte sich die Filmindustrie wieder jener Art phantastischer Filme zu, wie sie in der Stummfilmzeit in Mode gekommen waren: 1935 drehte Arthur Robinson, der Regisseur von »Schatten« (1922), mit Adolf Wohlbrück und Dorothea Wieck eine dritte Version von Hanns Heinz Ewers' Roman »Der Student von Prag«. 1936 bringt Frank Wisbar mit »Fährmann Maria« eine nordische Legende auf die Leinwand: in einer abgelegenen Flußgegend gilt ein Uferstück als verrufen, seit der dort seinen Dienst versehende Fährmann tot aufgefunden wurde. Er hatte kurz zuvor einen mysteriösen Fremden übergesetzt. Niemand will die Nachfolge des

Fährmanns antreten, bis schließlich ein junges heimatloses Mädchen namens Maria (Sybille Schmitz) das Wagnis eingeht. Schon in der ersten Nacht rettet sie einen Verletzten vor seinen Verfolgern, die, wie er behauptet, die »Sendboten des Todes« seien. Am folgenden Abend ruft man sie vom anderen Ufer aus: es ist der mysteriöse Fremde. Bei der Überfahrt wird klar, er sucht nach dem Verletzten, in den Maria sich inzwischen verliebt hat. Da beschließt das Mädchen, sich für den Geliebten zu opfern, und lockt den Fremden in das Moor. Die Liebe triumphiert über den Tod: während das Moor das Mädchen auf wunderbare Weise trägt, wird der Fremde von ihm verschlungen.

Die Geschichte ist, auch wenn sie offensichtlich von Klassikern des Genres beeinflußt wurde, schön. Der wenig gesprächige Fremde erinnert unwillkürlich an die Figur des Todes in »Der müde Tod«. Die Regie ist hervorragend. Es gibt nur wenige Dialoge, und die Kamera hält die Aufmerksamkeit ständig wach. Der Film wurde in einer düsteren Gegend bei Lüneburg gedreht, deren Pappeln, von Franz Weihmayr geschickt ins Bild gebracht, einen idealen Hintergrund für die Todesreiter auf ihren Rassepferden, in ihren langen schwarzen Umhängen und mit ihren bleichen Gesichtern abgeben. »Fährmann Maria« hatte trotz der Prädikate »volkstümlich« und »künstlerisch wertvoll« keinen großen Erfolg. Franz Wisbar, der in die USA emigrierte, drehte dort 1945 eine Neufassung des Stoffs unter dem Titel »Strangler of the Swamp«.

MÜNCHHAUSEN

Anläßlich des 25. Jahrestages der Gründung der Ufa beschloß man, einen Prestige-Film in Agfacolor herzustellen: dies war »Münchhausen« von Josef von Baky. Am 5. März 1943 hatte der Film von Josef von Baky in Berlin Premiere. Das Drehbuch stammte von Erich Kästner, der es unter dem Pseudonym Berthold Bürger geschrieben hatte. Reichsfilmintendant Hippler hatte von Goebbels die Zustimmung für Kästners Mitarbeit erwirkt. (Kästner hatte im Dritten Reich Berufsverbot). Der Schriftsteller verwandte in seinem Drehbuch die markantesten Abenteuer des berühmten Schwadroneurs – einer im übrigen historischen Figur (Karl Friedrich Hieronymus von Münchhausen lebte im 18. Jahrhundert, und seine Lügengeschichten wurden weit über die Grenzen Deutschlands hinaus bekannt).

Freiherr von Münchhausen wird Offizier im Dienste von Katharina II.. Er begegnet Cagliostro, der ihm einen Ring schenkt, dank dessen Kraft man unsichtbar wird und nicht altert. Er verführt die Zarin. Als Regimentskommandeur Katharinas zieht er in den Krieg gegen die Türken, wobei er bei der Belagerung von Ortschakow auf einer Kanonenkugel in die von den Türken verteidigte Zitadelle fliegt. Vor den Sultan gebracht, besticht er diesen mit seinem Witz und durch seinen Einfallsreichtum. Als Sieger einer Wette erhält er die Freiheit wieder und verläßt den Ort zusammen mit der

Prinzessin Isabella d' Este, die als Gefangene im Sultansharem leben mußte. Mit ihr führt er ein fröhliches Leben, aber während eines Karnevals in
Venedig entführt Isabellas Bruder die Prinzessin und sperrt sie in ein Klo-
ster ein. Münchhausen fordert ihn zum Duell und entkleidet ihn in dessen
Verlauf Stück für Stück mit der Spitze seines Degens. Verfolgt von den Hä-
schern des Dogen, rettet sich Münchhausen in einer Montgolfière und
schwebt, begleitet von seinem treuen Diener, hinauf zum Mond. Von dort
schließlich zurückgekehrt, heiratet er im Jahre 1900 ein Mädchen, in das er
sehr verliebt ist, verzichtet von nun an auf das Privileg, nicht mehr zu altern,
und erklärt sich bereit, ein friedliches Leben zu führen.

Als Münchhausen zeigte Hans Albers eine seiner bemerkenswertesten
schauspielerischen Leistungen. An seiner Seite spielten Brigitte Horney
(Katharina II.), Ilse Werner (Isabelle d' Este) und Ferdinand Marian, der
einen erstaunlichen Cagliostro bot.

Die Dreharbeiten waren in jeder Hinsicht spektakulär. »*Fünf Monate
waren allein notwendig, um die Kostüme und die Bauten vorzubereiten. Die
Agfacolor-Labors mußten Sonderschichten einlegen, um das notwendige
Farbfilmmaterial zur Verfügung zu stellen. Weitere zehn Monate dauerten
die Preparationen für die Trickaufnahmen und deren Realisierung ... Aufmerksam studierte man Kordas Film ›Der Dieb von Bagdad‹ und mehrere
Walt-Disney-Filme, die von Goebbels-Agenten aus neutralen Ländern be-
schafft wurden. Nach fast zweijähriger Arbeit war der Film schließlich Anfang 1943 fertiggestellt. Er dauerte zweieinhalb Stunden. Man fand das zu
lang. Die erste Szene, die wegfiel, war eine Szene am Hoftheater zu Beginn des
Films. Davon blieben nur noch starre Einstellungen. Auch an anderen, nicht
eben wichtigen Stellen, wurden Schnitte gemacht. Die endgültige Fassung
dauerte schließlich 130 Minuten. Daneben entstanden noch drei weitere Versionen, von denen zwei für den Export bestimmt waren und sich nur leicht un-
terschieden. Die Fassung für die normale Auswertung scheint um die exzellente Spieluhrszene und eine venezianische Passage im Commedia dell' arte-
Stil gekürzt worden zu sein. Andere Verleiher haben außerdem noch Teile
aus dem Nacktbad im Harem in den Film eingefügt, während die Nacktsze-
nen in prüderen Ländern völlig fehlten. Ich habe schon fünf verschiedene
Fassungen des Films gesehen*« (Hull).

Einige Außenaufnahmen in Venedig waren von Wochenschau-Kamera-
leuten schon während des Karnevals von 1939 gedreht und nun im Film
verwandt worden, indem man sie als Szenenhintergrund projizierte. Mehrere hundert Statisten wurden für die Ballszenen am russischen Hof benötigt, was zu Kriegszeiten zu zusätzlichen Komplikationen führte. »*Man hatte
praktisch alle in Berlin verfügbaren Kerzen requiriert. In Museen und aus
Schlössern lieh man sich die kostbaren Ausstattungsgegenstände zusammen:
da gab es echtes Meißner Porzellan und Bestecke aus Gold und Silber. Die
Lakaien, die hinter den Festgästen standen, waren von der SS abgeordnet,*

weil die Produktion hoffte, man müsse bei ihnen weniger befürchten, daß sie nach Drehschluß Souvenirs mitnehmen würden« (Hull).

Aber das eigentliche Verdienst von »Münchhausen« liegt anderswo. In keiner Phase schadet der Aufwand des Films seinem erfinderischen Schwung. Ständig gibt es neue Gags, neue Einfälle und immer wieder erhalten die Abenteuer in Zeit und Raum eine Note der Pikanterie. Das Gewehr mit der Überreichweite, die eingefrorenen Töne des Posthorns, die später auftauen, der schnellste Läufer der Welt, die verrücktgewordenen Kleider, welche sich auf ihren Herren stürzen, die Fallgruben von St. Petersburg, die Begegnung mit dem alternden Casanova, das plötzliche Verschwinden Cagliostros, das Duell in der Lagune ... man wird nicht fertig damit, die fesselnden Momente aufzuzählen. Und ob es sich nun um den Ritt auf der Kanonenkugel handelt oder um die Ballonflucht aus Venedig – Münchhausen kann die Schwerkraft nichts anhaben.

Der Anfang des Films ist bereits eine Falle für den Zuschauer. Er sieht so aus, als spiele er in einer historisch genau rekonstruierten Umgebung. Plötzlich fallen krasse Fehler auf. Historisches mischt sich mit Dingen aus dem 20. Jahrhundert. Tatsächlich schildert die Szene einen Kostümball, den der unsterbliche Baron eben im 20. Jahrhundert gibt.

Die erstaunlichste Szene spielt auf dem Mond, auf dem Münchhausen und sein treuer Diener notlanden. Auf diesem unmöglichen Planeten ist ein Tag gleich einem irdischen Jahr, und seine Bewohner sind in der Lage, ihren Kopf vom Körper zu lösen. Mit Hilfe hervorragender Trickarbeit (von Konstantin Irmen-Tschet, Kameramann von »Hitlerjunge Quex« und Agfacolor-Spezialist) macht der Film die Illusion perfekt. Momentan erinnern diese Häupter, die aus tropischen Pflanzen hervorwachsen, an die beunruhigenden Phantasmagorien von Odile Redon. Bardèche und Brasillach haben recht, wenn sie in »Münchhausen« den *»authentischsten unter den primitiven* (Filmen)« sehen. Für sie hat er *»dazu alle typischen Eigenschaften. Es sei daran erinnert, daß Méliès 40 Jahre zuvor einen ›Münchhausen‹ drehte, genauso pueril und seiltänzerisch verspielt.«* Er ist einer der wenigen europäischen phantastischen Tonfilme. Und schon allein deswegen sieht man ihm nach, daß er heute ein bißchen verstaubt wirkt.

Mehr als 700 Komödien (davon 210 Musikkomödien), 125 Kriminalfilme (über die kaum mehr zu sagen wäre, als über die westdeutschen Nachkriegsfilme dieser Gattung) und rund 100 Heimatfilme wurden unter den Nazis auf den Kinomarkt geworfen. Es ist bezeichnend, daß 1934, das Jahr, in dem die Nazis ihre Macht konsolidierten, auch zum großen Jahr der Unterhaltungsfilme wurde (131), während 1941 und 1942, als die Kriegsanstrengungen absoluten Vorrang genossen, die Produktion auf 39, beziehungsweise 37 Filme zurückging. Als der Krieg andauert und es notwendig wird, sowohl die Moral an der Front wie in der Heimat zu festigen, sind die Studios fast normal ausgelastet. 73 Filme werden im Jahr 1943 (1938 waren es 88) und 66 im Jahr 1944 abgedreht. Dies war die praktische Folge des Goebbels-Erlasses vom 28. Februar 1942: (Das Produktionsprogramm) *»ist so zu gestalten, daß einige Filme politischen, militärischen oder sonst besonders wertvollen Inhalts hergestellt werden, daß jedoch während des Krieges das Programm sonst überwiegend aus Filmen unterhaltenden Inhalts besteht.«* Von den für 1945 geplanten 72 Filmen waren 64 Unterhaltungsfilme (52 Komödien, 7 Krimis, 3 »Heimatfilme«). Die Regierung maß der Kinounterhaltung inmitten von Ruinen eine solche Bedeutung bei, daß – so unglaublich das auch klingen mag – sieben dieser Filme in Farbe gedreht werden sollten. Schließlich wurden 28 von ihnen nicht fertiggestellt. Einundzwanzig kamen erst nach Kriegsende heraus (8 – davon 2 in Farbe – bei der Defa, 6 bei der Bavaria, 3 bei der Wien-Film). Das »Staatliche Filmarchiv der DDR« besitzt alle unter den Nazis nicht mehr fertiggestellten Filme. Man war aber bis zum Erscheinen dieses Buches nicht bereit, sie zu zeigen. Unter ihnen sticht ein Film heraus: »Unter den Brücken« von Helmut Käutner.

UNTER DEN BRÜCKEN

Tatsächlich war »Unter den Brücken« bereits 1944 fertiggestellt worden, aber die Zensurbehörden bekamen ihn erst im März 1945 zu sehen. Noch zehn Jahre später war dies Käutners Lieblingsfilm. Diese »deutsche Romanze« ist eine Adaption des Romans »Unter den Brücken von Paris« von Leo de Laforgue und spielt in Berlin. Zwei Havel-Schiffer, Hendrik (Carl Raddatz) und Willi, bemerken eines Abends von ihrem Boot aus am Ufer ein Mädchen, das die Nacht in der Stadt verbringen muß, weil es den letzten Zug nach Hause versäumt hat. Das junge Mädchen entschließt sich, sich den beiden Männern auf dem Boot anzuschließen. Anna, so der Name des Mädchens, verdient sich ihren Lebensunterhalt durch den Verkauf von Kartoffelpuffern und steht für einen Maler Modell. Als sie das Boot wieder verläßt, sind Hendrik und Willi in Anna verliebt, doch Hendrik macht schließlich das Rennen. Es ist klar, daß das Berlin des Jahres 1944 mit dieser Flußschiffergeschichte, dieser absichtsvoll zeitlosen Dreiecks-Idylle kaum mehr zu tun hatte, als »Große Freiheit Nr. 7« mit dem zerbombten Hamburg. In dem Film werden Annas kleine Wohnung in einem traurigen Hinterhaus ohne Ausblick gezeigt, einige Winkel im Hafen und ein kleines Café, aber all' dies wohl eher aus Sympathie für die kleinen Leute (welche Sympathie sich ja schon in »Kleider machen Leute«, »Anuschka« und etwas weniger in »Große Freiheit Nr. 7« manifestierte), als aus einer Bemühung um realistische Authentizität heraus. Indes, was der Film bietet, war selten im Nazi-Kino. Das gilt nicht nur für die Charakterisierung von Einzelpersonen (hier Hendrik und Willi), sondern auch für das Wagnis, mitten im allgemeinen Debakel, einen Film auf einem so elementaren menschlichen Verlangen aufzubauen, wie auf dem, eine Frau zu finden und dabei die

Handlung in einem melancholischen Schwebezustand zu halten, ohne übertriebene Illusionen, unter Verzicht auf ein billiges Happy-End und ohne irgendwelche falschen Versprechungen.

Es stimmt zwar, daß Käutner politisch niemals gegen den Faschismus Position bezogen hat, aber hier konfrontiert er in zwei Szenen seine Personen auf unkonventionelle Weise mit dem Regime. Der Maler, für den Anna Modell gestanden hat, ist ein offiziell anerkannter Künstler: man sieht, wie er in seinem Atelier an einem in Auftrag gegebenen Akt arbeitet, der ziemlich scheußlich ist. Dagegen entdecken die beiden Schiffer bei einem Museumsbesuch mit geradezu erfreulichem Entsetzen die vom Dritten Reich protegierte monumentale Kunst. Die Inszenierung ist lyrisch und zärtlich. Sie beweist die Liebe des Regisseurs zur Landschaft, den Berliner Nächten, zu seinen Figuren und deren Beziehungen untereinander. Als maßvoller und sensibler Filmemacher verzichtet Käutner auf die bei der Ufa so beliebten Halbtotalen und zeigt in erster Linie Großaufnahmen. Man versteht, daß das Handbuch »Der deutsche Film 1945« den Film etwas verlegen als »*atmosphärisch*« apostrophiert und von einem Film »*ganz besonderer Art*« spricht.

Doch muß man so weit gehen wie Erwin Leiser, der »Romanze in Moll«, »Große Freiheit Nr. 7« und »Unter den Brücken« als »*Beispiele für die Möglichkeit einer* ›*inneren Emigration*‹ *des deutschen Films sogar während des Krieges*« bezeichnet? (»*Hier behauptet sich das Recht auf ein ungebundenes Leben gegenüber der Forderung nach Disziplin, und die Autonomie der privaten Sphäre hebt den Anspruch der Führerautorität auf völlige Selbstverleugnung des einzelnen in der Gefolgschaft auf*«).

Es ist richtig, daß in Käutners Filmen, sieht man einmal von »Auf Wiedersehen, Franziska!« ab, die meisten faschistischen Klischees, wie sie in einer großen Zahl von Unterhaltungsfilmen zu finden sind (böse Ausländer und gute Deutsche, tapfere junge blonde Frau und böse Schwarzhaarige) nicht vorkommen. Aber auch die Nachkriegszeit hat nicht bewiesen, daß Käutner bewußter und organisierter Gegner des Nationalismus, ein Künstler mit anarchistischen Tendenzen oder ein Linker gewesen ist. Wir weigern uns, in ihm den Widerständler zu sehen, zu dem man ihn machen wollte: unter Goebbels genügte es eben, einigermaßen individuell zu sein, und schon wurde man verboten. Vier von sieben Filmen ereilte dieses Schicksal. »Unter den Brücken« wurde zwar von der Nazi-Zensur freigegeben, hatte seine Premiere jedoch erst nach dem Krieg in Schweden. Als der Film 1950 endlich auch in Deutschland zu sehen war, war er bereits in verschiedenen anderen Ländern vorgeführt worden. Die Bundesrepublik zeigte den Film bei den Filmfestspielen von Cannes, wo er den erwarteten Erfolg hatte. Etwas ist noch erwähnenswert: in einer Nebenrolle spielte Hildegard Knef.

Die Frage, ob der Unterhaltungsfilm im Dritten Reich auf »*irgendeine*

Weise immer die Nazi-Ideologie vertrat« (Wollenberg), oder ob er Gelegenheit zu jener *»inneren Emigration«* bot, von der Leiser spricht, ist sehr schwer endgültig zu entscheiden. Selbst die offiziellen Ansichten widersprechen einander:

. *»Entweder Kunst oder Politik«*, postulierte Hitler in einem Gespräch mit der Schauspielerin Toni van Eyck (zitiert nach Hans Traub »Der Film als politisches Machtmittel«, München 1933).

. *»Auch Unterhaltung kann zuweilen die Aufgabe haben, ein Volk für seinen Lebenskampf auszustatten, ihm die in dem dramatischen Geschehen des Tages notwendige Erbauung, Unterhaltung und Entspannung zu geben«* (Goebbels vor der Reichsfilmkammer, 15. Februar 1941).

Es sei an dieser Stelle festgehalten, daß Goebbels bis zum Schluß den Nazi-Film streng unter seiner Kontrolle hielt, während Hitler, aus guten Gründen, kein Interesse mehr für ihn aufbrachte. Wenn trotz allem selbst den harmlosesten Filmen eine Rolle bei der Verteidigung des Regimes zufallen sollte, dann wird klar, daß es in diesem Zusammenhang überhaupt keine apolitischen Filme geben konnte. Aber untersucht man einmal den Inhalt dieser Filme etwas genauer, dann ist es unmöglich, rundweg zu behaupten, sie enthielten alle – mehr oder weniger versteckt – Argumente aus dem Arsenal der offiziellen Propaganda. Nur zweierlei war offensichtlich:

. mit seiner konstanten Negierung jeglichen Realismus' wollte der Nazi-Film das Publikum einlullen und seine Aufmerksamkeit von den alltäglichen Geschehnissen ablenken;

. mit seiner permanenten Verherrlichung deutscher Tugenden und dem Fehlen jedweder negativer Kriterien jeglicher Kritik überhaupt, institutionalisierte das Nazi-Kino – wie der stalinistische Totalitarismus – Film um Film eine monolithische Moral, wie sie sich Rosenberg wünschte, für den das Kino in der Vor-Nazi-Zeit *»nur drei Heldentypen«* kannte, nämlich: *»die Dirne, den Zuhälter, den Verbrecher.«*

Die Dokumentarfilme

Es hat keinen Sinn, sich im einzelnen mit der Unzahl von mehr oder weniger ernst zu nehmenden Dokumentarfilmen auseinanderzusetzen, die nach 1933 in Deutschland entstanden – ob es sich nun um Arbeiten wie »Die Wollherstellung«, »Die letzten Pelikane Europas« oder um die »Krebsfischerei« handelt. Die Filme wurden gelobt, bewundert und selbst noch nach dem Krieg, mehr als ihnen zukommt, beweihräuchert. In der Regel waren sie eher für Spezialisten, für Industriefachleute, Ornithologen oder Biologen interessant als für Filminteressierte. Sie wiesen kaum Originalität auf. Bemühungen um optische oder tonliche Lösungen sind in ihnen, ganz abgesehen von Humor, nicht zu entdecken. Selten nur interessierten sich außerdem Filmemacher von Format für diese Sparte. Als Ausnahme könnte man Walter Ruttmann nennen, der einen Aufklärungsfilm über die Syphilis unter dem Titel »Der Feind im Blut« drehte.

Die politischen Kurzfilme

Neben einer Masse von wissenschaftlichen und pseudo-wissenschaftlichen Filmen wurden im Dritten Reich auch viele politische Kurzfilme gedreht. Allein 1935 waren es 141, die Filme der regionalen Parteiorganisationen nicht mitgerechnet. Von diesen 141 Filmen wurden 17 000 Kopien gezogen! Einige typische Beispiele für deren Inhalte:
. Hitler: »Unser Führer«, hergestellt von den Gaufilmstellen Berlin und der Provinz Mark Brandenburg. Ein Film, der vor den Wahlen des 19. August 1934 in normalen Kinovorstellungen gezeigt wurde und die wichtigsten Stationen aus Hitlers Leben und der »deutschen Wiedergeburt« schildert: »*Der Tag von Potsdam, der 1. Mai als Feiertag der nationalen Arbeit, die Ansprache des Führers an seine deutsche Jugend auf dem Reichsparteitag in Nürnberg, sein Appell an die Turnerschaft in Stuttgart, der erste Spatenstich zum Bau der Autobahnen, die Eröffnung der Arbeitsschlacht 1934 mit dem historisch gewordenen Ausspruch ›Fanget an!‹ und endlich die erhebende Trauerfeier des deutschen Volkes am Mahnmal von Tannenberg – sie sind Etappen der Geschichte des neuen Deutschlands ... In Tausenden von Vorführungen in der Reichshauptstadt und in 66 Städten der Kurmark wird nunmehr der Film ›Unser Führer‹ die Werke des Führers und Reichskanzlers Adolf Hitler zeigen und deutsche Parteigenossen erinnern an den Dank, den sie dem Führer schulden. Fünf Tonkofferapparaturen werden hinausgehen mit diesem Film, um in öffentlichen Versammlungen die Mahnung zum Bekenntnis wirksam zu unterstreichen*« (»Filmkurier« vom 13. August 1934).

Fünf Jahre später widmete die Ufa-Wochenschau dem Führer den Montage-Film »Hitlers 50. Geburtstag«. Zwölf Kameraleute filmten die Feierlichkeiten des 20. April auf 9000 Meter Filmmaterial. Das Endprodukt erhielt die Prädikate »politisch und künstlerisch wertvoll« und »volkstümlich«;

. die nationale Verteidigung: »Giftgas« handelte von der Aufrüstung in verschiedenen Ländern und der Notwendigkeit einer funktionierenden Luftabwehr. – »Grenzland im Süden« stellte das Allgäu als einen Vorposten in einem möglichen Kampf ums Vaterland vor, und »Unsere Hunderttausend« schilderte die Reichswehr als Gegengewicht zu den Rüstungsanstrengungen in den Ländern rings um Deutschland ...

. die Landwirtschaft: »Die deutsche Landwirtschaft« handelte davon, wie schädlich sich die Bestimmungen des Versailler Vertrags auf die deutsche Landwirtsrhaft auswirkten; »Mädel im Landjahr« berichtete, ebenso wie Carl Froelichs »Ich für dich – du für mich« (1934), vom Arbeitsdienst der Mädchen, dem sogenannten »Landjahr«. Dieser Stummfilm bestand aus zwei Teilen. Vom ersten Teil bleibt einem eine Szene im Gedächtnis, in der Besen an die Mädchen verteilt werden, als seien es Gewehre. Die Mädchen müssen alles selbst machen: Korn mahlen, Linnen weben. Hinzu kommen Informationsstunden: auf einer Landkarte werden ihnen durch die Instrukteure die deutschen Minoritäten im Ausland vor Augen geführt (beispielsweise in der Tschechoslowakei). Dies alles endet mit einer Führer-Phrase, wonach über allem die Nation stehe.

. Rassentheorien, deren Bedeutung in einem Erlaß der »Reichsstelle für Unterrichtsfilm« vom 26. Juni 1934 besonders hervorgehoben wurde, fanden in den Filmen des »Rassenpolitischen Amtes« ihren Niederschlag. Unter anderem in: »Sünden der Väter« (über die »Sünde« die es bedeutete, Kinder zu zeugen, bei denen die Wahrscheinlichkeit bestand, mit einer Erbkrankheit behaftet zu sein); »Abseits vom Wege« (in diesem Film wurden normale, in gesunder Umgebung aufgewachsene Kinder milieugeschädigten Kindern gegenübergestellt); und »Erbkrank«.

Von 1935 an wurden kurze und mittellange Propagandafilme für die Jugendlichen von spezialisierten Teams in besonderen Abteilungen bei den großen Produktionsfirmen (»Bavaria H.J.«) und von der Hitlerjugend selbst hergestellt. Bisweilen handelte es sich um Stummfilme im Schmalfilmformat (»Freude, Erholung, Gesundheit«). Der meistgelobte unter diesen Propagandafilmen war der mittellange Tonfilm »Der Marsch zum Führer« (1939), der die Prädikate »staatspolitisch und künstlerisch wertvoll«, »volksbildend« und »jugendwert« erhielt. *Jedes Jahr trägt die Jugend Deutschlands ihre Fahnen in einem Sternmarsch zum Parteitag nach Nürnberg, zum Führer. Aus allen Teilen des Reichs kommen sie, marschieren sie und haben neben dem Erlebnis des Marsches auch Entspannung und kameradschaftliche Begegnungen« (»Jugend und Film«). Der Film benutzte Wochenschauaufnahmen, präsentierte eine der üblichen Hitler-Ansprachen und endete mit einem nicht weniger obligaten Besuch in der Festung Landsberg, wo Hitler in den Jahren 1923/24 eingesessen hatte. Einige der typischen Titel solcher Propagandafilme lauteten »Glaube und Schönheit«, »Kriegseinsatz der Jugend« und »Soldaten von morgen«.

Neben diesen eindeutigen Propagandafilmen ließ Goebbels auch Filme drehen, deren Absichten obskurer waren. Einige von ihnen wurden erst 1945 in den Reichsarchiven entdeckt. So filmten Kameraleute in SS-Uniform das Massaker im Ghetto von Warschau (einige dieser Aufnahmen finden sich in den Montagefilmen »Mein Kampf« von Leiser und »Du und andere Genossen« von Annelie und Andrew Thorndike, DDR) und Massenhinrichtungen in den Konzentrationslagern. Auf den Befehl von Hinkel wurde auch der Prozeß gegen die Verantwortlichen des 20. Juli 1944 und deren Erhängung auf Film festgehalten. »*Der letztgenannte Film zeigte ... den zwanzig Minuten langen Todeskampf der Opfer, die sich an großen Fleischerhaken wie Würmer krümmten*« (»Knaurs Buch vom Film«, 1956). Allein der reine Prozeßverlauf ergab schon 67 Filmrollen. Der unter dem Titel »Verräter vor dem Volksgericht« montierte Film wurde ausschließlich vor Gauleitern gezeigt.

Abendfüllende Forschungs- und Reisefilme

Neben den bereits erwähnten wichtigsten Langfilmen aus dem Dokumentarbereich wie »Blutendes Deutschland«, »Triumph des Willens«, »Ewiger Wald«, »Der ewige Jude« oder »Sieg im Westen« existieren rund dreißig weitere Dokumentarfilme, bei denen es sich zumeist um Forschungs- und Reisefilme handelt, ein Genre, das schon während der Stummfilmzeit sehr beliebt war. Nur ein geringer Teil davon hat einen offen zu Tage liegenden politischen Gehalt, und wenn, dann verherrlicht er zumeist den Kolonialismus und die afrikanischen Gebiete, die Deutschland durch den Versailler Vertrag »gestohlen« worden waren. »Die Wildnis stirbt« (1936, Co-Regie: Arnold Fanck) darin wird die Entwicklung Afrikas ab 1900 geschildert; »Unser Kamerun« (1937) und »Deutsches Land in Afrika« (1939) gehören zu dieser Kategorie. Die weitaus größere Zahl der Filme jedoch stellt nichts anderes dar als verfilmte Tagebücher von Reisen im Himalaya, in Grönland, am Amazonas oder in Indonesien. Zwei Beispiele sollen hier genügen:

»Sehnsucht nach Afrika«, 1939 von Georg Zoch verfilmt, der auch das Drehbuch verfaßte: eine Gruppe von Jungen besucht das Tiergehege des schwedischen Forschers Bengt Berg. Dieser zeigt ihnen einen Dokumentarfilm über die Zugvögel, deren Weg bis ins Niltal verfolgt wird. Die Afrika-Aufnahmen von Berg machen Dreiviertel des Films aus. Daneben gibt es noch Aufnahmen von Nilpferden, Elefanten, die vor einem Waldbrand fliehen, und beeindruckende Aufnahmen von Krokodilen.

»Geheimnis Tibet«, ein »*Dokumentarfilm der Expedition Schäfer 1938/39*« wurde 1942 fertiggestellt. Dieser Film ist seriöser, schwieriger auch und nicht ohne bösartige Absichten:

. ein perfider Kommentar erinnert daran, daß Tibet zwischen den mächtigen Ländern im Norden und den englischen Eindringlingen im Süden eingeschlossen liegt. Für die Erlaubnis zur Expedition waren lange Verhandlungen nötig;

. die Abgesandten einer überlegenen Rasse besuchen hier eine ethnische Kuriosität, so wie die Berliner in den Zoo gehen, um sich Affen anzuschauen. Ein Arzt, zugleich Anthropologe und Phrenologe, macht an Gesicht und Körper einer Eingeborenen Messungen und nimmt eine Gesichtsmaske ab. (Zur gleichen Zeit unternahmen andere »Wissenschaftler« ähnliche »Studien« in den medizinischen Stationen der größeren Konzentrationslager). Den ganzen Film hindurch wird auf das Elend einer Bevölkerung hingewiesen, deren ganze Existenz dem Gebet gewidmet ist. Großen Raum nimmt auch der Empfang ein, der den Menschen des Okzidents bereitet wird, jenen neuen Göttern, denen man wie Göttern huldigt: eine lange Schlange von Eingeborenen bringt der Expedition Geschenke. In der Tat, so betont Dr. Schäfer, »*sind wir die ersten Deutschen, die hier empfangen werden.*« Der Waffenkult vereint Eingeborene und Besucher: am Fuß des Dalai-Lama-Palastes paradiert eine 10 000 Mann starke Truppe und feuert ihre Waffen beim Klang einer Fanfare ab. Selbstverständlich wird das Hakenkreuz (ein traditionelles Ornament in tibetanischen Teppichen) als das »Symbol des ewigen Glücks« in brüderlicher Gemeinsamkeit gegrüßt;

. die reinen Bergaufnahmen dieses Films (Gegenlicht an einem Seeufer, Reiter, die in der Dämmerung aus den Sümpfen kommen, Bergbäche) vermitteln eine geradezu wagnerische Atmosphäre, einen mystischen Respekt vor der Allgewalt der Natur und dem dunklen Walten der Mächte, die über uns herrschen (Berge werden wie Götter verehrt). Die traditionelle Eingeweideschau erinnert an frühe germanische Bräuche, und ein entsprechender Kommentar macht all' dies noch bedeutungsschwerer. Eindrucksvoll sind die Aufnahmen von den Beisetzungsriten: Eingeborene zerteilen drei Leichen und zerstoßen die Knochen mit Steinen zu Staub. Der Priester gibt mit einem Stock ein Zeichen, auf das hin Hunderte von Geiern auf die blutigen Überreste herniederstoßen.

»Geheimnis Tibet« gehört zu den zahlreichen Montage-Filmen, die im Auftrage Himmlers von der Organisation »Ahnenerbe« hergestellt wurden. Er erhielt die Prädikate »staatspolitisch und kulturell wertvoll«, »jugendwert«, »volksbildend« und wurde als »Lehrfilm« eingestuft.

Der Film »Das Stahltier« (1935), geschrieben, produziert, photographiert und inszeniert von Willy Zielke für die Deutsche Reichsbahn aus Anlaß des 100. Jahrestages der ersten deutschen Eisenbahnlinie, fällt in dieser Reihe aus dem Rahmen. Von Henri Langlois bis Jacques Ledoux sind sich alle darüber einig, daß dieser Film Qualitäten hat, was noch dadurch bestätigt wird, daß er sofort verboten und niemals öffentlich gezeigt wurde. Er zeigt einen jungen Ingenieur, der versucht, mit Eisenbahnern in Kontakt zu kommen, was nicht ohne Schwierigkeiten abgeht. Endlich ernst genommen, erzählt er ihnen in den Arbeitspausen Episoden aus der Geschichte der Eisenbahn: vom Aufruhr der Bauern von Caston Hill, vom tragischen Schicksal der Erfinder James Watt und François Cugnot, von der Entstehung der ersten Lokomotive, von Stevenson und schließlich von der Einweihung der ersten deutschen Eisenbahnlinie zwischen Nürnberg und Fürth. Sowohl was die Kameraeinstellungen als auch was den Stil der Photographie, des Schnitts und die Verwendung von Geräuschen und Musik betrifft, war der Film sehr sorgfältig gemacht. Impressionistische Elemente dominierten. Wahrscheinlich fand die Zensur den Film zu formal und zu wenig nationalsozialistisch.

»Symphonie einer Weltstadt« (1943) von Leo de Laforgue erlitt das gleiche Schicksal wie »Das Stahltier«. Der Film mit dem Untertitel »Berlin, wie es war«, zeigte in Aufnahmen aus den Jahren 1938 und 1939 das Leben einer Hauptstadt vom Morgengrauen bis zur Dämmerung. Der Regisseur unternahm nicht, wie Walter Ruttmann in seinem 1927 gedrehten Film »Berlin, Symphonie einer Großstadt«, visuelle Experimente, sondern versuchte, möglichst realistisch zu sein, was überhaupt nicht dem im Dritten Reich üblichen Filmstil entsprach. Da die Stadt bei Fertigstellung des Films zudem schon zur Hälfte zerbombt war, konnte er nicht gezeigt werden. Erst 1950 kam er, versehen mit einem gegen die DDR gerichteten Kommentar, in die Kinos.

Zusammenfassung

Das war das Ende: Tausende von Filmrollen wurden in aller Hast versteckt und Witterungseinflüssen sowie anderen Einwirkungen ausgesetzt. Die Studios standen leer, wenn sie nicht zerstört worden waren. Schauspieler und Regisseure versuchten unterzutauchen, zwölf Jahre der Illusionen, Filmkilometer voller Träume, letzte pathetische Aufrufe zur Einigkeit, zum Widerstand und zum Kampf bis zum Endsieg zurücklassend.

1945 existierte der deutsche Film nicht mehr. Noch Jahre danach sollte seine Renaissance überschattet sein von der Erinnerung an Blut und Tränen.

Dennoch ist es kein moribundes Kino, das da mit Kriegsende stirbt, es ist auch nicht der auf irgendeine Weise lebendig gebliebene Geist der großen Stummfilmzeit, der da sein Leben aushaucht. Die Filme unter Goebbels sind keine mißratenen Nachkommen der Filme der Weimarer Republik. Ob man will oder nicht: mehr als zehn Jahre hat das Kino *mit* und nicht eben schlecht *vom* Nationalsozialismus gelebt, hat von dessen Glanz profitiert und viel von dessen Haß übernommen.

»*Es kann nicht bestritten werden*« – verkündete Goebbels am 12. Oktober 1941 in einer Rede zur Eröffnung der Filmarbeit der Hitlerjugend – »*daß die Künste im weitesten Sinne dann ihre höchsten Blütezeiten erlebten, wenn sie sich der Protektion und der Förderung der öffentlichen Führungsinstanzen erfreuten ... Wir wollen mit unseren Filmen keine Propaganda betreiben, wir wollen mit ihnen Kunst schaffen, und zwar Kunst, die ihrem höchsten Sinne nach volkserzieherisch wirkt.*«

Erreichte er sein ursprüngliches Ziel, nämlich Filme herstellen zu lassen, die in ihrer politischen Effektivität und künstlerischen Perfektion den sowjetischen Klassikern ebenbürtig waren? In einem Land, das gerade erst die Wirtschaftskrise hinter sich gebracht hatte und sich nun anschickte, seine Nachbarn zu bedrängen, erwarteten die Bürger, für die die Schande von Weimar mit den Reichsparteitagen von Nürnberg getilgt war, gar keine Kunst im Stile von Eisenstein, Dowjenko oder Pudowkin, deren Arbeiten hinwiederum auf ein Publikum ohne Vergangenheit und Reue trafen, das dazuhin nichts zu essen hatte. Der Nazifilm, der sich nicht an eine Zuschauerschaft wenden mußte, die ausgehungert war, konnte sich nach den Gesetzen des Marktes richten. Daraus erklärt sich das Überleben traditioneller Themen wie: »Heimatfilme«, Wiener Operette, Abenteuerfilme und Biographien ...

War dieses Kino, das man so großzügig unterstützte, tatsächlich in der Lage, auf lange Sicht seine Zuschauerschaft zu befriedigen? Zutiefst deutsch in Geist und Stil, hätte es sich früher oder später wandeln müssen, um ein ausländisches Publikum zu fesseln. Der Film des Dritten Reiches moralisierte zuviel. Er hatte nicht die Spritzigkeit der Hollywood-Filme und auch nicht das kosmopolitische Flair des Berlins vor 1933. Dabei fehlt es ihm nicht an den nötigen Mitteln, an Schauspielern oder fähigen Regisseuren. Zwar waren die Juden aus den Studios vertrieben worden, aber die Dreh-Teams waren seit den Stummfilmtagen nahezu dieselben geblieben. Das erklärt auch die gleichbleibende technische Qualität der Filme zwischen 1933 und 1945, was sich an der Art der Bauten, der Kameraführung und der Schauspielerregie zeigte.

Unter den Regisseuren findet man eine Reihe von Persönlichkeiten, die, wenn schon nicht genial – aber hätte ein Genie überhaupt unter dem bestehenden Zwang arbeiten können? – so doch solide Handwerker waren. Hans Steinhoff, Karl Ritter und – mit einem gewissen Abstand – Veit Harlan, Gustav Ucicky und Wolfgang Liebeneiner hätten wahrscheilich, wie etwa später Detlef Sierck, auch in amerikanischen Studios arbeiten können. Zarah Leander als eine Schauspielerin, die den Platz von Marlene Dietrich einnahm, Ilse Werner, Hilde Krahl, Heidemarie Hatheyer, Camilla Horn und andere bewiesen eine feminine Leichtigkeit, eine zauberhafte Präsenz, die Teutonisch-Schwerblütiges vergessen ließ. Das Talent von Schauspielern wie Emil Jannings, Heinrich George, Hans Albers und Werner Krauß leuchtete auch unter dem Nazi-Regime. Goebbels hat nicht etwa dadurch, daß er den deutschen Film zum bevorzugten Instrument seiner Propaganda machte, diesen jeglichen Lebens beraubt; und es wäre übertrieben, in den zwölf Jahren kontinuierlicher Filmarbeit nur einen Mißerfolg zu sehen.

Nach 1945 wurde der deutsche Film aus dem Verkehr gezogen, wie ein gefährliches Gift. Vielleicht handelte die alliierte Militärkommission zu überstürzt, als sie alles verbot, was ihr verdächtig erschien, gefährliche Leidenschaften und Ambitionen aufs neue zu wecken. Dreißig Jahre später scheint das Risiko einer Wiederentdeckung minimal zu sein. Das Bild einer gesunden und heldenmütigen Jugend, einer Bourgeoisie, die Ruhe bewahrt und sich politisch wie moralisch konformistisch verhält, wird verdüstert von Gewalttätigkeit, Sadismus und Tod, die der Faschismus über die Menschen brachte. Dieses faszinierende Schauspiel des Bösen hatte jedoch nichts mit dem Kino unter Hitler zu tun. Die deutschen Filme spiegelten Ruhe und Hoffnung wider, um die Marschtritte vergessen zu machen.

Anhang

Teilansicht der Studios von Berlin-Neubabelsberg

Kulissenstadt von Neubabelsberg

Hitlerjunge Quex

Ein Film vom Opfergeist der deutschen Jugend

Protektorat: Reichsjugendführer Baldur von Schirach
Drehbuch: K. A. Schenzinger und B. E. Lüthge
Darsteller: **Heinrich George** · **Hermann Speelmans**
Claus Clausen · Rotraut Richter · Berta Drews · Karl Meixner
Herstellungsgruppe: Karl Ritter · Spielleitung: Hans Steinhoff

Trieb

AB FREITAG, den **15.** SEPTEMBER
Täglich
4.00 6.15 8.45
UHR

Ufa-Palast „Astoria"

WINDMÜHLENSTRASSE 31 . FERNRUF 70201

Jugendliche zahlen bis 4 Uhr halbe Preise!

Kartenvorverkauf: 11—1 und ab 3.30 Uhr Tageskasse
Ferner Meßamt, Th. Althoff, Electrola G. m. b. H.

Kupfertiefdruck August Scherl G. m. b. H., Berlin SW

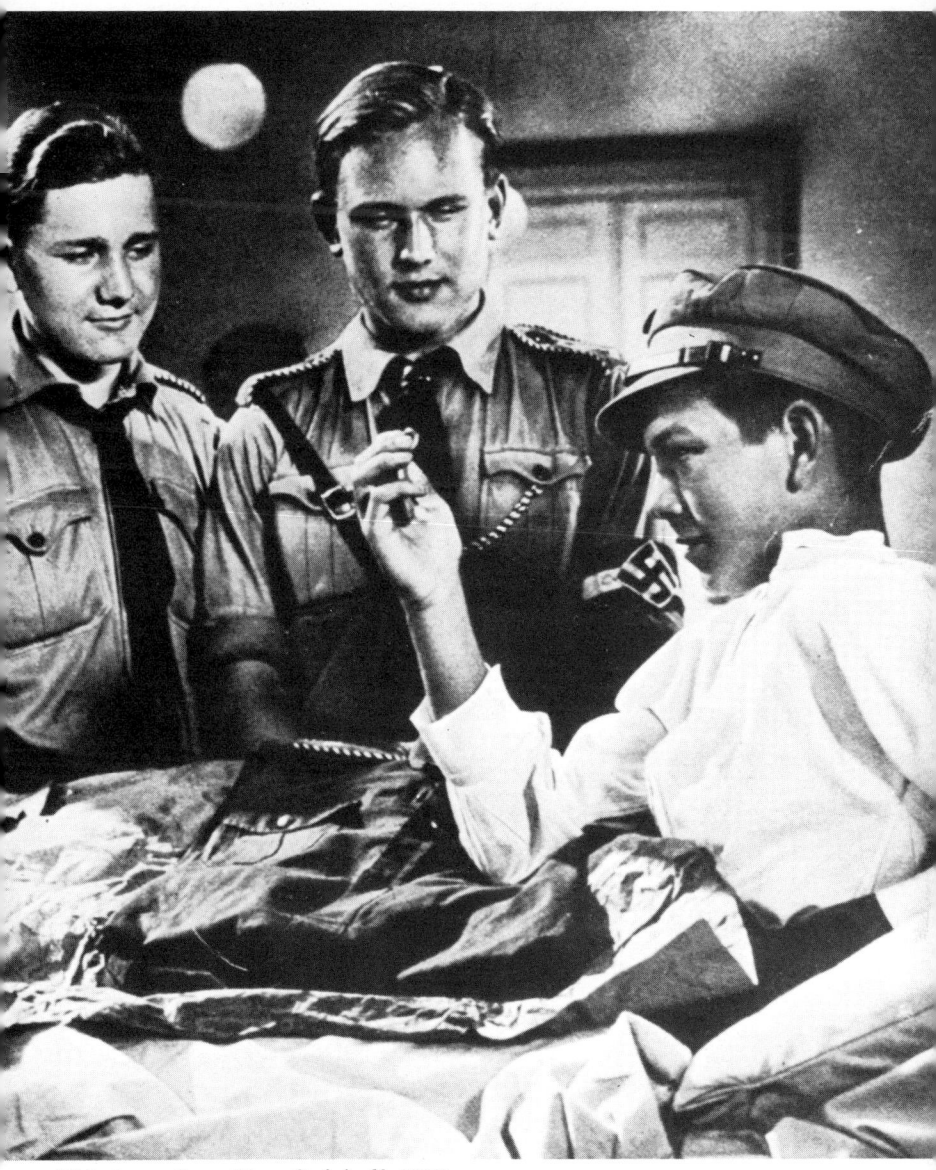

Hitlerjunge Quex (Hans Steinhoff, 1933)

Hans Westmar (Franz Wenzler, 1933)

Hitler und Himmler in *Triumph des Willens*

Olympia von Leni Riefenstahl (1936)

Leni Riefenstahl bei den Dreharbeiten zu *Olympia* (L. Riefenstahl, 1938)

Der alte und der junge König (Hans Steinhoff, 1935)

Werner Hinz (links) und Emil Jannings in *Der alte und der junge König*
(Hans Steinhoff, 1935)

Der alte und der junge König (Hans Steinhoff, 1935)

Otto Gebühr (Friedrich II.) und Paul Wegener
in *Der große König* (Veit Harlan, 1942)

Zarah Leander in *Das Herz der Königin* (Carl Froelich, 1940)

Rechts oben: Zarah Leander und Will Quadflieg in *Das Herz der Königin*
(Carl Froelich, 1940)
Rechts unten: Der Regisseur Carl Froelich

Bismarck (Wolfgang Liebeneiner, 1940)

Paul Hartmann in *Bismarck* (Wolfgang Liebeneiner, 1940)

Rechts: *Bismarck* (Wolfgang Liebeneiner, 1940)

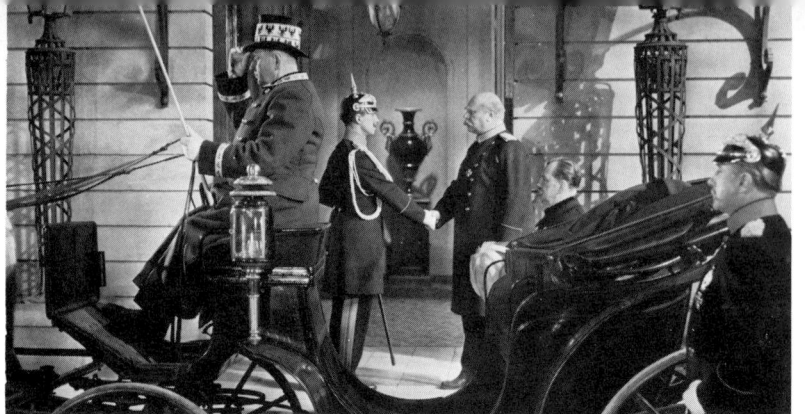

Emil Jannings in *Robert Koch* (Hans Steinhoff, 1939)

Links oben: Werner Hinz und Emil Jannings (Bismarck) in *Die Entlassung* (Wolfgang Liebeneiner, 1942)
Links unten: Werner Krauß in *Robert Koch* (Hans Steinhoff, 1939)

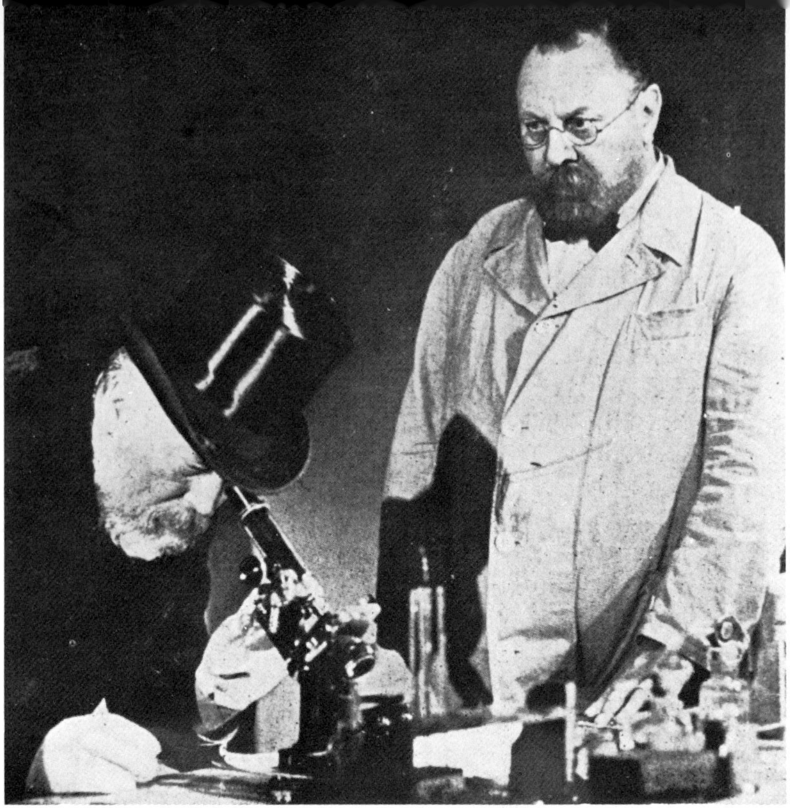

Werner Krauß und Emil Jannings in *Robert Koch* (Hans Steinhoff, 1939)

Robert Koch (Hans Steinhoff, 1939)

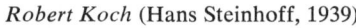

Willy Birgel (Mitte) in *Diesel*

Hans Albers in *Carl Peters* (Herbert Selpin, 1941)

Rechts: *Friedrich Schiller* (Herbert Maisch, 1940)

Henny Porten (links) und Käthe Dorsch in *Komödianten* (G. W. Pabst, 1941)

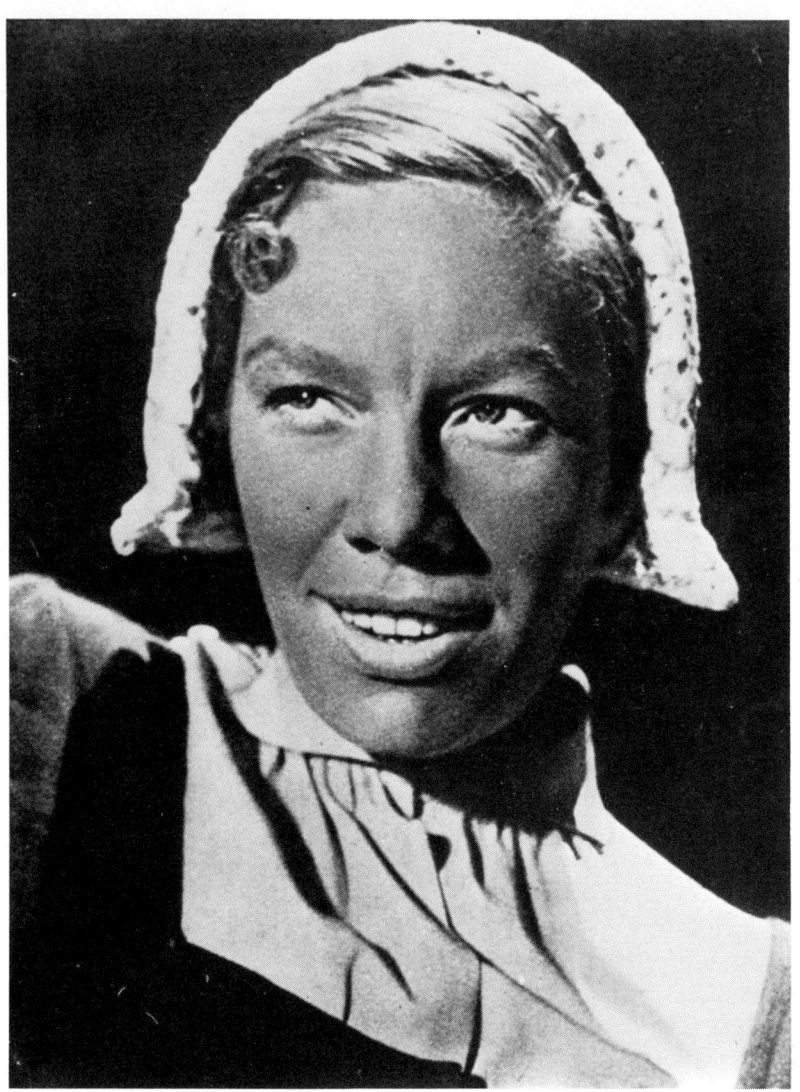

Elisabeth Flickenschildt in *Rembrandt* (Hans Steinhoff, 1941)

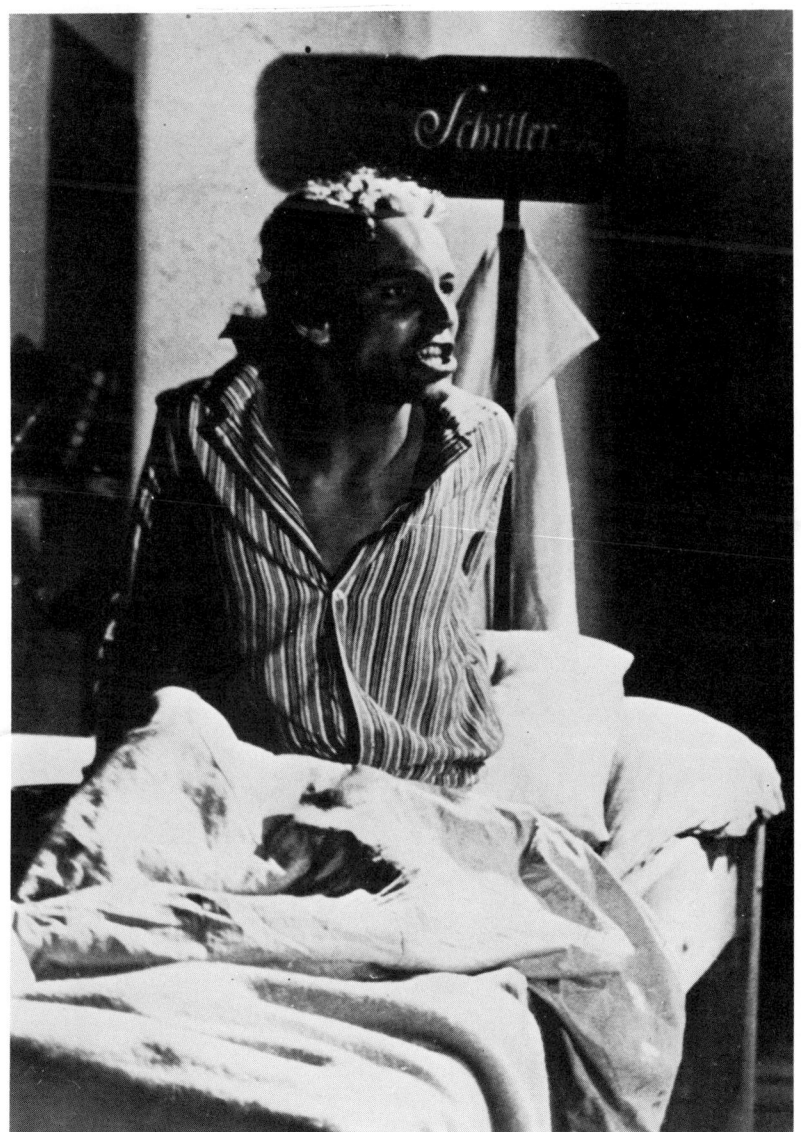

Horst Caspar in *Friedrich Schiller* (Herbert Maisch, 1940)

Heinrich George (vorn) in *Andreas Schlüter* (Herbert Maisch, 1942)

Rechts oben: *Andreas Schlüter* (Herbert Maisch, 1942)
Rechts unten: Eugen Klöpfer (links) und Wolfgang Liebeneiner
(rechts am Spinett) als Johann Sebastian und Philipp Emanuel Bach in
Friedemann Bach (Traugott Müller, 1941)

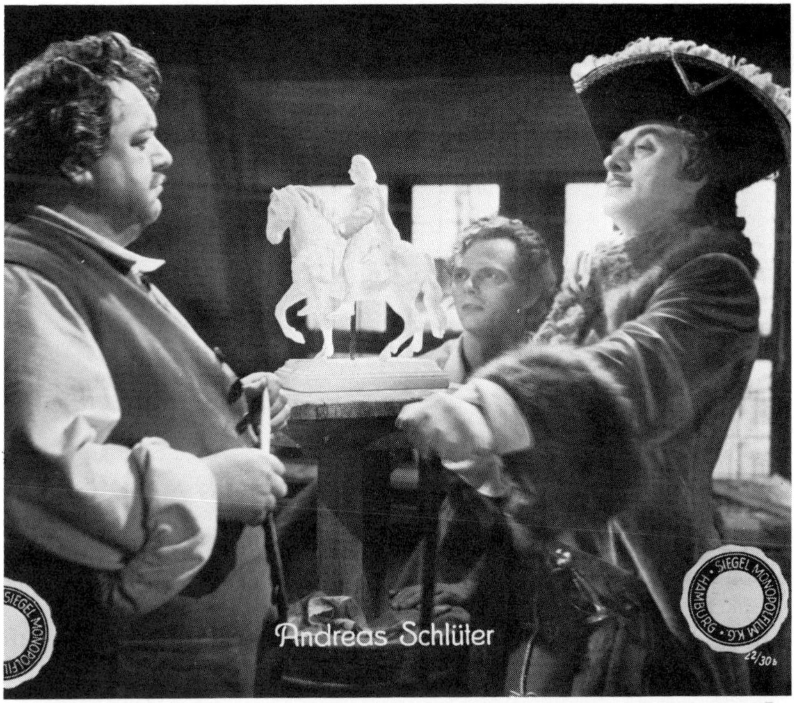
Andreas Schlüter
SIEGEL MONOPOLFILM K.G. HAMBURG
22/30b

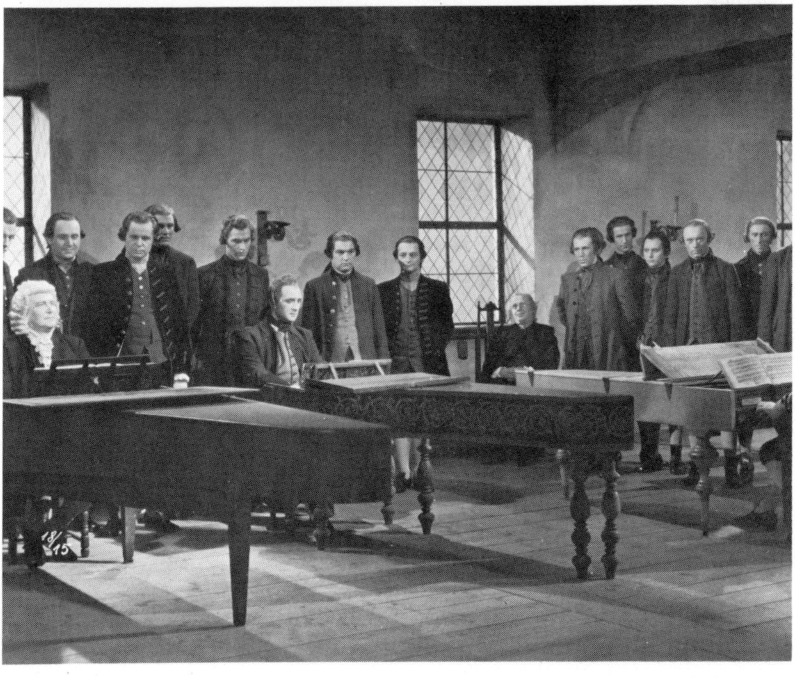
18/15

Der Regisseur Karl Hartl

Mozart (Karl Hartl, 1942)

Ferdinand Marian (links) und Emil Jannings in *Ohm Krüger*
(Hans Steinhoff unter Mitarbeit von Herbert Maisch und Karl Anton, 1941)

Gustaf Gründgens in *Ohm Krüger* (Hans Steinhoff unter Mitarbeit von Herbert Maisch und Karl Anton, 1941)

Rechts: *Ohm Krüger* (Hans Steinhoff, 1941)

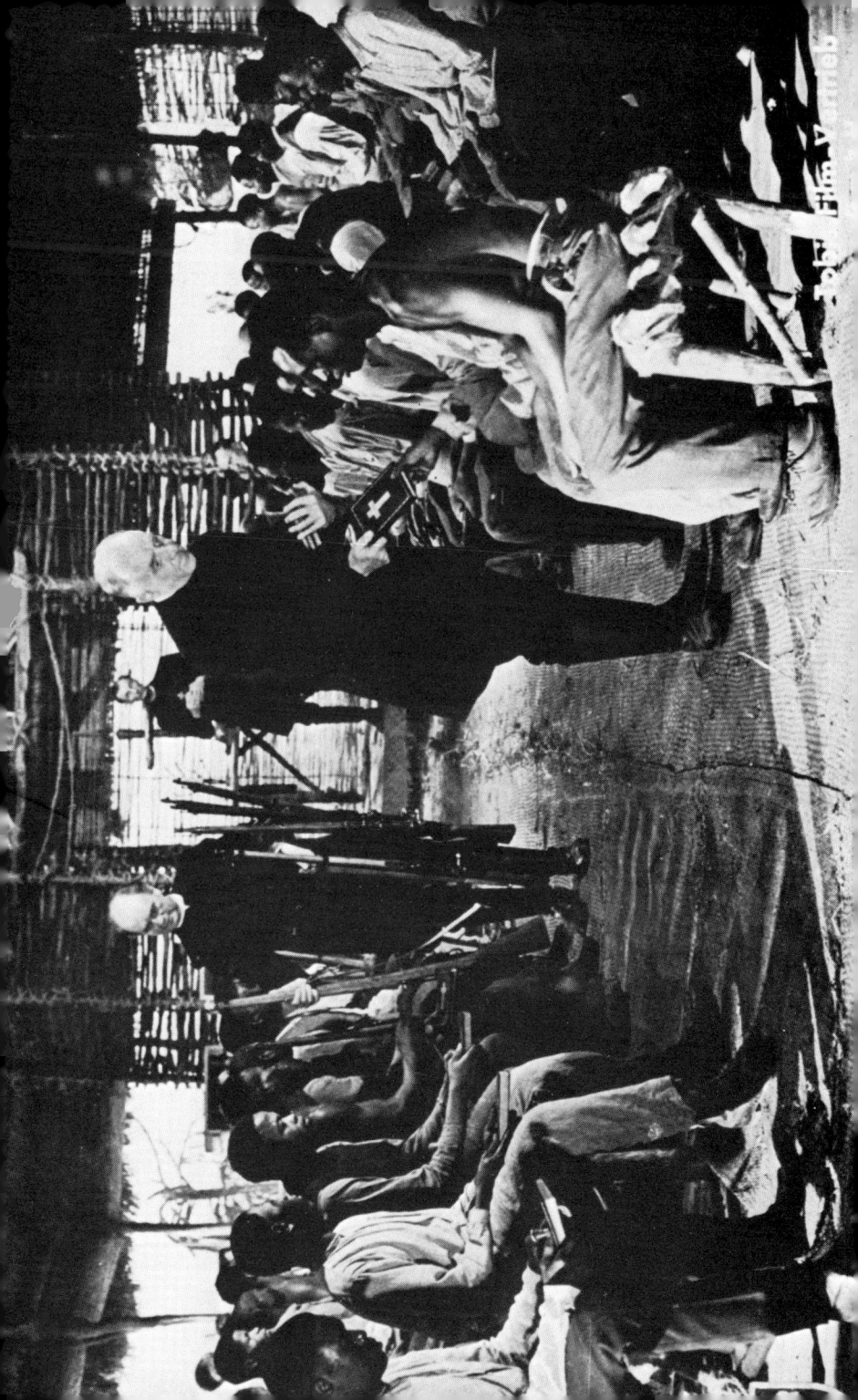

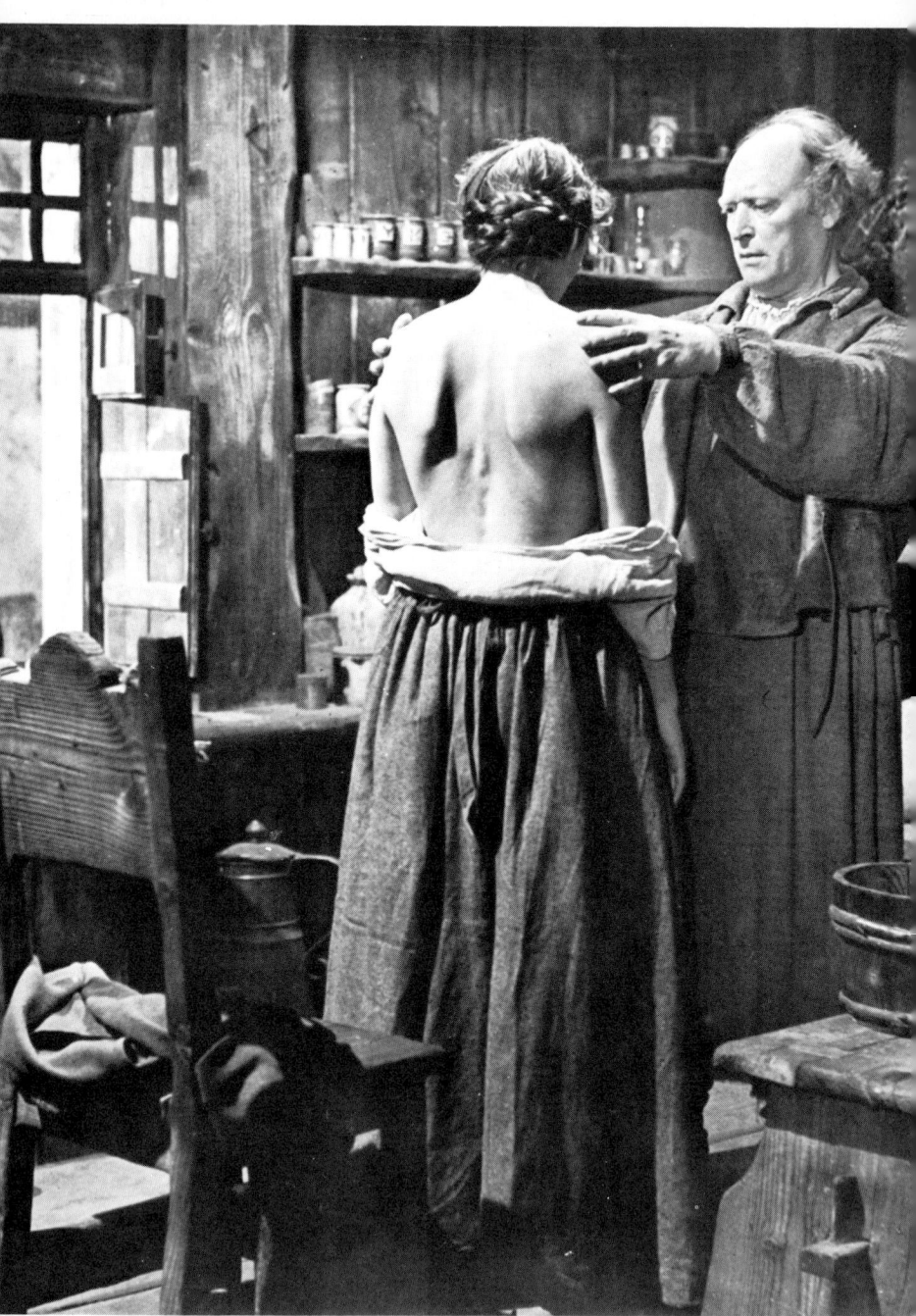

Werner Krauß in *Paracelsus* (G. W. Pabst, 1943)

Kristina Söderbaum und Paul Wegener in *Das unsterbliche Herz*
(Veit Harlan, 1939)

Das unsterbliche Herz (Veit Harlan, 1939)

Viktor Staal in *Ritt in die Freiheit* (Karl Hartl, 1937)

Stoßtrupp 1917 (Zöberlein und Schmid-Wildy, 1934)

Urlaub auf Ehrenwort (Karl Ritter, 1937)

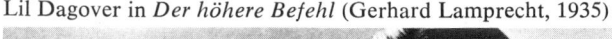

Carl Raddatz (rechts) in *Urlaub auf Ehrenwort* (Karl Ritter, 1937)

Lil Dagover in *Der höhere Befehl* (Gerhard Lamprecht, 1935)

Heinrich George in *Ein Volksfeind* (Hans Steinhoff, 1937)

Pour le Mérite (Karl Ritter, 1938)

Karl Ritter gibt Regieanweisungen zu *Pour le Mérite* (K. Ritter, 1938)

... Reitet für Deutschland (Arthur Maria Rabenalt, 1941)

Willy Birgel in ... *Reitet für Deutschland* (Arthur Maria Rabenalt, 1941)

Der Herrscher (Veit Harlan, 1937)

Links: *Feinde* (Viktor Tourjansky, 1940)

Mathias Wieman (rechts) in *Togger* (Jürgen von Alten, 1937)

Heidemarie Hatheyer mit Mathias Wieman . . .

. . . und Paul Hartmann in *Ich klage an* (Wolfgang Liebeneiner, 1941)

Kopf hoch, Johannes!

Rechts unten: *Flüchtlinge* (Gustav Ucicky, 1933)

„KADETTEN"

Charles Vanel und Line Noro in *Flüchtlinge* (französische Version)

Käthe von Nagy in *Flüchtlinge* (Gustav Ucicky, 1933)

Brigitte Horney in *Ein Mann will nach Deutschland* (Paul Wegener, 1934)

Luis Trenker in *Der Kaiser von Kalifornien* (1936) von Luis Trenker

Links: *Ein Mann will nach Deutschland* (Paul Wegener, 1934)

Luis Trenker in *Der Verlorene Sohn* (1934) von Luis Trenker

Viktor Tourjansky gibt Brigitte Horney Regieanweisungen – *Feinde* – (Viktor Tourjansky, 1940)

Paula Wessely in *Heimkehr* (Gustav Ucicky, 1941)

Hans Albers in *Wasser für Canitoga* (Herbert Selpin, 1939)

Hans Albers in *Wasser für Canitoga* (Herbert Selpin, 1939)

Die Reise nach Tilsit

Kristina Söderbaum und Veit Harlan privat

Links oben: Kristina Söderbaum in *Die Reise nach Tilsit* (Veit Harlan, 1939)
Links unten: Familienidylle (Veit Harlan und Kristina Söderbaum mit Sohn)

Will Quadflieg (links) in *Mein Leben für Irland* (Max W. Kimmich, 1941)

Links: *Die Tochter des Samurai* (Arnold Fanck, 1937)

Paul Wegener in *Mein Leben für Irland* (Max W. Kimmich, 1941)

Werner Hinz (vorn) in *Mein Leben für Irland* (Max W. Kimmich, 1941)

Germanin (Max W. Kimmich, 1943)

Zarah Leander in *Zu neuen Ufern* (Detlef Sierck, 1937)

Werner Hinz (rechts) in *Weiße Sklaven* (Karl Anton, 1936)

Camilla Horn (links) in *Weiße Sklaven* (Karl Anton, 1936)

G. P. U. (Karl Ritter, 1942)

Ferdinand Marian (rechts) in *Leinen aus Irland* (Heinz Helbig, 1939)

Robert und Bertram (Heinz Zerlett, 1939)

Die Rothschilds (Erich Waschneck, 1940)

Erich Ponto in *Die Rothschilds* (Erich Waschneck, 1940)

Jud Süß (Veit Harlan, 1940)

Werner Krauß (links) und Ferdinand Marian in *Jud Süß* (Veit Harlan, 1940)

Kristina Söderbaum und Ferdinand Marian in *Jud Süß* (Veit Harlan, 1940)

Le film
le plus émouvant
et
le plus applaudi

Le Juif Suss

Un Film VEIT HARLAN de la TERRA
avec
FERDINAND MARIAN, KRISTINA SÖDERBAUM
HEINRICH GEORGE, WERNER KRAUSS, EUGEN KLÖPFER

Jud Süß – Werner Krauß . . .

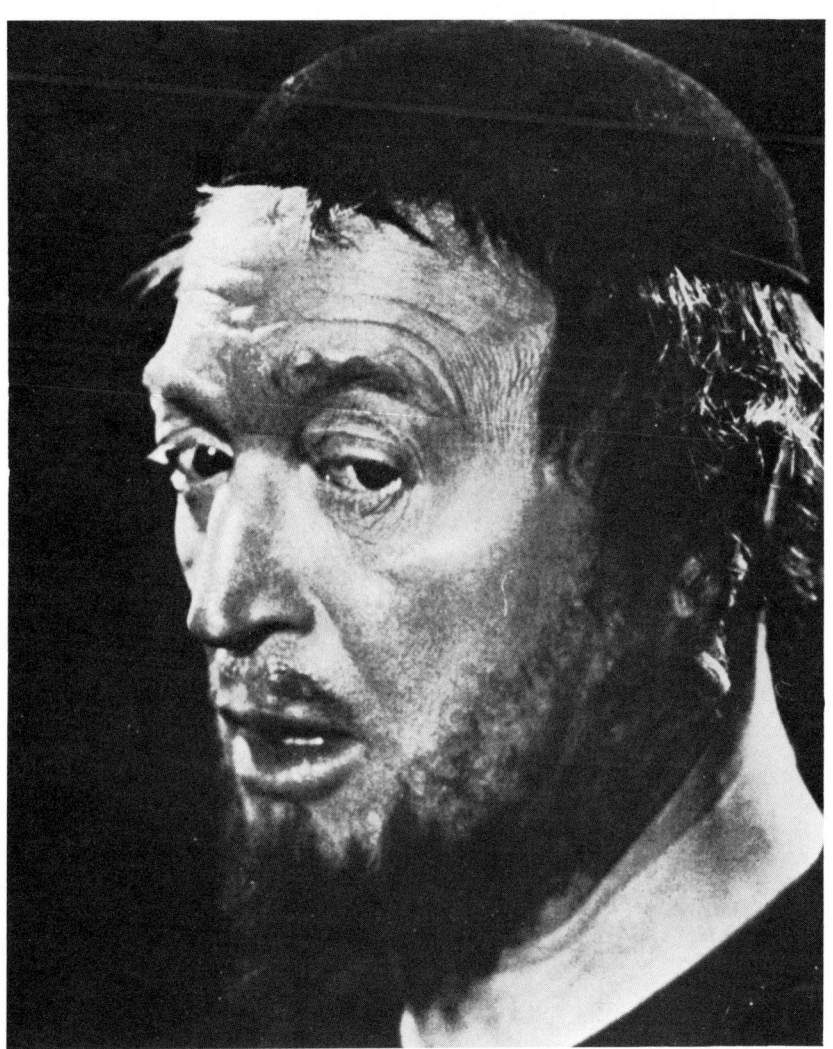

. . . in zwei verschiedenen Rollen

Fritz Hippler, Reichsfilmintendant und Regisseur von *Der ewige Jude* (1940)

Der ewige Jude (Fritz Hippler, 1940)

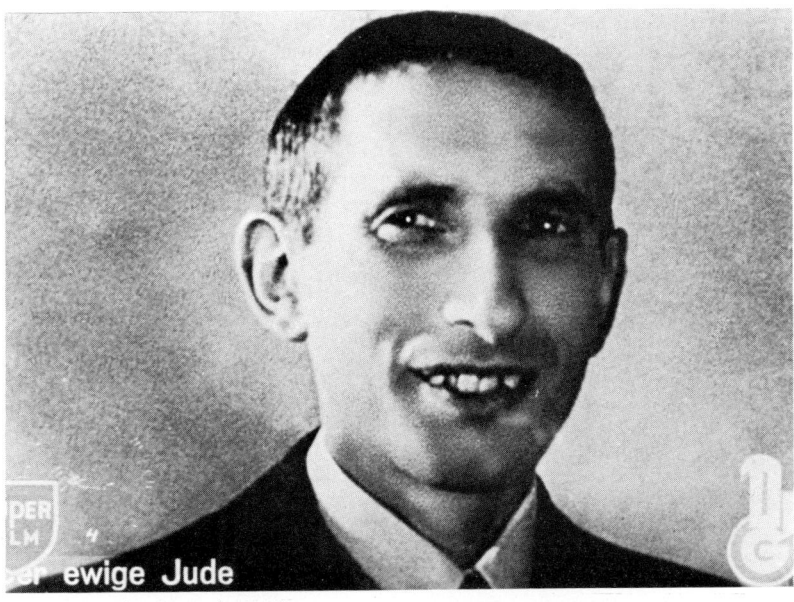

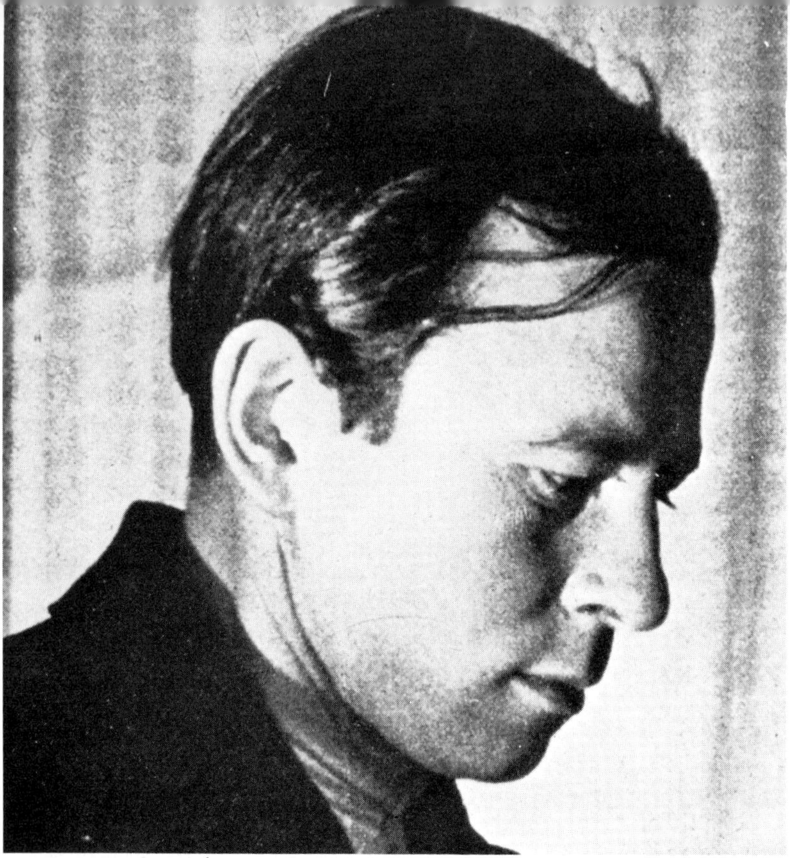

Der Schauspieler Joachim Gottschalk

Carl Raddatz in *Kampfgeschwader Lützow* (Hans Bertram, 1941) ...

... und in *Stukas* (Karl Ritter, 1941)

U-Boote westwärts (Günther Rittau, 1941)

Zwei in einer großen Stadt (Volker von Collande, 1941)

Sieg im Westen (Fritz Brunsch und Svend Noldan, 1941)

Hans Brausewetter, Josef Sieber und Heinz Rühmann in *Wunschkonzert*
(Eduard von Borsody, 1940)

Carl Raddatz und Ilse Werner in *Wunschkonzert* (Eduard von Borsody, 1940)

Hans Söhnker und Marianne Hoppe in *Auf Wiedersehen, Franziska* (Helmut Käutner, 1941)

Paul Wegener (links) in *Kolberg* (Veit Harlan, 1945)

Heinrich George und Kristina Söderbaum in *Kolberg* (Veit Harlan, 1945)

Die Frau meiner Träume (Georg Jacoby, 1944)

Der Regisseur Geza von Bolvary

Plakat zu dem Film *Premiere*

Zarah Leander

Jan Kiepura und Martha Eggerth

Zarah Leander und Paul Hörbiger in *Die große Liebe* (Rolf Hansen, 1942)

Kora Terry (Georg Jacoby, 1940)

Kora . . .

. . . und Mara

Marika Rökk in *Die Frau meiner Träume* (Georg Jacoby, 1944)

Die Frau meiner Träume (Georg Jacoby, 1944)

Der Schauspieler, Regisseur und Produzent Willi Forst bei Regieanweisungen zu *Operette* (1940)

Kristina Söderbaum und Werner Hinz in *Jugend* (Veit Harlan, 1937)

Leni Riefenstahl in *Tiefland* (1933–1953)

Regisseur Hans Schweikart (vorn) und Chefkameramann Carl Hoffmann bei
den Dreharbeiten zu *Befreite Hände* (1939)

Lil Dagover in *Das Mädchen Irene* (Reinhold Schünzel, 1936)

Sabine Peters (links) in *Das Mädchen Irene* (Reinhold Schünzel, 1936)

Veit Harlan gibt Kristina Söderbaum bei den Dreharbeiten zu *Opfergang* Regieanweisungen (1944)

Opfergang (Veit Harlan, 1944)

Rechts oben: Emil Jannings in *Der zerbrochene Krug* (Gustav Ucicky, 1937)
Rechts unten: Käthe von Nagy in der *Junge Baron Neuhaus*
(Gustav Ucicky, 1934)

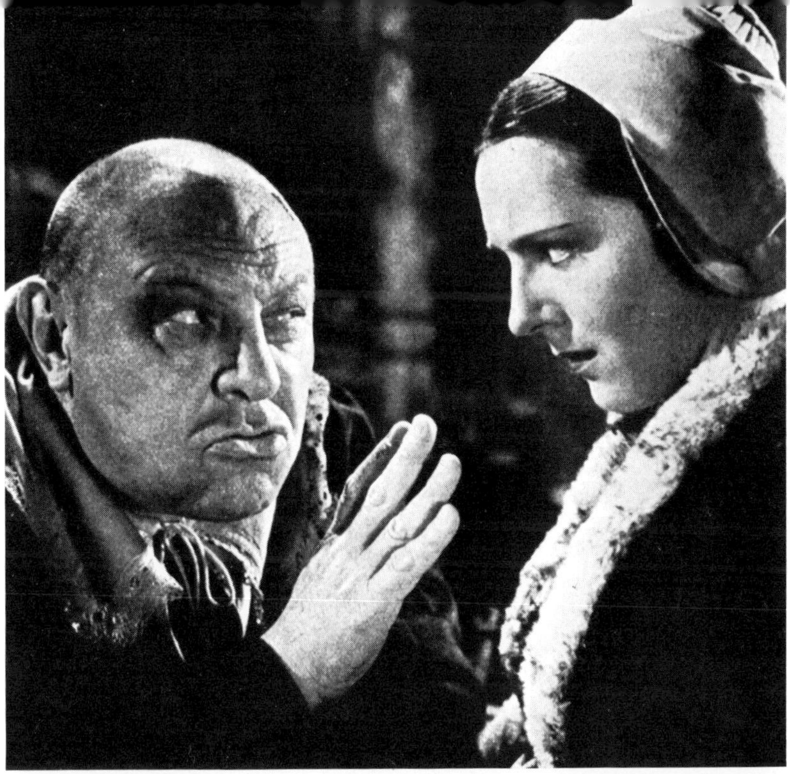

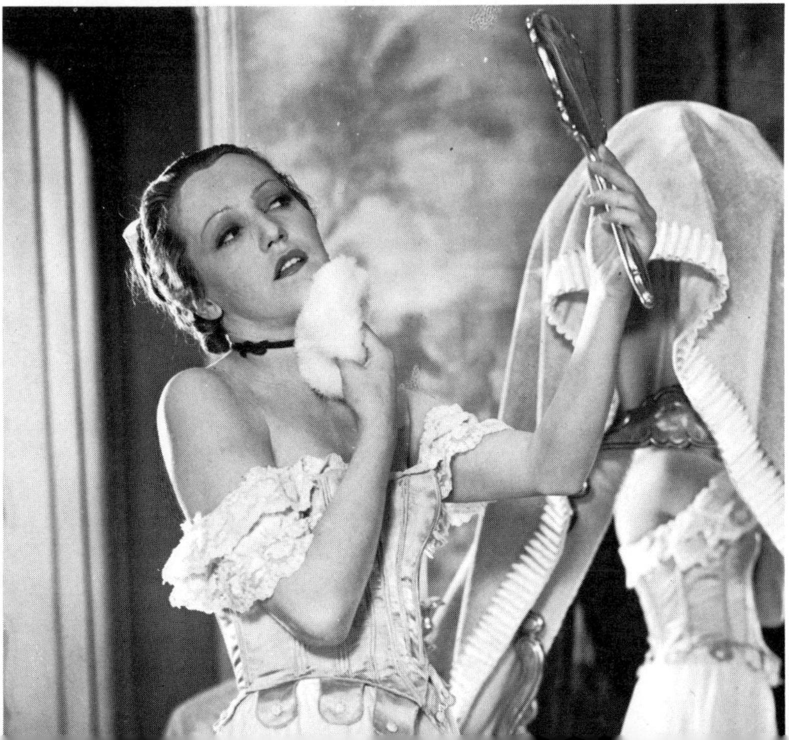

Opfergang (Veit Harlan, 1944)

Aus den Wolken kommt das Glück (Französische Version)

Aus den Wolken kommt das Glück (*Amphitryon,* Reinhold Schünzel, 1934)

Immensee (Veit Harlan, 1943)

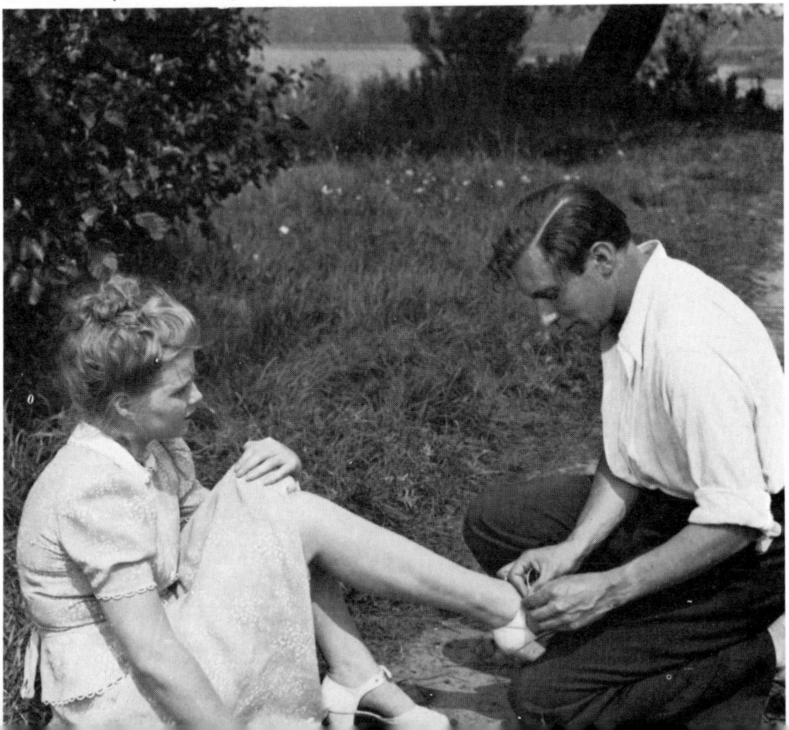

Kristina Söderbaum und Carl Raddatz in *Immensee* (Veit Harlan, 1943)

Regisseur Gustav Ucicky (stehend) bei den Dreharbeiten zu *Der Postmeister* (1940)

Heinrich George und Hilde Krahl in *Der Postmeister* (Gustav Ucicky, 1940)

Der Postmeister (Gustav Ucicky, 1940)

Lil Dagover und Albrecht Schoenhals in *Die Kreutzersonate*
(Veit Harlan, 1937)

Bel Ami mit und in der
Regie von Willi Forst
(1939)

Ilse Werner und Heinrich George in *Hochzeit auf Bärenhof*
(Carl Froelich, 1942)

Emil Jannings in *Traumulus* (Carl Froelich, 1936)

Traumulus (Carl Froelich, 1936)

Veit Harlan bei den Dreharbeiten zu *Verwehte Spuren* (Veit Harlan, 1938)

Kautschuk (Eduard von Borsody, 1938)

Der Tiger von Eschnapur

Hilde Krahl in *Die barmherzige Lüge* (Werner Klingler, 1939)

Hilde Krahl in *Die barmherzige Lüge* (Werner Klingler, 1939)

Kristina Söderbaum und Paul Klingler in *Die goldene Stadt* (Veit Harlan, 1942)

Die goldene Stadt (Veit Harlan, 1942)

Rechts oben: *Unter den Brücken* (Helmut Käutner, 1944)
Rechts unten: *Titanic* (Herbert Selpin und Werner Klingler, 1943)

Titanic

Heidemarie Hatheyer in *Die Geierwally* (Hans Steinhoff, 1940)

Rechts: Hans Albers in *Gold* (Karl Hartl, 1934)

Gold (Karl Hartl, 1934)

Hans Albers in *Münchhausen* (Josef von Baky, 1943)

Nächste Seite:
Hans Albers und Brigitte Horney in *Münchhausen* (Josef von Baky, 1943)

Übersicht über die wichtigsten Spielfilme, die im Dritten Reich gedreht wurden

P: Produktion
R: Regie
Sk: Skript (Drehbuch)
D: Darsteller
L: Länge
U: Uraufführung (Wenn kein Ortsnamen genannt wird, fand diese in Berlin statt.)
K: Kamera
M: Musik
(Anmerkung: Die meisten der Angaben wurden dem »Deutschen Spielfilm-Almanach – 1929-1950« von Dr. Alfred Bauer – Filmblätter Verlag, Berlin 1965, entnommen.)

Achtung! Feind hört mit!
P: Terra (1940)
R: Arthur Maria Rabenalt
Sk: Kurt Heuser nach einer Idee von Dr. Georg C. Klaren
D: Kirsten Heiberg, Rolf Weih, René Deltgen, Lotte Koch, Michael Bohnen, Christian Kayßler, Josef Sieber, Karl Dannemann, Lola Müthel
L: 2 802 m
U: 3-9-1940
K: Willy Winterstein, Gustav Weiß
M: Franz Grothe

Alte und der junge König (Der)
P: Deka-Film GmbH. (1935)
R: Hans Steinhoff
Sk: Thea von Harbou, Rolf Lauckner
D: Emil Jannings (Friedrich-Wilhelm I.), Werner Hinz (Kronprinz Friedrich), Leopoldine Konstantin (Königin Sophie), Carola Höhn (Erbprinzessin), Claus Clausen (Leutnant Katte), Georg Alexander (Prinz von Bayreuth), Theodor Loos (von Rochow), Rudolf Klein-Rogge (Dessauer)
L: 3 343 m
U: 29-1-1935 (Stuttgart)
K: Karl Puth
M: Wolfgang Zeller

Andere Ich (Das)
P: Tobis (1941)
R: Wolfgang Liebeneiner
Sk: Heinrich Spoerl
D: Hilde Krahl, Mathias Wieman, Erich Ponto, Harald Paulsen
L: 2 770 m
U: 21-11-1941
K: Friedl Behn-Grund
M: Werner Bochmann

Andreas Schlüter
P: Terra (1942)
R: Herbert Maisch
Sk: Helmut Brandis und Herbert Maisch nach dem Roman »Der Münzturm« von Alfred von Czibulka
D: Heinrich George, Mila Kopp, Olga Tschechowa, Dorothea Wieck, Theodor Loos, Paul Dahlke
L: 3 078 m
U: 19-11-1942
K: Ewald Daub
M: Wolfgang Zeller

Anschlag auf Baku
P: Ufa (1942)
R: Fritz Kirchhoff
Sk: Hans Weidemann, Hans Wolfgang Hillers
D: Willy Fritsch, René Deltgen, Lotte Koch, Fritz Kampers, Erich Ponto
L: 2 554 m

U: 25-8-1942
K: Robert Baberske, Herbert Körner, Klaus von Rautenfeld, H.O. Schulze
M: Alois Melichar

Anuschka
P: Bavaria (1942)
R: Helmut Käutner
Sk: Axel Eggebrecht, Helmut Käutner
D: Hilde Krahl, Siegfried Breuer, Rolf Wanka
L: 2 780 m
U: 27-3-1942
K: Erich Claunigk
M: Bernhard Eichhorn

Auf Wiedersehen, Franziska!
P: Terra (1941)
R: Helmut Käutner
Sk: Helmut Käutner, Curt J. Braun
D: Marianne Hoppe, Hans Söhnker, Hermann Speelmans
L: 2 736 m
U: 24-4-1941 (München)
K: Jan Roth
M: Michael Jary

Aus den Wolken kommt das Glück (Amphitryon)
P: Ufa (1935)
R: Reinhold Schünzel
Sk: Reinhold Schünzel
D: Willy Fritsch, Käthe Gold, Paul Kemp, Adele Sandrock
L: 2 870 m
U: 18-7-1935
K: Fritz Arno Wagner, Werner Bohne
M: Franz Doelle

Barmherzige Lüge (Die)
P: Euphono-Film GmbH (1939)
R: Werner Klingler
Sk: Curt J. Braun, Werner Klingler, Günther Kulemayer
D: Hilde Krahl, Elisabeth Flickenschildt, Ernst von Klipstein, Otto Gebühr, Paul Dahlke
L: 2 485 m

U: 18-8-1939 (München)
K: Karl Puth
M: Hans Carste

Befreite Hände
P: Bavaria Filmkunst GmbH (1939)
R: Hans Schweikart
Sk: Erich Ebermayer und Kurt Heuser nach dem Roman von Erich Ebermayer
D: Brigitte Horney, Olga Tschechowa, Ewald Balser, Carl Raddatz, Paul Dahlke
L: 2 703 m
U: 20-12-1939 (München)
K: Carl Hoffmann, Heinz Schnackertz
M: Lothar Brühne, Ludwig van Beethoven (5. Symphonie)

Bel ami
P: Deutsche Forst Film AG (1939)
R: Willi Forst
Sk: Willi Forst und Axel Eggebrecht nach Maupassant
D: Willi Forst (Georges Duroy), Johannes Riemann (Laroche), Olga Tschechowa (Madeleine), Ilse Werner (Suzanne), Lizzi Waldmüller (Rachel), Hilde Hildebrand (Mme de Marelle)
L: 2 749 m
U: 21-2-1939
K: Ted Pahle
M: Theo Mackeben

Berg ruft (Der)
P: Luis Trenker-Film GmbH (1937/38)
R: Luis Trenker
Sk: Luis Trenker, Hanns Saßmann, Richard Billinger nach dem Roman »Kampf ums Matterhorn« von Carl Haensel
L: 2 609 m
U: 6-1-1938
K: Sepp Allgeier, Albert Benitz, Walter Riml, Otto Martini, Klaus von Rautenfeld
M: Guiseppe Becce

290

Besatzung Dora
P: Ufa (1943)
R: Karl Ritter
Sk: Fred Hildenbrand, Karl Ritter
D: Hannes Stelzer, Hubert Kiurina, Carsta Löck, Charlott Daudert
L: ca. 2 500 m
K: Heinz Ritter, Theodor Nischwitz
M: Herbert Windt
Von der Zensur November 1943 verboten

Bismarck
P: Tobis (1940)
R: Wolfgang Liebeneiner
Sk: Rolf Lauckner, Wolfgang Liebeneiner
D: Paul Hartmann (Bismarck), Friedrich Kayßler (Wilhelm I.), Maria Koppenhöfer (Königin Augusta), Werner Hinz (Kronprinz Friedrich), Lil Dagover (Kaiserin Eugénie), Harald Paulsen (Benedetti), Otto Gebühr (König von Sachsen), Bernhard Goetzke, Otto Graf, Ruth Hellberg ...
L: 3 188 m
U: 6-12-1940
K: Bruno Mondi
M: Norbert Schultze

Blaufuchs (Der)
P: Ufa (1938)
R: Viktor Tourjansky
Sk: K.G. Külb nach F. Herczeg
D: Zarah Leander, Willy Birgel, Paul Hörbiger
L: 2 765 m
U: 14-12-1938 (Düsseldorf)
K: Franz Weihmayr
M: Lothar Brühne

Blutendes Deutschland
P: Erich Wallis, Deutscher Film-Vertrieb (1933)
R: Johannes Häussler
Sk: Erich Wallis, Johannes Häussler
L: Montage-Film (1 855 m)
U: 30-3-1933
M: Hans Bullerian

Capriccio
P: Ufa (1938)
R: Karl Ritter
Sk: Felix Lützkendorf, Rudo Ritter
D: Lilian Harvey, Viktor Staal, Aribert Wäscher, Paul Kemp, Paul Dahlke
L: 3 034 m
U: 11-8-1938
K: Günther Anders
M: Alois Melichar

Capriolen
P: Deutsche Forst Filmprod. GmbH (1937)
R: Gustaf Gründgens
Sk: Jochen Huth, Willi Forst
D: Marianne Hoppe, Gustaf Gründgens, Fita Benkhoff, Albert Florath
L: 2 451 m
U: 10-8-1937
K: Franz Planer, Kurt Neubert
M: Peter Kreuder

Carl Peters
P: Bavaria (1941)
R: Herbert Selpin
Sk: Ernst von Salomon, Walter Zerlett-Olfenius, Herbert Selpin
D: Hans Albers, Karl Dannemann, Fritz Odemar, Andrews Engelmann
L: 3 193 m
U: 21-3-1941 (Hamburg)
K: Franz Koch
M: Franz Doelle

Choral von Leuthen (Der)
P: Carl Froelich Film GmbH (1933)
R: Carl Froelich
Sk: Johannes Brandt, Ilse Spath-Baron nach einer Idee von Friedrich Pflughaupt und dem Roman »Fridericus« von Walter von Molo
D: Otto Gebühr, Olga Tschechowa, Elga Brink, Veit Harlan, Wolfgang Staudte
L: 2 400 m
U: 3-2-1933 (Stuttgart)
K: Franz Planer, W. Blum, Hugo von Kaweczynski
M: Marc Roland

Condottieri
P: deutsch-italienische Co-Produktion –
   Tobis (1937)
R: Luis Trenker
Sk: Luis Trenker, Kurt Heuser, Mirko Je-
   lusich
D: Luis Trenker, Ethel Maggi, Carla Sve-
   va, Tito Gobbi
L: 2 771 m
U: 24-3-1937 (Stuttgart)
K: Albert Benitz, Klaus von Rautenfeld,
   Walter Hege
M: Giuseppe Becce

D III 88
P: Tobis (1939)
R: Herbert Maisch
Sk: Hans Bertram, Wolf Neumeister
D: Christian Kayßler, Otto Wernicke,
   Heinz Welzel, Malte Jäger
L: 2 984 m
U: 26-10-1939 (Stralsund)
K: Georg Krause, Heinz von Jaworsky
M: Robert Küssel

Diesel
P: Ufa (1942)
R: Gerhard Lamprecht
Sk: Frank Thieß, Gerhard Lamprecht,
   Richard Riedel
D: Willy Birgel, Paul Wegener, Hilde
   Weißner, Arthur Schröder, Josef Sie-
   ber, Erich Ponto, Hilde von Stolz,
   Walter Jansen, Heinrich Troxbömker,
   Herbert Gernot, Werner Pledath, Hu-
   bert von Meyerinck, Carl Heinz Pe-
   ters, Hannes Schulz, Heinrich Marlow,
   Albert Florath, Heinz Evelt, Roma
   Bahn, Josef Dahmen
L: 2 995 m
U: 13-11-1942 (Augsburg)
K: Georg Krause
M: Hans-Otto Borgmann

Ein Mann will nach Deutschland
P: Ufa (1934)
R: Paul Wegener
Sk: Philipp Lothar Mayring, Fred An-

dreas nach dem Roman von Fred An-
dreas
D: Karl-Ludwig Diehl, Brigitte Horney,
   Siegfried Schürenberg, Willy Birgel
L: 2 673 m
U: 26-7-1934
K: Fritz Arno Wagner
M: Hans-Otto Borgmann

Ein Volksfeind
P: Fabrikation deutscher Filme GmbH
   (1937)
R: Hans Steinhoff
Sk: Erich Ebermayer, Hans Steinhoff
   nach Henrik Ibsen
D: Heinrich George, Herbert Hübner,
   Franziska Kinz, Carsta Löck, Hans
   Richter, Eberhard Bartke, Albert Flo-
   rath
L: 2 792 m
U: 26-10-1937 (Lübeck)
K: Karl Puth
M: Clemens Schmalstich

Eine Nacht im Mai
P: Ufa (1938)
R: Georg Jacoby
Sk: Willi Clever
D: Marika Rökk, Viktor Staal, Karl
   Schönböck, Oskar Sima, Gisela Schlü-
   ter, Albert Florath, Ingeborg von Kus-
   serow, Mady Rahl, Franz Arzdorf, Ur-
   sula Herking, Ludwig Schmitz
L: 2 411 m
U: 14-9-1938 (Wiesbaden)
K: Robert Baberske
M: Peter Kreuder, Friedrich Schröder

Entlassung (Die)
P: Tobis (1942)
R: Wolfgang Liebeneiner
Sk: Curt Johannes Braun, Felix von Ek-
   kardt
D: Emil Jannings (Bismarck), Theodor
   Loos (Wilhelm I.) Werner Krauß (von
   Holstein), Werner Hinz (Wilhelm II.),
   Fritz Kampers (Dr. Schweninger),
   Bernhard Goetzke (Majunke), O.E.

Hasse (von Heyden), Christian Kayß-
ler (Herbert Bismarck), Karl-Ludwig
Diehl, Hildegard Grethe, Margarete
Schön
L: 2 991 m
U: 6-10-1942
K: Fritz Arno Wagner
M: Herbert Windt

Ewige Jude (Der)
R: Dr. Fritz Hippler
Sk: Dr. Eberhard Taubert
  Dokumentarfilm (1940)
U: 28-11-1940
K: A. Endrejat, A. Hafner, R. Hartmann,
  F.C. Heere, H. Kluth, E. Strohl, H.
  Winterfeld
M: Franz R. Fiedl

Ewiger Wald
P: Lex-Film, Albert Graf von Pestalozza
  (1936)
R: Hans Springer, Rolf von Sonjewski-
  Jamrowski
Sk: Albert Graf von Pestalozza, Carl Ma-
  ria Holzapfel
D: Aribert Mog sowie Frauen und Män-
  ner aus ganz Deutschland. Der Kom-
  mentar wurde gesprochen von: Gün-
  ther Hadank, Heinz Herkommer, Paul
  Klinger, Lothar Körner, Kurt Wie-
  schala
  Sänger: Wilhelm Strienz
L: 2 406 m
U: 28-8-1936 (Oldenburg)
K: Sepp Allgeier, Werner Bohne, Otto
  Ewald, Wolf Hart, Ernst Kunstmann,
  Guido Seeber, Wilhelm Siem, Hein-
  rich Weidemann, Adolf-Otto Weit-
  zenberg, Bernhard Wentzel
M: Wolfgang Zeller

Fährmann Maria
P: Pallas-Film GmbH (1936)
R: Frank Wysbar
Sk: Hans Jürgen Nierentz, Frank Wysbar
D: Sybille Schmitz, Aribert Mog, Peter
  Voss, Carl de Vogt

L: 2 285 m
U: 7-1-1936 (Hildesheim)
K: Franz Weihmayr
M: Herbert Windt

Feinde
P: Bavaria (1940)
R: Viktor Tourjansky
Sk: Emil Burri, Arthur Luethy, Viktor
  Tourjansky
D: Brigitte Horney, Willy Birgel, Iwan
  Petrovich, Ludwig Schmid-Wildy
L: 2 490 m
U: 7-11-1940
K: Fritz Arno Wagner
M: Lothar Brühne

Feldzug in Polen
P: Deutsche Film-Herstellungs- und
  Verwertungs-Gesellschaft m.b.H
R: Fritz Hippler
U: Anfang 1940
K: Kriegsberichterstatter und Kamera-
  leute der Propaganda-Kompanien un-
  ter der Leitung von Hans Bertram
M: Herbert Windt

Flüchtlinge
P: Ufa (1933)
R: Gustav Ucicky
Sk: Gerhard Menzel nach seinem Roman
D: Hans Albers (Arneth), Käthe von
  Nagy (Kristja), Eugen Klöpfer (Lau-
  dy), Veit Harlan (Mannlinger), Ida
  Wüst, Andrews Engelman, Friedrich
  Gnass
L: 2 408 m
U: 8-12-1933
K: Fritz Arno Wagner
M: Herbert Windt, Ernst Erich Buder

Frauen für Golden Hill
P: Fanal-Filmprod. GmbH (1938)
R: Erich Waschneck
Sk: Hans Bertram, Wolf Neumeister,
  Georg Hurdalek
D: Viktor Staal, Kirsten Heiberg, Karl
  Martell, Otto Gebühr, Paul Dahlke

293

L: 2 521 m
U: 30-12-1938 (Frankfurt/Main)
K: Werner Krien
M: Werner Eisbrenner

Frauen sind doch bessere Diplomaten
P: Ufa (1941)
R: Georg Jacoby
Sk: K.G. Külb, Gustav Kampendonk
D: Marika Rökk, Willy Fritsch, Aribert Wäscher, Georg Alexander
L: 2 611 m
U: 31-10-1941
K: Konstantin Irmen-Tschet, Alexander von Lagorio (Agfacolor)
M: Franz Grothe

Frau meiner Träume (Die)
P: Ufa (1944)
R: Georg Jacoby
Sk: Johann Vaszary, Georg Jacoby
D: Marika Rökk, Wolfgang Lukschy, Walter Müller, Georg Alexander
L: 2 721 m
U: 25-8-1944
K: Konstantin Irmen-Tschet (Agfacolor)
M: Franz Grothe

Fridericus
P: Diana-Tonfilm GmbH (1936)
R: Johannes Meyer
Sk: Erich Kröhnke, Walter von Molo nach seinem Roman
D: Otto Gebühr, Hilde Körber, Lil Dagover, Agnes Straub, Paul Dahlke, Paul Klinger, Bernhard Goetzke
L: 2 660 m
U: 8-2-1937
K: Bruno Mondi
M: Marc Roland

Friedemann Bach
P: Terra (1941)
R: Traugott Müller
Sk: Helmut Brandis, Eckart von Naso nach Ludwig Metzger
D: Gustaf Gründgens, Eugen Klöpfer, Wolfgang Liebeneiner, Camilla Horn,
Leny Marenbach, Lotte Koch, Sabine Peters, Otto Wernicke, Albert Florath, Wolfgang Staudte
L: 2 784 m
U: 25-6-1941 (Dresden)
K: Walter Pindter
M: Mark Lothar, Werke von Johann-Sebastian Bach und Friedemann Bach

Friedrich Schiller (der Triumph eines Genies)
P: Tobis (1940)
R: Herbert Maisch
Sk: Walter Wassermann, C.H. Diller nach einer Idee von Paul Josef Cremers
D: Horst Caspar, Heinrich George, Lil Dagover, Eugen Klöpfer, Paul Henckels, Friedrich Kayßler, Paul Dahlke
L: 3 008 m
U: 13-11-1940 (Stuttgart)
K: Fritz Arno Wagner
M: Herbert Windt

Friesennot (Dorf im roten Sturm)
P: Delta Filmprod. GmbH Hermann Schmidt (1935)
R: Peter Hagen
Sk: Werner Kortwich
D: Friedrich Kayßler, Helene Fehdmer, Inkijinoff, Jessie Vihrog
L: 2 651 m
U: 19-11-1935
K: Sepp Allgeier
M: Walter Gronostay

Fuchs von Glenarvon (Der)
P: Tobis (1940)
R: M.W. Kimmich
Sk: Wolf Neumeister, Hans Bertram nach dem Roman von Nicola Rohn
D: Olga Tschechowa, Karl-Ludwig Diehl, Ferdinand Marian, Elisabeth Flickenschildt, Albert Florath, Werner Hinz, Hilde Körber, Friedrich Kayßler, Bernhard Goetzke
L: 2 509 m
U: 24-4-1940

294

K: Fritz Arno Wagner
M: Otto Konradt

Geierwally (Die)
P: Tobis (1940)
R: Hans Steinhoff
Sk: Jacob Geis, Alexander Lix nach dem
Roman von Wilhelmine von Hillern
D: Heidemarie Hatheyer (Wally), Sepp
Rist (Josef), Eduard Köck (Fender-
bauer), Winnie Markus (Afra), Leo-
pold Esterle (Vincenz)
L: 2 840 m
U: 13-8-1940 (München)
K: Richard Angst
M: Nico Dostal

Germanin
P: Ufa (1943)
R: Max W. Kimmich
Sk: Max W. Kimmich, Hans Wolfgang
Hillers nach dem Roman von Helmuth
Unger
D: Peter Petersen, Lotte Koch, Luis
Trenker, Albert Lippert
L: 2 571 m
U: 15-5-1943 (Hamburg)
K: Jan Stallich, Jaroslav Tuzar
M: Theo Mackeben

Gold
P: Ufa (1934)
R: Karl Hartl
Sk: Rolf E. Vanloo
D: Hans Albers, Brigitte Helm, Lien
Deyers, Friedrich Kayßler
L: 3 297 m
U: 29-3-1934
K: Günther Rittau, Otto Baecker, Wer-
ner Bohne
M: Hans-Otto Borgmann

Goldene Stadt (Die)
P: Ufa (1942)
R: Veit Harlan
Sk: Alfred Braun, Veit Harlan nach »Der
Gigant« von Richard Billinger
D: Kristina Söderbaum (Anna), Eugen

Klöpfer (Melchior Jobst), Rudolf
Prack (Thomas), Paul Klinger (Chri-
stian Leidwein), Kurt Meisel (Toni),
Liselotte Schreiner (Maruschka), An-
nie Rosar (Frau Opferkuch, die Mut-
ter von Toni)
L: 3 004 m
U: 24-11-1942
K: Bruno Mondi (Agfacolor)
M: Hans-Otto Borgmann, Melodien von
Smetana

G.P.U.
P: Ufa (1942)
R: Karl Ritter
Sk: Andrews Engelman, Felix Lützken-
dorf, Karl Ritter nach einer Idee von
Andrews Engelman
D: Laura Solari (Olga Feodorowna),
Andrews Engelman (Nikolai Bok-
scha), Marina von Ditmar (Irina), Will
Quadflieg (Peter Aßmus), Karl Hau-
benreißer (Jakob Frunse)
L: 2 717 m
U: 14-8-1942
K: Igor Oberberg
M: Herbert Windt

Große Freiheit Nr. 7
P: Terra (1944)
R: Helmut Käutner
Sk: Helmut Käutner, Richard Nicolas
D: Hans Albers, Ilse Werner, Hans
Söhnker, Gustav Knuth, Hilde Hilde-
brand
L: 3 060 m
U: 15-12-1944 (Prag) – 9-9-1945 (Ber-
lin-West) – 5-3-1946 (Berlin-Ost)
K: Werner Krien (Agfacolor)
M: Werner Eisbrenner

Große König (Der)
P: Tobis (1942)
R: Veit Harlan
Sk: Veit Harlan
D: Otto Gebühr (Friedrich II.), Kristina
Söderbaum (Luise), Gustav Fröhlich
(Treskow), Hans Nielsen (Niehoff),

Paul Wegener (Czernitscheff), Paul Henkels (Spiller), Elisabeth Flickenschildt (Frau Spiller), Kurt Meisel (Alfons), Hilde Körber (Königin Elisabeth), Claus Clausen (Heinrich der Ältere), Claus Detlev Sierck (Heinrich der Jüngere), Otto Wernicke (Rochow), Bernhard Goetzke (von Hülsen)
L: 3 233 m
U: 3-3-1942
K: Bruno Mondi
M: Hans-Otto Borgmann

Große Liebe (Die)
P: Ufa (1942)
R: Rolf Hansen
Sk: Peter Groll, Rolf Hansen nach einer Idee von Alexander Lernet-Holenia
D: Zarah Leander, Viktor Staal, Paul Hörbiger, Grethe Weiser, Wolfgang Preiss, Viktor Janson
L: 2 738 m
U: 12-6-1942
K: Franz Weihmayr
M: Michael Jary

Hans Westmar (Horst Wessel)
P: Volksdeutsche Film GmbH (1933)
R: Franz Wenzler
Sk: Hanns Heinz Ewers nach seinem Buch »Horst Wessel«
D: Emil Lohkamp, Carla Bartheel, Grete Reinwald, Paul Wegener, Arthur Schröder, Carl Auen, die S.A. von Berlin-Brandenburg
L: 2 642 m
U: 13-12-1933
K: Franz Weihmayr
M: Giuseppe Becce, Ernst Hanfstaengl

Heimat
P: Tonfilmstudio Carl Froelich & Co. (1938)
R: Carl Froelich
Sk: Harald Braun nach Hermann Sudermann, Adaptation von Otto Ernst Hesse und Hans Brennert

D: Zarah Leander, Heinrich George, Ruth Hellberg, Paul Hörbiger, Lina Carstens, Georg Alexander
L: 2 780 m
U: 25-6-1938 (Danzig)
K: Franz Weihmayr
M: Theo Mackeben

Heimkehr
P: Wien-Film GmbH (1941)
R: Gustav Ucicky
Sk: Gerhard Menzel
D: Paula Wessely (Maria Thomas), Peter Petersen (Dr. Thomas), Attila Hörbiger (Ludwig Launhardt), Ruth Hellberg (Martha Launhardt), Carl Raddatz (Dr. Fritz Mutius), Otto Wernicke
L: 2 632 m
U: 10-10-1941 (Wien)
K: Günther Anders
M: Willy Schmidt-Gentner

Herrscher (Der)
P: Tobis-Magna-Filmprod. GmbH (1937)
R: Veit Harlan
Sk: Thea von Harbou, Curt J. Braun nach »Vor Sonnenuntergang« von Gerhart Hauptmann
D: Emil Jannings (Matthias Clausen), Paul Wagner (Wolfgang Clausen), Maria Koppenhöfer (Paula Clausen), Hannes Stelzer (Egert Clausen), Hilde Körber (Bettina Clausen), Marianne Hoppe (Inken Peters), Harald Paulsen (Hanefeld), Käthe Taack (Ottilie Clausen)
L: 2 918 m
U: 17-3-1937
K: Günther Anders, Werner Brandes
M: Wolfgang Zeller

Herz der Königin (Das)
P: Carl Froelich-Ufa (1940)
R: Carl Froelich
Sk: Harald Braun, Jacob Geis, Rolf Reissmann
D: Zarah Leander, Maria Koppenhöfer,

Lotte Koch, Willy Birgel, Axel von Ambesser, Will Quadflieg, Erich Ponto, Rudolf Klein-Rogge
L: 3 056 m
U: 1-11-1940 (München, Hamburg)
K: Franz Weihmayr
M: Theo Mackeben

Herz muß schweigen (Das)
P: Wien-Film GmbH (1944)
R: Gustav Ucicky
Sk: Gerhard Menzel
D: Paula Wessely, Mathias Wieman, Werner Hinz, Karl Skraup
L: 2 863 m
U: 19-12-1944 (Wien)
K: Günther Anders
M: Willy Schmidt-Gentner

Himmelhunde
P: Terra (1942)
R: Roger von Norman
Sk: Philipp Lothar Mayring, nach einer Idee von Hanns Fischer-Gerhold und Hans Heise
D: Malte Jäger, Waldemar Leitgeb, Lutz Götz, Albert Florath
L: 2 076 m
U: 20-2-1942 (Stuttgart)
K: Herbert Körner
M: Werner Bochmann

Hitlerjunge Quex
P: Ufa (1933)
R: Hans Steinhoff
Sk: K.A. Schenzinger, B.E. Lüthge nach dem Roman von K.A. Schenzinger
D: Heinrich George (Herr Völker), Berta Drews (Frau Völker), Claus Clausen (der »Bannführer«), Hermann Speelmans (Heini Völker), Rotraut Richter, Karl Meixner, Hans Richter, Rudolf Platte
L: 2 609 m
U: 19-9-1933
K: Konstantin Irmen-Tschet
M: Hans-Otto Borgmann

Hochzeit auf Bärenhof
P: Ufa (1942)
R: Carl Froelich
Sk: Jochen Kuhlmey, Gustav Lohse nach der Novelle von Hermann Sudermann »Jolanthes Hochzeit«
D: Heinrich George, Paul Wegener, Ilse Werner, Ernst von Klipstein, Carola Toelle, Charlotte Schultz, Rudolf Klein-Rogge
L: 2 888 m
U: 8-6-1942
K: Günther Anders
M: Theo Mackeben

Höhere Befehl (Der)
P: Ufa (1935)
R: Gerhard Lamprecht
Sk: Philipp Lothar Mayring, Kurt Kluge, Karl Lerbs
D: Lil Dagover (Mme Martin), Karl-Ludwig Diehl (Kapitän von Droste), Friedrich Kayßler (der General), Heli Finkenzeller (Käthe), Eduard von Winterstein (der Major)
L: 2 593 m
U: 30-12-1935
K: Robert Baberske
M: Werner Eisbrenner

Hundert Tage
P: deutsch-italienische Co-Produktion – »Vis« (1935)
R: Franz Wenzler
Sk: Dr. Karl Vollmöller, Franz Wenzler nach dem Stück von Benito Mussolini und Giovacchino Forzano
D: Werner Krauß, Gustaf Gründgens, Kurt Junker, Eduard von Winterstein
L: 2 437 m
U: 22-3-1935
K: Alexander von Lagorio
M: Giuseppe Becce

Ich klage an
P: Tobis (1941)
R: Wolfgang Liebeneiner
Sk: Eberhard Frowein, Harald Bratt nach

dem Roman »Sendung und Gewissen«
von Hellmuth Hunger und einer Idee
von Harald Bratt
D: Heidemarie Hatheyer (Hanna), Paul
Hartmann (Prof. Thomas Heyt), Ma-
thias Wieman (Dr. Bernhard Lang),
Harald Paulsen (Eduard Stretter),
Charlotte Thiele, Christian Kayßler,
Bernhard Goetzke
L: 3 407 m
U: 29-8-1941
K: Friedl Behn-Grund, Franz von Kle-
packi
M: Norbert Schultze

Immensee
P: Ufa (1943)
R: Veit Harlan
Sk: Alfred Braun, Veit Harlan nach der
Novelle von Theodor Storm
D: Kristina Söderbaum (Elisabeth Uhl),
Carl Raddatz (Reinhart Torsten), Paul
Klinger (Erich), Carola Toelle (Frau
Uhl), Lina Lossen (die Mutter von
Reinhart), Malte Jäger, Otto Gebühr
L: 2 592 m
U: 17-12-1943
K: Bruno Mondi (Agfacolor)
M: Wolfgang Zeller

Indische Grabmal (Das)
(s.a. Der Tiger von Eschnapur)
P: Eichberg-Film GmbH (1938)
R: Richard Eichberg
Sk: Arthur Pohl, Hans Klaehr, Richard
Eichberg nach dem gleichnamigen
Roman von Thea von Harbou
D: Frits van Dongen, Kitty Jantzen, La
Jana, Theo Lingen, Hans Stüwe, Alex-
ander Golling, Gustav Dießl, Gisela
Schlüter, Karl Haubenreißer, Olaf
Bach, Rosa Jung, Albert Hörrmann,
Gerhard Bienert, Valy Arnheim, Carl
Auen, Rudolf Essek, Jutta Jol, Fred
Goebel, Klaus Pohl, Paul Rehkopf,
Arthur Reinhardt, Josef Peterhans
L: 2 570 m
U: 28-1-1938 (Elberfeld)

K: Ewald Daub (Atelier), Hans Schneeberger und H.O. Schulze (Außenaufnahmen in Indien)
M: Harald Böhmelt

Jakko
P: Tobis (1941)
R: Fritz Peter Buch
Sk: Fritz Peter Buch nach dem Roman
von Alfred Weidenmann
D: Norbert Rohringer (Jakko), Eugen
Klöpfer (Anton Weber), Aribert Wä-
scher (Zaballo), Albert Florath (Herr
Schroeder), Ali Ghito (Frau Schroe-
der), Carsta Löck, Hilde Körber,
Paul Verhoeven
L: 2 248 m
U: 12-10-1941
K: Paul Rischke
M: Hans-Otto Borgmann

Jud Süß
P: Terra (1940)
R: Veit Harlan
Sk: Ludwig Metzger, Eberhard Wolfgang
Möller, Veit Harlan
D: Kristina Söderbaum (Dorothea
Sturm), Ferdinand Marian (Süß),
Heinrich George (Herzog von Würt-
temberg), Werner Krauß (Rabbi
Loew Lévy, Sekretär von Süß), Eugen
Klöpfer (Sturm), Malte Jäger (Faber),
Hilde von Stolz (Herzogin), Albert
Florath (Roeder), Theodor Loos (von
Remchingen), Walter Werner (Fie-
belkorn), Charlotte Schulz (Frau Fie-
belkorn), Anny Seitz (Minchen Fie-
belkorn), Ilse Buhl (Friedrike Fiebel-
korn), Bernhard Goetzke, Wolfgang
Staudte
L: 2 663 m
U: 24-9-1940
K: Bruno Mondi
M: Wolfgang Zeller

Jugend
P: Tobis-Filmkunst GmbH (1938)
R: Veit Harlan
Sk: Thea von Harbou nach dem Stück

von Max Halbe
D: Kristina Söderbaum, Hermann
Braun, Werner Hinz, Eugen Klöpfer,
Elisabeth Flickenschildt
L: 2 552 m
U: 12-4-1938 (Dresden)
K: Bruno Mondi
M: Hans-Otto Borgmann

Junge Adler
P: Ufa (1944)
R: Alfred Weidenmann
Sk: Herbert Reinecker, Alfred Weiden-
mann nach einer Idee von H. Reinek-
ker
D: Willy Fritsch (Roth), Herbert Hübner
(Brakke, Direktor), Dietmar Schön-
herr (Theo Brakke), Gerta Böttcher
(Annemie Brakke), Eberhard-Hardy
Krüger (Bäumchen), Albert Florath,
Karl Dannemann, Aribert Wäscher,
Paul Henckels
L: 2 943 m
U: 24-5-1944
K: Klaus von Rautenfeld
M: Hans-Otto Borgmann

Junge Baron Neuhaus (Der)
P: Ufa (1934)
R: Gustav Ucicky
Sk: Gustav Ucicky nach dem gleichnami-
gen Lustspiel von Stephan Kamare
D: Viktor de Kowa, Käthe von Nagy,
Christl Mardayn, Lola Chlud, Hans
Moser, Annie Rosar
L: 2 601 m
U: 14-9-1934
K: Friedl Behn-Grund
M: Alois Melichar

Jungen Dessauers große Liebe (Des)
P: Ufa (1933)
R: Arthur Robison
Sk: Philipp Lothar Mayring, B.E. Lüthge
nach einer Idee von Christian Uhlen-
bruck
D: Willy Fritsch, Trude Marlen, Paul

Hörbiger, Ida Wüst, Gustav Waldau,
Hermann Speelmans
L: 2 686 m
U: 22-12-1933
K: Friedl Behn-Grund
M: Eduard Künneke, Franz Marszalek

Jungens
P: Ufa (1941)
R: Robert A. Stemmle
Sk: Otto Bernhard Wendler, Horst Ke-
rutt, Robert A. Stemmle nach dem
Roman von Horst Kerutt »Die 13
Jungens von Dünendorf«
D: Albert Hehn, Bruni Löbel, Hilde Ses-
sak, Eduard Wenck, Wolfgang Staud-
te, Philipp Manning und Zöglinge der
»Adolf-Hitler-Schule« Sonthofen
L: 2 393 m
U: 2-5-1941
K: Robert Baberske
M: Werner Egk, Ludwig Preiss

Kadetten
P: Ufa (1941)
R: Karl Ritter
Sk: Felix Lützkendorf und Karl Ritter
nach einer Idee von Alfons Menne
D: Mathias Wieman, Andrews Engel-
man, Carsta Löck, Theo Shall, Klaus
Detlev Sierck
L: 2 561 m
U: 2-12-1941 (Danzig)
K: Günther Anders
M: Herbert Windt

Kaiser von Kalifornien (Der)
P: Luis Trenker-Film GmbH (1936)
R: Luis Trenker
Sk: Luis Trenker
D: Luis Trenker, Viktoria von Ballasko,
Alexander Golling, Paul Verhoeven,
Berta Drews, Rudolf Klein-Rogge
L: 2 762 m
U: 21-7-1936
K: Albert Benitz, Heinz v. Jaworsky
M: Giuseppe Becce

Kameraden
P: Bavaria (1941)
R: Hans Schweikart
Sk: Peter Francke, Emil Burri
D: Willy Birgel, Karin Hardt, Maria Nicklisch, Martin Urtel, Rudolf Fernau, Rolf Weih, Alexander Golling, Paul Dahlke
L: 2 805 m
U: 26-9-1941 (Breslau)
K: Franz Koch, Josef Illig
M: Alois Melichar

Kameraden auf See
P: Terra-Filmkunst GmbH (1938)
R: Heinz Paul
Sk: Peter Francke und J.A. Zerbe nach einer Idee von Toni Huppertz und J.A. Zerbe
D: Paul Wagner, Fred Döderlein, Rolf Weih, Theodor Loos, Carola Höhn
L: 2 480 m
U: 12-3-1938
K: Hans Schneeberger
M: Robert Küssel

Kampfgeschwader Lützow
P: Tobis (1941) zusammen mit der Wehrmacht, der Luftwaffe und der Marine Deutschlands
R: Hans Bertram
Sk: Hans Bertram, Wolf Neumeister, Heinz Orlovius
D: Christian Kayßler, Hermann Braun, Heinz Welzel, Carsta Löck
L: 2 794 m
U: 28-2-1941
K: Georg Krause, Heinz von Jaworsky, Walter Rosskopf
M: Norbert Schultze

Katzensteg (Der)
P: Euphono-Film GmbH (1937)
R: Fritz Peter Buch
Sk: Hans H. Zerlett nach dem Roman von Hermann Sudermann
D: Brigitte Horney, Hannes Stelzer, Eduard von Winterstein, Else Elster,

Otto Wernicke, Rudolf Klein-Rogge, Karl Dannemann
L: 2 381 m
U: 11-1-1938
K: Georg Krause
M: Walter Gronostay

Kautschuk
P: Ufa (1938)
R: Eduard von Borsody
Sk: Ernst von Salomon, Dr. Franz Eichhorn, Eduard von Borsody
D: René Deltgen, Gustav Diessl, Vera von Langen, Roma Bahn
L: 2 851 m
U: 1-11-1938 (Hamburg)
K: Willy Winterstein, Edgar Eichhorn
M: Werner Bochmann

Kitty und die Weltkonferenz
P: Terra (1939)
R: Helmut Käutner
Sk: Helmut Käutner nach der Komödie von Stefan Donat
D: Hannelore Schroth, Paul Hörbiger, Fritz Odemar, Charlott Daudert
L: 2 645 m
U: 25-8-1939 (Stuttgart)
K: Willy Winterstein
M: Michael Jary

Kleider machen Leute
P: Terra (1940)
R: Helmut Käutner
Sk: Helmut Käutner nach der Novelle von Gottfried Keller
D: Heinz Rühmann, Hertha Feiler, Aribert Wäscher, Fritz Odemar
L: 2 908 m
U: 16-9-1940 (Konstanz)
K: Ewald Daub
M: Bernhard Eichhorn

Kolberg
P: Ufa (1945)
R: Veit Harlan
Sk: Veit Harlan, Alfred Braun
D: Kristina Söderbaum (Maria), Hein-

rich George (Nettelbeck), Paul Wegener (Loucadou), Horst Caspar (Gneisenau), Gustav Diessl (Schill), Otto Wernicke (Bauer Werner), Irene von Meyendorff (Königin), Kurt Meisel (Claus), Claus Clausen (Friedrich-Wilhelm III.), Jaspar v. Oertzen (Prinz Louis-Ferdinand), Jakob Tiedtke (Reeder), Hans H. Schaufuß (Zaufke), Charles Schauten (Napoleon), Heinz Lausch (Friedrich) ...
L: 3 026 m
U: 30-1-1945 (La Rochelle und Berlin)
K: Bruno Mondi (Agfacolor)
M: Norbert Schultze

Komödianten
P: Bavaria (1941)
R: G.W. Pabst
Sk: Axel Eggebrecht, Walter v. Hollander, G.W. Pabst nach dem Roman »Philine« von Olly Boeheim
D: Käthe Dorsch, Hilde Krahl, Henny Porten, Gustav Diessl, Richard Häußler, Ludwig Schmitz
L: 3 072 m
U: 5-9-1941
K: Bruno Stephan
M: Lothar Brühne

Kongo-Express
P: Ufa (1939)
R: Eduard von Borsody
Sk: Ernst von Salomon, Eduard von Borsody nach einer Idee von Johanna Sibelius
D: Marianne Hoppe, Willy Birgel, René Deltgen, Hermann Speelmans, Max Gülstorff, Lotte Spira, Malte Jäger, Heinz Engelmann
L: 2 533 m
U: 15-12-1939
K: Igor Oberberg
M: Werner Bochmann

Kopf hoch, Johannes!
P: Majestic-Film, Mülleneisen & Tapper (1941)

R: Viktor de Kowa
Sk: Toni Huppertz, Wilhelm Krug, Felix von Eckardt nach einer Idee von Toni Huppertz
D: Albrecht Schoenhals (von Redel), Dorothea Wieck (Julietta), Claus Detlev Sierck (Johannes), Otto Gebühr (Perlow Diener)
L: 2 131 m
U: 11-3-1941
K: Friedl Behn-Grund
M: Harald Böhmelt

Kora Terry
P: Ufa (1940)
R: Georg Jacoby
Sk: Walter Wassermann, C.H. Diller nach dem Roman von H.C. von Zobeltitz
D: Marika Rökk, Will Quadflieg, Josef Sieber, Will Dohm, Ursula Herking
L: 2 982 m
U: 27-11-1940 (Karlsruhe)
K: Konstantin Irmen-Tschet
M: Peter Kreuder, Frank Fux

Kreutzersonate (Die)
P: Georg Witt-Film GmbH (1937)
R: Veit Harlan
Sk: Eva Leidmann nach der gleichnamigen Erzählung von Leo Tolstoi
D: Lil Dagover, Peter Petersen, Albrecht Schoenhals, Hilde Körber, Walter Werner, Wolfgang Kieling, Paul Bildt, Günther Lüders, Leo Peukert
L: 2 320 m
U: 11-11-1937
K: Otto Baecker
M: Ernst Roters, Leo Leux

Legion Condor
P: Ufa (1939)
R: Karl Ritter zusammen mit Fliegergeneral Wilberg
Sk: Felix Lützkendorf, Karl Ritter
D: Paul Hartmann, Albert Hehn, Heinz Welzel, Wolfgang Staudte, Herbert E.A. Böhme, Otto Graf, Karl John,

301

Fritz Kampers, Carsta Löck
K: Günther Anders
Film wurde nicht vollendet. Die Dreharbeiten begannen am 9. August 1939 und wurden am 1. September 1939 abgebrochen.

Leinen aus Irland
P: Styria-Film GmbH für die Wien-Film GmbH (1939)
R: Heinz Helbig
Sk: Harald Bratt nach dem Stück von Stefan von Kamare
D: Irene von Meyendorff, Rolf Wanka, Friedl Haerlin, Georg Alexander, Hans Olden, Oskar Sima
L: 2 695 m
U: 16-10-1939
K: Hans Schneeberger
M: Anton Profes

Lied der Wüste (Das)
P: Ufa (1939)
R: Paul Martin
Sk: Walther von Hollander, Paul Martin nach Werner Illing
D: Zarah Leander, Herbert Wilk, Gustav Knuth, Ernst Karchow
L: 2 374 m
U: 17-11-1939
K: Franz Weihmayr
M: Nico Dostal

Mädchen Irene (Das)
P: Ufa (1936)
R: Reinhold Schünzel
Sk: Reinhold Schünzel, Eva Leidmann
D: Lil Dagover, Sabine Peters, Geraldine Katt, Karl Schönböck
L: 2 732 m
U: 9-10-1936
K: Robert Baberske
M: Alois Melichar

Mädchen Johanna (Das)
P: Ufa (1935)
R: Gustav Ucicky
Sk: Gerhard Menzel

D: Angela Salloker, Gustaf Gründgens, Heinrich George, René Deltgen, Erich Ponto, Willy Birgel, Theodor Loos, Aribert Wäscher, Veit Harlan, Albert Florath
L: 2 377 m
U: 26-4-1935
K: Günther Krampf
M: Peter Kreuder

Maskerade
P: Tobis-Sascha Filmindustrie AG. Wien (österreichischer Film – 1934)
R: Willi Forst
Sk: Willi Forst
D: Paula Wessely, Adolf Wohlbrück, Peter Petersen, Walter Janssen, Olga Tschechowa, Hilde von Stolz, Julia Serda, Hans Moser
L: 2 808 m
U: 21-8-1934
K: Franz Planer
M: Willy Schmidt-Gentner

Mazurka
P: Cine-Allianz-Tonfilmprod. GmbH (1935)
R: Willi Forst
Sk: Hans Rameau
D: Pola Negri, Albrecht Schoenhals, Ingeborg Theek, Paul Hartmann
L: 2 602 m
U: 14-11-1935
K: Konstantin Irmen-Tschet
M: Peter Kreuder

Mein Leben für Irland
P: Tobis (1941)
R: Max W. Kimmich
Sk: Toni Huppertz, M.W. Kimmich
D: Anna Dammann, Werner Hinz, René Deltgen, Will Quadflieg, Heinz Ohlsen, Eugen Klöpfer, Paul Wegener, Klaus Karl Dannemann, Claus Clausen
L: 2 657 m
U: 17-11-1941
K: Richard Angst
M: Alois Melichar

Mein Sohn, der Herr Minister
P: Ufa (1937)
R: Veit Harlan
Sk: H.G. Külb und Edgar Kahn nach dem
  Stück von André Birabeau »Fiston«
D: Hans Moser, Heli Finkenzeller, Paul
  Dahlke, Hilde Körber, Hans Brause-
  wetter, Françoise Rosay, Aribert Wä-
  scher, Leo Peukert
L: 2 220 m
U: 6-7-1937
K: Günther Anders
M: Leo Leux

Menschen, Tiere, Sensationen
P: Ariel-Film GmbH (1938)
R: Harry Piel
Sk: Reinhold Meißner, Erwin Kreker.
  J.M. Frank
D: Harry Piel, Ruth Eweler, Elisabeth
  Wendt, Eugen Rex, Willi Schnur, S.O.
  Schoening, Gerhard Dammann, Egon
  Brosig, Eduard Wenck, Josef Karma,
  Aruth Wartan, Karl Platen
L: 2 966 m
U: 23-12-1938 (Königsberg)
K: Bruno Timm, Franz von Friedl, Karl
  Hasselmann
M: Fritz Wenneis

Morgenrot
P: Ufa (1933)
R: Gustav Ucicky
Sk: Gerhard Menzel nach einer Idee von
  Spiegel
D: Rudolf Forster (Kapitänleutnant
  Liers), Adele Sandrock (seine Mut-
  ter), Fritz Genschow (Oberleutnant
  Fredericks), Camilla Spira (Grete
  Jaul), Paul Westermeier (Jaul), Ger-
  hard Bienert (Böhm), Friedrich Gnass
  (Juraczik), Franz Nicklisch (Peter-
  mann), Hans Leibelt (Bürgermeister
  von Meerskirchen), Else Knott (Hel-
  ga, seine Tochter), Eduard von Win-
  terstein (Hauptmann Kolch)
L: 2 328 m
U: 31-1-1933 (Essen), 2-2-1933 (Berlin)

K: Carl Hoffmann
M: Herbert Windt

Münchhausen
P: Ufa (1943)
R: Josef von Baky
Sk: Berthold Bürger (Pseudonym von
  Erich Kästner)
D: Hans Albers (Münchhausen), Eduard
  von Winterstein (sein Vater), Käthe
  Haack (Baronesse Münchhausen),
  Brigitte Horney (Katharina II.), Ilse
  Werner (Isabelle d'Este), Hermann
  Speelmans (Christian Kuchenreuter),
  Ferdinand Marian (Cagliostro), Harry
  Hardt (Kurier), Marina von Ditmar
  (Sophie von Riedesel), Marianne Sim-
  son, Leo Slezak, Wilhelm Bendow,
  Walter Lieck, Bernhard Goetzke,
  Andrews Engelman, Hans Brausewet-
  ter ...
L: 3 662 m
U: 5-3-1943
K: Werner Krien, Konstantin Irmen-
  Tschet (Agfacolor)
M: Georg Haentzschel

Napoleon ist an allem schuld
P: Tobis-Filmkunst GmbH (1938)
R: Curt Goetz
Sk: Curt Goetz, Karl Peter Gillmann
D: Curt Goetz, Else von Möllendorff,
  Kirsten Heiberg, Valerie von Martens,
  Paul Henckels
L: 2 522 m
U: 29-11-1938
K: Friedl Behn-Grund
M: Franz Grothe

Ohm Krüger
P: Tobis (1941)
R: Hans Steinhoff unter Mitarbeit von
  Herbert Maisch und Karl Anton
Sk: Harald Bratt, Kurt Heuser nach dem
  Roman »Mann ohne Volk« von Ar-
  nold Krigger
D: Emil Jannings (Paul Krüger), Lucie
  Höflich (Sanna Krüger, seine Frau),

303

Werner Hinz (Jan Krüger), Ernst Schröder (Adrian Krüger), Gisela Uhlen (Petra Krüger), Hedwig Wangel (Victoria), Alfred Bernau (Prinz von Gallien), Gustaf Gründgens (Chamberlain), Ferdinand Marian (Cecil Rhodes), Elisabeth Flickenschildt, Friedrich Ulmer, Eduard von Winterstein, Otto Wernicke, Harald Paulsen, Hilde Körber ...
L: 3 620 m
U: 4-4-1941
K: Fritz Arno Wagner, Friedl Behn-Grund, Karl Puth
M: Theo Mackeben

Olympia Film
P: Olympia-Film GmbH (1938)
R: Leni Riefenstahl
Sk: Leni Riefenstahl
L: 1. Teil: »Fest der Völker«, 3 429 m
   2. Teil: »Fest der Schönheit«, 2 722 m
U: 20-4-1938
K: Hans Ertl, Walter Frentz, Guzzi Lantschner, Kurt Neubert, Hans Scheib, Willy Zielke, Andor von Barsy, Wilfried Basse, Franz von Friedl, Hans Gottschalk, Willi Hameister, Prof. Walter Hege, Werner Hundhausen, Heinz von Jaworsky, Hugo von Kaweczynski, Albert Kling, Ernst Kunstmann, Leo de Laforgue, Alexander von Lagorio, Otto Lantschner, Erich Nitzschmann, Hugo O. Schulze, Karl Vass ...
M: Herbert Windt, Walter Gronostay

Operette
P: Deutsche Forst-Filmproduktion GmbH Wien-Film GmbH (1940)
R: Willi Forst
Sk: Willi Forst, Axel Eggebrecht
D: Willi Forst (Franz Jauner), Maria Holst (Marie Geistinger), Paul Hörbiger (Alexander Girardi), Dora Komar (Emmi Krall), Curd Jürgens (Carl Millöcker), Leo Slezak, Siegfried Breuer
L: 3 060 m

U: 20-12-1940 (Wien)
K: Hans Schneeberger
M: Willy Schmidt-Gentner. Melodien aus Operetten von Johann Strauß, Franz von Suppé, Carl Millöcker

Opfergang
P: Ufa (1944)
R: Veit Harlan
Sk: Veit Harlan und Alfred Braun nach der Novelle von R.G. Binding
D: Kristina Söderbaum (Aels), Carl Raddatz (Albrecht), Irene von Meyendorff (Octavia), Otto Tressler (Senator Froben), Annemarie Steinsieck (seine Frau), Franz Schafheitlin (Mathias), Ernst Stahl-Nachbaur, Edgar Pauly, Charlotte Schultz, Ludwig Schmitz
L: 2 682 m
U: 8-12-1944 (Hamburg)
K: Bruno Mondi (Agfacolor)
M: Hans-Otto Borgmann

Paracelsus
P: Bavaria (1943)
R: G.W. Pabst
Sk: Kurt Heuser
D: Werner Krauß (Paracelsus), Mathias Wieman (Ulrich von Hutten), Harald Kreutzberg (Fliegenbein), Martin Urtel (Johannes), Harry Langewisch (Pfefferkorn), Annelies Reinhold (Renata, seine Tochter), Fritz Rasp, Josef Sieber, Herbert Hübner, Karl Skraup, Rudolf Blümner, Viktor Janson, Bernhard Goetzke
L: 2 916 m
U: 12-3-1943 (Salzburg)
K: Bruno Stephan
M: Herbert Windt

Patrioten
P: Ufa (1937)
R: Karl Ritter
Sk: Philipp Lothar Mayring, Felix Lützkendorf, Karl Ritter
D: Lida Baarova, Mathias Wieman,

304

Bruno Hübner, Hilde Körber, Paul Dahlke, Nikolai Kolin
L: 2 634 m
U: 24-9-1937
K: Günther Anders
M: Theo Mackeben

Pedro soll hängen
P: Majestic-Film, Mülleneisen & Tapper (1941)
R: Veit Harlan
Sk: Ludwig Hynitzsch, Friedel Hartlaub, Veit Harlan
D: Heinrich George, Gustav Knuth, Maria Landrock, Ursula Deinert
L: 1 868 m
U: 11-7-1941 (München)
K: Bruno Mondi
M: Hans-Otto Borgmann

Postmeister (Der)
P: Wien-Film GmbH (1940)
R: Gustav Ucicky
Sk: Gerhard Menzel nach der Novelle von Alexander Puschkin
D: Heinrich George (Postmeister), Hilde Krahl (Dunja), Siegfried Breuer (Kapitän Minskij), Hans Holt (Mitja), Ruth Hellberg, Edwin Jürgensen, Leo Peukert, Margit Symo, Erik Frey
L: 2 598 m
U: 25-4-1940 (Wien)
K: Hans Schneeberger
M: Willy Schmidt-Gentner

Pour le Mérite
P: Ufa (1938)
R: Karl Ritter
Sk: Fred Hildenbrand, Karl Ritter
D: Paul Hartmann (Rittmeister Prank), Jutta Freybe (Isabel), Albert Hehn (Leutnant Fabian), Herbert A.E. Böhme (Leutnant Gerdes), Fritz Kampers (Moebius), Paul Otto (»Kofl«), Carsta Löck, Josef Dahmen, Willi Rose, Clemens Hasse, Malte Jäger, Marina von Ditmar, Paul Dahlke, Wolfgang Staudte, Heinz Welzel

L: 3 303 m
U: 22-12-1938
K: Günther Anders, Heinz von Jaworsky (Luftaufnahmen)
M: Herbert Windt

Premiere
P: Gloria-Film GmbH (1937)
R: Geza von Bolvary
Sk: D. Max Wallner, F.D. Andam
D: Zarah Leander, Karl Martell, Attila Hörbiger, Theo Lingen, Maria Bard, Carl Günther, Karl Skraup, Ferdinand Maierhofer
L: 2 102 m
U: 25-2-1937
K: Franz Planer
M: Denes von Buday, Fenyes Szabolcs, Willy Schmidt-Gentner

Quax, der Bruchpilot
P: Terra (1941)
R: Kurt Hoffmann
Sk: Robert A. Stemmle nach Motiven von Hermann Grote
D: Heinz Rühmann, Karin Himboldt, Lothar Firmans, Harry Liedtke
L: 2 524 m
U: 16-12-1941 (Hamburg)
K: Heinz von Jaworsky
M: Werner Bochmann

Rebell (Der)
P: Deutsche Universal-Film AG. (1932)
R: Luis Trenker und Kurt Bernhardt
Sk: Robert A. Stemmle, Schmidtkunz nach einem Manuskript von Luis Trenker
D: Luis Trenker (Severin Anderlan), Luise Ullrich (Erika Riederer), Viktor Varconi (Hauptmann Leroy), Ludwig Stössel (Riederer), Fritz Kampers
L: 2 542 m
U: 22-12-1932 (Stuttgart)
K: Sepp Allgeier, Albert Benitz (Außenaufnahmen), Willy Goldberger, Reimar Kuntze (Innenaufnahmen)
M: Giuseppe Becce

305

Reifende Jugend
P: Carl Froelich Film GmbH (1933)
R: Carl Froelich
Sk: Robert A. Stemmle, Walter Supper nach dem Bühnenstück »Reifeprüfung« von Max Dreyer
D: Heinrich George, Peter Voß, Hertha Thiele, Marieluise Claudius, Albert Lieven, Paul Henckels, Albert Florath, Sabine Peters, Rolf Kästner, Carsta Löck
L: 2 936 m
U: 22-9-1933
K: Reimar Kuntze
M: Walter Gronostay

Reise nach Tilsit (Die)
P: Majestic-Film GmbH (1939)
R: Veit Harlan
Sk: Veit Harlan nach Hermann Sudermann
D: Kristina Söderbaum, Frits van Dongen, Anna Dammann, Albert Florath, Ernst Legal, Eduard von Winterstein, Clemens Hasse
L: 2 540 m
U: 2-11-1939 (Tilsit)
K: Bruno Mondi
M: Hans-Otto Borgmann

Reiter von Deutsch-Ostafrika (Die)
P: Terra-Film AG (1934)
R: Herbert Selpin
Sk: Marie-Luise Droop
D: Ilse Stobrawa, Sepp Rist, Peter Voß, Ludwig Gerner, G.H. Schnell
L: 2 460 m
U: 19-10-1934 (Hamburg)
K: Emil Schünemann
M: Herbert Windt

... reitet für Deutschland
P: Ufa (1941)
R: Arthur Maria Rabenalt
Sk: Fritz Reck-Malleczewen, Richard Riedel, Josef Maria Frank, nach der Biographie von Baron von Langen überarbeitet von Clemens Laar

D: Willy Birgel, Gerhild Weber, Herbert A.E. Böhme, Willi Rose, Paul Dahlke, Wolfgang Staudte
L: 2 513 m
U: 11-4-1941 (Hannover)
K: Werner Krien
M: Alois Melichar

Rembrandt
P: Terra (1942)
R: Hans Steinhoff
Sk: Kurt Heuser und Hans Steinhoff nach dem Roman »Zwischen Hell und Dunkel« von V. Tornius
D: Ewald Balser, Hertha Feiler, Gisela Uhlen, Elisabeth Flickenschildt, Theodor Loos, Aribert Wäscher, Paul Henckels, Clemens Hasse, O.E. Hasse
L: 2 910 m
U: 17-6-1942
K: Richard Angst
M: Alois Melichar

Ritt in die Freiheit
P: Ufa (1936)
R: Karl Hartl
Sk: Edmund Strzygowski, Walter Supper
D: Willy Birgel, Ursula Grabley, Hansi Knoteck, Viktor Staal
L: 2 515 m
U: 14-1-1937
K: Günther Rittau, Otto Baecker
M: Wolfgang Zeller

Robert Koch, der Bekämpfer des Todes
P: Tobis (1939)
R: Hans Steinhoff
Sk: Walter Wassermann, C.H. Diller nach einer Idee von Paul Josef Cremers und Gerhard Menzel
D: Emil Jannings, Werner Krauß, Viktoria von Ballasko, Raimund Schelcher, Hilde Körber, Theodor Loos, Otto Graf, Elisabeth Flickenschildt, Paul Dahlke, Paul Otto, Rudolf Klein-Rogge, Lucie Höflich, Eduard von Winterstein, Bernhard Goetzke, Hildegard Grethe

L: 3 169 m
U: 26-9-1939
K: Fritz Arno Wagner
M: Wolfgang Zeller

Robert und Bertram
P: Tobis (1939)
R: Hans Heinz Zerlett
Sk: Hans Heinz Zerlett nach der Farce
von Gustav Raeder
D: Rudi Godden, Kurt Seifert, Carla
Rust, Fritz Kampers, Herbert Hübner,
Heinz Schorlemmer
L: 2 556 m
U: 7-7-1939 (Hamburg)
K: Friedl Behn-Grund
M: Leo Leux

Romanze in Moll
P: Tobis (1943)
R: Helmut Käutner
Sk: Willy Clever, Helmut Käutner
D: Marianne Hoppe (Madeleine), Paul
Dahlke (ihr Ehemann), Ferdinand
Marian (Michael), Siegfried Breuer
(Viktor), Elisabeth Flickenschildt
(Concierge), Klaus Pohl, Leo Peukert,
Ethel Reschke, Ernst Legal, Hans
Stiebner, Carl Günther, Anja Elkoff
L: 2728 m
U: 25-6-1943
K: Georg Bruckbauer
M: Lothar Brühne, Werner Eisbrenner

Rothschilds (Die)
(Aktien auf Waterloo)
P: Ufa (1940)
R: Erich Waschneck
Sk: C.M. Köhn und Gerhard T. Buchholz
nach einer Idee von Mirko Jelusich
D: Carl Kuhlmann (Nathan Rothschild),
Hilde Weißner (Sylvia Turner), Gisela
Uhlen (Phyllis Bearing), Erich Ponto
(Mayer Anselm Rothschild), Ursula
Deinert, Michael Bohnen, Herbert
Hübner, Albert Florath, Hans Stieb-
ner, Albert Lippert
L: 2 646 m

U: 17-7-1940
K: Robert Baberske
M: Johannes Müller

SA-Mann Brand
P: Bavaria-Film AG. (1933)
R: Franz Seitz
Sk: Joseph Dalman, Joe Stöckel
D: Heinz Klingenberg, Otto Wernicke,
Elise Aulinger, Rolf Wenkhaus, Joe
Stöckel, Max Weydner, Manfred Pilot
L: 2 581 m
U: 14-6-1933
K: Franz Koch
M: Toni Thoms

Schimmelreiter (Der)
P: R. Fritsch-Tonfilm Prod. GmbH
(1934)
R: Curt Oertel und Hans Deppe
Sk: Curt Oertel, Hans Deppe nach der
Novelle von Theodor Storm
D: Marianne Hoppe, Mathias Wieman,
Ali Ghito, Hans Deppe, Walter Süß-
enguth, Wilhelm Diegelmann, Eduard
von Winterstein
L: 2 344 m
U: 12-1-1934 (Hamburg)
K: Alexander von Lagorio
M: Wilfried Zillig

Schloß in Flandern (Das)
P: Tobis-Magna-Filmprod. GmbH
(1936)
R: Geza von Bolvary
Sk: Curt J. Braun
D: Marta Eggerth, Paul Hartmann, Ge-
org Alexander, Sabine Peters, Paul
Otto, Otto Wernicke, Hilde Weißner,
Valy Arnheim
L: 2 544 m
U: 14-8-1936
K: Werner Brandes
M: Franz Grothe

Schritt vom Wege (Der)
(Effi Briest)
P: Terra (1939)

R: Gustaf Gründgens
Sk: Georg C. Klaren, Eckart von Naso nach dem Roman »Effi Briest« von Theodor Fontane
D: Marianne Hoppe (Effi Briest), Käthe Haack (ihre Mutter), Paul Bildt (ihr Vater), Karl Ludwig Diehl (von Instetten), Paul Hartmann (von Crampas), Max Gülstorff, Elisabeth Flikkenschildt
L: 2 741 m
U: 9-2-1939
K: Ewald Daub
M: Mark Lothar

Schwarzer Jäger Johanna
P: Terra-Film AG. (1934)
R: Johannes Meyer
Sk: Heinrich Oberländer, Heinz Umbehr nach dem gleichnamigen Roman von Georg von der Vring
D: Marianne Hoppe, Paul Hartmann, Gustaf Gründgens, Fita Benkhoff
L: 2 735 m
U: 6-9-1934 (Mainz)
K: Alexander von Lagorio
M: Wilfried Zillig

Shiva und die Galgenblume
P: Prag-Film GmbH. (1945)
R: Hans Steinhoff
Sk: Hans Steinhoff und Hans Rudolf Berndorff nach dem Roman von Hans Rudolf Berndorff
D: Hans Albers, Aribert Wäscher, Elisabeth Flickenschildt, Grethe Weiser, Eugen Klöpfer, Harald Paulsen, O.W. Fischer, Theodor Loos, Hilde Hildebrand, Andrews Engelman, Heinz Moog, Gottlieb Sambor
K: Carl Hoffmann (Agfacolor)
M: Werner Eisbrenner
Film blieb unvollendet.

Sieg im Westen
P: Deutsche Filmgesellschaft (Einleitung) und Noldan-Produktion (Hauptteil)

R: Svend Noldan und Fritz Brunsch
U: Ende 1940
K: Berichterstatter des Oberkommandos der Wehrmacht, der Propaganda-Kompanien und des Filmdienstes der Armee
M: Hans Horst Sieber (Einleitung) und Herbert Windt (Hauptteil)

Spähtrupp Hallgarten
P: Germania-Film GmbH München (1941)
R: Herbert B. Fredersdorf
Sk: Kurt E. Walter, Herbert B. Fredersdorf
D: René Deltgen, Paul Klinger, Maria Andergast
L: 2 734 m
U: 14-3-1941 (Wien)
K: Eduard Hoesch
M: Anton Profes

Spaßvögel
P: A.B.C.-Film GmbH (1938)
R: Fritz Peter Buch
Sk: Fritz Peter Buch, L.A.C. Müller
D: Fritz Kampers, Fita Benkhoff, Heinz Schorlemmer, Aribert Wäscher
L: 2 302 m
U: 11-1-1939 (Koblenz)
K: E.W. Fiedler
M: Werner Bochmann

Stoßtrupp 1917
P: Arya-Film GmbH München (1934)
R: Hans Zöberlein und Ludwig Schmid-Wildy
Sk: Franz Adam, Marian Kolb, Hans Zöberlein nach seinem Buch »Der Glaube an Deutschland«
D: Ludwig Schmid-Wildy, Albert Penzkofer, Beppo Brem, Karl Hanft
L: 3 238 m
U: 20-2-1934
K: Karl Hasselmann, Ludwig Zahn, Bartl Seyr, Josef Wirsching

Strom (Der)
P: Terra (1942)
R: Günther Rittau
Sk: Dr. Erich Ebermayer, Eberhard Keindorff, Johanna Sibelius nach dem Drama von Max Halbe
D: Lotte Koch, Hans Söhnker, Malte Jäger, Ernst Wilhelm Borchert, Friedrich Kayßler, Paul Henckels, Charlott Daudert, Clemens Hasse
L: 2 431 m
U: 8-1-1942 (Danzig)
K: Richard Angst
M: Franz Grothe

Stukas
P: Ufa (1941)
R: Karl Ritter
Sk: Felix Lützkendorf, Karl Ritter
D: Carl Raddatz (Hauptmann Heinz Bork), Albert Hehn (Leutnant Hesse), Hannes Stelzer (Leutnant H. Wilde), O.E. Hasse (Dr. Gregorius), Else Knott, Marina von Ditmar, Ernst von Klipstein, Ursula Deinert, Josef Dahmen
L: 2 761 m
U: 27-6-1941
K: Heinz Ritter, Walter Meyer, Walter Rosskopf, Hugo von Kaweczynski
M: Herbert Windt

Symphonie eines Lebens
P: Tobis (1942)
R: Hans Bertram
Sk: Hans Bertram, Kurt E. Walter
D: Harry Baur, Henny Porten, Gisela Uhlen, Harald Paulsen, Albert Florath, Julia Serda
L: 2 423 m
U: 21-4-1943
K: Carl Hoffmann, Erich Nitzschmann
M: Norbert Schultze

Tanz auf dem Vulkan
P: Majestic-Film GmbH (1938)
R: Hans Steinhoff
Sk: Hans Rehberg, Peter Hagen, Hans Steinhoff
D: Gustaf Gründgens, Sybille Schmitz, Gisela Uhlen, Theo Lingen
L: 2 359 m
U: 30-11-1938 (Stuttgart)
K: Ewald Daub
M: Theo Mackeben

Tiefland
P: Riefenstahl-Film der Tobis (1945)
R: Leni Riefenstahl
Sk: Leni Riefenstahl nach der Oper von Eugen d'Albert
D: Leni Riefenstahl, Bernhard Minetti, Franz Eichberger, Luise Rainer, Maria Koppenhöfer, Aribert Wäscher
K: Albert Benitz
M: Giuseppe Becce nach der Oper von Eugen d'Albert
1953 vollendet

Tiger von Eschnapur (Der)
(1. Teil von Das Indische Grabmal)
P: Eichberg-Film GmbH (1938)
R: Richard Eichberg
Sk: Arthur Pohl, Hans Klaehr, Richard Eichberg nach dem Roman »Das Indische Grabmal« von Thea v. Harbou
D: Kitty Jantzen, La Jana, Frits van Dongen, Theo Lingen, Alexander Golling, Gustav Dießl, Hans Stüwe, Karl Haubenreißer, Albert Hörrmann, Rosa Jung, S.O. Schoening, Gisela Schlüter, Hans Zesch-Ballot, Harry Frank, Gerhard Dammann, Hertha von Walther, Carl Auen, Jutta Jol, Theo Shall, Charles Willy Kayser, Josef Peterhans, Paul Rehkopf
L: 2 645 m
U: 7-1-1938 (Weimar)
K: Ewald Daub (Atelier), Hans Schneeberger und H.O. Schulze (Außenaufnahmen in Indien)
M: Harald Böhmelt

Titanic
P: Tobis (1943)
R: Herbert Selpin und Werner Klingler

Sk: Walter Zerlett-Olfenius nach Harald Bratt
D: Sybille Schmitz, Kirsten Heiberg, Hans Nielsen, Karl Schönböck, Ernst Fritz Fürbringer, Charlotte Thiele, Otto Wernicke, Theodor Loos, Sepp Rist
L: 2 467 m, Aufführungsverbot durch die Zensurbehörde (30-4-1943)
U: 7-2-1950 (Stuttgart), 7-4-1950 (Berlin-Ost)
K: Friedl Behn-Grund
M: Werner Eisbrenner

Tochter des Samurai (Die)
(Die Liebe der Mitsu)
P: Deutsch-japanische Co-Produktion Dr. Arnold Fanck-Film, J.O. Studio und Towa Shoji-Film, Tokio-Berlin (1937)
R: Dr. Arnold Fanck
Sk: Dr. Arnold Fanck
D: Setsuko Hara, Ruth Eweler, Sessue Hayakawa, Isamu Kusogi
L: 3 292 m
U: 23-3-1937
K: Richard Angst, Walter Riml
M: Kosak Yamada

Togger
P: Minerva-Tonfilm GmbH (1937)
R: Jürgen von Alten
Sk: Walter Forster, Heinz Bierkowski
D: Renate Müller (Hanna), Paul Hartmann (Togger), Mathias Wieman (Peter Geiss), Heinz Salfner (Prof. Breitenbach), Hilde Seipp (Maria), Paul Otto, Fritz Odemar, Fritz Rasp
L: 2 716 m
U: 12-2-1937
K: Reimar Kuntze
M: Harold M. Kirchstein

Traumulus
P: Carl Froelich-Filmprod. GmbH (1936)
R: Carl Froelich
Sk: R.A. Stemmle und Erich Ebermayer

nach dem Stück von Arno Holz und Oskar Jerschke
D: Emil Jannings (Prof. Niemeyer), Harald Paulsen (Fritz, sein Sohn), Hilde Weißner (Jadwiga, seine Frau), Hilde von Stolz (Lydia Link), Paul W. Krüger, Hannes Stelzer, Hildegard Barko
L: 2 686 m
U: 23-1-1936
K: Reimar Kuntze
M: Hansom Milde-Meissner

Über alles in der Welt
P: Ufa (1941)
R: Karl Ritter
Sk: Felix Lützkendorf, Karl Ritter
D: Carl Raddatz (Carl Wiegand), Hannes Stelzer (Hans Wiegand), Marina von Ditmar (Brigitte), Fritz Kampers (Fritz Möbius), Paul Hartmann (Leutnant Steinhart), Oskar Sima (Leo Samek), Maria Bard (Madeleine Laroche), Bertha Drews, Carsta Löck, Joachim Brennecke, Josef Dahmen, Andrews Engelman
L: 2 327 m
U: 19-3-1941 in Posen
K: Werner Krien
M: Herbert Windt

U-Boote westwärts
P: Ufa mit Unterstützung der Kriegsmarine (1941)
R: Günther Rittau
Sk: Georg Zoch
D: Ilse Werner (Irene Winterfeld), Herbert Wilk (Leutnant Hoffmeister), Heinz Engelmann (Leutnant Wiegandt), Joachim Brennecke (Leutnant von Benedikt), Carsta Löck (Käte Merck), Josef Sieber, Ernst W. Borchert, Karl John, Clemens Hasse
L: 2 748 m
U: 9-5-1941
K: Igor Oberberg
M: Harald Böhmelt

310

Um das Menschenrecht
P: Arya-Film GmbH München (1934)
R: Hans Zöberlein und Ludwig
   Schmid-Wildy
Sk: Hans Zöberlein
D: Hans Schlenck, Kurt Holm, Ernst
   Martens, Beppo Brem, Ludwig
   Schmid-Wildy, Toni Thoms
L: 3 336 m
U: 28-12-1934
K: Ludwig Zahn, Bartl Seyr

Unsterbliche Herz (Das)
P: Tobis (1939)
R: Veit Harlan
Sk: Werner Eplinius und Veit Harlan
   nach dem Stück von Walter Harlan
   »Das Nürnbergische Ei«
D: Heinrich George, Kristina Söder-
   baum, Paul Henckels, Paul Wegener,
   Michael Bohnen, Eduard von Winter-
   stein
L: 2 941 m
U: 31-1-1939 (Nürnberg)
K: Bruno Mondi
M: Alois Melichar

Unter den Brücken
P: Ufa (1945)
R: Helmut Käutner
Sk: Walter Ulbrich und Helmut Käutner
   nach dem Manuskript von Leo de La-
   forgue »Unter den Brücken von Paris«
D: Hannelore Schroth, Carl Raddatz,
   Gustav Knuth, Hildegard Knef
L: ca. 2 500 m
U: 1950 in Westdeutschland
K: Igor Oberberg
M: Bernhard Eichhorn

Unternehmen Michael
P: Ufa (1937)
R: Karl Ritter
Sk: Karl Ritter, Mathias Wieman, F. Hil-
   denbrandt nach Hans Fritz von Zwehl
D: Heinrich George, Mathias Wieman,
   Paul Otto, Ernst Karchow, Otto Graf,
   Christian Kayßler, Hannes Stelzer,

Willy Birgel, Otto Wernicke, Kurt
Waitzmann, Malte Jäger, Beppo
Brem, Josef Dahmen
L: 2 233 m
U: 7-9-1937 (Nürnberg)
K: Günther Anders
M: Herbert Windt

Urlaub auf Ehrenwort
P: Ufa (1937)
R: Karl Ritter
Sk: Charles Klein, Felix Lützkendorf
   nach Ideen von Kilian Koll, Walter
   Bloem, Charles Klein
D: Ingeborg Theek, Rolf Moebius, Fritz
   Kampers, Bertha Drews, René Delt-
   gen, Heinz Welzel, Carl Raddatz, Ja-
   kob Sinn, Ludwig Schmitz
L: 2 402 m
U: 11-1-1938 (Köln)
K: Günther Anders
M: Ernst Erich Buder

Venus vor Gericht
P: Bavaria (1941)
R: Hans Heinz Zerlett
Sk: Hans Heinz Zerlett
D: Hansi Knoteck, Hannes Stelzer, Sieg-
   fried Breuer, Paul Dahlke, Charlott
   Daudert, Josef Eichheim
L: 2 407 m
U: 4-6-1941
K: Oskar Schnirch
M: Leo Leux

Verlorene Sohn (Der)
P: Deutsche Universal-Film AG. (1934)
R: Luis Trenker
Sk: Luis Trenker, Arnold Ulitz, Reinhart
   Steinbicker
D: Luis Trenker, Maria Andergast, Ma-
   rian Marsh, Eduard Köck, Paul Hen-
   ckels
L: 2 800 m
U: 6-9-1934 (Stuttgart)
K: Albert Benitz, Reimar Kuntze
M: Giuseppe Becce

Verräter
P: Ufa (1936)
R: Karl Ritter
Sk: Leonhard Fürst nach einer Idee von Walter Herzlieb und Hans Wagner
D: Lida Baarova, Willy Birgel, Irene von Meyendorff, Theodor Loos, Rudolf Fernau, Herbert A.E. Böhme, Heinz Welzel, Paul Dahlke
L: 2 512 m
U: 9-9-1936 (Nürnberg)
K: Günther Anders, H. von Jaworsky
M: Harold M. Kirchstein

Verwehte Spuren
P: Majestic-Film GmbH (1938)
R: Veit Harlan
Sk: Thea von Harbou, Felix Lützkendorf, Veit Harlan nach Hans Rothe
D: Kristina Söderbaum, Frits van Dongen, Friedrich Kayßler, Heinrich Schroth, Charlotte Schulz, Leo Peukert, Josef Sieber, Paul Dahlke, Claus Detlev Sierck
L: 2 249 m
U: 26-8-1938 (München)
K: Bruno Mondi
M: Hans-Otto Borgmann

Via Mala
(Die Straße des Bösen)
P: Ufa (1945)
R: Josef von Baky
Sk: Thea von Harbou nach dem Roman von John Knittel
D: Karin Hardt, Viktor Staal, Carl Wery, Hildegard Grethe, Hilde Körber, Renate Mannhardt, Malte Jäger, Albert Florath
L: 2 900 m
U: 16-1-1948 (Berlin-Ost)
K: Carl Hoffmann
M: Georg Haentzschel

Walzerkrieg
P: Ufa (1933)
R: Dr. Ludwig Berger
Sk: Hans Müller, Robert Liebmann

D: Renate Müller, Willy Fritsch, Paul Hörbiger, Adolf Wohlbrück
L: 2 555 m
U: 4-10-1933
K: Carl Hoffmann
M: Alois Melichar, Franz Grothe nach Johann Strauß und Joseph Lanner

Warschauer Zitadelle (Die)
P: ABC.-Film GmbH (1937)
R: Fritz Peter Buch
Sk: Fritz Peter Buch, Alfred Mühr nach dem Stück »Tamten« von Gabriele Zapolska
D: Werner Hinz, Viktoria von Ballasko, Paul Hartmann, Claire Winter
L: 2 463 m
U: 6-9-1937
K: Bruno Mondi
M: Werner Bochmann

Wasser für Canitoga
P: Bavaria-Filmkunst GmbH (1939)
R: Herbert Selpin
Sk: Walter Zerlett-Olfenius, Emil Burri und Peter Francke nach dem Stück von G. Turner Krebs
D: Hans Albers (Oliver Montstuart, dann Nicholsen), Charlotte Susa (Lilly), Hilde Sessak (Winifred Gardener), Peter Voß (Gilbert Trafford), Josef Sieber (Ingram), Andrews Engelman (Howlett), Karl Dannemann, Hans Mierendorff, Heinrich Schroth
L: 3 270 m
U: 10-3-1939 (München)
K: Franz Koch, Josef Illig
M: Peter Kreuder

Weiße Sklaven
(Panzerkreuzer Sewastopol)
P: Lloyd-Film GmbH (1936)
R: Karl Anton
Sk: Karl Anton, Felix von Eckardt, Arthur Pohl nach Charlie Roellinghoff
D: Camilla Horn, Agnes Straub, Werner Hinz, Karl John, Theodor Loos, Fritz Kampers, Herbert Spalke, Alexander Engel

L: 3 034 m
U: 5-1-1937
K: Herbert Körner
M: Peter Kreuder, Friedrich Schröder

Wen die Götter lieben
(Mozart)
P: Wien-Film GmbH (1942)
R: Karl Hartl
Sk: Eduard von Borsody nach einer Novelle von R. Billinger
D: Hans Holt, Irene von Meyendorff, Winnie Markus, Doris Hild, Paul Hörbiger, Walter Janssen, René Deltgen, Curd Jürgens
L: 3 283 m
U: 5-12-1942 (Salzburg)
K: Günther Anders
M: Alois Melichar, Werke von W.A. Mozart

Wenn wir alle Engel wären
P: Carl Froelich-Tonfilm Prod. GmbH (1936)
R: Carl Froelich
Sk: Heinrich Spoerl nach seinem Roman
D: Heinz Rühmann, Leny Marenbach, Harald Paulsen, Lotte Rausch
L: 2 816 m
U: 9-10-1936
K: Reimar Kuntze
M: Hansom Milde-Meissner

Wiener Blut
P: Deutsche Forst-Filmprod. GmbH für die Wien-Film GmbH (1942)
R: Willi Forst
Sk: Axel Eggebrecht, Ernst Marischka nach der Operette von Johann Strauß
D: Maria Holst, Willy Fritsch, Fred Liewehr, Hans Moser, Theo Lingen, Paul Henckels, Willi Forst (Prolog)
L: 3 024 m
U: 2-4-1942 (Wien)
K: Jan Stallich
M: Willy Schmidt-Gentner, Melodien von Johann Strauß

Wunschkonzert
P: Cine-Allianz-Tonfilmprod. GmbH (1940)
R: Eduard von Borsody
Sk: Felix Lützkendorf, Eduard von Borsody
D: Ilse Werner (Inge Wagner), Carl Raddatz (Herbert Koch), Joachim Brennecke (Helmut Winkler) Ida Wüst, Hedwig Bleibtreu, Heinz Goedecke, Malte Jäger, Albert Florath (im Wunschkonzert treten auf: Marika Rökk, Paul Hörbiger, Heinz Rühmann, Hans Brausewetter, Josef Sieber, Eugen Jochum ...)
L: 2 832 m
U: 30-12-1940
K: Franz Weihmayr, Günther Anders, Carl Drews
M: Werner Bochmann

Yvette
(Die Tochter einer Kurtisane)
P: Meteor-Film GmbH (1938)
R: Wolfgang Liebeneiner
Sk: Bernd Hofmann nach Maupassant
D: Käthe Dorsch, Ruth Hellberg, Albert Matterstock, Johannes Riemann
L: 2 693 m
U: 25-3-1938
K: Franz Weihmayr
M: Hansom Milde-Meissner

Zerbrochene Krug (Der)
P: Tobis-Magna-Filmprod. GmbH (1937)
R: Gustav Ucicky
Sk: Thea von Harbou nach dem Lustspiel von H. von Kleist
D: Emil Jannings, Angela Salloker, Paul Dahlke, Elisabeth Flickenschildt, Friedrich Kayßler, Max Gülstorff, Lina Carstens
L: 2 348 m
U: 19-10-1937
K: Fritz Arno Wagner
M: Wolfgang Zeller

Zu neuen Ufern
P: Ufa (1937)
R: Detlef Sierck
Sk: Detlef Sierck, Kurt Heuser nach dem
  Roman von Lovis H. Lorenz
D: Zarah Leander, Willy Birgel, Viktor
  Staal, Carola Höhn, Erich Ziegel,
  Hilde von Stolz, Curd Jürgens, Lina
  Carstens
L: 2 879 m
U: 31-8-1937
K: Franz Weihmayr
M: Ralph Benatzky

Zwei in einer großen
Stadt
P: Tobis (1942)
R: Volker von Collande
Sk: Ursula von Witzendorff, Volker von
  Collande.
D: Monika Burg, Karl John, Marianne
  Simson, Hansi Wendler, Volker von
  Collande, Paul Henckels
L: 2 248 m
U: 23-1-1942
K: Carl Hoffmann, Erich Nitzschmann
M: Willi Kollo, Adolf Steimel

Bibliographie

1. Zur Geschichte

AMSLER (Jean) – *Hitler*. Editions du Seuil »Microcosme« (»Le temps qui court«) 1960. 189 Seiten, illustriert.

BADIA (Gilbert) – *Histoire de l'Allemagne contemporaine:*
I. 1917-1933. 342 Seiten, illustriert
II. 1933-1962. 399 Seiten, illustriert. Editions sociales 1962.

BRENNER (Hildegard) – *Die Kunstpolitik des Nationalsozialismue*. Rowohlts deutsche Enzyklopädie Hamburg 1963. 288 Seiten, illustriert.

BULLOCK (Alan) – *Hitler*. Erw. u. überarb. Auflg. Droste Verlag, Düsseldorf 1971

GOEBBELS (Joseph) – *Das eherne Herz*. Reden und Aufsätze aus den Jahren 1941/1942. Zentralverlag der N.S.D.A.P./Franz Eher Nachf. München 1943. 472 Seiten.

MEIN KAMPF/Bilddokumentation nach Erwin Leisers Film. Fischer Bücherei Frankfurt am Main 1962. 204 Seiten, illustriert.

ROSENBERG (Alfred) – *Der Mythus des 20. Jahrhunderts*. Eine Wertung der seelisch – geistigen Gestaltenkämpfe unserer Zeit. Hoheneichen – Verlag München 1930. 712 Seiten.

SORLIN (Pierr) – *L'antisémitisme allemand*. Flammarion/»Questions d'histoire« 1969. 128 Seiten.

WULF (Joseph) – *Die bildenden Künste im Dritten Reich*/Eine Dokumentation. Rowohlt/Rororo Taschenbücher 1966. 459 Seiten, illustriert.

2. Der Nazifilm aus der Sicht seiner Epoche

BELLING (Curt) – *Der Film im Dienste der Partei*/ Die Bedeutung des Films als publizistischer Faktor. Lichtspielbühne Berlin 1937. 50 Seiten.

LES DESSOUS DU CINEMA ALLEMAND/Sammlung von Artikeln von Charles-Robert Dumas »publiés en feuilletons« dans *Le Courrier du Centre* 1934 (?) – 84 Seiten mit Karikaturen.

DER DEUTSCHE FILM/Zeitschrift für Filmkunst und Filmwirtschaft. Sonderausgabe 1940-1941, herausgegeben im Auftrag der Reichsfilmkammer Berlin. Illustriert.

DER DEUTSCHE FILM 1945/Kleines Film-Handbuch für die deutsche Presse Berlin. 208 Seiten.

DER FILM HEUTE UND MORGEN! 25 Sonntage für die Filmkunst/Ein Rechenschaftsbericht der Hamburger Arbeitsgemeinschaft »Film« der Volkshochschule und des Waterloo – Theaters über die erste Spielzeit ihrer Morgenveranstaltungen vom 16. Oktober 1938 bis zum 16. April 1939. Illustriert.

Dr. HEYDE (Ludwig), Professor an der Universität Kiel – *Presse, Rundfunk und Film im Dienste der Volksführung*. Verlag M. Dittert und Co. Dresden 1943. 39 Seiten.

HIPPLER (Fritz) – *Betrachtungen zum Filmschaffen*/ Mit einem Geleitwort von Emil Jannings. Schriftenreihe der Reichsfilmkammer, Band 8 Max Hesses Verlag Berlin 1943. 203 Seiten.

DER INTERNATIONALE FILMKONGRESS BERLIN 1935/Seine Organisation und seine Ergebnisse. (S. 24 enthält die Goebbels-Rede vom 30. April 1935 in der »Kroll-Oper«).

JASON (A.) – *Das Filmschaffen in*

Deutschland 1935 bis 1939. Institut für Konjunkturforschung Berlin 1940 (hektographiert).

I. Teil/Die Firmen und ihre Filme. 97 Seiten.

II. Teil/Die Filme. 101 Seiten.

III. Teil/Künstler und ihre Filme. 1942.

Abschnitt I: Filmautoren, Musikautoren, Spielleiter. 102 Seiten.

Abschnitt II: Architekten, Kameramänner, Tonmeister. 69 Seiten.

– *Das Filmschaffen in Deutschland 1940/1941.* 99 *Seiten.*

– *Das Filmschaffen in Deutschland 1942/1943.* 129 Seiten.

Dr. KALBUS (Oskar) – *Vom Werden deutscher Filmkunst/* 2. Teil: Der Tonfilm. Cigaretten-Bilderdienst Altona - Bahrenfeld 1935. 136 Seiten, illustriert.

KOCH (Heinrich) und BRAUNE (Heinrich) – *Von deutscher Filmkunst/* Gehalt und Gestalt. Berlin 1943. Illustriert.

Dr. KRIEGK (Otto) – *Der deutsche Film im Spiegel der U.F.A./* 25 Jahre Kampf und Vollendung. U.F.A. - Buchverlag Berlin 1943. 316 Seiten, illustriert.

Prof. Dr. LEHNICH (Oswald) – *Jahrbuch der Reichsfilmkammer 1937.* Max Hesses Verlag Berlin. 208 Seiten (enthält die Goebbels-Rede zur ersten Sitzung der Filmkammer).

– *Jahrbuch der Reichsfilmkammer 1938.* Max Hesses Verlag Berlin - Halensee. 215 Seiten.

– *Jahrbuch der Reichsfilmkammer 1939.* id. 307 Seiten.

NEUMANN (Carl) BELLING (Curt), BETZ (Hans-Walther) – *Film »Kunst«, Film – Kohn, Film – Korruption/* Ein Streifzug durch vier Jahrzehnte. Verlag Hermann Scherping Berlin 1937. 176 Seiten, illustriert.

SANDER (A.U.) – *Jugend und Film* (»Das Junge Deutschland« – Amtliches Organ des Jugendführers des Deutschen Reichs/Sonderveröffentlichung Nr. 6). Zentralverlag der N.S.D.A.P., Franz

Eher Nachf. Berlin 1944. 160 Seiten.

VINCENT (Carl) – *Histoire de l'art cinématographique,* Editions du trident Bruxelles 1938 (?). 239 Seiten, illustriert/Kapitel VII: Le cinéma allemand – La nationalisation.

U.F.A. – *Der Verleih als Mittler zwischen Produktion und Filmtheater/* Vermietungs - Anweisung der U.F.A. - Filmverleih GmbH 1934/1935. Berlin. 269 Seiten.

– *Handbuch für den Film - Vertrieb 1935/1936.* Berlin. 77 Seiten.

VON WERDER (Paul) – *Trugbild und Wirklichkeit im Film/* Aufgaben des Films im Umbruch der Zeit. Schwarzhäupterverlag Lübeck 1941. 44 Seiten.

WOLF (Kurt) – *Entwicklung und Neugestaltung der deutschen Filmwirtschaft seit 1933/* Inaugural – Dissertation. Hamburg 1938. 79 Seiten.

3. Der Nazifilm aus der Sicht nach 1945

ALBRECHT (Gerd) – *Korrektur zum Nazifilm/* Artikel in Film (Hannover) – 4 (Oktober 1963), 46 Seiten – *Nationalsozialistische Filmpolitik/* Eine soziologische Untersuchung über die Spielfilme des Dritten Reichs. Ferdinand Enke Verlag Stuttgart 1969. (Jetzt Carl Hanser Verlag) 562 Seiten.

BARDÈCHE (Maurice) und BRASILLACH (Robert) – *Histoire du cinéma.* André Martel 1948. 572 Seiten, illustriert.

Dr. BAUER (Alfred) – *Deutscher Spielfilm - Almanach 1929-1950/* Das Standardwerk des deutschen Films – Herausgegeben aus Anlaß des 20-jährigen deutschen Tonfilm-Jubiläums. Filmblätter – Verlag Berlin 1950. 856 Seiten, hektographiert.

BLOBNER (Helmut) und HOLBA (Herbert) – *De Morgenrot à Kolberg – le cinéma allemand au service du nazis-*

me/Artikel in *Cinéma 64* – 87 (Juni), 40 Seiten.

DELAHAYE (Michel) – *Leni et le loup – entretien avec Leni Riefenstahl/Cahiers du cinéma* – 170 (September 1965), 42 Seiten.

FANTASTIQUE ET REALISME DANS LE CINEMA ALLEMAND 1912-1933/Musée du Cinma Bruxelles 1969. 116 Seiten, illustriert.

FORD (Charles) – *Emil Jannings/*Anthologie du cinéma 46 (Juni 1969).

HAGGE (Hans) – *Das gab's schon zweimal/* Auf den Spuren der U.F.A. Henschelverlag Berlin 1959. 96 Seiten + 32 Photoseiten.

HARLAN (Veit) – *Im Schatten meiner Filme/*Selbstbiographie – Sigbert Mohn Verlag Gütersloh 1966. 296 Seiten, illustriert.

HOLLMANN (Reimar) – *Ein Zeitalter wird besichtigt/Artikel in Film* 65 – 11, 14 Seiten.

HULL (David Stewart) – *Film in the Third Reich/* A study of the German Cinéma 1933-1945. University of California Press Berkeley/Los Angeles 1969. 291 Seiten.

IMAGES DU CINEMA ALLEMAND – 1896-1956/Cinémathèque française 1956. 29 Seiten.

JEANNE (René) et FORD (Charles) – *Histoire encyclopédique du cinéma/* II/Le cinéma muet (1895-1929). S.E.D.E. 1952. 569 Seiten, illustriert. IV/Le cinéma parlant (1929-1945, außer den USA) 1958. 573 Seiten, illustriert.

Dr. KALBUS (Oskar) – *Gedanken zur Geschichte des deutschen Films bis 1945/* DIFF (Beiträge zur Geschichte des deutschen Films bis 1945 – Sommersemester 1964 – 6.5.1964) München 1965. 16 Seiten.

KLIMSCH (Günter Wilhelm) – *Die Entwicklung des nationalsozialistischen Filmmonopols von 1930 bis 1940, in vergleichender Betrachtung zur Presse-* konzentration/ Inaugural-Dissertation zur Erlangung der Doktorwürde der Philosophischen Fakultät der Ludwig - Maximilians - Universität zu München 1954. 131 Seiten, hektographiert.

KOCHENRATH (Hans-Peter) – *Der Film im Dritten Reich – Dokumentation/* Arbeitsgemeinschaft für Filmfragen an der Universität zu Köln 1963. 273 Seiten, hektographiert.

KRACAUER (Siegfried) – *Von Caligari zu Hitler/* Rowohlt Taschenbücher Hamburg 1958. 181 Seiten.

LAMPRECHT (Gerhard) – *Deutscher Stummfilm 1923-1926,* 928 Seiten, hektographiert. Deutsche Kinemathek in Berlin 1967.

LAPIERRE (Marcel) – *Les cent visages du cinéma* Bernhard Grasset 1948. 716 Seiten, illustriert.

LEISER (Erwin) – *Deutschland, erwache!/Propaganda im Film des Dritten Reiches.* Rowohlt Taschenbuch Verlag (rororo aktuell) Hamburg 1968. 156 Seiten, illustriert.

– *La vérité sur Leni Riefenstahl et Le triomphe de la volonté/*Artikel in *Cinéma* 69 – 133 (Februar), 72 Seiten.

MEYER (Barbara) – *Gesellschaftliche Implikationen bundesdeutscher Nachkriegsfilme/* Inaugural - Dissertation zur Erlangung des Doktorgrades. Frankfurt am Main 1964. 187 Seiten.

OERTEL (Rudolf) – *Macht und Magie des Films/* Weltgeschichte einer Massensuggestion. - Europa - Verlag Wien 1959. 592 Seiten. Pp. 367-422: Weltmacht Film – Der deutsche Film im Dritten Reich.

OLEY (Hans) - HELLWIG (Joachim) – *... wie einst Lili Marlen/*Verlag der Nation Berlin. 346 Seiten, illustriert.

RABENALT (Arthur Maria) – *Film im Zwielicht/* Über den unpolitischen Film des Dritten Reiches und die Begrenzung des totalitären Anspruches. Copress Verlag München 1958. 96 Seiten.

REGEL (Helmut) – *Zur Topographie des NS - Films/* Artikel in Filmkritik (Frankfurt/Main) 66 -1, S. 5.

RIESS (Curt) – *Das gab's nur einmal/Das Buch der schönsten Filme unseres Lebens.* Verlag der Sternbücher Hamburg 1956. 784 Seiten, illustriert.

SADOUL (Georges) – *Histoire d'un art: le cinéma, des origines à nos jours/* Flammarion 1949. 493 Seiten, illustriert. VI/L'époque contemporaine – Le cinéma pendant la guerre (1939-1945). Denoel 1954. 327 Seiten, illustriert. – *Dictionnaire des cinéastes/* Editions du Seuil (Microcosme) 1965. 253 Seiten, illustriert. – *Dictionnaire des films/ idem.* 285 Seiten, illustriert.

WOLLENBERG (H.H.) – *Fifty years of german flm/* The falcon press limited London 1948. 48 Seiten + 32 Illustrationsseiten.

Dr. WORTIG (Kurt) – *Realien zum Film im Dritten Reich.* DIF September 1970 (hektographiert).

WULF (Joseph) – *Theater und Film im Dritten Reich – Eine Dokumentation/* Sigbert Mohn Verlag Gütersloh 1964. 439 Seiten.

Chronologie der wichtigsten Ereignisse

1933
30. Januar: Hindenburg beruft Hitler zum Reichskanzler

27. Februar: Brand des Reichstagsgebäudes

28. Februar: Verordnung zum Schutze von Volk und Staat

5. März: erste Einzelaktionen gegen die Juden

13. März: Joseph Goebbels wird Reichsminister für Volksaufklärung und Propaganda

24. März: Ermächtigungsgesetz

1. April: die ersten Konzentrationslager werden eingerichtet. Boykott jüdischer Geschäfte

2. Mai: Auflösung der Gewerkschaften

4. Mai: Gründung der Geheimen Staatspolizei (»Gestapo«)

10. Mai: Bücherverbrennungen; Verbot bestimmter Bücher

14. Juli: Gesetz gegen Neubildung von Parteien (Einparteistaat) Gesetz zur Gründung einer vorläufigen Filmkammer

22. September: Reichskulturkammergesetz

19. Oktober: Deutschland tritt aus dem Völkerbund aus

12. November: erste Reichstagswahlen im Einparteistaat: 92 % der Stimmen entfallen auf die einzige zur Wahl stehende Partei, die N.S.D.A.P.

1934
16. Februar: Lichtspielgesetz

25. Juli: Ermordung Dollfuß'

2. August: Tod Hindenburgs; Hitler Nachfolger als »Führer und Reichskanzler«; Vereidigung der Wehrmacht auf Hitler

6.-9. September: 6. Parteitag in Nürnberg (»Triumph des Willens«)

15. September: Verkündung der antisemitischen »Nürnberger Gesetze«

1935
13. Januar: das Saargebiet stimmt für eine Rückkehr zum Deutschen Reich

16. März: Wiedereinführung der allgemeinen Wehrpflicht

1936
7. März: Remilitarisierung des Rheinlandes

19. März: Volksbefragung: Billigung der Politik Hitlers mit 99 % der Stimmen

18. Juli: Militärputsch in Spanien; Beginn des spanischen Bürgerkrieges

1. August: Eröffung der Olympischen Spiele in Berlin

25. Oktober: Begründung der »Achse Rom-Berlin« durch deutsch-italienischen Vertrag

25. November: Antikominternpakt zwischen Deutschland und Japan

26. November: Goebbels untersagt jegliche Kunstkritik

1937
30. Januar: Verlängerung des Ermächtigungsgesetzes auf 4 Jahre

4. März: Enzyklika des Papstes »Mit brennender Sorge«

19. Juli: Eröffnung der Ausstellung »Entartete Kunst« in München

6. November: Italiens Beitritt zum Antikominternpakt

1938
4. März: Grundsteinlegung für die Deutsche Filmakademie in Neubabelsberg

13. März: Anschluß Österreichs

29. September: Konferenz von München; Anschluß der sudetendeutschen Gebiete

7. November: Herschel Grynszpan, dessen Eltern am 28. Oktober mit 17 000 anderen polnischen Juden verschleppt wurden, schießt ein Mitglied der deutschen Botschaft in Paris nieder

9. November: Judenpogrom in Deutschland (»Reichskristallnacht«)

1939

15. März: Einmarsch deutscher Truppen in der Tschechoslowakei; Bildung des Protektorats »Böhmen und Mähren«

23. März: Einmarsch deutscher Truppen ins Memelgebiet

22. Mai: Abschluß eines deutsch-italienischen Militärpaktes (»Stahlpakt«)

23. August: Abschluß eines deutsch-sowjetischen Nichtangriffspaktes

1. September: Einmarsch in Polen

3. September: Kriegserklärung von England und Frankreich an Deutschland

27. September: Kapitulation Polens

12. Oktober: erste Judendeportationen von Österreich und Böhmen nach Polen

1940

10.-12. Februar: erste Deportationen aus dem Reich

9. April: deutscher Überfall auf Dänemark und Norwegen

10. Mai: deutscher Angriff auf Holland, Belgien, Luxemburg und Frankreich

15. Mai: Holland kapituliert

28. Mai: Belgien kapituliert

10. Juni: Kriegserklärung Italiens an England und Frankreich

22. Juni: Abschluß eines deutsch-französischen Waffenstillstandes

27. September: Abschluß eines Dreimächtepaktes zwischen Deutschland, Italien und Japan

16. Oktober: es wird Befehl erteilt zur Einrichtung des Ghettos von Warschau

1941

24. März: Deutschland eröffnet die Kampfhandlungen in Afrika

6. April: deutscher Angriff auf Jugoslawien und Griechenland

17. April: Jugoslawien kapituliert

20. April: Griechenland kapituliert

22. Juni: Beginn des deutschen Angriffs auf die Sowjetunion

31. Juli: Göring beauftragt Heydrich mit der völligen Evakuierung der europäischen Juden; Beginn der »Endlösung der Judenfrage«

23. September: Versuchsvergasungen in Auschwitz

7. Dezember: Pearl Harbour

11. Dezember: Deutschland erklärt den Krieg an die USA

1942

10. Januar: Gründung der Ufi, Abschluß der Verstaatlichung der Filmindustrie

20. Januar: Wannseebesprechung über die »Endlösung der Judenfrage«

24. September: Beginn der Schlacht um Stalingrad

4. Oktober: Gegenoffensive der Engländer in Nordafrika

8. November: Beginn alliierter Landungen in Nordafrika

22. November: Beginn der russischen Gegenoffensive

1943

31. Januar – 2. Februar: Ende der Schlacht um Stalingrad

18. Februar: Rede Goebbels' im Berliner Sportpalast zum »totalen Krieg«

22. Februar: Hinrichtung der Geschwister Scholl

19. April – 16. Mai: Aufstand im Ghetto von Warschau. Mehr als 50 000 Juden werden ermordet

12. Mai: Kapitulation der letzten Streitkräfte der Achse in Nordafrika

5.-13. Juli: letzte deutsche Offensive an der Ostfront

10. Juli: Landung alliierter Truppen in Sizilien

24.-25. Juli: Sturz Mussolinis, Marschall Badoglio bildet eine Militärregierung

3. September: Unterzeichnung des Waffenstillstandes zwischen Italien und den Alliierten

8. September: Landung der Alliierten in Kalabrien und bei Salerno

10. September: Rom wird von deutschen Truppen besetzt

13. September: Italien erklärt Deutschland den Krieg

1944

15. Mai – 8. Juli: Deportation von 476 000 ungarischen Juden nach Auschwitz

4. Juni: Einmarsch der Alliierten in Rom

6. Juni: alliierte Landung in der Normandie

20. Juli: Attentat auf Hitler

25. August: Einmarsch der Alliierten in Paris

11. September: englische Truppen nehmen Holland ein

14. September: amerikanische Truppen erreichen die deutsche Grenze

11. Oktober: die Russen erreichen Ostpreußen

1945

4.-11. Februar: Konferenz von Yalta

20. April: die Rote Armee schließt Berlin ein

25. April: erster Kontakt der Westalliierten und Sowjets bei Torgau an der Elbe

30. April: Selbstmord Hitlers in der Reichskanzlei in Berlin
Selbstmord Goebbels'
Admiral Dönitz tritt die Hitler-Nachfolge an

2. Mai: Kapitulation der Reichshauptstadt Berlin

9. Mai: bedingungslose Kapitulation Deutschlands. Ende des 2. Weltkrieges in Europa

23. Mai: Selbstmord Himmlers
Auflösung der N.S.D.A.P.
Ende des Dritten Reiches

Filmregister

Personenregister

334

335

Unser Dank gilt
dem Staatlichen Filmarchiv der DDR; La Cinémathèque Royale de Belgique; Gosfilmofond, Moskau; La Cinémathèque Suisse, Lausanne; dem Institut für Filmkunde, Wiesbaden; der Filmoteka, Prag; Colette Borde, Nanette Coxurtade und Gaudefroy-Demombynes; Helmut W. Banz (Arbeitsgemeinschaft für Filmfragen an der Universität Köln); Werner Kircheis, Karl-Marx-Stadt; Erwin Leiser, Zürich; Bernhard Chardère, Lyon; Jean Demoule und Théodore Rieger, Vanves; Jacques Tranchepain; dem Rowohlt Taschenbuch Verlag, Hamburg sowie den Mitarbeitern der Bibliothek der Hochschule für Fernsehen und Film, München.